THE DOW JONES INVESTOR'S HANDBOOK

1980

Edited by Maurice L. Farrell

Phyllis S. Pierce, *Associate*

DOW JONES BOOKS
PRINCETON, NEW JERSEY

Copyright © 1980 by Dow Jones & Company, Inc.

All Rights Reserved

Manufactured in the United States of America

International Standard Book Number 0-87128-590-8

Library of Congress card number: 66-17650

Contents

As a Decade Dawns: A Troubled Economy	3
Dow-Jones Averages	8
Changes in Industrial Stocks	10
Charts—Industrials, 1979 and 1978	14-15
Industrials' Earnings	16
Transportation Companies' Earnings	21
Utilities' Earnings	26
Daily Closings for 1979	30
Industrials' Monthly Closings	42
Yearly Highs and Lows	44
Composite of 65 Stocks	46
Bond Averages	46
Industrials' Net Assets per Share	47
Barron's	
Confidence Index	48
Components of Group Stock Averages	52
Group Stock Averages — Highs and Lows	55
Charts — Group Stock Averages	57
New York Stock Exchange	
Composite Stock Index	68
Volume, Shares, Turnover Rate	69
Companies, Issues Listed, Institutional Holdings	70
Daily Volume	71
Cash Dividends, Yields	72
Membership Prices	73
Stock, Bond Trading for 1979	
New York Stock Exchange Stocks	74
New York Stock Exchange Bonds	92
American Stock Exchange Stocks	116
American Stock Exchange Bonds	125
Annual Market Statistics	127
U.S. Government Bonds and Notes	128
Mutual Funds	129
Over-the-Counter	134
Stock and Bond Yields	147

THE DOW JONES

INVESTOR'S HANDBOOK

1980

As a Decade Dawns: A Troubled Economy

THE Enigmatic Eighties?

The Sixties surely soared. The Seventies coughed, sputtered and, in the end, sagged.

Perhaps, the Eighties 10 years hence will be recalled as elegant, ebullient, even possibly ecstatic.

For now, however, as the new decade dawns, the time ahead must remain elusive, evasive, an enigma.

Precisely a decade ago, in the 1970 edition of this handbook for investors, we wondered how the Seventies would turn out. Soaring, we judged, was too hopeful an adjective. Slumping, at the other extreme, appeared unduly pessimistic.

The Seventies, we supposed 10 years ago, might well turn out to be, in a word, sobering—less so if inflation remained moderate, more so if it intensified as the decade unfolded.

It intensified, all right. What began in 1970 as a mild inflationary headache was a Brobdingnagian migraine at the end of 1979.

The Seventies may soar, we wrote, but it all would depend on the overriding economic question of inflation.

Now, a decade later, the proposition is startlingly unchanged. The Eighties may turn out to be elegant, ebullient, even ecstatic. But this depends on an overriding economic question:

Will inflation simmer down?

Few forecasters imagine a return to the happy early Sixties climate, when consumer prices, on the average, might in a bumpy period rise perhaps 2% in a year instead of the usual 1% or so.

However, at least a moderate easing of the awesome price spiral is anticipated by many prestigious forecasters as the decade moves along.

If these business prophets are ultimately proved wrong—an eventuality that by no means may safely be dismissed—another label can be readily imagined for the decade:

Excruciating Eighties.

Among the many forecasters who imagine a relatively happy scenario is Albert H. Cox Jr., chief economist of Merrill Lynch & Co., the world's largest securities concern. His "Scenario I"—as he calls what he deems the likeliest forecast—is that inflation will ease appreciably as the decade rolls on.

The consumer price index, recently in double-digit territory, will be rising, according to the Merrill Lynch economist, at annual rates of only about 5% during the latter three-quarters of the decade. In fact, Mr. Cox foresees increases of as little as 4.9% annually in 1988 and 1989.

Two caveats:

The return to 5% inflation won't come tomorrow. The analyst estimates that lots more stiff inflation lies between 1980 and, say, 1983. Consumer prices, he expects, won't move down clearly to single-digit rates of increase until the latter part of this year at the earliest.

And the anticipated easing is expected to entail a nasty period of economic pain. The unemployment rate, Mr. Cox predicts, will hang near 9% of the labor force far into the future. As late as the third quarter of 1981, he warns, it will amount to 8.8%.

Later in the decade, to be sure, the benefits of a reduced inflation rate are expected to begin to brighten the labor situation. By the late Eighties, in the Merrill Lynch view, the jobless rate will be appreciably lower than in recent months, though a return to the levels of 3% and 4% prevailing in the early post-World War II years is deemed most unlikely.

Other facets of Mr. Cox's long-range forecast:

—Gross national product, stripped of "growth" reflecting merely rising prices, will rise through most of the decade at annual rates ranging in the neighborhood of 3.5%; this would follow virtually no growth in real GNP for all of 1980 and relatively rapid growth in the broad indicator in 1981 and 1982, years when the economy in general is expected to be bounding along the recovery road.

—Industrial production, another very broad barometer of economic activity, will climb slightly faster than real GNP during most of the decade, after dropping slightly during 1980; like real GNP, the industrial production index isn't distorted by rising prices.

—Housing starts will inch ahead in erratic fashion during most of the decade; some years will show a slight gain, others a slight decline; the strongest gains are anticipated early in the decade, and declines are expected in both 1988 and 1989.

—The rate at which consumers will save will rise appreciably from the exceptionally low levels of recent years; by the end of the decade, consumers on the average will be socking away about 10% of their after-tax incomes each year.

—Interest rates generally will come down from the sky-high levels that marked the end of the preceding decade; in 1989, the average yield of three-month Treasury bills will be only 4.51% and the banks' prime lending rate will average only 5.63%.

—The federal government's budget, mired in red ink of late, will be in surplus through the last seven years of the Eighties; the surplus in 1989, for example, will total $15.5 billion.

—America's foreign-trade balance, deeply in deficit of late, will move into surplus early in the decade and stay there; the surplus on goods and services by the end of the decade is expected to amount to $114.5 billion, with almost $98 billion of that vast sum representing sales of U.S. services abroad.

—For all the problems of soaring oil prices, pollution and clogged highways, the country's automobile production will keep rising slowly through most of the Eighties; output in 1989 is expected to reach nearly 11 million units, after dropping under the eight million mark this year; imports will account for a much smaller fraction of total U.S. car sales around the end of the decade than now.

Mr. Cox sums up the forecast this way:

"The odds favor healthy real growth with moderate inflation over the next 10 years." But he warns that his optimism is grounded on three assumptions—that the growth of government spending, especially for "social-welfare programs," will slow substantially; that the tax structure will be changed substantially to encourage greater business investment; and that various government regulations that unreasonably restrict businesses be "sharply curtailed and, in some cases, rolled back or abolished."

The Merrill Lynch economist believes there's about a 65% chance that such things will be done and that a healthy economy will ensue.

If they are not done, his "contingency scenario" is disturbing indeed: Double-digit rates of inflation through most of the decade, economic growth that even in the better years will seem minuscule, declining housing starts in virtually every year, rates of unemployment that will remain consistently higher than levels in recent months.

In one respect, the two scenarios are very nearly identical—with regard to this year. A recession will occur whose severity will be considerable. But it will probably not be as harsh a slump as when the economy last took a tumble. That was the recession of 1973-75, when the unemployment rate, in early 1975, touched 9%. That was the highest level since the depressed decade of the Thirties.

Mr. Cox, it should be stressed, has much company when he talks about a recession this year.

Hark, for instance, to J. Robert Ferrari, chief economist of the Prudential Insurance Co. of America. He says: "For 1980, we expect a moderately severe business downturn lasting most or all of the year; real GNP is expected to decline 3% over the course of 1980; consumer durables, housing and some areas of business investment will bear the brunt of the adjustment, and the unemployment rate is expected to rise to 8%."

The recession that Mr. Ferrari describes, of course, has received much advanced publicity. Some economists began warning of its approach all the way back in early 1978. Some forecasters, to their eventual embarrassment, repeatedly proclaimed that a slump had arrived when, as things turned out, business was still briskly on the rise.

But there can be no question that fear of a recession was a factor in such developments as last year's hectic, erratic stock market. This behavior can be glimpsed, among other places, in the two charts on the following page. One depicts volume on the New York Stock Exchange last year and the other traces the ups and downs of Big Board share prices, along with a few of the year's more important events.

Edson Gould, a veteran stock-market analyst for Anametrics Inc., a New York firm, suggests that the bumpy road that share prices have followed in recent years may grow smoother in the time ahead. "We do not believe," Mr. Gould says, "the bankers of the world are so bereft of common sense as to permit inflation to destroy all currencies, as did Germany after World War I." Eventually, he predicts, "a new viable world-wide monetary system will be set up." And this, he is convinced, will benefit a beleaguered stock market.

His investment advice: "For capital-appreciation oriented investors, we advise an aggressive policy with approximately 90% of a portfolio in

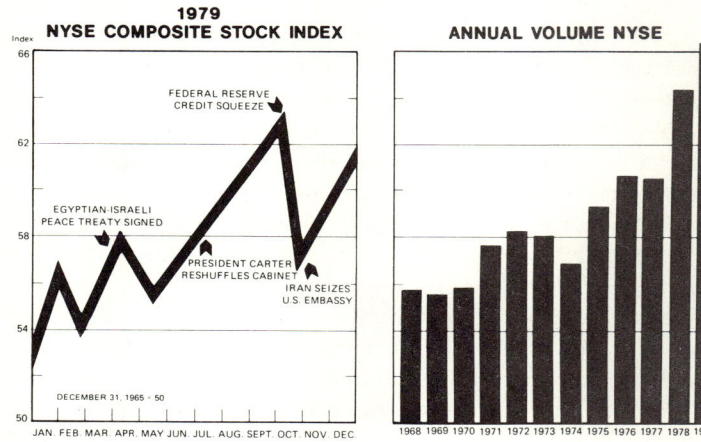

selected equities, and the balance in gold shares, defensive equities and short-term bonds or cash equivalents."

No one can say for sure, of course, precisely what will transpire on the economic front in coming months. Perhaps there will be no recession at all. That determination will depend on how various key economic indicators ultimately are assessed by the experts. Perhaps the stock market, at this year's end, will be distressingly below levels anticipated by such optimists as Mr. Gould.

On the assumption, however, that the optimistic view this time around will prevail, here are several detailed guesses about the behavior of business activity as 1980 unfolds.

John J. Casson, economist of American Express Co., predicts that consumer spending, which accounts for about 65% of GNP, will drop "by about 1.8% in real terms in 1980, largely as a result of a 1.7% decline in real disposable personal income." He further estimates that housing starts will "total about 1.3 million units in 1980, down from an estimated 1.7 million units" in 1979.

Regarding the length of the anticipated recession, Mr. Casson says: "By the time the voters go to the polls in 1980, the recession will be over and inflation will be slightly below" double-digit levels. Nonetheless, he goes on, "unemployment, which reflects changes in economic activity with a considerable lag, will be rising." This, he cautions, "will lead to mounting pressure in the months ahead for stimulative fiscal measures and a relaxation of monetary policy aimed at increasing employment." Such a development, of course, also could tend to rekindle inflationary pressures.

Similar optimism is voiced by George Hanc, chief economist of the National Association of Mutual Savings Banks. He, too, is convinced that a bona fide economic downturn will mark much of 1980. "The main debate among forecasters is not whether there will be a recession in 1980," Mr. Hanc observes. "This is virtually guaranteed. The main questions concern the length, duration and shape of the recession. Will it be deep or shallow, brief or prolonged? Will it be shaped like the letter V or the letter U?"

His verdict is that "the recession will be moderate," he says, explaining that "there is enough latent strength in the economy to prevent a sharper decline." He also anticipates "modest" gains in the battle against inflation as the year rolls along and, like Mr. Casson, a drop in home starts to about 1.3 million units. Interest rates, a matter of great concern to members of Mr. Hanc's association, will "decline significantly as the recession unfolds," he says, "but inflation will prevent a decline to anywhere near previous recession lows."

Tilford Gaines, chief economist of Manufacturers Hanover Trust in New York, provides a thoughtful summary of how many forecasters appraise the months just ahead.

"In short, the outlook is both good and bad," he comments. "It is bad in the sense that we do not anticipate a growth rate comparable to that enjoyed in the past. At the same time, however, this period of pause should give us a chance to reflect on where we want the economy to go and should create the underlying circumstances that will help to guarantee healthier, noninflationary growth in the future."

Let us hope that Mr. Gaines is correct. If he is, the Eighties may not prove ecstatic. But neither will they be excruciating. At this point, we surely would settle for something in between. Elegant? Ebullient? Either would do.

—ALFRED L. MALABRE JR.

Mr. Malabre is a news editor of The Wall Street Journal and author of the paper's "Outlook" and "Tracking a Trend" columns. He is also author of two books— UNDERSTANDING THE ECONOMY *and* AMERICA'S DILEMMA: JOBS VS. PRICES, *both published by Dodd, Mead & Co. of New York.*

The Dow-Jones Averages

30 Industrial Stocks

Allied Chemical	General Foods	Owens-Illinois
Aluminum Co. (Amer.)	General Motors	Procter & Gamble
Am. Brands	Goodyear	Sears Roebuck
American Can	Inco	St'd Oil of Cal.
Am. Tel. & Tel.	I.B.M.	Texaco
Bethlehem Steel	Inter. Harvester	Union Carbide
Du Pont	Inter. Paper	United Technologies
Eastman Kodak	Johns-Manville	U.S. Steel
Exxon	Merck	Westinghouse Electric
General Electric	Minnesota Mining	Woolworth

20 Transportation Stocks

American Airlines	MoPac	Southern Pacific
Burlington Northern	Norfolk & Western	Southern Railway
Canadian Pacific	Northwest Airlines	Transway Intl.
Chessie System	Pan American Airways	Trans World
Cons. Freightways	St. Louis-San Francisco	UAL Inc.
Eastern Air Lines	Santa Fe Industries	Union Pacific
McLean Trucking	Seaboard Coast Line	

15 Utility Stocks

Amer. Elec. Power	Consol. Nat. Gas	Panhandle E. P. L.
Cleveland E. Illum.	Detroit Edison	Peoples Gas
Columbia Gas Sys.	Houston Indus.	Philadelphia Elec.
Com'wealth Edison	Niagara Mohawk Pr.	Pub. Ser. E. & Gas
Consol. Edison	Pacific Gas & El.	Sou. Cal. Edison

20 Bonds

10 PUBLIC UTILITIES

Alabama Power	9¾s	'04	Detroit Edison	9s	'99
Am T&T deb.	8.8s	'05	N. Y. Tel.	4½s	'91
Commonwealth Edison	8¾s	'05	Pacific G&E	7¾s	'05
Consolidated Edison	7.9s	'01	Philadelphia Elec.	7⅜s	'01
Consumers Power	9¾s	'06	Public Service (Ind.)	9.6s	'05

10 INDUSTRIALS

BankAmerica	7⅞s	'03	Gen'l Motors Acceptance	4½s	'85
Beth Steel	6⅞s	'99	Nat'l Cash Reg.	4⅜s	'87
Dow Chemical	4.35s	'88	Pfizer	9¼s	'00
Exxon	6s	'97	Socony Mobil	4¼s	'93
Ford Motor	8⅛s	'90	Weyerhaeuser	5.20s	'91

The Dow-Jones Averages

Municipal Bond Yield Average

Minneapolis	4s	Illinois	4s
Milwaukee	4½s	North Carolina	4½s
Buffalo	3.90s	New York City	4s
Pittsburgh	4½s	New York State	4s
Boston	4s	Seattle	4½s
St. Louis	4¼s	Los Angeles	4¼s
Houston	4.65s	California	4s
Kansas City	4s	New Orleans	4½s
Missouri	4s	Detroit	4½s
Chicago	4s	Cleveland	4s

Barron's Best Grade Bonds

Amer. Tel. & Tel.	3⅞s	'90	Gen Elec	8½s	'04
Atch. Top. SF	4s	'95	Ill Bell Tel	8s	'04
Ches & Ohio	4½s	'92	Norfolk & Western	4s	'96
Consumers Power	5⅞s	'96	Union Pacific	2½s	'91
Exxon	6s	'97	U.S. Steel	4½s	'86

Barron's Intermediate Grade Bonds

Alabama Power	9¾s	'04	Missouri Pacific	4¼s	'05
Bethlehem Steel	6⅞s	'99	Pacific Gas & Elec	7¾s	'05
Detroit Edison	9s	'99	Pfizer	9¼s	'00
Ford Motor	8⅛s	'90	Philadelphia Elec	7⅜s	'01
Louisville & Nash	7⅜s	'93	St. Louis San Fran	4s	'97

Changes in Dow-Jones Industrials

The present Dow-Jones industrial average of 30 stocks began October 1, 1928, when the list was expanded to 30 from 20 and several substitutions were made. On October 1, 1928, the stocks making up the industrial average were:

Allied Chemical	General Railway Signal	Sears, Roebuck
American Can	Goodrich	Standard Oil (N.J.)
American Smelting	International Harvester	Texas Corp.
American Sugar	International Nickel	Texas Gulf Sulphur
American Tobacco B	Mack Truck	Union Carbide
Atlantic Refining	Nash Motors	U.S. Steel
Bethlehem Steel	North American	Victor Talking Machine
Chrysler	Paramount Publix	Westinghouse Electric
General Electric	Postum Inc.	Woolworth
General Motors	Radio Corp.	Wright Aeronautical

The divisor on October 1, 1928, was 16.67.

Subsequent changes in stocks making up the industrial average and changes in the divisor, together with the dates, were:

Date		Divisor	Explanation
1928 November	5	16.02	Atlantic Refining split 4 for 1
December	13	14.65	General Motors split 2½ for 1
			International Harvester split 4 for 1
December	26	13.92	International Nickel reorganization
1929 January	8	12.11	American Smelting split 3 for 1
			Radio Corp. split 5 for 1
			National Cash Register replaced Victor Talking Machine
May	1	11.7	Wright-Aeronautical split 2 for 1
May	20	11.18	Union Carbide split 3 for 1
June	25	10.77	Woolworth split 2½ for 1
July	25	10.77	Postum name changed to General Foods
September	14	10.47	Curtiss-Wright replaced Wright Aeronautical
1930 January	29	9.85	General Electric split 4 for 1
			Johns-Manville replaced North American
July	18	10.38	Borden replaced American Sugar
			Eastman Kodak replaced American Tobacco B
			Goodyear replaced Atlantic Refining
			Liggett & Myers replaced General Railway Signal
			Standard Oil of California replaced Goodrich
			United Air Transport replaced Nash Motors
			Hudson Motor replaced Curtiss-Wright
1932 May	26	15.46	American Tobacco B replaced Liggett & Myers
			Drug Inc. relaced Mack Trucks
			Procter & Gamble replaced United Air Transport
			Loew's replaced Paramount Publix
			Nash Motors replaced Radio Corp.
			International Shoe replaced Texas Gulf Sulphur

Changes in Dow-Jones Industrials

Date			Divisor	Explanation
1932	May	26	15.46	International Business Machines replaced National Cash Register
				Coca Cola replaced Hudson Motor
1933	August	15	15.71	Corn Products Refining replaced Drug Inc.
				United Aircraft replaced International Shoe
1934	August	13	15.74	National Distillers replaced United Aircraft
1935	November	20	15.1	DuPont replaced Borden
				National Steel replaced Coca Cola
1937	January	8	15.1	Nash Motors name changed to Nash Kelvinator
1939	March	14	15.1	United Aircraft replaced Nash Kelvinator
				American Tel. & Tel. replaced I.B.M.
1945	May	10	14.8	Loew's Inc. split 3 for 1
	May	11	14.2	Westinghouse Mfg. split 4 for 1
	October	23	13.6	Sears Roebuck split 4 for 1
1946	August	1	13.3	National Distillers split 3 for 1
1947	May	16	12.2	Eastman Kodak split 5 for 1
	June	2	11.76	Johns-Manville split 3 for 1
	July	14	11.44	Chrysler Corp. split 2 for 1
	December	3	11.36	American Smelting 20% stock dividend
1948	January	19	10.98	Bethlehem Steel split 3 for 1
	May	17	10.55	Union Carbide split 3 for 1
	June	7	10.20	International Harvester split 3 for 1
	November	26	10.14	National Steel 10% stock dividend
1949	June	3	9.88	U.S. Steel split 3 for 1
	June	16	9.06	DuPont split 4 for 1
1950	March	22	8.92	Procter & Gamble split 1½ for 1
	March	31	8.57	National Steel split 3 for 1
	September	5	7.76	Allied Chemical split 4 for 1
	October	3	7.54	General Motors split 2 for 1
1951	March	12	7.36	Standard Oil of California split 2 for 1
	May	2	7.33	United Aircraft 20% stock dividend
	June	12	7.14	Texas Corp. split 2 for 1
	June	13	6.90	Standard Oil (N.J.) split 2 for 1
	September	11	6.72	Goodyear split 2 for 1
	December	3	6.53	American Smelting split 2 for 1
1952	May	2	6.16	American Can split 2 for 1; 100% stock dividend
1954	June	14	5.92	General Electric split 3 for 1
	July	1	5.89	United Aircraft distributed 1 share of Chance-Vought for every 3 United Aircraft held
1955	January	24	5.76	Goodyear split 2 for 1
	May	23	5.62	Corn Products Refining split 3 for 1
	June	3	5.52	U.S. Steel split 2 for 1
	September	26	5.46	United Aircraft 50% stock dividend (3 for 2)
	November	10	5.26	General Motors split 3 for 1
	December	19	5.11	Sears Roebuck split 3 for 1
1956	March	19	4.89	Standard Oil (N.J.) split 3 for 1
	March	26	4.79	Johns-Manville split 2 for 1
	June	8	4.69	General Foods split 2 for 1
	June	11	4.56	Texas Co. split 2 for 1
	June	18	4.452	Standard Oil (Calif.) split 2 for 1

Changes in Dow-Jones Industrials

Date			Divisor	Explanation
1956	June	25	4.351	Procter & Gamble split 2 for 1
	July	3	4.581	International Paper replaced Loew's Inc.
	September	11	4.566	American Tel & Tel rights offering (1 share for each 10 held)
1957	February	7	4.283	Bethlehem Steel split 4 for 1
	November	18	4.257	United Aircraft 20% stock dividend (6 for 5)
1959	April	14	4.13	Eastman Kodak split 2 for 1
	June	1	3.964	American Tel & Tel split 3 for 1
				Anaconda replaced American Smelting
				Swift & Co. replaced Corn Products
				Aluminum Co. of America replaced National Steel
				Owens-Illinois Glass replaced National Distillers
	December	29	3.824	Goodyear split 3 for 1
1960	January	25	3.739	Allied Chemical split 2 for 1
	February	2	3.659	Westinghouse Electric split 2 for 1
	May	3	3.569	American Tobacco split 2 for 1
	May	31	3.48	International Nickel split 2 for 1
	August	24	3.38	General Foods split 2 for 1
	December	30	3.28	International Paper Co. split 3 for 1
1961	April	10	3.165	Procter & Gamble split 2 for 1
	August	11	3.09	Texaco split 2 for 1
1962	May	1	3.03	American Tobacco split 2 for 1
	June	5	2.988	DuPont distributed ½ share of General Motors
1963	May	13	2.914	Chrysler Corp. split 2 for 1
	November	21	2.876	DuPont distributed 36-100 share General Motors stock for each share of DuPont common held
1964	January	13	2.822	Chrysler Corp. split 2 for 1
	June	18	2.754	F. W. Woolworth split 3 for 1
	June	23	2.670	American Tel & Tel split 2 for 1
	November	19	2.615	DuPont distributed ½ share of General Motors
1965	March	23	2.543	Sears Roebuck split 2 for 1
	April	12	2.499	International Harvester split 2 for 1
	May	24	2.410	Eastman Kodak split 2 for 1
	June	1	2.348	Owens-Illinois Glass split 2 for 1
	June	16	2.278	Union Carbide split 2 for 1
	November	1	2.245	United Aircraft split 3 for 2
1967	June	6	2.217	Swift split 2 for 1
	June	12	2.163	Anaconda split 2 for 1
1968	May	27	2.078	Eastman Kodak split 2 for 1
	August	19	2.011	International Nickel split 2½ for 1
1969	April	1	1.967	Johns-Manville split 2 for 1
	May	7	1.934	Goodyear split 2 for 1
	August	11	1.894	Texaco split 2 for 1
1970	May	19	1.826	Procter & Gamble split 2 for 1
1971	March	30	1.779	General Foods split 2 for 1
	June	8	1.712	General Electric split 2 for 1
	December	16	1.661	Westinghouse Electric split 2 for 1
1972	November	1	1.661	Standard Oil (N.J.) name changed to Exxon
1973	May	30	1.661	Swift name changed to Esmark
	December	11	1.626	Standard Oil (Calif.) split 2 for 1
1974	February	4	1.598	Aluminum Co. of America split 3 for 2

12

Changes in Dow-Jones Industrials

Date			Divisor	Explanation
1975	May	1	1.598	United Aircraft name changed to United Technologies
	October	1	1.588	Esmark split 5 for 4
1976	April	21	1.588	International Nickel name changed to Inco
	May	19	1.554	United Technologies split 2 for 1
	June	2	1.527	U.S. Steel split 3 for 2
	July	26	1.473	Exxon split 2 for 1
	August	9	1.504	Minnesota Mining & Manufacturing replaced Anaconda
1977	April	11	1.474	Owens-Illinois split 2 for 1
	July	18	1.443	Sears, Roebuck split 2 for 1
1979	June	29	1.465	International Business Machines replaced Chrysler
				Merck replaced Esmark
				DuPont split 3 for 1

The Dow-Jones Industrials—1979

The Dow-Jones Industrials—1978

Dow-Jones Industrial Average
Earnings, Dividends and Price-Earnings Ratio

		Price	Earnings (by qtrs.)	Preceding 12 mos. earnings	Price Earnings Ratio (col. 1 ÷ col. 3)	Dividends
1979	September 28	878.67	33.67	136.26	6.4	12.51
	June 29	841.98	34.55	128.99	6.5	12.49
	March 30	862.18	33.35	124.10	6.9	12.11
1978	December 29	805.01	34.69	112.79	7.1	14.34
	September 29	865.82	26.40	101.59	8.5	11.41
	June 30	818.95	29.66	91.37	9.0	11.62
	March 31	757.36	22.04	89.23	8.5	11.15
			112.79			48.52
1977	December 30	831.17	23.49	89.10	9.3	13.24
	September 30	847.11	16.18	89.86	9.4	10.73
	June 30	916.30	27.52	97.18	9.4	11.41
	March 31	919.13	21.91	95.51	9.6	10.46
			89.10			45.84
1976	December 31	1004.65	24.25	96.72	10.4	12.13
	September 30	990.19	23.50	95.81	10.3	9.85
	June 30	1002.78	25.85	90.68	11.1	10.19
	March 31	999.45	23.12	81.87	12.2	9.23
			96.72			41.40
1975	December 31	852.41	23.34	75.66	11.3	9.63
	September 30	793.88	18.37	75.47	10.5	9.05
	June 30	878.99	17.04	83.83	10.5	8.97
	March 31	768.15	16.91	93.47	8.2	9.81
			75.66			37.46
1974	December 31	616.24	23.15	99.04	6.2	10.45
	September 30	607.87	26.73	99.73	6.1	9.43
	June 28	802.41	26.68	93.26	8.6	8.87
	March 29	846.68	22.48	89.46	9.5	8.97
			99.04			37.72

Earnings and Price-Earnings Ratio

Earnings on the Dow Jones industrial average are computed by adding the per share results of the latest quarter of each of the 30 components. This total is then divided by the then-current divisor. Having obtained the figure for the quarter, the four most recent quarterly figures are totaled to give the 12-month figure.

The industrial average stood at 878.67 on September 28, 1979, for instance (see above). The 12-month earnings for that date were $136.26, being the sum of the four previous quarters ended September.

To obtain the price-earnings ratio on the industrials, the industrial average on a given date is divided by the 12-month earnings of the same date.

Dow-Jones Industrial Average
Earnings, Dividends and Price-Earnings Ratio

		Price	Earnings (by qtrs.)	Preceding 12 mos. earnings	Price Earnings Ratio (col. 1 ÷ col. 3)	Dividends
1973	December 31	850.86	23.84	86.17	9.9	10.62
	September 28	947.10	20.26	82.09	11.5	8.36
	June 29	891.71	22.88	77.56	11.5	8.27
	March 30	951.01	19.19	71.98	13.2	8.08
			86.17			35.33
1972	December 29	1020.02	19.76	67.11	15.2	8.99
	September 29	953.27	15.73	62.15	15.3	7.76
	June 30	929.03	17.30	58.87	15.8	7.87
	March 30	940.70	14.32	56.76	16.6	7.65
			67.11			32.27
1971	December 31	890.20	14.80	55.09	16.2	7.85
	September 30	887.19	12.45	53.43	16.6	7.51
	June 30	891.14	15.19	53.45	16.7	7.80
	March 31	904.37	12.65	52.36	17.3	7.70
			55.09			30.86
1970	December 31	838.92	13.14	51.02	16.4	8.25
	September 30	760.68	12.47	51.83	14.7	7.80
	June 30	683.53	14.10	53.18	12.8	7.80
	March 31	785.57	11.31	54.07	14.5	7.68
			51.02			31.53
1969	December 31	800.36	13.95	57.02	14.0	8.63
	September 30	813.09	13.82	59.60	13.6	7.82
	June 30	873.19	14.99	59.47	14.7	8.08
	March 28	935.48	14.26	59.34	15.8	9.37
			57.02			33.90
1968	December 31	943.75	16.53	57.89	16.3	8.59
	September 30	935.79	13.69	57.05	16.4	7.73
	June 28	897.80	14.86	55.71	16.1	7.73
	March 29	840.67	12.81	53.98	15.6	7.29
			57.89			31.34
1967	December 29	905.11	15.69	53.87	16.8	8.03
	September 30	926.66	12.35	52.73	17.6	7.25
	June 30	860.26	13.13	54.27	15.8	7.36
	March 31	865.98	12.70	56.67	15.3	7.55
			53.87			30.19
1966	December 30	785.69	14.55	57.68	13.6	10.01
	September 30	774.22	13.89	57.36	13.5	7.18
	June 30	870.10	15.53	56.23	15.5	7.26
	March 31	924.77	13.71	55.05	16.8	7.44
			57.68			31.89

17

Dow-Jones Industrial Average
Earnings, Dividends and Price-Earnings Ratio

		Price	Earnings (by qtrs.)	Preceding 12 mos. earnings	Price Earnings Ratio (col. 1 ÷ col. 3)	Dividends
1965	December 31	969.26	14.23	53.67	18.1	8.54
	September 30	930.58	12.76	52.74	17.6	6.58
	June 30	868.03	14.35	50.84	17.1	6.79
	March 31	889.05	12.33	48.55	18.3	6.70
			53.67			28.61
1964	December 31	874.13	13.30	46.43	18.8	10.46
	September 30	875.37	10.86	45.88	19.1	5.79
	June 30	831.50	12.06	44.46	18.7	7.16
	March 31	813.29	10.21	42.60	19.1	7.83
			46.43			31.24
1963	December 31	762.95	12.75	41.21	18.5	7.39
	September 30	732.79	9.44	40.18	18.2	5.35
	June 28	706.68	10.20	38.71	18.3	5.52
	March 29	682.52	8.82	37.35	18.3	5.15
			41.21			23.41
1962	December 31	652.10	11.72	36.43	17.9	7.66
	September 28	578.98	7.97	35.52	16.3	5.26
	June 29	561.28	8.84	34.74	16.2	5.23
	March 30	706.95	7.90	34.11	20.7	5.15
			36.43			23.30
1961	December 29	731.13	10.81	31.91	22.9	7.57
	September 29	701.21	7.19	29.03	24.2	5.09
	June 30	683.96	8.21	29.29	23.4	5.05
	March 30	676.63	5.70	29.53	22.9	5.00
			31.91			22.71
1960	December 31	615.89	7.93	32.21	19.1	6.55
	September 30	580.14	7.45	31.64	18.3	4.86
	June 30	640.62	8.45	31.26	20.5	4.83
	March 31	610.59	8.38	33.82	18.2	5.12
			32.21			21.36
1959	December 31	679.36	7.36	34.31	19.8	6.73
	September 30	631.68	7.07	35.70	17.7	4.53
	June 30	643.60	11.01	35.71	18.0	4.59
	March 31	601.71	8.87	31.04	19.4	4.89
			34.31			20.74
1958	December 31	583.65	8.75	27.94	20.9	5.83
	September 30	532.09	7.08	27.97	19.0	4.59
	June 30	478.18	6.34	29.41	16.3	4.62
	March 31	446.76	5.78	32.56	13.7	4.96
			27.95			20.00

Dow-Jones Industrial Average
Earnings, Dividends and Price-Earnings Ratio

		Price	Earnings (by qtrs.)	Preceding 12 mos. earnings	Price Earnings Ratio (col. 1 ÷ col. 3)	Dividends
1957	December 31	435.69	8.78	36.08	12.1	6.91
	September 30	456.30	8.51	36.70	12.4	4.91
	June 28	503.29	9.49	34.82	14.4	4.79
	March 29	474.81	9.30	34.30	13.8	5.00
			36.08			21.61
1956	December 31	499.47	9.40	33.34	15.0	8.17
	September 28	475.25	6.63	33.65	14.1	4.83
	June 29	492.78	8.97	35.51	13.9	4.98
	March 29	511.79	8.34	36.02	14.2	5.01
			33.34			22.99
1955	December 30	488.40	9.71	35.78	13.7	8.13
	September 30	466.62	8.49	34.41	13.6	4.25
	June 30	451.38	9.48	32.11	14.1	4.24
	March 31	409.70	8.10	29.65	13.8	4.96
			35.78			21.58
1954	December 31	404.39	8.34	28.18	14.4	5.76
	September 30	360.46	6.19	26.99	13.4	3.75
	June 30	333.53	7.02	27.52	12.1	3.92
	March 31	303.51	6.63	27.20	11.2	4.04
			28.18			17.47
1953	December 31	280.90	7.15	27.23	10.3	4.86
	September 30	264.04	6.72	27.63	9.6	3.53
	June 30	268.26	6.70	26.93	10.0	3.95
	March 31	279.87	6.66	25.78	10.9	3.77
			27.23			16.11
1952	December 31	291.90	7.55	24.78	11.8	4.62
	September 30	270.61	6.02	24.37	11.1	3.55
	June 30	274.35	5.55	24.06	11.4	3.55
	March 31	269.46	5.66	25.11	10.7	3.71
			24.78			15.43
1951	December 31	269.23	7.14	26.59	10.1	5.25
	September 28	271.16	5.71	29.02	9.3	3.72
	June 29	242.64	6.60	31.83	7.6	3.48
	March 31	247.94	7.14	32.40	7.7	3.89
			26.59			16.34
1950	December 30	235.41	9.57	30.70	7.7	6.26
	September 29	226.36	8.52	27.15	8.3	3.87
	June 30	209.11	7.17	24.99	8.4	2.98
	March 31	206.05	5.44	23.20	8.9	3.02
			30.70			16.13

19

Dow-Jones Industrial Average
Earnings, Dividends and Price-Earnings Ratio

	Price	Earnings (by qtrs.)	Preceding 12 mos. earnings	Price Earnings Ratio (col. 1 ÷ col. 3)	Dividends
1949 December 31	200.13	6.02	23.54	8.5	5.02
September 30	182.51	6.36	24.66	7.4	2.32
June 30	167.42	5.38	23.95	7.0	2.85
March 31	177.10	5.78	23.79	7.4	2.60
		23.54			12.79
1948 December 31	177.30	7.14	23.07	7.7	4.32
September 30	178.30	5.65	20.94	8.5	2.42
June 30	189.46	5.22	19.60	9.7	2.59
March 31	177.20	5.06	19.01	9.3	2.17
		23.07			11.50
1947 December 31	181.16	5.01	18.80	9.6	2.98
September 30	177.49	4.31	18.66	9.5	2.09
June 30	177.30	4.63	18.10	9.8	2.22
March 31	177.20	4.85	16.62	10.7	1.92
		18.80			9.21
1946 December 31	177.20	4.87	13.63	13.0	2.45
September 30	172.42	3.75	11.56	14.9	1.70
June 28	205.62	3.15	10.24	20.1	1.78
March 30	199.75	1.86	9.76	20.5	1.57
		13.63			7.50
1945 December 31	192.91	2.80	10.56	18.3	1.97
September 29	181.71	2.43	10.67	17.0	1.51
June 30	165.29	2.67	10.70	15.4	1.73
March 31	154.41	2.66	10.37	14.9	1.48
		10.56			6.69
1944 December 30	152.32	2.91	10.07	15.1	2.01
September 30	146.73	2.46	10.08	14.6	1.44
June 30	148.38	2.34	9.93	14.9	1.67
March 31	138.84	2.36	9.86	14.1	1.45
		10.07			6.57
1943 December 31	135.89	2.92	9.74	14.0	1.86
September 30	140.12	2.31	9.77	14.3	1.41
June 30	143.38	2.27	9.76	14.7	1.61
March 31	136.57	2.24	9.36	14.6	1.42
		9.74			6.30
1942 December 31	119.40	2.95	9.22	13.0	1.95
September 30	109.11	2.30	9.21	11.8	1.37
June 30	103.34	1.87	9.96	10.4	1.58
March 31	99.53	2.10	10.87	9.2	1.50
		9.22			6.40

Dow-Jones Transportation Average
Earnings, Dividends and Price-Earnings Ratio

		Price	Earnings (by qtrs.)	Preceding 12 mos. earnings	Price Earnings Ratio (col. 1 ÷ col. 3)	Dividends
1979	September 28	260.47	10.07	42.17374	6.2	2.95
	June 29	242.26	14.97	45.87456	5.3	3.22
	March 30	225.17	7.15	45.31360	5.0	2.83
1978	December 29	206.56	9.98	41.41800	5.0	3.01
	September 29	244.11	13.77	39.97273	6.1	2.73
	June 30	219.86	14.41	36.47448	6.0	2.87
	March 31	207.15	3.26	32.58278	6.4	2.59
			41.42			11.20
1977	December 30	217.18	8.54	34.40098	6.3	2.71
	September 30	215.48	10.27	33.36354	6.5	2.46
	June 30	238.80	10.52	31.75686	7.5	2.59
	March 31	222.97	5.11	29.31179	7.6	2.34
			34.44			10.11
1976	December 31	237.03	7.46	27.46513	8.6	2.45
	September 30	217.34	8.67	25.09418	8.7	2.21
	June 30	224.77	8.07	22.82607	9.8	2.26
	March 31	207.97	3.27	17.62748	11.8	2.09
			27.47			9.01
1975	December 31	172.65	5.09	13.67420	12.6	2.10
	September 30	155.97	6.40	12.45820	12.5	1.96
	June 30	171.13	2.87	14.02687	12.2	2.23
	March 31	165.48	d0.68	19.05708	8.7	2.16
			13.68			8.45
1974	December 31	143.44	3.87	23.45612	6.1	2.38
	September 30	128.48	7.97	25.06653	5.1	2.15
	June 28	162.18	7.90	22.65551	7.2	2.12
	March 29	185.08	3.71	19.87928	9.3	1.99
			23.45			8.64
1973	December 31	196.19	5.48	19.22314	10.2	1.97
	September 28	176.96	5.55	18.67532	9.5	2.13
	June 29	156.18	5.13	18.64128	8.4	2.03
	March 30	200.13	3.06	18.83584	10.6	2.03
			19.22			8.16
1972	December 29	227.17	4.93	18.75662	12.1	2.03
	September 29	217.70	5.52	18.36862	11.8	1.89
	June 30	233.30	5.32	18.28711	12.8	2.00
	March 30	258.93	2.98	17.23341	15.0	1.88
			18.75			7.80

21

Dow-Jones Transportation Average
Earnings, Dividends and Price-Earnings Ratio

		Price	Earnings (by qtrs.)	Preceding 12 mos. earnings	Price Earnings Ratio (col. 1 ÷ col. 3)	Dividends
1971	December 31	243.72	4.54	15.25228	16.0	1.77
	September 30	237.18	5.44	12.79303	18.5	1.83
	June 30	215.60	4.27	10.55500	20.4	2.31
	March 31	200.00	1.00	8.16254	24.5	1.72
			15.25			7.63
1970	December 31	171.52	2.09	8.51722	20.5	2.42
	September 30	153.45	3.20	10.74578	14.3	1.86
	June 30	120.57	1.88	11.98142	10.1	2.32
	March 31	173.06	1.35	13.89201	12.5	1.92
			8.52			8.52
1969	December 31	176.34	4.31	15.39060	11.5	3.14
	September 30	196.60	4.44	16.33325	12.0	2.50
	June 30	211.99	3.79	15.60046	13.6	2.85
	March 28	243.69	2.85	16.56166	14.7	2.54
			15.39			11.03
1968	December 31	271.60	5.26	17.58803	15.4	3.32
	September 30	267.69	3.70	16.61603	16.1	2.53
	June 28	261.77	4.75	15.16322	17.3	2.96
	March 29	218.99	3.88	13.86315	15.8	2.66
			17.59			11.47
1967	December 29	233.24	4.29	12.79699	18.2	3.28
	September 30	261.83	2.25	15.07607	17.4	2.60
	June 30	254.84	3.45	17.84396	14.3	2.86
	March 31	230.59	2.81	20.06618	11.5	2.53
			12.80			11.27
1966	December 30	202.97	6.56	20.90166	9.7	3.71
	September 30	193.49	5.02	20.74839	9.3	2.53
	June 30	226.06	5.67	21.19965	10.7	2.75
	March 31	249.17	3.65	20.68118	12.0	2.39
			20.90			11.38
1965	December 31	247.48	6.41	19.35395	12.8	3.73
	September 30	222.91	5.47	16.89272	13.2	1.93
	June 30	193.69	5.15	15.17355	12.8	2.16
	March 31	210.77	2.32	14.16012	14.9	2.26
			19.35			10.08
1964	December 31	205.34	3.95	14.49365	14.2	2.92
	September 30	218.17	3.75	15.61310	14.0	1.82
	June 30	213.56	4.14	14.81944	14.4	1.86
	March 31	191.83	2.65	14.54365	13.2	1.80
			14.49			8.40

Dow-Jones Transportation Average
Earnings, Dividends and Price-Earnings Ratio

	Price	Earnings (by qtrs.)	Preceding 12 mos. earnings	Price Earnings Ratio (col. 1 ÷ col. 3)	Dividends
1963 December 31	178.54	5.07	12.69444	14.1	2.37
September 30	170.53	2.96	12.33135	13.8	1.60
June 28	173.66	3.86	11.90298	14.6	1.73
March 29	152.92	0.80	9.86759	15.5	1.72
		12.69			7.42
1962 December 31	141.04	4.71	9.3842	15.0	2.12
September 28	115.68	2.53	8.1161	14.2	1.53
June 29	118.63	1.83	8.6723	13.7	1.69
March 30	144.28	0.32	6.7567	21.4	1.69
		9.38			7.03
1961 December 29	143.84	3.44	4.8946	29.4	1.97
September 29	143.96	3.09	4.2783	33.6	1.60
June 30	139.47	d.09	1.1655	119.3	1.77
March 30	146.20	d1.54	3.4300	42.6	1.77
		4.89			7.11
1960 December 31	130.85	2.82	6.70806	19.5	2.38
September 30	125.42	d.03	7.30798	17.2	1.79
June 30	143.19	2.18	8.53987	16.8	1.98
March 31	143.74	1.73	10.71613	13.4	1.93
		6.70			8.08
1959 December 31	154.05	3.42	11.1169	13.9	2.26
September 30	157.40	1.20	12.99232	12.2	1.75
June 30	167.62	4.36	16.36314	10.2	1.87
March 31	158.65	2.13	13.89393	8.8	1.87
		11.11			7.75
1958 December 31	157.65	5.30	12.3442	12.8	2.04
September 30	144.61	4.58	10.9141	13.2	1.71
June 30	118.75	1.89	10.0589	11.8	1.85
March 31	103.88	0.58	12.2478	8.5	1.89
		12.35			7.49
1957 December 31	96.96	3.87	15.5508	6.2	2.19
September 30	123.70	3.72	17.6629	7.0	2.23
June 28	146.46	4.08	18.5520	7.9	2.25
March 29	144.05	3.88	19.6522	7.3	2.29
		15.55			8.96
1956 December 31	153.23	5.98	19.5184	7.9	2.79
September 28	154.01	4.61	16.7669	8.2	1.86
June 29	166.69	5.18	19.4976	8.5	1.90
March 29	171.82	3.75	19.3267	8.9	2.23
		19.52			8.78

Dow-Jones Transportation Average
Earnings, Dividends and Price-Earnings Ratio

	Price	Earnings (by qtrs.)	Preceding 12 mos. earnings	Price Earnings Ratio (col. 1 ÷ col. 3)	Dividends
1955 December 30	163.29	5.22	19.7949	8.2	2.82
September 30	155.05	5.34	20.6582	7.5	1.62
June 30	160.95	5.01	18.8866	8.5	1.69
March 31	150.32	4.22	16.6872	9.0	1.91
		19.79			8.04
1954 December 31	145.86	6.09	14.9823	9.7	2.42
September 30	115.18	3.57	14.1928	8.1	1.44
June 30	112.70	2.81	15.6590	7.2	1.51
March 31	101.42	2.51	17.6518	5.7	1.55
		14.98			6.92
1953 December 31	94.03	5.30	19.6492	4.8	2.38
September 30	93.90	5.04	21.3903	4.4	1.86
June 30	104.77	4.80	20.8091	5.0	1.46
March 31	107.02	4.51	19.7637	5.4	1.40
		19.65			7.10
1952 December 31	111.27	7.04	19.2025	5.8	2.03
September 30	100.35	4.45	18.4444	5.4	1.31
June 30	102.73	3.76	16.6479	6.2	1.41
March 31	94.36	3.95	16.1344	5.8	1.30
		19.20			6.05
1951 December 31	81.70	6.28	14.8765	5.5	1.62
September 28	84.76	2.66	15.4790	5.5	1.22
June 29	72.39	3.24	17.5367	4.1	1.07
March 31	80.58	2.69	17.8180	4.5	1.01
		14.87			4.92
1950 December 30	77.64	6.89	17.1173	4.5	1.38
September 29	67.64	4.71	13.6050	5.0	.78
June 30	52.24	3.52	10.7654	4.9	.84
March 31	54.83	1.99	9.2656	5.9	.85
		17.11			3.85
1949 December 31	52.76	3.37	8.7880	6.0	1.12
September 30	47.87	1.88	9.5465	5.0	.76
June 30	42.57	2.02	11.8478	3.6	.99
March 31	49.02	1.51	13.3931	3.7	.93
		8.78			3.80
1948 December 31	52.86	4.13	13.8936	3.8	1.19
September 30	58.33	4.18	12.9600	4.5	.69
June 30	62.76	3.57	10.2995	6.1	.79
March 31	53.73	2.01	8.6615	6.2	.82
		13.89			3.49

Dow-Jones Transportation Average
Earnings, Dividends and Price-Earnings Ratio

	Price	Earnings (by qtrs.)	Preceding 12 mos. earnings	Price Earnings Ratio (col. 1 ÷ col. 3)	Dividends
1947 December 31	52.48	3.20	8.5259	6.2	1.05
September 30	48.43	1.52	8.1800	5.9	.79
June 30	45.88	1.93	8.7462	5.2	.67
March 31	48.64	1.88	6.4308	7.6	.83
		8.53			3.34
1946 December 31	51.13	2.85	5.0527	10.1	.75
September 30	47.72	2.08	1.3629	35.0	.62
June 28	65.81	d0.38	1.1775	55.9	.67
March 30	64.26	0.50	4.4710	14.4	.86
		5.05			2.90
1945 December 31	62.80	d0.84	6.1013	10.3	.80
September 29	59.06	1.90	9.8272	6.0	.58
June 30	60.62	2.91	10.3281	5.9	.80
March 31	50.71	3.13	9.8570	5.1	.64
		7.10			2.82
1944 December 30	48.40	2.89	9.9960	4.8	.83
September 30	40.93	2.40	9.8444	4.2	.48
June 30	41.54	2.44	10.5363	3.9	.57
March 31	39.54	2.27	11.3398	3.5	.60
		10.00			2.48
1943 December 31	33.56	2.74	12.0169	2.8	.75
September 30	35.11	3.09	15.1265	2.3	.53
June 30	36.48	3.24	15.6475	2.3	.51
March 31	34.08	2.95	15.1630	2.2	.56
		12.02			2.35
1942 December 31	27.39	5.85	14.0958	1.9	.83
September 30	27.34	3.61	11.0686	2.5	.31
June 30	24.17	2.76	10.3668	2.3	.55
March 31	24.87	1.88	9.3618	2.7	.33
		14.10			2.02

d-Deficit.

Dow-Jones Utility Average
Earnings, Dividends and Price-Earnings Ratio

	Price	Preceding 12 mos. earnings	Price Earnings Ratio (col. 1 ÷ col. 3)	Dividends
1979 September 29	106.90	15.76	6.8	2.36
June 29	105.45	15.10	7.0	2.33
March 30	104.19	14.91	7.0	2.35
1978 December 29	98.24	14.29	6.9	2.23
September 29	106.12	13.85	7.7	2.19
June 30	104.94	14.03	7.5	2.19
March 31	105.68	13.92	7.6	2.18
		56.09		8.79
1977 December 30	111.28	14.27	7.8	2.09
September 30	113.25	14.99	7.6	2.08
June 30	114.68	14.91	7.7	2.07
March 31	106.02	14.48	7.3	1.99
				8.23
1976 December 31	108.38	13.59	8.0	1.93
September 30	97.78	12.50	7.8	1.88
June 30	87.55	12.01	7.3	1.87
March 31	87.55	11.99	7.3	1.87
				7.55
1975 December 31	83.65	11.58	7.2	1.82
September 30	76.97	11.59	6.6	1.80
June 30	85.99	11.63	7.4	1.79
March 31	77.20	11.77	6.6	1.79
				7.20
1974 December 31	68.76	11.57	5.9	1.75
September 30	61.16	11.38	5.4	1.72
June 28	68.22	11.11	6.1	1.67
March 29	90.75	10.69	8.5	1.77
				6.91
1973 December 31	89.37	10.79	8.3	1.75
September 28	103.40	10.83	9.5	1.73
June 29	102.12	10.79	9.5	1.72
March 30	108.00	10.99	9.8	1.72
				6.92
1972 December 29	119.50	10.94	10.9	1.70
September 29	110.56	10.56	10.4	1.68
June 30	106.63	10.42	10.2	1.68
March 30	112.47	10.17	11.1	1.67
				6.73
1971 December 31	117.75	10.12	11.6	1.65
September 30	109.31	10.09	10.8	1.64
June 30	118.45	9.92	11.9	1.64
March 31	122.83	9.79	12.5	1.63
				6.56

Dow-Jones Utility Average
Earnings, Dividends and Price-Earnings Ratio

		Price	Preceding 12 mos. earnings	Price Earnings Ratio (col. 1 ÷ col. 3)	Dividends
1970	December 31	121.84	9.69	12.6	1.61
	September 30	108.19	9.64	11.2	1.60
	June 30	95.86	9.70	9.9	1.58
	March 31	117.75	9.68	12.2	1.58
					6.37
1969	December 31	110.08	9.54	11.5	1.56
	September 30	111.16	9.44	11.8	1.55
	June 30	122.09	9.39	13.0	1.55
	March 28	129.67	9.32	13.9	1.55
					6.21
1968	December 31	137.17	9.23	14.9	1.54
	September 30	130.37	9.32	14.0	1.53
	June 28	132.60	9.15	14.5	1.53
	March 29	121.58	9.46	12.8	1.51
					6.11
1967	December 29	127.91	9.24	13.8	1.50
	September 30	130.34	9.03	14.4	1.49
	June 30	131.39	8.96	14.7	1.46
	March 31	138.55	8.95	15.5	1.44
					5.89
1966	December 30	136.18	8.75	15.6	1.69
	September 30	124.72	8.80	14.2	1.41
	June 30	131.60	8.76	15.0	1.38
	March 31	141.24	8.66	16.3	1.36
					5.84
1965	December 31	152.63	8.53	17.9	1.34
	September 30	157.60	8.38	18.8	1.31
	June 30	154.15	8.12	19.0	1.28
	March 31	162.36	7.88	20.6	1.26
					5.19
1964	December 31	155.17	7.88	20.3	1.24
	September 30	153.16	7.31	21.0	1.32
	June 30	143.40	7.25	19.8	1.19
	March 31	137.30	7.11	19.3	1.19
					4.94
1963	December 31	138.99	7.04	19.7	1.72
	September 30	139.95	7.06	19.8	1.31
	June 28	139.08	6.95	20.0	1.07
	March 29	136.19	6.68	20.4	1.04
					5.14

Dow-Jones Utility Average
Earnings, Dividends and Price-Earnings Ratio

	Price	Preceding 12 mos. earnings	Price Earnings Ratio (col. 1 ÷ col. 3)	Dividends
1962 December 31	129.23	6.48	19.9	1.04
September 28	117.62	6.07	19.4	1.13
June 29	108.28	6.05	17.9	.99
March 30	130.01	6.02	21.6	.98
				4.14
1961 December 29	129.16	5.86	22.0	.97
September 29	122.44	5.78	21.2	1.17
June 30	111.74	5.78	19.5	.93
March 30	111.91	5.67	19.7	1.24
				4.31
1960 December 31	100.02	5.61	17.8	1.09
September 30	91.29	5.54	16.5	1.09
June 30	93.39	5.51	16.9	.90
March 31	88.20	5.36	16.5	.90
				3.98
1959 December 31	87.83	5.31	16.5	.94
September 30	87.91	5.27	16.7	.98
June 30	87.30	5.23	16.7	.87
March 31	99.43	5.16	18.1	.87
				3.66
1958 December 31	91.00	4.96	13.3	.85
September 30	80.71	4.87	16.6	.97
June 30	78.92	4.84	16.3	.84
March 31	74.00	4.83	15.3	.83
				3.49
1957 December 31	68.58	4.70	14.6	.94
September 30	66.67	4.63	14.4	.82
June 28	69.84	4.66	15.0	.82
March 29	71.47	4.28	16.7	.81
				3.39
1956 December 31	63.54	4.71	14.6	1.04
September 28	65.57	4.68	14.0	.76
June 29	67.38	4.73	14.2	.77
March 29	67.39	4.58	14.7	.76
				3.33
1955 December 30	64.16	4.34	14.8	.82
September 30	63.14	4.19	15.1	.70
June 30	64.34	4.08	15.8	.73
March 31	63.57	4.09	15.5	1.32
				3.57

Dow-Jones Utility Average
Earnings, Dividends and Price-Earnings Ratio

		Price	Preceding 12 mos. earnings	Price Earnings Ratio (col. 1 ÷ col. 3)	Dividends
1954	December 31	62.47	3.91	16.0	.67
	September 30	61.04	3.68	16.6	.66
	June 30	58.20	3.91	14.9	.70
	March 31	55.99	3.85	14.5	.63
					2.66
1953	December 31	52.04	3.74	13.9	.64
	September 30	49.48	3.75	13.2	.63
	June 30	48.54	3.70	13.1	.62
	March 31	52.25	3.69	14.5	.74
					2.63
1952	December 31	52.60	3.55	14.8	.79
	September 30	50.17	3.61	13.9	.60
	June 30	49.66	3.54	14.9	.64
	March 31	50.21	3.50	14.3	.58
					2.61
1951	December 31	47.22	3.45	13.7	.61
	September 28	45.67	3.47	13.2	.75
	June 29	42.08	3.51	12.0	.63
	March 31	42.25	3.36	12.6	.52
					2.51
1950	December 30	40.98	3.52	11.6	.63
	September 29	40.46	3.32	12.1	.49
	June 30	40.64	3.33	12.2	.56
	March 31	42.67	3.28	13.0	.48
					2.16
1949	December 31	41.29	3.18	13.0	.56
	September 30	37.86	3.14	12.0	.47
	June 30	34.41	3.04	11.3	.51
	March 31	35.52	2.90	12.2	.47
					2.01
1948	December 31	33.55	2.97	11.3	.61
	September 30	34.48	2.80	12.3	.42
	June 30	35.70	2.85	12.5	.50
	March 31	33.27	2.95	11.3	.43
					1.96
1947	December 31	33.40	2.93	11.4	.51
	September 30	35.26	2.89	12.2	.43
	June 30	34.73	2.96	11.7	.64
	March 31	35.88	3.99	9.0	.54
					2.12
1946	December 31	37.27	4.09	9.1	.49
	September 30	34.45	3.80	9.1	.45
	June 28	42.10	3.41	12.3	.46
	March 30	41.81	2.99	14.0	.44
					1.84

Daily Closing 1979 Dow-Jones Averages

JANUARY

	30 Industrials			20 Transport Cos.			15 Utilities			Daily Sales —000—	20 Bonds	Commodity Futures
	High	Low	Close	High	Low	Close	High	Low	Close			
1						HOLIDAY						
2	813.06	798.51	811.42	210.51	205.40	210.17	99.22	97.83	99.19	18,340	84.62	383.40
3	822.68	811.42	817.39	216.01	210.90	214.55	100.54	99.12	100.37	29,180	84.35	382.24
4	832.55	815.92	826.14	219.22	213.67	217.23	101.56	100.07	101.08	33,290	84.53	382.36
5	837.23	823.89	830.73	219.22	215.13	217.37	101.86	100.68	101.39	28,890	84.49	383.38
8	832.12	821.38	828.14	217.57	214.36	216.01	101.89	100.47	101.45	21,440	84.50	382.67
9	836.80	825.80	831.43	217.81	214.89	216.60	101.73	100.74	101.29	27,340	84.49	381.17
10	833.68	821.47	824.93	217.33	213.09	214.50	101.59	100.54	101.22	24,990	84.27	378.78
11	829.44	817.31	828.05	216.11	211.97	215.48	101.62	100.51	101.25	24,580	84.36	379.41
12	843.38	830.04	836.28	220.30	215.96	217.67	102.98	101.35	102.00	37,120	84.11	376.15
15	851.00	831.69	848.67	220.20	216.11	218.79	102.81	101.56	102.10	27,520	84.09	374.06
16	848.06	833.25	835.59	219.91	215.33	216.89	102.71	101.39	101.96	30,340	84.15	372.32
17	839.05	825.80	834.20	217.96	213.72	216.50	102.54	101.52	102.20	25,310	84.16	369.62
18	843.73	829.35	839.14	221.03	216.01	219.32	102.98	101.76	102.37	27,260	84.45	371.40
19	846.67	833.94	837.49	221.90	218.01	219.86	102.94	101.89	102.40	26,800	84.20	372.40
22	841.74	829.95	838.53	220.88	215.62	217.57	102.64	101.52	102.00	24,390	84.39	371.65
23	851.35	835.67	846.85	220.00	214.26	217.86	103.11	101.79	102.77	30,130	84.43	372.75
24	856.81	840.61	846.41	220.25	215.28	217.23	103.45	102.17	102.67	31,730	84.50	370.02
25	858.11	843.90	854.64	220.54	216.30	218.93	104.06	102.67	103.52	31,440	84.88	368.56
26	865.04	853.26	859.75	221.27	216.74	218.74	104.53	103.32	104.06	34,230	85.04	368.78
29	862.96	851.61	855.77	219.81	216.01	217.91	104.94	103.76	104.50	24,170	85.24	371.62
30	861.83	848.75	851.78	218.74	215.48	216.89	105.07	104.03	104.67	26,910	85.19	372.07
31	853.52	835.67	839.22	217.81	213.58	214.55	105.31	104.30	104.91	30,330	85.41	369.29
High			859.75			219.86			104.91		85.41	383.40
Low			811.42			210.17			99.19		84.09	368.56

Daily Closing 1979 Dow-Jones Averages

FEBRUARY

	—30 Industrials—			—20 Transport Cos.—			—15 Utilities—			Daily Sales —000—	20 Bonds	Commodity Futures
	High	Low	Close	High	Low	Close	High	Low	Close			
1	843.99	832.55	840.87	215.72	211.97	214.31	104.94	103.96	104.53	27,930	85.51	369.18
2	853.38	832.47	834.63	215.82	212.50	213.43	105.01	103.96	104.26	25,350	85.90	370.41
5	830.65	819.13	823.98	212.94	208.46	209.53	104.67	103.28	103.96	26,490	85.87	372.55
6	828.48	819.21	822.85	210.65	207.05	209.29	104.13	103.01	103.32	23,570	85.51	371.08
7	823.46	810.81	816.01	209.58	205.64	206.56	103.82	102.91	103.42	28,450	85.32	374.80
8	823.02	812.89	818.87	208.17	204.91	206.71	103.65	102.88	103.25	23,360	85.47	377.85
9	826.49	817.05	822.33	209.44	205.88	207.73	103.72	102.74	103.21	24,320	85.56	383.16
12	827.62	816.61	824.84	209.83	206.22	209.29	103.92	102.71	103.38	20,610	85.59	381.42
13	836.19	826.14	830.21	213.67	209.39	212.50	104.13	103.18	103.72	28,470	85.20	377.61
14	836.88	825.71	829.78	215.91	211.09	213.62	104.30	103.38	104.06	27,220	85.21	380.36
15	831.25	822.68	829.09	213.58	210.07	212.02	104.36	103.35	104.09	22,550	85.28	383.12
16	831.69	823.54	827.01	213.19	210.26	211.77	104.84	103.86	104.36	21,110	85.10	381.05
19						HOLIDAY						
20	836.19	824.15	834.55	213.87	210.31	213.19	104.84	103.62	104.57	22,010	85.04	381.79
21	841.56	830.91	834.55	214.70	211.53	212.50	105.07	104.03	104.53	26,050	84.80	380.47
22	834.98	825.10	828.57	213.62	201.56	211.82	104.94	103.79	104.43	26,290	84.81	382.87
23	828.83	819.99	823.28	212.55	209.58	211.19	104.70	103.76	104.16	22,750	84.80	384.75
26	826.40	818.35	821.12	211.77	209.49	210.65	104.47	103.15	103.45	22,620	84.62	383.26
27	821.12	803.53	807.00	210.36	204.96	205.78	103.62	102.00	102.23	31,470	84.57	381.54
28	811.76	802.23	808.82	207.15	203.84	205.83	102.77	101.69	102.30	25,090	84.50	383.95
High	840.87					214.31			104.57		85.90	384.75
Low	807.00					205.78			102.23		84.50	369.18

Daily Closing 1979 Dow-Jones Averages

MARCH

	30 Industrials			20 Transport Cos.			15 Utilities			Daily Sales —000—	20 Bonds	Commodity Futures
	High	Low	Close	High	Low	Close	High	Low	Close			
1	818.17	807.26	815.84	208.71	205.25	207.98	103.55	101.96	103.11	23,830	84.42	383.68
2	820.69	811.50	815.75	209.68	207.25	208.56	103.65	102.60	103.11	23,130	84.43	381.23
5	832.55	818.00	827.36	212.65	208.32	211.04	103.86	102.84	103.38	25,690	84.47	381.74
6	831.34	821.55	826.58	212.12	209.05	207.97	104.03	102.71	103.48	24,490	84.60	382.25
7	841.04	825.28	834.29	213.72	209.63	211.73	104.06	102.91	103.59	28,930	84.75	383.92
8	846.41	831.69	844.85	214.45	211.14	213.82	104.33	103.04	104.06	32,000	84.76	387.06
9	851.44	840.00	842.86	216.06	212.36	214.01	104.63	103.59	104.16	33,410	84.64	386.24
12	846.33	833.85	844.68	214.74	211.92	213.97	103.96	102.88	103.55	25,740	84.46	385.02
13	855.60	840.78	846.93	216.79	213.04	215.28	103.72	102.71	103.35	31,170	84.43	385.55
14	852.56	841.74	845.37	216.64	213.53	214.55	103.59	102.37	102.88	24,630	84.32	385.05
15	853.17	841.39	847.02	217.52	213.58	216.35	103.28	102.37	102.88	29,370	84.32	387.20
16	856.72	843.21	852.82	218.79	215.04	217.28	103.62	102.44	103.25	31,770	84.35	385.12
19	864.95	852.65	857.59	219.96	216.40	218.01	104.23	102.91	103.89	34,620	84.46	385.02
20	858.89	847.45	850.31	219.37	215.77	216.98	104.77	103.32	103.72	27,180	84.40	385.46
21	859.23	844.68	857.76	218.25	214.84	217.42	104.50	103.42	104.23	31,120	84.45	385.16
22	867.46	856.03	861.31	220.34	216.21	218.20	104.87	103.82	104.53	34,380	84.42	386.68
23	867.20	855.08	859.75	221.90	217.18	219.76	104.91	103.99	104.70	33,570	84.25	386.78
26	860.01	851.52	854.82	221.51	218.30	219.91	105.07	103.96	104.47	23,430	84.47	387.67
27	872.49	852.91	871.36	224.14	219.57	223.70	105.24	104.13	104.80	32,940	84.39	386.73
28	876.99	863.83	866.25	227.02	222.83	223.80	105.55	104.36	104.77	39,920	84.68	388.46
29	873.53	860.19	866.77	226.19	221.85	224.19	105.31	104.33	104.63	28,510	84.62	388.38
30	870.58	858.11	862.18	227.06	222.44	225.17	104.97	103.79	104.19	29,970	84.59	387.09
High			871.36			225.17			104.80		84.76	388.46
Low			815.95			207.98			102.88		84.25	381.23

Daily Closing 1979 Dow-Jones Averages

APRIL

	—30 Industrials—			—20 Transport Cos.—			—15 Utilities—			Daily Sales	20	Commodity
	High	Low	Close	High	Low	Close	High	Low	Close	—000—	Bonds	Futures
2	859.93	849.27	855.25	227.11	222.93	225.36	104.03	102.57	103.32	28,990	84.61	384.28
3	870.67	854.21	868.33	231.16	225.36	230.18	104.67	103.32	104.13	33,530	84.59	383.41
4	878.38	867.12	869.80	234.32	229.69	231.35	105.41	104.16	104.84	41,940	84.62	384.55
5	880.02	866.68	877.60	233.49	229.79	232.62	105.28	104.13	104.87	34,520	84.63	384.20
6	884.01	871.88	875.69	235.78	232.03	234.08	105.62	104.23	104.94	34,710	84.56	383.51
9	879.07	869.46	873.70	236.66	232.71	234.22	105.21	103.92	104.47	27,230	84.54	383.99
10	882.54	869.80	878.72	236.02	232.96	235.25	105.01	103.55	104.26	31,900	84.45	382.50
11	884.62	868.68	871.71	236.61	232.13	233.69	104.87	103.32	103.96	32,900	84.35	383.15
12	875.78	865.21	870.50	234.76	232.23	233.35	104.40	103.35	103.72	26,780	84.35	384.46
13					HOLIDAY							
16	868.42	856.81	860.45	233.49	230.33	231.25	103.89	102.57	103.18	28,050	84.21	384.97
17	865.64	853.95	857.93	232.91	229.89	230.96	103.59	102.33	103.04	29,260	84.27	383.66
18	865.90	856.38	860.27	233.83	229.94	232.62	103.52	102.37	103.04	29,510	84.08	384.26
19	865.73	852.91	855.25	234.71	230.72	231.89	103.76	102.64	103.35	31,150	84.14	384.47
20	861.57	848.93	856.98	232.86	229.65	231.01	103.38	102.40	102.74	28,830	84.12	386.66
23	863.31	852.39	860.10	232.33	229.21	231.11	103.21	102.00	102.33	25,610	84.15	387.55
24	873.35	858.54	866.86	234.51	229.84	232.62	103.01	101.83	102.27	35,540	84.24	388.67
25	872.31	863.22	867.46	233.88	231.59	232.81	102.91	101.56	102.20	31,750	84.14	388.24
26	869.02	858.71	860.97	234.17	230.28	231.84	102.67	101.42	101.73	32,400	84.01	389.32
27	860.79	852.39	856.64	232.13	229.16	230.86	102.13	100.61	101.18	29,610	83.69	390.60
30	859.49	847.28	854.90	231.16	226.63	229.06	101.79	100.30	100.98	26,440	83.59	392.44
		High	878.72			235.25			104.94		84.63	392.44
		Low	854.90			225.36			100.98		83.59	382.50

33

Daily Closing 1979 Dow-Jones Averages

MAY

	30 Industrials			20 Transport Cos.			15 Utilities			Daily Sales —000—	20 Bonds	Commodity Futures
	High	Low	Close	High	Low	Close	High	Low	Close			
1	861.40	850.83	855.51	230.67	226.92	228.38	101.69	100.54	100.91	31,040	83.62	394.81
2	860.27	849.97	855.51	229.40	226.29	227.89	101.39	100.30	100.85	30,510	83.58	398.14
3	863.22	852.74	857.59	229.50	226.72	228.38	101.56	100.44	100.81	30,870	83.58	397.32
4	859.23	845.89	847.54	228.92	225.21	226.24	101.29	99.86	100.44	30,630	83.16	398.09
7	846.07	832.03	833.42	235.36	220.59	221.08	100.41	98.95	99.39	30,480	83.08	395.24
8	838.10	823.63	834.89	222.05	218.49	220.88	99.66	98.51	98.99	32,720	82.92	395.47
9	842.26	829.09	838.62	222.93	219.66	221.90	99.80	98.65	99.56	27,670	83.06	398.38
10	839.92	827.53	828.92	223.56	220.44	221.56	99.90	98.88	99.26	25,230	82.99	396.91
11	834.11	824.76	830.56	223.41	220.05	222.49	99.76	98.75	99.32	24,010	83.17	396.07
14	834.03	823.02	825.02	224.68	221.12	222.15	99.46	98.21	98.61	22,450	83.21	396.21
15	832.12	821.55	825.88	225.31	221.42	223.75	99.05	98.07	98.51	26,190	83.19	395.63
16	832.47	821.03	828.48	225.56	222.39	224.09	99.22	98.21	98.95	28,350	83.49	393.76
17	845.03	827.44	842.95	229.06	224.58	228.38	100.64	98.61	100.44	30,550	83.83	394.02
18	848.32	837.40	841.91	231.64	227.94	230.38	101.15	100.00	100.61	26,590	83.91	395.77
21	847.80	836.28	842.43	232.76	229.26	231.54	101.69	100.20	101.05	25,550	83.79	398.31
22	848.41	837.23	845.37	234.17	230.28	233.49	101.01	99.97	100.41	30,400	83.55	398.43
23	851.26	836.19	837.40	237.00	231.89	233.44	101.01	99.90	100.20	30,390	83.81	397.13
24	842.69	832.38	837.66	234.76	231.25	233.44	101.29	99.80	100.85	25,710	83.94	397.42
25	840.26	831.86	836.28	236.17	231.69	234.71	101.89	100.58	101.45	27,810	84.11	396.26
28					HOLIDAY							
29	837.75	829.26	832.55	236.85	232.71	234.27	102.17	100.71	101.59	27,040	84.39	397.75
30	832.47	820.17	822.16	235.73	231.54	232.62	102.23	101.08	101.79	29,250	84.47	398.20
31	827.01	815.14	822.33	234.61	230.52	233.15	102.17	101.22	101.69	30,300	84.45	399.36
	High	857.59				234.17			101.79		84.47	399.36
	Low	822.16				220.88			98.51		82.92	393.76

34

Daily Closing 1979 Dow-Jones Averages

JUNE

	—30 Industrials—			—20 Transport Cos.—			—15 Utilities—			Daily Sales —000—	20 Bonds	Commodity Futures
	High	Low	Close	High	Low	Close	High	Low	Close			
1	826.14	817.74	821.21	234.71	231.30	233.10	102.17	101.18	101.83	24,560	84.39	402.62
2	825.36	817.83	821.90	235.68	232.03	234.51	102.47	101.39	102.20	24,040	84.21	407.13
5	834.46	820.25	831.34	237.63	234.08	236.61	102.84	101.79	102.47	35,050	84.38	408.99
6	841.04	829.26	835.50	240.16	235.00	238.12	103.83	102.13	103.08	39,830	84.73	411.93
7	842.78	833.16	836.97	241.87	236.80	239.24	104.40	103.01	103.79	43,380	84.82	414.85
8	839.48	831.25	835.15	240.26	236.75	238.46	104.47	103.35	103.82	31,470	84.93	418.55
11	839.66	830.73	837.58	240.50	236.71	239.29	104.30	103.32	103.99	28,270	84.77	423.39
12	851.61	837.14	845.29	243.33	239.09	241.87	105.51	103.89	105.18	45,450	85.00	416.92
13	850.31	840.00	842.17	244.40	240.11	241.72	106.50	104.70	105.75	40,740	85.32	418.27
14	844.07	834.29	842.34	242.11	238.41	241.09	105.82	104.53	105.07	37,850	85.26	425.22
15	847.11	837.40	843.30	242.70	239.04	240.80	105.78	104.53	105.28	40,740	85.51	429.31
18	845.20	836.28	839.40	241.97	238.12	239.73	105.99	104.67	105.35	30,970	85.36	423.16
19	843.99	835.85	839.40	241.72	237.63	240.11	105.99	104.60	105.58	30,780	85.25	424.90
20	843.56	836.11	839.83	240.94	237.78	239.48	105.92	104.84	105.38	33,790	85.47	430.40
21	847.80	837.40	843.64	241.72	237.92	240.02	106.06	104.70	105.31	36,490	85.49	436.15
22	853.06	842.34	849.10	242.55	239.38	241.38	105.92	104.91	105.51	36,410	85.45	440.31
25	850.83	839.66	844.25	243.18	238.99	240.85	105.72	104.50	105.11	31,330	85.35	438.81
26	849.19	834.46	837.66	242.50	238.26	239.82	105.89	104.47	105.28	34,680	85.52	440.41
27	846.15	834.20	840.52	242.79	238.56	241.92	106.09	104.94	105.48	36,720	85.70	435.62
28	848.84	836.97	843.04	244.89	240.36	242.89	106.26	104.63	105.55	38,470	85.75	432.48
29	848.12	837.20	841.98	244.74	240.31	242.26	105.99	104.77	105.45	34,690	85.70	432.11
High			849.10			242.89			105.75		85.75	440.41
Low			821.21			233.10			101.83		84.21	402.62

35

Daily Closing 1979 Dow-Jones Averages

JULY

	—30 Industrials—			—20 Transport Cos.—			—15 Utilities—			Daily Sales —000—	20 Bonds	Commodity Futures
	High	Low	Close	High	Low	Close	High	Low	Close			
2	840.61	830.46	834.04	243.77	239.82	241.33	105.92	104.53	105.21	32,060	85.78	432.15
3	838.99	829.27	835.58	243.18	239.09	242.01	105.82	104.70	105.45	31,670	85.97	428.86
4					HOLIDAY							
5	840.02	830.97	835.75	244.55	240.11	243.57	105.99	104.97	105.62	30,290	85.94	432.38
6	847.27	834.22	846.16	249.22	242.70	248.64	107.00	105.48	106.70	38,570	85.92	428.00
9	856.57	844.28	852.99	253.17	247.91	251.56	107.95	106.16	107.75	42,460	85.83	429.37
10	857.00	845.73	850.34	253.70	248.05	250.34	108.86	107.54	108.29	39,730	85.83	427.97
11	849.40	839.16	843.86	251.17	246.30	248.64	108.76	107.44	108.09	36,650	85.70	427.61
12	844.62	834.22	836.86	249.22	245.23	246.54	108.46	107.17	107.61	31,780	85.59	421.25
13	837.88	827.47	833.53	247.66	242.50	246.06	108.42	106.83	107.95	33,080	85.76	420.78
16	838.57	828.92	834.90	251.36	245.81	250.54	108.36	107.17	107.75	26,620	85.57	419.26
17	836.35	824.66	828.50	252.19	246.20	247.32	108.22	106.94	107.65	34,270	85.61	422.22
18	830.97	818.00	828.58	248.93	243.09	248.25	107.61	106.56	107.24	35,950	85.77	422.42
19	834.04	822.78	827.30	250.10	246.15	248.25	107.85	106.73	107.21	26,780	85.68	420.09
20	832.08	822.70	828.07	249.90	246.06	248.64	108.32	106.73	107.85	26,360	85.74	423.37
23	829.69	819.97	825.51	249.46	245.71	247.52	108.12	106.83	107.31	26,860	85.59	418.52
24	833.28	822.61	829.78	249.37	245.71	247.86	107.92	106.83	107.34	29,690	85.62	414.62
25	840.78	829.18	839.51	251.95	247.27	250.73	108.49	107.07	107.98	34,890	85.70	412.95
26	843.17	833.96	839.76	251.90	248.44	250.68	108.76	107.44	108.15	32,270	85.73	412.92
27	842.66	833.28	839.76	252.78	249.22	251.70	108.73	107.44	108.15	27,760	85.59	408.00
30	842.49	833.45	838.74	253.31	249.71	252.09	108.63	107.48	108.02	28,640	85.51	402.05
31	849.06	837.80	846.42	255.41	251.36	254.53	109.03	107.61	108.80	34,360	85.78	404.32
High			852.99			254.53			108.80		85.97	432.38
Low			825.51			241.33			105.21		85.51	402.05

36

Daily Closing 1979 Dow-Jones Averages

AUGUST

	30 Industrials			20 Transport Cos.			15 Utilities			Daily Sales —000—	20 Bonds	Commodity Futures
	High	Low	Close	High	Low	Close	High	Low	Close			
1	852.30	841.38	850.34	257.99	252.73	256.72	109.00	107.98	108.49	36,570	85.90	406.68
2	855.03	844.28	847.95	258.77	254.92	256.33	108.93	107.27	108.15	37,720	85.99	402.89
3	850.51	843.32	846.16	257.06	253.75	254.97	108.63	107.10	108.02	28,160	85.86	403.94
6	850.77	839.08	848.55	256.77	253.36	255.45	108.66	107.37	108.36	27,190	85.86	402.90
7	863.99	848.04	859.81	261.30	255.26	259.50	109.00	107.95	108.59	45,410	85.90	401.90
8	870.14	857.42	863.14	265.34	259.11	262.86	109.10	107.95	108.63	44,970	85.86	403.00
9	864.51	855.12	858.28	263.88	260.42	262.22	108.90	107.57	108.29	34,630	85.87	401.00
10	869.54	852.30	867.06	265.34	260.81	264.46	108.80	107.71	108.15	36,740	85.85	400.90
13	878.58	867.15	875.26	269.28	264.32	268.11	109.03	107.61	108.49	41,980	85.74	402.15
14	880.72	868.69	876.71	271.67	265.68	269.58	109.27	108.12	108.86	40,910	85.80	408.41
15	888.23	871.50	885.84	273.42	268.11	271.77	109.34	108.15	108.93	46,130	86.10	407.66
16	893.60	878.75	884.04	273.24	268.21	269.96	109.54	108.49	109.00	47,000	85.86	401.01
17	888.31	877.05	883.36	270.99	266.07	268.70	109.64	108.49	109.13	31,630	86.01	411.75
20	890.27	878.07	886.52	271.57	265.73	270.31	109.78	108.46	109.24	32,300	85.83	409.60
21	892.32	880.63	886.01	272.35	268.36	270.35	109.91	108.86	109.51	38,860	86.02	413.20
22	890.02	879.44	885.84	272.01	267.68	270.65	109.98	109.00	109.27	38,450	86.05	411.95
23	888.40	877.22	880.38	272.89	268.31	270.35	110.18	108.86	109.61	35,710	85.92	415.64
24	883.87	872.18	880.20	270.21	266.56	268.60	110.42	108.93	109.44	32,730	85.76	414.64
27	891.81	877.47	885.41	271.82	267.14	270.11	109.54	108.53	108.86	32,050	85.51	414.36
28	889.68	881.40	884.64	271.91	267.72	269.38	109.47	108.15	108.69	29,430	85.47	412.60
29	888.23	879.52	884.90	269.87	266.80	268.46	109.71	108.19	108.93	30,810	85.44	413.58
30	887.63	879.52	883.70	269.19	265.97	267.04	109.78	108.15	109.00	29,300	85.22	415.03
31	890.10	881.14	887.63	268.55	264.85	266.41	109.44	108.15	108.76	26,370	85.14	411.93
		High	887.63			271.77			109.61		86.10	415.64
		Low	846.16			254.97			108.02		85.14	400.90

37

Daily Closing 1979 Dow-Jones Averages

SEPTEMBER

	—30 Industrials—			—20 Transport Cos.—			—15 Utilities—			Daily Sales —000—	20 Bonds	Commodity Futures
	High	Low	Close	High	Low	Close	High	Low	Close			
3						HOLIDAY						
4	887.63	871.16	872.61	267.24	261.15	261.78	109.03	107.71	107.98	33,350	84.76	406.33
5	871.08	857.85	866.13	261.25	256.18	258.62	108.12	106.63	107.04	41,650	84.78	409.06
6	874.74	862.63	867.32	260.66	255.99	257.40	108.36	106.46	107.54	30,330	84.55	406.91
7	877.39	863.82	874.15	259.79	256.04	258.57	108.93	107.10	108.42	34,360	84.16	405.17
10	881.06	870.14	876.88	262.27	257.69	260.62	108.86	107.54	108.09	32,980	83.96	412.92
11	880.80	864.93	869.71	262.90	257.84	258.81	108.66	107.31	107.71	42,530	83.82	408.30
12	874.91	862.97	870.90	262.76	256.91	260.86	108.49	107.00	108.19	39,350	83.83	411.65
13	876.37	864.93	870.73	265.68	260.96	263.93	108.19	106.94	107.48	35,240	83.53	413.30
14	884.56	868.60	879.10	267.53	262.32	265.00	107.78	106.46	107.00	41,980	83.60	415.91
17	890.02	877.39	881.31	268.80	264.12	265.87	108.02	106.26	107.17	37,610	83.51	414.89
18	882.00	869.45	874.15	266.70	261.69	263.68	107.41	105.75	106.26	38,750	83.40	414.46
19	883.36	870.39	876.45	265.39	261.54	263.15	106.53	104.80	105.51	35,370	83.37	413.32
20	894.62	870.99	893.69	265.10	260.37	264.37	107.41	104.84	107.00	45,100	83.40	413.54
21	902.13	886.52	893.94	266.99	262.95	265.24	107.21	105.35	106.29	52,380	83.47	414.87
24	896.59	882.85	885.84	265.97	262.51	263.15	106.77	105.14	105.75	33,790	83.24	415.72
25	889.68	875.00	886.18	263.63	260.03	262.66	106.29	104.80	105.68	32,410	83.12	415.86
26	898.63	883.02	886.35	265.29	261.49	262.47	107.31	105.58	106.36	37,700	83.05	416.26
27	892.32	880.55	887.46	264.12	259.79	262.17	107.54	106.16	107.17	33,110	82.84	422.76
28	889.93	875.00	878.58	264.07	258.57	260.47	107.44	106.22	106.90	35,950	82.78	420.51
High	893.94					265.87			108.42		84.78	422.76
Low		866.13				257.40			105.51		82.78	405.17

Daily Closing 1979 Dow-Jones Averages

OCTOBER

	—30 Industrials—			—20 Transport Cos.—			—15 Utilities—			Daily Sales —000—	20 Bonds	Commodity Futures
	High	Low	Close	High	Low	Close	High	Low	Close			
1	877.73	866.55	872.95	260.23	256.67	258.03	106.60	105.38	105.92	24,980	82.56	427.51
2	889.16	868.77	885.32	260.91	256.67	259.89	107.34	105.62	106.80	38,310	81.98	429.54
3	891.98	879.35	885.15	262.27	258.33	260.13	107.81	106.46	107.37	36,470	81.65	428.62
4	895.82	882.25	890.10	263.49	259.15	262.37	108.12	106.80	107.58	38,800	81.17	425.75
5	904.86	889.59	897.61	267.14	262.22	264.80	108.90	107.31	108.12	48,250	81.04	426.85
8	900.26	882.59	884.04	265.63	261.74	262.61	108.53	107.00	107.41	32,610	80.95	422.61
9	879.35	854.10	857.59	260.52	251.31	252.24	107.04	104.57	104.84	55,560	80.56	422.59
10	855.03	826.54	849.32	249.03	238.95	245.23	103.79	100.51	101.62	81,620	80.04	418.42
11	854.69	834.98	844.62	247.95	241.23	243.86	103.11	101.32	102.64	47,530	79.33	417.70
12	852.90	835.67	838.99	247.22	242.01	242.89	104.06	102.47	103.42	36,390	79.19	415.19
15	840.36	823.89	831.06	243.67	236.32	238.46	103.48	101.93	102.50	34,850	78.85	412.52
16	838.51	825.68	829.52	240.26	235.63	236.85	103.04	101.66	102.37	33,770	78.83	412.42
17	840.53	827.39	830.72	240.26	235.88	237.53	103.38	101.96	102.64	29,650	79.05	412.15
18	838.74	826.71	830.12	239.87	235.00	237.49	103.48	102.13	102.64	29,590	79.10	410.39
19	829.18	812.46	814.68	236.95	229.89	231.20	102.57	100.81	101.15	42,430	78.44	414.56
22	813.91	795.99	809.13	229.21	223.32	227.02	100.81	98.92	99.59	45,240	78.26	415.59
23	816.38	801.96	806.83	229.30	224.29	226.43	99.93	97.80	98.27	32,910	77.68	410.43
24	816.64	803.24	808.36	228.96	225.17	226.92	99.26	97.77	98.24	31,480	77.24	404.84
25	816.38	803.07	808.46	229.60	225.99	226.87	99.26	97.70	98.38	28,440	77.32	403.72
26	814.68	801.62	809.30	230.33	226.19	228.53	100.10	98.41	99.59	29,660	77.29	400.97
29	815.53	804.86	808.62	231.40	227.75	229.69	100.51	99.22	99.83	22,720	77.53	402.41
30	824.66	805.80	823.81	233.54	228.77	232.86	100.71	99.39	100.58	28,890	76.32	400.50
31	826.88	812.88	815.70	234.76	230.42	231.93	100.91	99.76	100.03	27,780	76.55	403.17
High	897.61					264.80			108.12		82.56	429.54
Low	805.46					226.43			98.24		76.32	400.50

39

Daily Closing 1979 Dow-Jones Averages

NOVEMBER

	—30 Industrials—			—20 Transport Cos.—			—15 Utilities—			Daily Sales —000—	20 Bonds	Commodity Futures
	High	Low	Close	High	Low	Close	High	Low	Close			
1	823.63	809.73	820.14	234.95	230.38	234.51	101.32	99.70	100.81	25,880	76.30	403.12
2	824.74	814.42	818.94	235.20	231.93	232.81	101.15	100.10	100.54	23,670	75.88	403.33
5	819.37	808.45	812.63	233.49	229.74	231.01	100.74	99.53	99.76	20,470	75.75	405.84
6	813.40	804.61	806.48	232.13	228.67	230.33	100.07	98.85	99.49	21,960	75.93	407.55
7	805.20	793.43	796.67	230.96	227.60	228.96	99.42	98.07	98.51	30,830	75.76	407.88
8	804.27	792.24	797.61	231.54	227.89	230.23	99.15	98.11	98.61	26,270	75.54	409.31
9	812.29	799.91	806.48	235.05	230.72	232.86	99.80	98.38	99.19	30,060	75.53	411.80
12	823.72	805.63	821.93	236.90	232.23	235.93	100.41	98.78	100.10	26,640	76.03	419.43
13	825.85	811.52	814.08	239.04	235.25	236.75	101.56	100.24	100.85	29,240	75.99	420.96
14	823.04	805.03	816.55	238.70	235.00	237.73	101.93	100.00	101.45	30,970	75.93	420.29
15	827.56	813.57	821.33	243.04	236.75	241.33	102.71	101.12	102.17	32,380	75.91	415.88
16	822.61	812.54	815.70	243.67	238.56	241.33	102.91	101.42	102.33	30,060	75.98	416.76
19	822.95	810.07	815.27	244.19	239.43	241.72	103.55	101.66	102.60	33,090	75.92	417.19
20	820.14	805.12	809.22	243.91	238.70	240.46	103.79	102.13	103.21	35,010	75.76	419.96
21	810.49	793.60	807.42	242.35	236.90	241.97	104.26	101.86	104.06	37,020	75.64	421.49
22					HOLIDAY							
23	815.96	804.86	811.77	245.18	241.09	243.67	105.62	103.52	104.94	23,300	75.66	423.19
26	833.11	813.82	828.75	250.78	245.08	248.88	107.51	104.91	106.73	47,940	75.98	421.08
27	837.29	820.73	825.85	252.48	247.81	249.42	108.66	106.22	107.54	45,140	76.91	423.29
28	835.92	818.09	830.46	251.90	246.76	250.58	108.42	106.43	108.02	39,690	76.82	423.86
29	838.57	826.45	831.74	252.92	248.69	250.39	108.59	107.31	108.02	33,550	77.07	426.30
30	830.80	819.88	822.35	251.51	247.27	248.49	108.42	107.14	107.61	30,480	76.64	429.13
		High	831.74			250.58			108.02		77.07	429.13
		Low	796.67			228.96			98.51		75.53	403.12

Daily Closing 1979 Dow-Jones Averages

DECEMBER

	—30 Industrials—			—20 Transport Cos.—			—15 Utilities—			Daily Sales —000—	20 Bonds	Commodity Futures
	High	Low	Close	High	Low	Close	High	Low	Close			
3	825.51	814.76	819.62	249.51	245.47	247.47	108.05	106.70	107.24	29,030	76.66	426.87
4	828.33	818.09	824.91	251.41	246.69	250.29	107.81	106.50	107.10	33,510	76.47	422.57
5	837.37	824.15	828.41	254.14	250.10	251.51	108.49	106.90	107.68	39,300	76.63	423.38
6	837.46	826.19	835.07	255.55	250.49	255.02	109.13	107.24	108.46	37,510	76.62	418.49
7	844.71	829.35	833.19	259.20	252.58	254.29	109.68	107.95	108.19	42,370	76.45	417.12
10	837.29	826.62	833.87	256.53	252.29	254.87	108.93	107.54	108.46	32,270	76.59	418.88
11	841.47	828.41	833.70	256.67	252.73	254.58	109.24	107.27	108.49	36,160	76.33	420.29
12	840.87	830.20	835.67	255.89	252.53	253.94	109.57	107.51	108.53	34,630	76.15	419.78
13	840.53	830.03	836.09	254.38	250.63	252.78	109.27	107.61	108.73	36,690	75.43	421.53
14	846.93	833.28	842.75	256.04	251.22	254.24	110.18	107.98	109.47	41,800	75.37	424.19
17	851.54	838.05	844.62	257.50	252.39	254.38	110.76	109.00	109.74	43,830	75.28	426.24
18	849.15	835.32	838.65	255.16	251.66	252.48	110.86	109.13	109.51	43,310	75.22	429.70
19	842.75	830.46	838.91	255.26	250.58	253.60	109.84	108.53	109.17	41,780	75.00	427.84
20	848.55	835.32	843.34	258.23	252.48	256.04	109.64	107.85	108.56	40,380	75.14	426.91
21	847.35	834.56	838.91	257.84	253.21	254.53	108.63	106.87	107.34	36,160	74.81	427.40
24	842.32	833.19	839.16	254.97	252.24	253.94	107.98	106.80	107.61	19,150	74.44	……
25					HOLIDAY							
26	843.09	833.74	838.14	254.58	251.12	252.87	108.29	107.10	107.85	24,960	73.78	431.60
27	842.83	834.47	840.10	255.06	251.12	252.97	108.39	107.21	107.61	31,410	73.99	428.39
28	843.43	834.64	838.91	255.06	251.66	253.26	107.92	106.73	107.04	34,430	73.85	426.69
31	843.17	834.39	838.74	254.04	251.12	252.39	107.37	105.92	106.60	31,530	73.35	423.08
		High	844.62			256.04			109.74		76.66	431.60
		Low	819.62			247.47			106.60		73.35	417.12

41

DOW-JONES INDUSTRIAL MONTHLY CLOSING AVERAGES

1979			1978			1977		
Month ended		D-J Ind.	Month ended		D-J Ind.	Month ended		D-J Ind.
December	31	838.74	December	29	805.01	December	30	831.17
November	30	822.35	November	30	799.03	November	30	829.70
October	31	815.70	October	31	792.45	October	31	818.35
September	28	878.58	September	29	865.82	September	30	847.11
August	31	887.63	August	31	876.82	August	31	861.49
July	31	846.42	July	31	862.27	July	29	890.07
June	29	841.98	June	30	818.95	June	30	916.30
May	31	822.33	May	31	840.61	May	31	898.66
April	30	854.90	April	28	837.32	April	29	926.90
March	30	862.18	March	31	757.36	March	31	919.13
February	28	808.82	February	28	742.12	February	28	936.42
January	31	839.22	January	31	769.92	January	31	954.37

1976			1975			1974		
Month ended		D-J Ind.	Month ended		D-J Ind.	Month ended		D-J Ind.
December	31	1004.65	December	31	852.41	December	31	616.24
November	30	947.22	November	28	860.67	November	29	618.66
October	29	964.93	October	31	836.04	October	31	665.52
September	30	990.19	September	30	793.88	September	30	607.87
August	31	973.74	August	29	835.34	August	30	678.58
July	30	984.64	July	31	831.51	July	31	757.43
June	30	1002.78	June	30	878.99	June	28	802.41
May	28	975.23	May	30	832.29	May	31	802.17
April	30	996.85	April	30	821.34	April	30	836.75
March	31	999.45	March	31	768.15	March	29	846.68
February	27	972.61	February	28	739.05	February	28	860.53
January	30	975.28	January	31	703.69	January	31	855.55

1973			1972			1971		
Month ended		D-J Ind.	Month ended		D-J Ind.	Month ended		D-J Ind.
December	31	850.86	December	29	1020.02	December	31	890.20
November	30	822.25	November	30	1018.21	November	30	831.34
October	31	956.58	October	31	955.52	October	29	839.00
September	28	947.10	September	29	953.27	September	30	887.19
August	31	887.57	August	31	963.73	August	31	898.07
July	31	926.40	July	31	924.74	July	30	858.43
June	29	891.71	June	30	929.03	June	30	891.14
May	31	901.41	May	31	960.72	May	28	907.81
April	30	921.43	April	28	954.17	April	30	941.75
March	30	951.01	March	30	940.70	March	31	904.37
February	28	955.07	February	29	928.13	February	26	878.83
January	31	999.02	January	31	902.17	January	29	868.50

			1970					
Month ended		D-J Ind.	Month ended		D-J Ind.	Month ended		D-J Ind.
December	31	838.92	August	31	764.58	April	30	736.07
November	30	794.09	July	31	734.12	March	31	785.57
October	30	755.61	June	30	683.53	February	27	777.59
September	30	760.88	May	29	700.44	January	30	744.06

DOW-JONES INDUSTRIAL MONTHLY CLOSING AVERAGES

1969

Month ended		D-J Ind.
December	31	800.36
November	28	812.30
October	31	855.99
September	30	813.09
August	29	836.72
July	31	815.47
June	30	873.19
May	29	937.56
April	30	950.18
March	28	935.48
February	28	905.21
January	31	946.05

1968

Month ended		D-J Ind.
December	31	943.75
November	29	985.08
October	31	952.39
September	30	935.79
August	30	896.01
July	30	883.00
June	28	897.80
May	31	899.00
April	30	912.22
March	29	840.67
February	29	840.50
January	31	855.47

1967

Month ended		D-J Ind.
December	29	905.11
November	30	875.81
October	31	879.74
September	29	926.66
August	31	901.29
July	31	904.24
June	30	860.26
May	31	852.56
April	28	897.05
March	31	865.98
February	28	839.37
January	31	849.89

1966

Month ended		D-J Ind.
December	30	785.69
November	30	791.59
October	31	807.07
September	30	774.22
August	31	788.41
July	29	847.38
June	30	870.10
May	31	884.07
April	29	933.68
March	31	924.77
February	28	951.89
January	31	983.51

1965

Month ended		D-J Ind.
December	31	969.26
November	30	946.71
October	29	960.82
September	30	930.58
August	31	893.10
July	30	881.74
June	30	868.03
May	28	918.04
April	30	922.31
March	31	889.05
February	26	903.48
January	29	902.86

1964

Month ended		D-J Ind.
December	31	874.13
November	30	875.43
October	30	873.08
September	30	875.37
August	31	838.48
July	31	841.10
June	30	831.50
May	28	820.56
April	30	810.77
March	31	813.29
February	28	800.14
January	31	785.34

1963

Month ended		D-J Ind.
December	31	762.95
November	29	750.52
October	31	755.23
September	30	732.79
August	30	729.32
July	31	695.43
June	28	706.88
May	31	726.96
April	30	717.70
March	29	682.52
February	28	662.94
January	31	682.85

1962

Month ended		D-J Ind.
December	31	652.10
November	30	649.30
October	31	589.77
September	28	578.98
August	31	609.18
July	31	597.93
June	29	561.28
May	31	613.36
April	30	665.33
March	30	706.95
February	28	708.05
January	31	700.00

1961

Month ended		D-J Ind.
December	29	731.14
November	30	721.60
October	31	703.92
September	29	701.21
August	31	719.94
July	31	705.37
June	30	683.96
May	31	696.72
April	28	678.71
March	30	676.63
February	28	662.08
January	31	648.20

1960

Month ended		D-J Ind.
December	30	615.89
November	30	597.22
October	31	580.36
September	30	580.14
August	31	625.99
July	29	616.73
June	30	640.62
May	31	625.50
April	29	601.70
March	30	616.59
February	29	630.12
January	29	622.62

YEARLY HIGHS AND LOWS OF DOW-JONES AVERAGES

	—Industrials—		—Transportation—		—Utilities—	
	High	Low	High	Low	High	Low
1979	897.61	796.67	271.77	205.78	109.74	98.24
1978	907.74	742.12	261.49	199.31	110.98	96.35
1977	999.75	800.85	246.64	199.60	118.67	104.97
1976	1014.79	858.71	237.03	175.69	108.38	84.52
1975	881.81	632.04	174.57	146.47	87.07	72.02
1974	891.66	577.60	202.45	125.93	95.09	57.93
1973	1051.70	788.31	228.10	151.97	120.72	84.42
1972	1036.27	889.15	275.71	212.24	124.14	105.06
1971	950.82	797.97	248.33	169.70	128.39	108.03
1970	842.00	631.16	183.31	116.69	121.84	95.86
1969	968.85	769.93	279.88	169.03	139.95	106.31
1968	985.21	825.13	279.48	214.58	141.30	119.79
1967	943.08	786.41	274.49	205.16	140.43	120.97
1966	995.15	744.32	271.72	184.34	152.39	118.96
1965	969.26	840.59	249.55	187.29	163.32	149.84
1964	891.71	766.08	224.91	178.81	155.71	137.30
1963	767.21	646.79	179.46	142.03	144.37	129.19
1962	726.01	535.76	149.83	114.86	130.85	103.11
1961	734.91	610.25	152.92	131.06	135.90	99.75
1960	685.47	566.05	160.43	123.37	100.07	85.02
1959	679.36	574.46	173.56	146.65	94.70	85.05
1958	583.65	436.89	157.91	99.89	91.00	68.94
1957	520.77	419.79	157.67	95.67	74.61	62.10
1956	521.05	462.35	181.23	150.44	71.77	63.03
1955	488.40	388.20	167.83	137.84	66.68	61.39
1954	404.39	279.87	146.23	94.84	62.47	52.22
1953	293.79	255.49	112.21	90.56	53.88	47.87
1952	292.00	256.35	112.53	82.03	52.64	47.53
1951	276.37	238.99	90.08	72.39	47.22	41.47
1950	235.47	196.81	77.89	51.24	44.26	37.40
1949	200.52	161.60	54.29	41.03	41.31	33.36
1948	193.16	165.39	64.95	48.13	36.04	31.65
1947	186.85	163.21	53.42	41.16	37.55	32.28
1946	212.50	163.12	68.31	44.69	43.74	33.20
1945	195.82	151.35	64.89	47.03	39.15	26.15
1944	152.53	134.22	48.40	33.45	26.37	21.74
1943	145.82	119.26	38.30	27.59	22.30	14.69
1942	119.71	92.92	29.28	23.31	14.94	10.58
1941	133.59	106.34	30.88	24.25	20.65	13.51
1940	152.80	111.84	32.67	22.14	26.45	18.03
1939	155.92	121.44	35.90	24.14	27.10	20.71
1938	158.41	98.95	33.98	19.00	c25.19	c15.14
1937	194.40	113.64	64.46	28.91	37.54	19.65

YEARLY HIGHS AND LOWS OF DOW-JONES AVERAGES

	—Industrials—		—Transportation—		—Utilities—	
	High	Low	High	Low	High	Low
1936	184.90	143.11	59.89	40.66	36.08	28.63
1935	148.44	96.71	41.84	27.31	29.78	14.46
1934	110.74	85.51	52.97	33.19	31.03	16.83
1933	108.67	50.16	56.53	23.42	37.73	19.33
1932	88.78	41.22	41.20	13.23	36.11	16.53
1931	194.36	73.79	111.58	31.42	73.40	30.55
1930	294.07	157.51	157.94	91.65	108.62	55.14
1929	381.17	198.69	189.11	128.07	144.61	64.72
1928	300.00	191.33	b152.70	b132.60	....	....
1927	202.40	152.73	144.82	119.92	....	....
1926	166.64	135.20	123.23	102.41	....	....
1925	159.39	115.00	112.93	92.82	....	....
1924	120.51	88.33	99.50	80.23	....	....
1923	105.38	85.76	90.63	76.78	....	....
1922	103.43	78.59	93.99	74.43	....	....
1921	81.50	63.90	77.56	65.52	....	....
1920	109.88	66.75	85.37	67.83	....	....
1919	119.62	79.15	91.13	73.63	....	....
1918	89.07	73.38	92.91	77.21	....	....
1917	99.18	65.95	105.76	70.75	....	....
1916	110.15	84.96	112.28	99.11	....	....
1915	99.21	54.22	108.28	87.85	....	....
1914	a83.43	a71.42	a109.43	a89.41	....	....
1913	88.57	72.11	118.10	100.50	....	....
1912	94.15	80.15	124.35	114.92	....	....
1911	87.06	72.94	123.86	109.80	....	....
1910	98.34	73.62	129.90	105.59	....	....
1909	100.53	79.91	134.46	113.90	....	....
1908	87.67	58.62	120.05	86.04	....	....
1907	96.37	53.00	131.95	81.41	....	....
1906	103.00	85.18	138.36	120.30	....	....
1905	96.56	68.76	133.54	114.52	....	....

a—The high and low figures for the industrials and transportation are for the period ended July 31, 1914. The industrial average was composed of 12 stocks when the New York Stock Exchange closed in July 1914 because of World War I. In September 1916, a new list of 20 stocks was adopted and computed back to the opening of the Exchange on December 12, 1914. On October 1, 1928, the stocks comprising the industrial average was increased to 30. The high and low for the industrial average for December 1914 was 56.76 and 53.17, respectively. The high and low for transportation for December 1914 was 92.29 and 86.40.

b—On March 7, 1928, transportation components were increased to 20 from 12.

c—Since June 2, 1938, the utility average has been based on 15 stocks instead of 20.

DOW-JONES COMPOSITE AVERAGE—65 STOCKS

Year	High	Date		Low	Date	
1979	315.05	August	15	274.27	February	28
1978	315.26	September	8	260.66	March	6
1977	324.86	January	3	274.31	October	25
1976	325.49	December	31	264.50	January	2
1975	268.20	July	15	205.32	January	2
1974	282.51	March	13	184.24	October	3
1973	334.08	January	3	247.67	December	5
1972	338.54	December	11	302.13	October	16
1971	318.44	April	28	270.18	January	4
1970	273.21	December	30	208.66	May	26
1969	346.23	February	7	252.99	December	17
1968	353.09	November	29	290.09	March	25
1967	337.32	August	4	282.69	January	3
1966	352.40	February	11	261.27	October	7
1965	340.88	December	31	290.37	June	28
1964	314.15	November	20	269.09	January	2
1963	269.08	December	18	228.67	January	2
1962	245.80	January	3	187.41	June	26
1961	251.43	November	15	204.77	January	3
1960	222.62	January	5	189.84	October	25
1959	224.35	August	3	200.09	February	9

YEARLY HIGHS AND LOWS OF DOW-JONES BOND AVERAGES

	a1979	a1978	a1977	a1976	1975	1974
20 Bonds						
High	86.10	90.86	93.87	93.20	69.74	73.50
Low	73.35	84.54	90.69	85.70	66.16	64.13
10 Public Utilities						
High	88.60	95.00	99.10	98.56	88.05	91.70
Low	72.40	86.27	94.98	87.46	81.03	78.52
10 Industrials						
High	84.28	86.79	89.18	87.85	79.05	80.82
Low	74.25	82.78	85.31	78.58	74.51	70.81
Government Bonds						
High	85.98	83.69	89.08	89.58	84.06	81.04
Low	77.24	79.42	83.79	81.85	79.52	75.73
Municipal Bond Yield						
High	7.76	7.25	6.47	7.16	7.78	7.24
Low	6.66	6.12	5.84	5.70	6.32	5.20

a-Effective June 30, 1976, the Dow Jones averages of income railroad bonds, 10 higher-grade rails and 10 second-grade rails were discontinued. With the dropping of the rail averages, which had been part of the Dow Jones 40-bond average, the 40-bond average became a 20-bond average consisting of 10 utility bonds and 10 industrial bonds.

NET ASSETS PER SHARE ON DOW-JONES INDUSTRIAL STOCKS

As of 12/31	1978	1977	1976	1975	1974	1973	1972
Allied Chem.	42.68	40.59	37.52	35.11	34.17	30.23	28.00
Alum. Co. Am.	58.82	51.99	47.82	45.30	44.37	40.60	58.22
Amer. Brands	31.54	27.08	24.25	21.99	19.70	18.37	16.81
Amer. Can	45.37	46.49	43.35	41.93	34.47	36.69	35.31
Amer. Tel.	79.92	75.32	69.81	64.46	59.74	55.08	50.31
Bethlehem Steel	53.89	49.73	61.66	59.82	57.03	51.59	48.05
Chrysler	41.92	47.88	46.10	39.45	44.47	49.74	46.87
DuPont	98.96	89.18	81.90	76.35	74.52	71.48	64.67
Eastman Kodak	30.01	26.74	24.84	22.87	21.12	19.19	16.95
Esmark	31.36	35.41	33.43	34.64	40.75	35.66	32.57
Exxon	45.80	43.61	41.22	76.10	70.71	61.63	55.07
General Electric	28.71	25.90	23.05	21.92	20.28	18.51	17.91
General Foods	25.93	23.00	21.18	18.95	17.09	15.81	14.78
General Motors	61.72	54.97	49.81	45.15	43.01	43.00	39.85
Goodyear	29.47	27.62	25.94	25.35	24.37	23.32	21.80
Inco	20.56	20.45	20.42	19.34	18.72	16.84	14.96
Int. Harvester	60.97	57.75	53.94	50.14	49.08	46.21	43.87
Int. Paper	43.89	40.95	37.88	32.70	30.84	25.47	23.65
Johns-Man.	38.27	34.58	31.37	30.81	30.04	27.58	25.97
Minnesota Mining	22.12	19.50	17.73	....	....	....	....
Owens Illinois	36.57	34.81	65.66	55.19	50.99	46.81	39.58
Proc. & Gamble	35.23	31.16	28.10	25.35	23.33	21.20	18.89
Sears Roebuck	21.98	20.27	37.22	33.44	33.21	31.75	28.76
Std. of California	48.21	44.79	41.20	38.18	37.98	34.19	61.54
Texaco	34.86	34.59	33.16	31.96	33.13	29.39	26.38
Union Carbide	57.54	53.52	50.77	45.51	41.35	34.67	31.89
U.S. Steel	61.72	61.09	62.39	89.39	82.23	72.21	67.89
United Technologies	32.73	34.66	31.29	54.51	48.78	47.93	44.75
Westinghouse Elec.	27.46	25.54	23.55	21.88	20.83	21.33	20.60
Woolworth	37.21	35.49	33.93	31.76	29.94	29.02	27.87
Total	1,285.27	1,214.66	1,200.49	1,244.37	1,193.62	1,102.99	1,067.81
Divided (D-J Indus. Divisor)	1.443	1.443	1.504	1.588	1.598	1.598	1.661
Average	890.69	841.76	798.20	783.61	746.95	690.23	642.87
Next year mkt low	796.67	742.12	800.85	858.71	632.04	577.60	788.31
Ratio mkt to book value	89	88	100	110	85	84	123

This compilation has not been adjusted for stock splits. For most recent splits, see page 13.

Barron's Confidence Index

Barron's Confidence Index is the ratio of Barron's average of the yield on 10 best grade corporate bonds to the yield on 10 intermediate grade corporate bonds. The ratio is high when investors are confidently buying bonds below top grade. It is low when they take refuge in top grade issues.

(For bonds used in this tabulation, see page 8 — the Dow-Jones averages.)

		Index col. 3 ÷ col. 2	10 Intermediate Grade Bond Yield	10 Best Grade Bond Yield			Index col. 3 ÷ col. 2	10 Intermediate Grade Bond Yield	10 Best Grade Bond Yield
1979					April	30	90.7	9.94	9.02
December	31	89.2	11.77	10.50		23	90.0	9.94	8.95
	24	89.2	11.64	10.38		16	90.7	9.91	8.99
	17	91.3	11.38	10.39		9	90.7	9.88	8.96
	10	90.9	11.27	10.24		2	91.1	9.83	8.96
	3	91.5	11.26	10.30	March	26	91.4	9.83	8.99
November	26	92.3	11.31	10.44		19	91.7	9.84	9.02
	19	90.9	11.28	10.25		12	92.1	9.78	9.01
	12	92.6	11.22	10.39		5	91.4	9.81	8.97
	5	92.0	11.22	10.33	February	26	91.4	9.77	8.93
October	29	89.4	11.25	10.06		19	92.4	9.68	8.95
	22	89.3	10.82	9.66		12	92.7	9.65	8.95
	15	90.0	10.67	9.60		5	92.7	9.65	8.95
	8	90.8	10.26	9.32	January	29	91.5	9.75	8.92
	1	91.0	10.06	9.16		22	91.1	9.80	8.93
September	24	92.1	9.94	9.15		15	91.3	9.86	9.00
	17	91.2	9.93	9.06		8	91.4	9.84	8.99
	10	92.4	9.79	9.05		1	90.8	9.81	8.91
	3	93.0	9.74	9.06	**1978**				
August	27	92.7	9.68	8.97	December	25	91.2	9.71	8.86
	20	93.0	9.64	8.97		18	91.9	9.56	8.79
	13	92.4	9.65	8.92		11	92.2	9.49	8.75
	6	93.3	9.67	9.02		4	93.4	9.46	8.84
July	30	93.3	9.68	9.03	November	27	94.0	9.36	8.80
	23	93.3	9.67	9.02		20	92.0	9.45	8.69
	16	92.7	9.68	8.97		13	92.7	9.40	8.71
	9	92.7	9.65	8.95		6	92.7	9.44	8.75
	2	91.8	9.67	8.88	October	30	94.1	9.27	8.72
June	25	91.5	9.70	8.88		23	93.2	9.18	8.56
	18	91.4	9.76	8.92		16	91.9	9.11	8.37
	11	91.4	9.84	8.99		9	91.9	9.13	8.39
	4	91.7	9.91	9.09		2	91.5	9.08	8.31
May	28	91.4	9.96	9.10	September	25	91.5	9.04	8.27
	21	92.1	9.96	9.17		18	91.5	9.02	8.25
	14	91.8	10.03	9.21		11	91.7	9.04	8.29
	7	90.8	9.99	9.07		4	91.8	9.07	8.33

BARRON'S CONFIDENCE INDEX

		Index col. 3 ÷ col. 2	10 Intermediate Grade Bond Yield	10 Best Grade Bond Yield			Index col. 3 ÷ col. 2	10 Intermediate Grade Bond Yield	10 Best Grade Bond Yield
1978					November	28	91.9	8.56	7.87
August	28	91.7	9.11	8.35		21	92.2	8.60	7.93
	21	91.9	9.10	8.36		14	91.2	8.67	7.91
	14	92.6	9.09	8.42		7	91.5	8.67	7.93
	7	92.1	9.16	8.44					
July	31	92.6	9.21	8.53	October	31	92.8	8.62	8.00
	24	92.4	9.23	8.53		24	92.4	8.59	7.94
	17	92.3	9.25	8.54		17	90.8	8.58	7.79
	10	92.5	9.22	8.53		10	91.2	8.50	7.75
	3	91.9	9.15	8.41		3	90.2	8.48	7.65
June	26	92.5	9.10	8.42	September	26	90.0	8.49	7.64
	19	91.0	9.20	8.37		19	90.3	8.43	7.61
	12	91.2	9.16	8.35		12	89.9	8.44	7.59
	5	91.7	9.15	8.39		5	90.5	8.42	7.62
						4	91.2	8.82	8.04
May	29	91.8	9.11	8.36					
	22	91.8	9.01	8.29	August	29	90.0	8.44	7.60
	15	90.8	9.04	8.21		22	90.3	8.44	7.62
	8	90.6	9.01	8.16		15	90.5	8.44	7.64
	1	91.2	8.96	8.17		8	90.4	8.44	7.63
						1	89.7	8.47	7.60
April	24	91.2	8.96	8.17					
	17	90.7	8.94	8.11	July	25	90.8	8.40	7.63
	10	91.4	8.91	8.14		18	91.2	8.41	7.67
	3	90.6	8.87	8.04		11	91.8	8.39	7.70
						4	91.2	8.39	7.65
March	27	90.7	8.86	8.04					
	20	90.7	8.86	8.04	June	27	90.5	8.44	7.64
	13	90.1	8.83	7.96		20	90.3	8.46	7.64
	6	90.8	8.83	8.02		13	90.5	8.49	7.68
						6	90.6	8.54	7.74
February	27	91.2	8.85	8.07					
	20	91.3	8.82	8.05	May	30	90.2	8.56	7.72
	13	91.6	8.82	8.08		23	91.1	8.54	7.78
	6	91.5	8.80	8.05		16	91.5	8.57	7.84
						9	90.6	8.61	7.80
January	30	90.6	8.87	8.04		2	90.8	8.60	7.81
	23	91.4	8.81	8.04					
	16	91.7	8.78	8.05					
	9	91.9	8.68	7.98	April	25	90.5	8.63	7.81
	2	91.0	8.67	7.89		18	90.8	8.62	7.83
						11	90.8	8.65	7.85
						4	90.4	8.62	7.79
1977									
December	26	91.1	8.65	7.88	March	28	91.1	8.59	7.83
	19	91.5	8.61	7.88		21	91.5	8.59	7.86
	12	91.4	8.57	7.83		14	91.3	8.59	7.84
	5	91.0	8.58	7.81		7	91.3	8.58	7.83

BARRON'S CONFIDENCE INDEX

		Index col. 3 ÷ col. 2	10 Intermediate Grade Bond Yield	10 Best Grade Bond Yield			Index col. 3 ÷ col. 2	10 Intermediate Grade Bond Yield	10 Best Grade Bond Yield
1977									
February	28	91.3	8.60	7.85	May	31	91.2	9.29	8.47
	21	91.4	8.54	7.81		24	91.1	9.28	8.45
	14	91.5	8.55	7.82		17	90.2	9.26	8.35
	7	91.6	8.55	7.83		10	90.1	9.20	8.29
January	31	91.2	8.61	7.85		3	90.5	9.18	8.31
	24	91.4	8.56	7.82	April	26	90.6	9.12	8.26
	17	89.3	8.53	7.62		19	90.6	9.13	8.27
	10	89.7	8.48	7.61		12	90.6	9.23	8.36
	3	88.6	8.52	7.55		5	90.1	9.28	8.36
					March	29	91.1	9.20	8.38
1976						22	90.2	9.27	8.36
December	27	89.4	8.55	7.64		15	90.0	9.33	8.40
	20	89.8	8.55	7.68		8	89.7	9.32	8.36
	13	90.4	8.56	7.74		1	90.4	9.29	8.40
	6	90.1	8.66	7.80	February	23	89.6	9.36	8.39
November	29	90.7	8.70	7.89		16	89.6	9.45	8.47
	22	90.4	8.73	7.89		9	89.2	9.48	8.46
	15	90.3	8.79	7.94		2	89.3	9.48	8.47
	8	91.0	8.76	7.97	January	26	89.8	9.53	8.56
	1	91.6	8.78	8.04		19	89.7	9.63	8.64
October	25	90.6	8.81	7.98		12	89.3	9.76	8.72
	18	90.8	8.80	7.99		5	89.3	9.83	8.78
	11	91.4	8.77	8.02	**1975**					
	4	91.4	8.77	8.02	December	29	89.4	9.90	8.85
September	27	91.9	8.79	8.08		22	89.2	9.91	8.84
	20	90.6	8.92	8.08		15	88.9	9.95	8.85
	13	90.6	8.95	8.11		8	89.0	9.91	8.82
	6	89.8	8.99	8.07		1	89.5	9.91	8.87
August	30	90.7	8.96	8.13	November	24	89.3	9.87	8.81
	23	91.8	8.98	8.24		17	89.6	9.87	8.84
	16	91.6	9.03	8.27		10	89.9	9.90	8.90
	9	91.4	9.09	8.31		3	90.3	9.90	8.94
	2	91.6	9.13	8.36	October	27	90.9	9.92	9.02
July	26	91.1	9.21	8.39		20	92.1	9.96	9.17
	19	90.7	9.22	8.36		13	90.0	10.01	9.10
	12	90.7	9.28	8.42		6	89.6	10.12	9.07
	5	90.8	9.24	8.39	September	29	88.7	9.97	8.84
June	28	92.0	9.23	8.49		22	89.1	9.98	8.89
	21	91.0	9.26	8.43		15	90.9	9.82	8.93
	14	91.0	9.31	8.47		8	89.9	9.77	8.78
	7	90.4	9.34	8.44		1	92.3	9.82	9.06

BARRON'S CONFIDENCE INDEX

Month	Date	Index col. 3 ÷ col. 2	10 Intermediate Grade Bond Yield	10 Best Grade Bond Yield	Month	Date	Index col. 3 ÷ col. 2	10 Intermediate Grade Bond Yield	10 Best Grade Bond Yield
1975					November	25	93.0	9.78	9.10
August	25	92.0	9.78	9.00		18	93.4	9.86	9.21
	18	91.5	9.66	8.84		11	94.0	9.93	9.33
	11	91.0	9.70	8.83		4	92.4	10.02	9.26
	4	89.3	9.64	8.61	October	28	94.3	10.14	9.56
						21	97.1	10.23	9.93
						14	95.1	10.36	9.85
July	28	89.2	9.58	8.55		7	94.9	10.38	9.85
	21	90.1	9.58	8.63	September	30	96.1	10.15	9.75
	14	89.7	9.59	8.60		23	94.5	10.26	9.70
	7	89.2	9.58	8.55		16	94.6	10.16	9.61
June	30	90.0	9.38	8.44		9	93.9	10.13	9.51
	23	90.0	9.44	8.50		2	94.7	9.97	9.44
	16	90.4	9.51	8.60	August	26	95.8	9.80	9.39
	9	89.3	9.64	8.61		19	96.1	9.80	9.42
	2	91.2	9.62	8.77		12	96.6	9.77	9.44
						5	96.4	9.73	9.38
May	26	91.0	9.63	8.76	July	29	95.8	9.67	9.26
	19	91.0	9.71	8.84		22	95.2	9.76	9.29
	12	91.4	9.69	8.86		15	96.1	9.65	9.27
	5	90.6	9.75	8.83		8	92.8	9.59	8.90
April	28	90.8	9.69	8.80		1	92.7	9.32	8.64
	21	91.6	9.65	8.84	June	24	93.2	9.17	8.55
	14	91.3	9.63	8.79		17	94.2	9.13	8.60
	7	92.0	9.58	8.81		10	94.5	9.13	8.63
						3	94.2	9.18	8.65
March	31	91.8	9.39	8.62	May	27	94.7	9.17	8.68
	24	91.3	9.36	8.55		20	95.9	9.13	8.76
	17	91.4	9.29	8.49		13	95.8	9.09	8.71
	10	91.6	9.34	8.56		6	94.4	9.05	8.54
	3	92.0	9.31	8.57	April	29	93.7	9.00	8.43
February	24	91.1	9.38	8.55		22	94.8	8.86	8.40
	17	91.7	9.48	8.69		15	96.0	8.85	8.50
	10	93.2	9.53	8.88		8	95.2	8.73	8.31
	3	93.3	9.68	9.03		1	95.6	8.50	8.13
January	27	92.8	9.83	9.12	March	25	94.8	8.40	7.96
	20	92.9	9.85	9.19		18	94.7	8.38	7.94
	13	94.7	9.96	9.43		11	94.7	8.33	7.89
	6	94.2	10.05	9.47		4	95.5	8.29	7.92
					February	25	94.6	8.30	7.85
1974						18	93.9	8.33	7.82
December	30	92.9	9.99	9.28		11	93.7	8.32	7.80
	23	92.3	9.92	9.16		4	94.2	8.34	7.86
	16	92.5	9.92	9.18	January	28	93.9	8.37	7.86
	9	93.2	9.91	9.24		21	95.1	8.35	7.94
	2	93.8	9.79	9.18		14	95.4	8.41	8.02
						7	94.6	8.49	8.03

Barron's Group Stock Averages

Barron's group stock averages are a simple arithmetic average based on closing prices as of Thursday each week. In cases where there have been split-ups in issues included in the averages, or where large stock dividends have been paid, adjustments have been made to keep the averages comparable throughout the period for which they have been computed, January 1937 to date. A list of the stocks on which these averages are based and the method of calculation follow:

AIRCRAFT (Mfg.)÷5
  Boeing x 36
  Curtiss-Wright A
  Lockheed x 6.2816
  McDonnell Douglas x 2.83575
  United Technologies x 6.48

AIR TRANSPORT÷4
  American Airlines x 20
  Pan-Am World Airways x 8
  Trans World Airlines
  UAL Inc. x 2

AUTOMOBILES÷6
  American Motors x 5.1936
  Chrysler x 8
  Ford Motor x .36375
  General Motors x 6

AUTOMOBILE EQUIP.÷4
  Borg-Warner x 6
  Champion Spark Plug x 7.609
  Eaton x 6
  Timken x 4

BANKS÷25
  BankAmerica x 96
  Chase Manhattan x 19.089
  Citicorp x 72
  Continental Ill. x 36
  Morgan (J.P.) x 24

BUILDING MAT. & EQUIP.÷5
  American Standard
  Crane x 8
  Johns-Manville x 12
  Lone Star Indus. x 7.5
  U. S. Gypsum x 10

CHEMICALS÷5
  Allied Chemical x 8
  Am. Cyanamid x 8
  Monsanto x 9
  Olin Corp. x 6
  Union Carbide x 6

CLOSED-END INVEST. COS.÷4
  Gen'l American Investors x 2.25
  Lehman x 2
  Madison Fund x 2.55
  Tri-Continental x 2

DRUGS÷4
  Abbott Laboratories x 48
  Bristol-Myers x 48
  Merck x 2
  Sterling Drug x 27

ELECTRICAL EQUIPMENT÷3.188
  General Electric x 6
  Square D x 33.75
  Westinghouse Elec. x 16

FARM EQUIPMENT÷4
  Allis-Chalmers x 7
  Deere x 48
  Int'l Harvester x 6
  Massey-Ferguson x 10.76

FOODS & BEVERAGES÷6.37
  Amstar x 16
  Borden x 4
  Coca-Cola x 2
  General Foods x 8
  General Mills x 36
  Kraft x 4

GOLD MINING÷4
  ASA Ltd. x 39.912
  Dome Mines x 9
  Homestake Mining x 4
  Lake Shore Mines

GROCERY CHAINS÷3
  Great A&P Tea x 3.418
  Kroger x 12
  Safeway Stores x 18

Barron's Group Stock Averages

INSTALMENT FINANCING÷4
  Beneficial x 4.125
  C.I.T. Financial x 5
  Dial x 4
  Household Finance x 18

INSURANCE÷33
  Aetna Life & Cas. x 426
  Continental x 44.53
  INA x 66.05
  Travelers x 200
  USLIFE x 271.336

LIQUOR÷4
  Brown-Forman cl A x 3.40454
  Hiram Walker-Gooderham &
    Worts cl A x 24
  National Distillers x 6
  Seagram x 20

MACHINE TOOLS.÷3.237
  Acme-Cleveland x 3.7117
  Chicago Pneumatic Tool x 4.43
  Cinn. Milacron x 8
  Warner & Swasey x 1.079

MACHINERY (Heavy)÷5.295
  Ex-Cell-O x 3.14
  Foster Wheeler x 24
  Harnischfeger x 3.5
  Mesta Machine
  Wean United x 3.86

MOTION PICTURES÷4
  Columbia Pictures x 7.7904
  Disney x 20.936
  MCA x 8.2175
  Twentieth Century-Fox x 2

NON-FERROUS METALS÷5
  Asarco x 12.7998
  Inco x 2.242
  Kennecott x 3
  Reynolds Metals x 2
  St. Joe Minerals x 7.50

OFFICE EQUIPMENT÷6.925
  AM Intl. x 6
  Burroughs x 4
  Int'l Bus. Machines x 234.856
  NCR x 6
  SCM
  Sperry Rand x 4

OIL÷7
  Conoco x 16
  Exxon x 12
  Gulf x 12
  Mobil x 4.80
  Phillips x 16
  Standard Oil, Cal. x 8
  Texaco x 16

PACKING÷4
  Esmark x 2.5
  Hormel x 16.16356
  Iowa Beef x 6.1944
  Mayer (Oscar) x 1.5

PAPER÷5
  Crown Zellerbach x 4.5
  Internat'l Paper x 3.046
  Kimberly-Clark x 8
  Mead Corp. x 7.5
  Union Camp x 9

RAILROAD EQUIPMENT÷4.513
  A C F Industries x 6
  Amsted x 8
  General Signal x 4
  Portec x 3.792
  Pullman x 4.5

RETAIL MERCHANDISE÷7
  K mart x 4.339
  May Dept. Stores x 4.9756
  Penney (J.C.) x 18
  Sears, Roebuck x 48
  Stop & Shop x 55.9125
  Walgreen x 4
  Woolworth (F.W.) x 3

Barron's Group Stock Averages

RUBBER÷4
   Firestone x 24
   Goodrich x 9
   Goodyear x 24
   Uniroyal x 12

STEEL & IRON÷5
   Armco Steel x 6
   Bethlehem Steel x 12
   National Steel x 6.60
   Republic Steel x 2
   U.S. Steel x 9

TELEVISION÷13.689
   Amer. Bdcst. x 4.5
   Capital Cities x 2
   C.B.S. x 6
   General Instrument
   Gen. Tel. & Elec. x 3

   Oak Indus x 164.97
   RCA x 3
   Raytheon x 4
   Sony x 6.25
   Texas Instruments
   Zenith Radio x 36

TEXTILES÷4
   Burlington Ind. x 10
   Celanese x 2.5
   Stevens (J.P.) x 18.40
   West Point-Pepperell x 4.3733

TOBACCO÷5
   Am. Brands x 4
   Culbro x 5.328
   Liggett Group x 2
   Philip Morris x 4
   Reynolds (R.J.) x 8

Barron's Group Stock Averages

	1979		1978		1977		1976		1975		1974	
	High	Low	High	Low	High	Low	High	Low	High	Low	High	Low
Aircraft manufacturing	486.96	368.94	482.02	201.46	236.88	169.26	188.03	121.16	139.26	72.34	81.66	60.26
Air transport	106.84	72.31	144.97	69.00	97.87	63.12	113.13	72.59	71.09	40.94	93.44	37.50
Automobiles	84.66	66.82	89.67	71.93	110.07	85.90	111.67	82.81	79.48	47.21	92.58	43.41
Automobile equipment	182.91	148.03	166.90	134.38	170.92	142.21	169.60	128.31	122.30	84.26	108.63	78.78
Banks	317.00	260.71	317.46	231.56	325.78	248.76	337.99	264.72	321.76	234.03	367.50	191.05
Bldg mat and equipment	243.27	196.02	251.16	181.15	231.66	194.52	218.75	163.15	173.64	119.65	146.89	101.30
Chemicals	311.65	234.92	291.47	233.60	367.55	270.00	401.83	328.02	328.68	217.48	295.63	199.43
Closed-End Invest	36.70	27.19	31.68	26.24	32.10	27.95	31.58	27.94	30.50	22.57	34.92	19.38
Drugs	1,128.34	897.69	1,056.22	775.25	881.06	702.81	938.09	789.06	854.94	577.97	730.75	424.31
Electrical equip	469.84	396.90	484.95	374.40	458.83	389.23	438.78	348.32	353.30	248.16	480.47	215.52
Farm equipment	643.16	544.09	598.90	387.74	569.16	419.88	599.50	426.42	421.63	308.15	427.14	248.25
Foods and beverages	312.40	276.69	340.34	287.28	353.28	297.45	353.77	300.94	308.36	219.54	302.77	176.04
Gold Mining	546.65	322.17	409.55	274.66	312.22	248.06	398.06	196.44	547.34	329.87	622.35	349.72
Grocery chains	352.00	285.19	351.19	276.61	363.28	298.33	360.81	289.10	366.75	251.33	323.02	223.43
Instalment financing	224.14	164.55	181.77	147.69	179.43	154.29	182.75	139.58	151.97	113.69	195.62	102.46
Insurance	1,058.08	834.14	954.09	674.10	825.00	669.10	800.79	568.23	660.90	439.81	884.14	361.08
Liquor	564.33	404.10	397.87	306.23	338.38	286.63	400.61	299.82	479.33	318.17	597.31	356.45
Machine tools	159.17	100.19	125.53	77.97	88.31	72.70	87.72	64.09	74.89	56.64	94.24	51.91
Machinery (heavy)	166.58	106.46	130.37	88.26	107.79	79.72	80.22	53.00	64.84	34.27	91.14	30.58
Motion pictures	438.00	314.27	398.87	266.43	324.54	266.01	402.90	289.69	366.34	146.80	314.00	130.46
Non-Ferrous metals	179.99	107.26	126.34	100.43	165.34	109.09	166.76	128.81	141.20	96.03	142.24	93.53

(Continued on following page)

Barron's Group Stock Averages

	1979 High	1979 Low	1978 High	1978 Low	1977 High	1977 Low	1976 High	1976 Low	1975 High	1975 Low	1974 High	1974 Low
Office equipment	2,869.08	2,228.53	2,719.56	2,126.06	2,516.79	2,185.83	2,537.21	2,058.12	2,011.29	1,435.73	2,244.70	1,405.16
Oil	551.47	391.31	417.53	360.46	444.73	381.21	433.63	349.43	380.48	278.42	402.54	229.52
Packing	214.42	154.98	167.39	138.71	169.18	141.21	152.99	117.42	110.35	88.80	113.00	84.67
Paper	272.39	232.34	282.63	212.54	291.36	224.04	311.30	245.76	236.91	145.62	214.76	136.53
Railroad equipment	212.28	172.08	220.97	144.37	180.87	151.70	168.34	119.60	139.41	91.07	156.37	83.96
Retail merchandise	446.62	366.32	477.53	394.45	551.56	432.51	644.19	525.88	564.45	370.60	664.37	342.16
Rubber	254.72	176.91	265.59	223.97	367.87	264.94	391.59	336.66	335.44	215.06	296.25	196.41
Steel and iron	195.59	152.36	199.91	155.11	276.14	165.07	330.40	259.20	269.12	178.34	212.92	166.87
Television	586.82	336.84	415.11	226.91	288.47	193.48	259.90	190.35	222.87	110.13	237.27	101.69
Textiles	185.33	156.90	203.07	169.05	234.03	183.20	274.80	215.69	220.48	133.50	183.88	121.86
Tobacco	160.42	139.47	154.55	129.19	153.63	137.83	150.16	130.18	129.65	108.76	123.94	89.46

BARRON'S GROUP STOCK AVERAGES

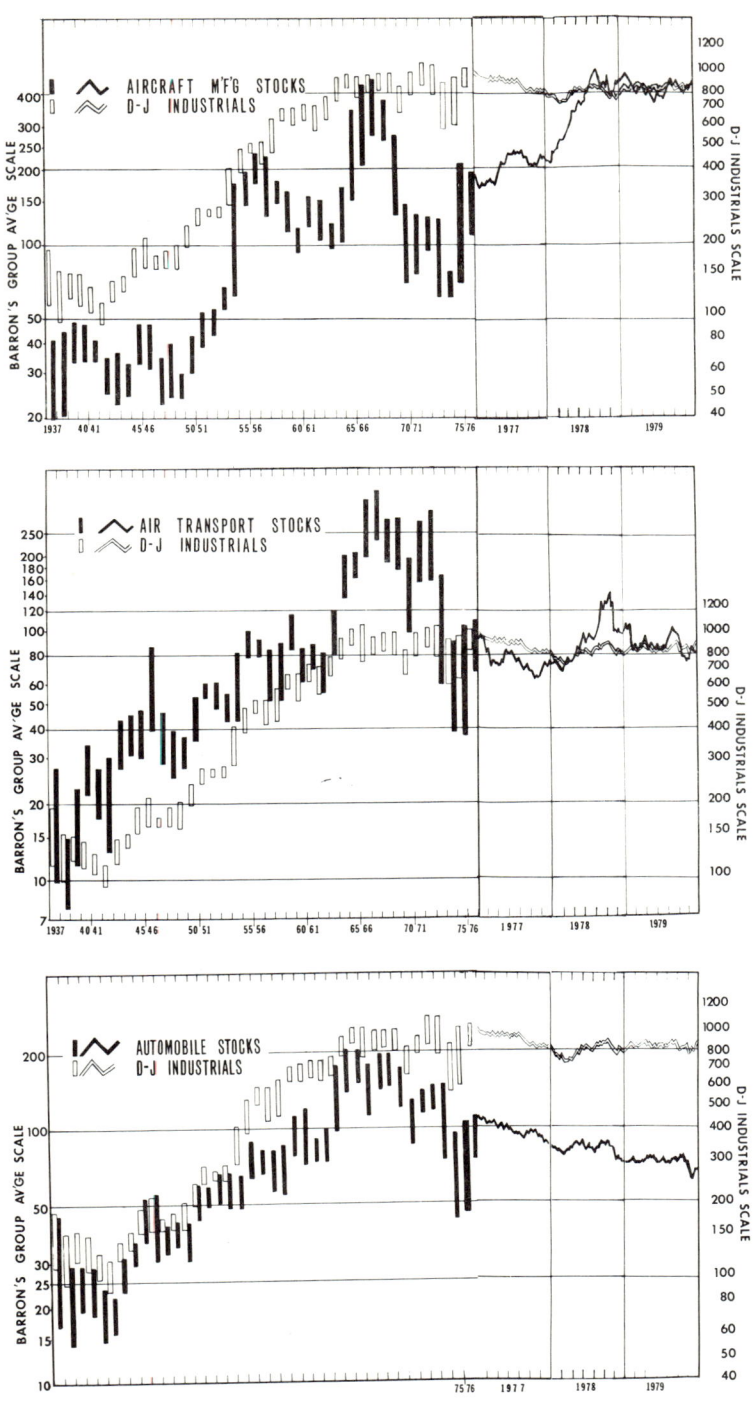

BARRON'S GROUP STOCK AVERAGES

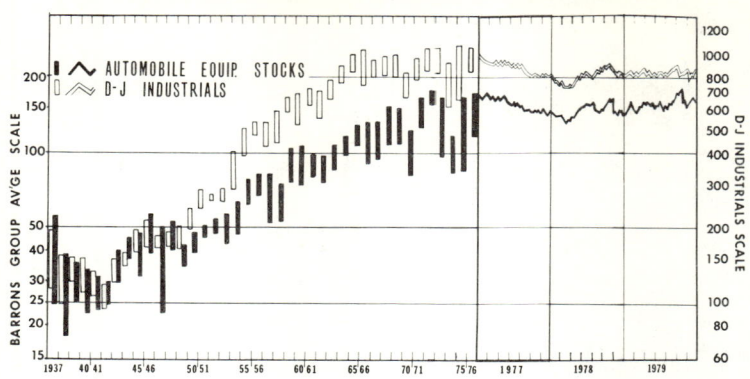

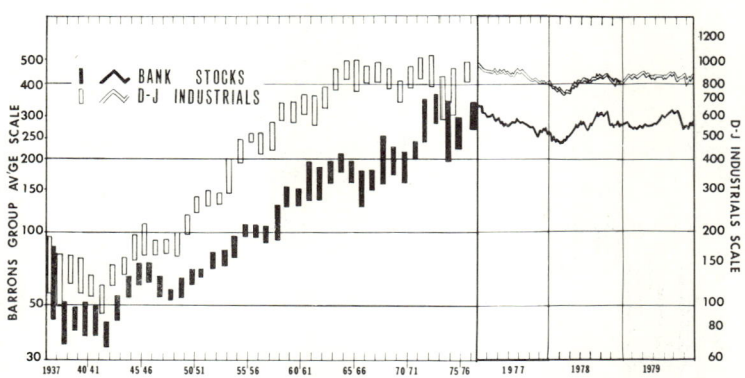

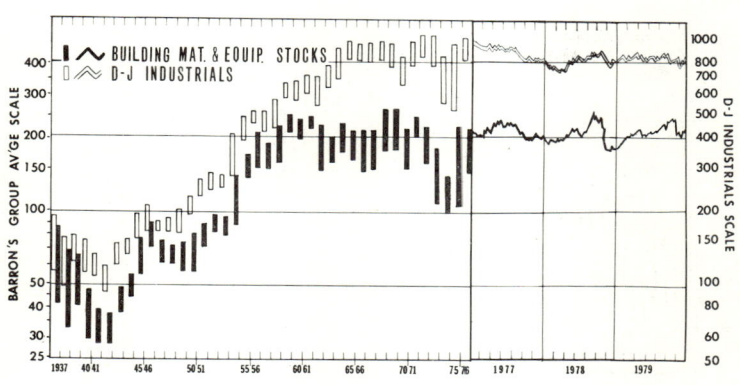

BARRON'S GROUP STOCK AVERAGES

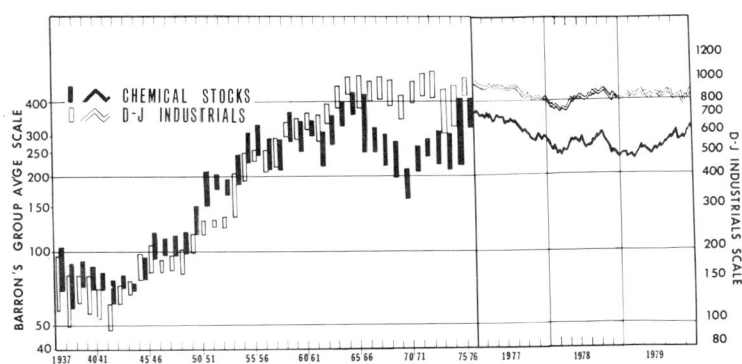

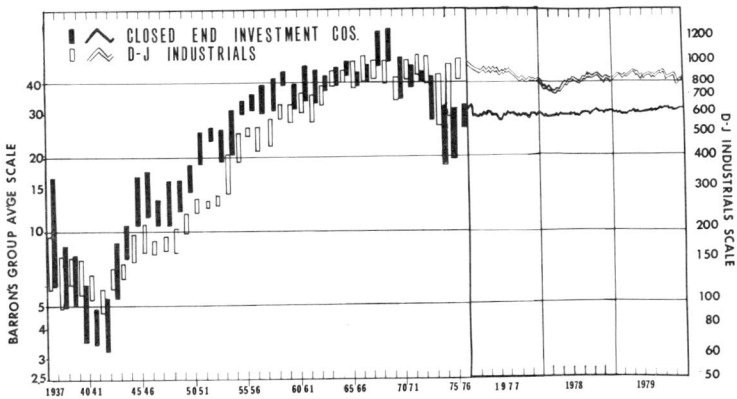

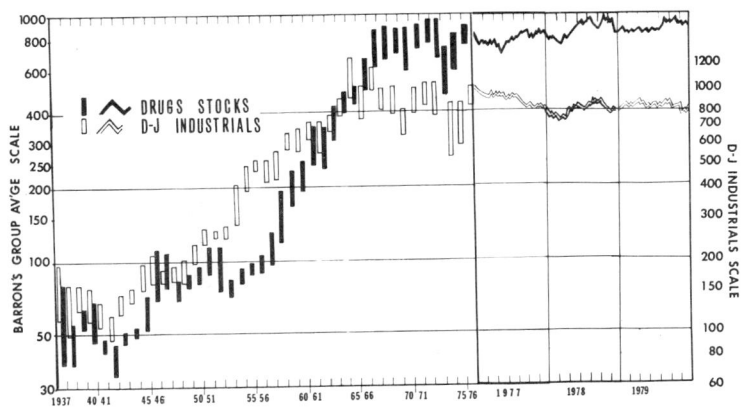

BARRON'S GROUP STOCK AVERAGES

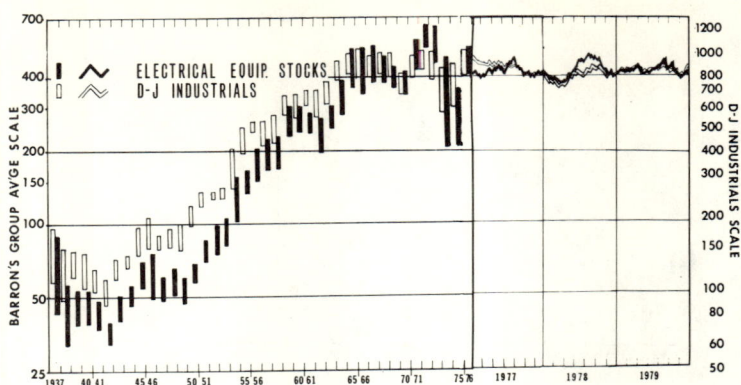

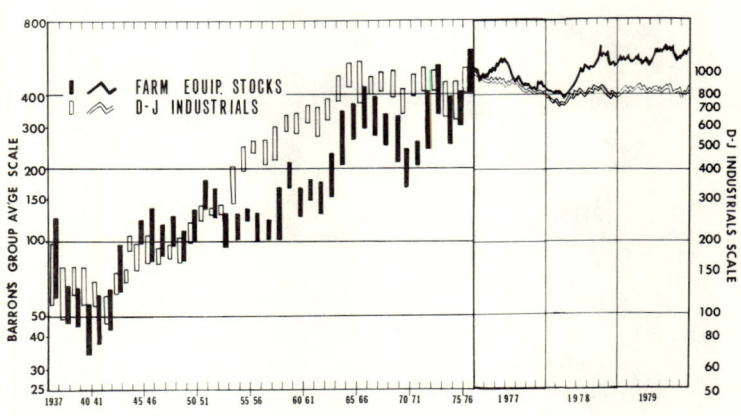

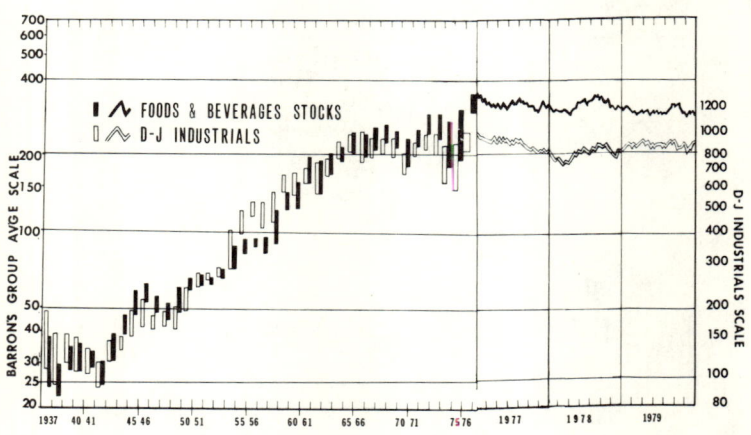

BARRON'S GROUP STOCK AVERAGES

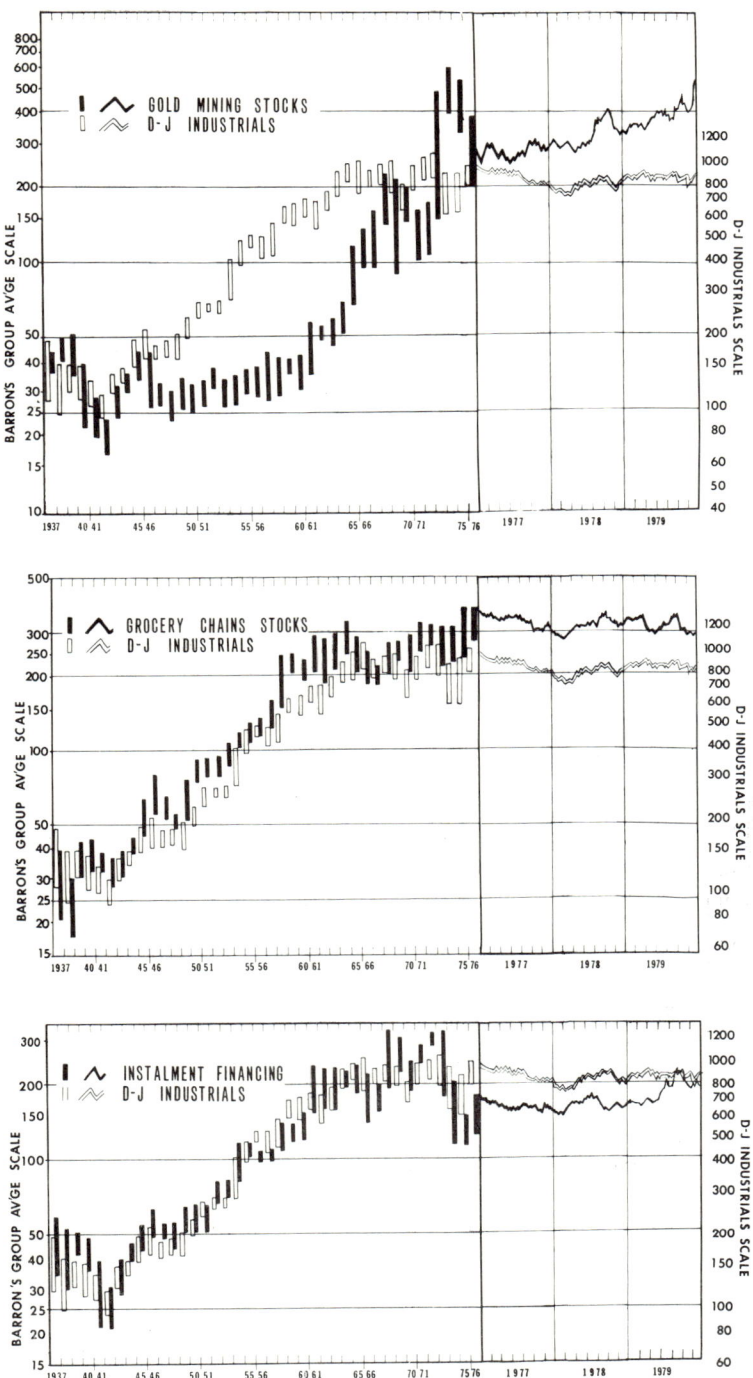

BARRON'S GROUP STOCK AVERAGES

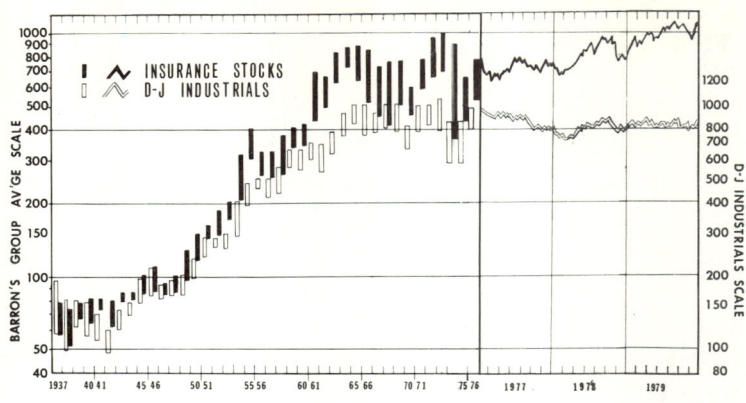

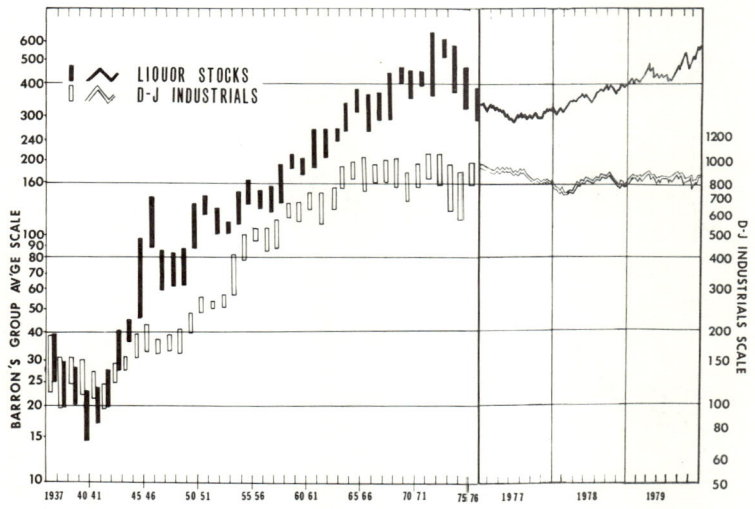

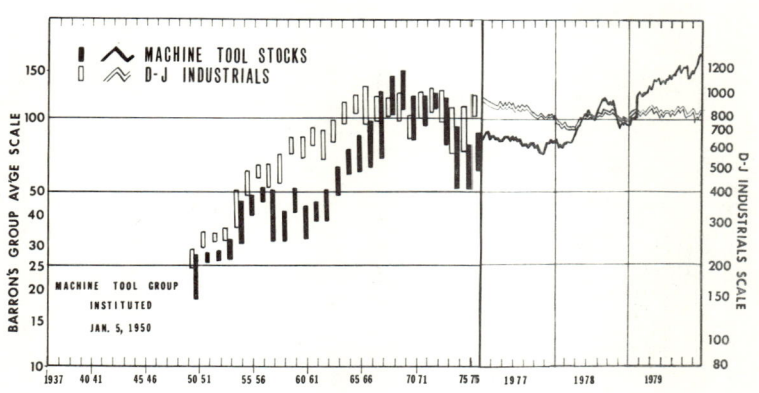

BARRON'S GROUP STOCK AVERAGES

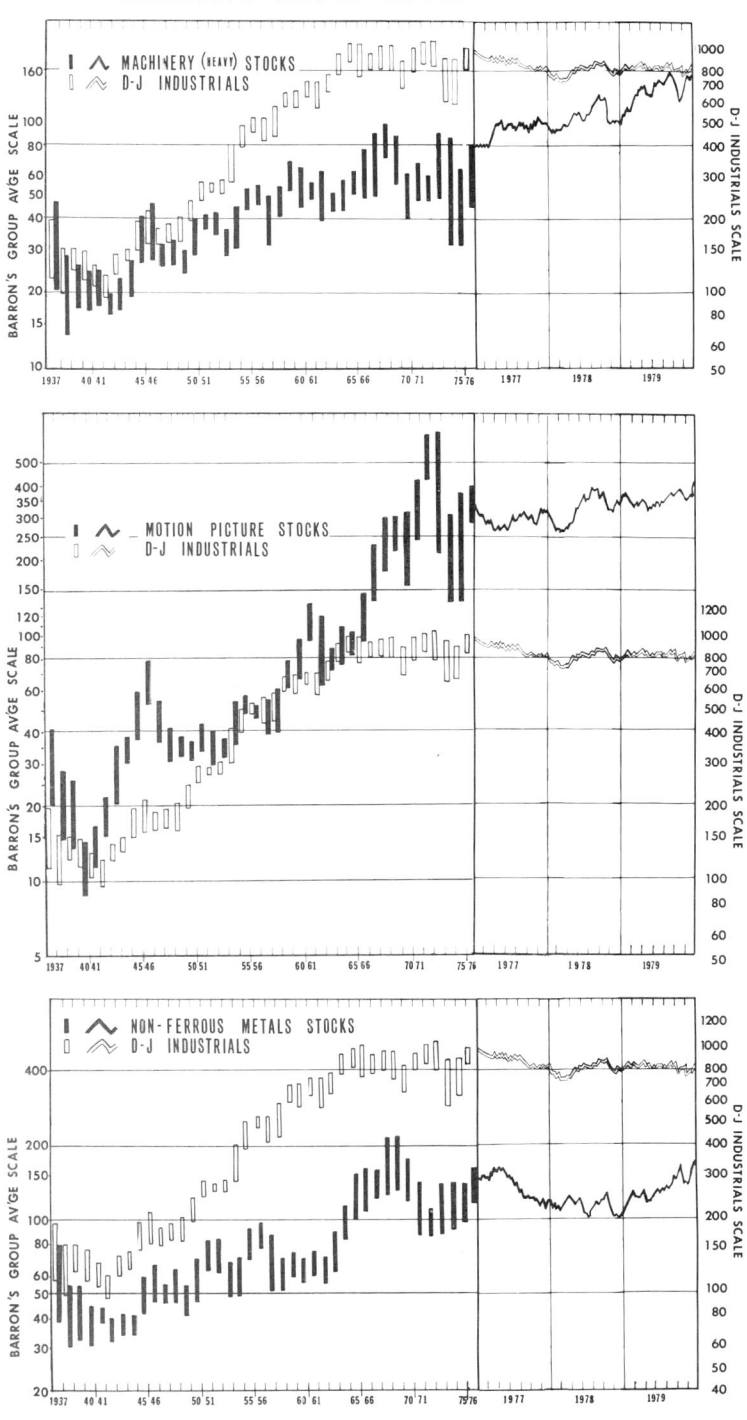

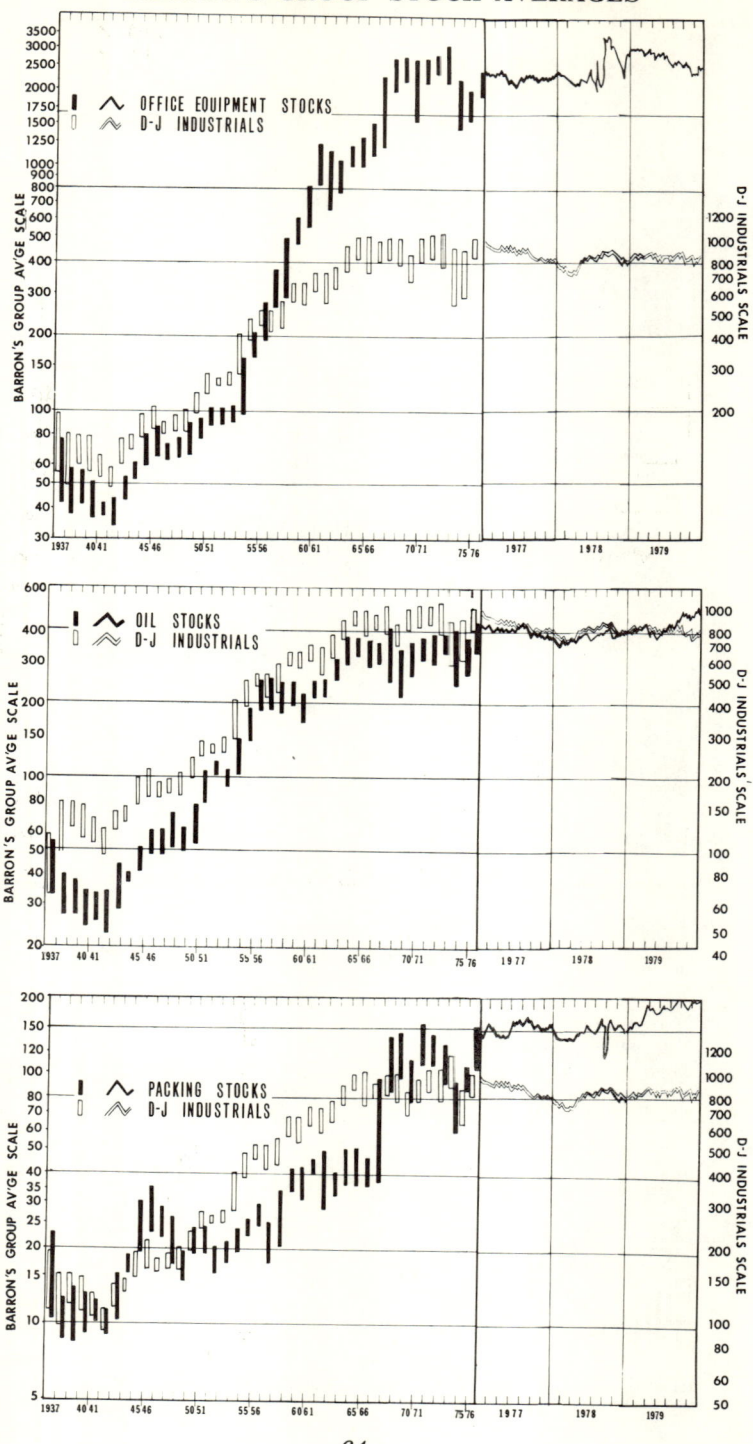

BARRON'S GROUP STOCK AVERAGES

BARRON'S GROUP STOCK AVERAGES

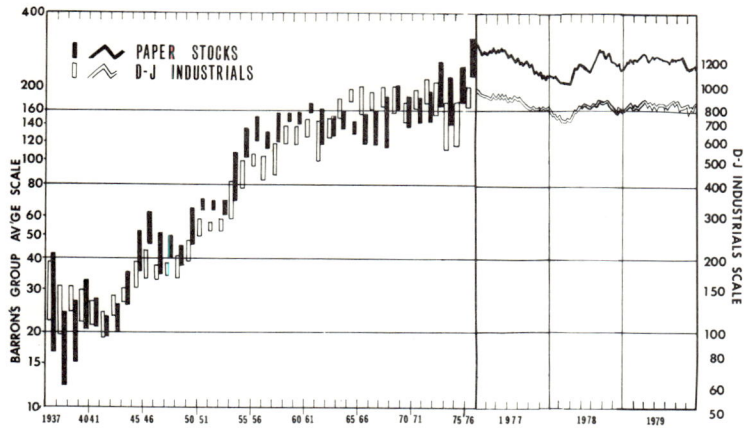

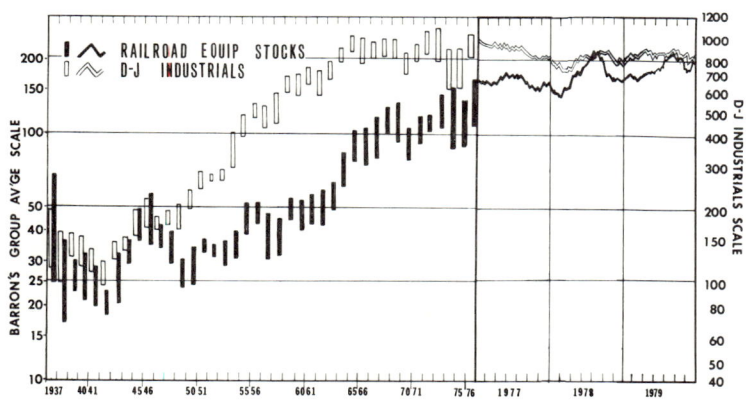

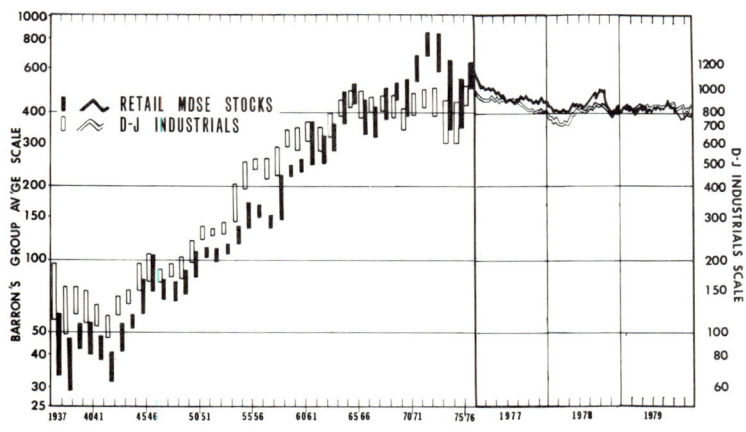

BARRON'S GROUP STOCK AVERAGES

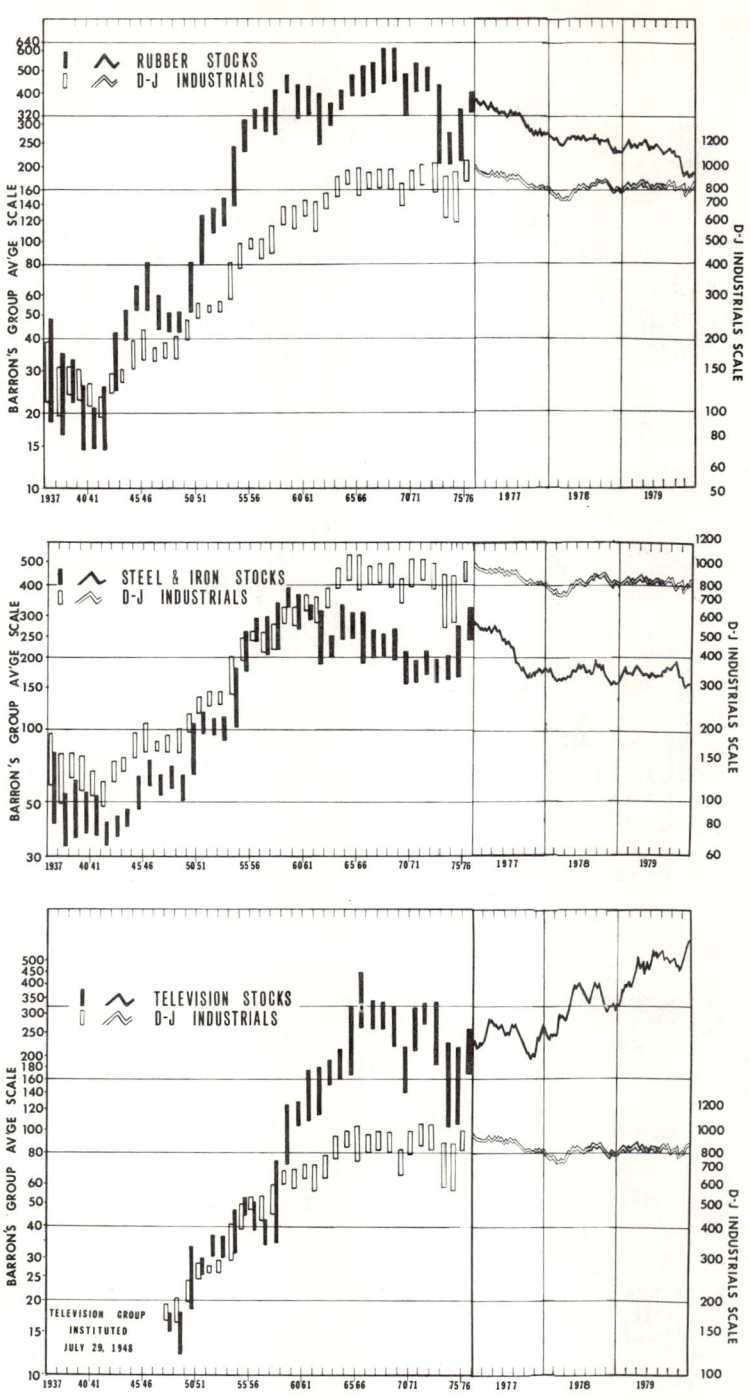

BARRON'S GROUP STOCK AVERAGES

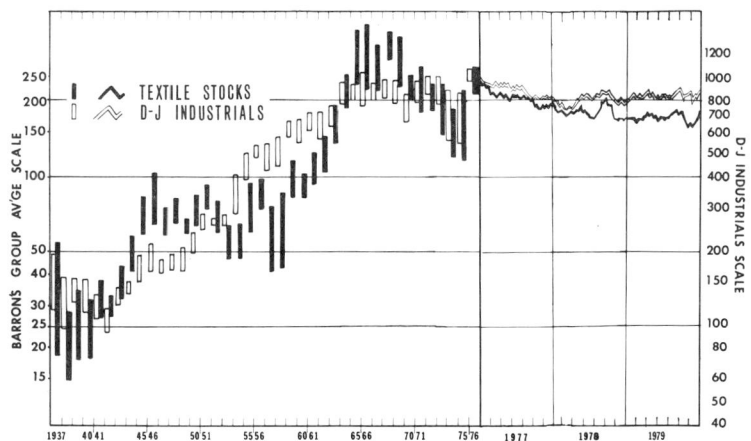

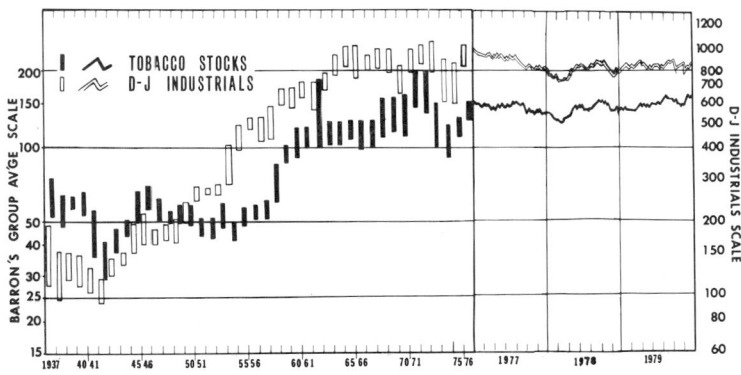

New York Stock Exchange
Composite Stock Index

Year	Open	High	Low	Close	Chg.
1979	53.93	63.39	53.38	61.95	+ 8.33
1978	51.82	60.38	48.37	53.62	+ 1.12
1977	57.69	57.69	49.78	52.50	− 5.38
1976	48.04	57.88	48.04	57.88	+10.24
1975	37.06	51.24	37.06	47.64	+11.51
1974	51.98	53.37	32.89	36.13	−15.69
1973	65.06	65.48	49.05	51.82	−12.66
1972	56.23	65.14	56.23	64.48	+ 8.05
1971	49.73	57.76	49.60	56.43	+ 6.20
1970	52.10	52.36	37.69	50.23	− 1.30
1969	58.94	59.32	49.31	51.53	− 7.37
1968	53.68	61.27	48.70	58.90	+ 5.07
1967	43.74	54.16	43.74	53.83	+10.11
1966	49.86	51.06	39.37	43.72	− 6.28
1965	45.37	50.00	43.64	50.00	+ 4.35
1964	40.47	46.49	40.47	45.65	+ 5.73
1963	34.41	39.92	34.41	39.92	+ 6.11
1962	37.34	38.02	28.20	33.81	− 4.58
1961	31.17	38.60	31.17	38.39	+ 7.45
1960	31.99	31.99	28.38	30.94	− 1.21
1959	29.54	32.39	28.94	32.15	+ 3.30
1958	21.71	28.85	21.45	28.85	+ 7.74
1957	24.43	26.30	20.92	21.11	− 3.24
1956	23.56	25.90	22.55	24.35	+ 0.64
1955	19.05	23.71	19.05	23.71	+ 4.31
1954	13.70	19.40	13.70	19.40	+ 5.80
1953	14.65	14.65	12.62	13.60	− 0.89
1952	13.70	14.49	13.31	14.49	+ 0.89
1951	12.28	13.89	12.28	13.60	+ 1.59
1950	10.06	12.01	9.85	12.01	+ 2.10

The New York Stock Exchange composite stock index has been computed on a daily basis since June 1, 1964. Prior to that date it was on a weekly basis. December 31, 1965, equals 50.

New York Stock Exchange

Volume, Shares and Turnover Rate

(Millions of Shares)

Year	Reported Stock Volume	Average of Shares Listed	Per Cent Turnover	Year	Reported Stock Volume	Average of Shares Listed	Per Cent Turnover
1979	8,155.9	28,803.0	28	1944	263.1	1,490.8	18
1978	7,205.1	26,833.2	27	1943	278.7	1,479.9	19
1977	5,273.8	25,296.5	21	1942	125.7	1,466.9	9
1976	5,360.1	23,489.0	23	1941	170.6	1,459.0	12
1975	4,693.4	22,108.0	21	1940	207.6	1,445.1	14
1974	3,517.7	21,351.8	16	1939	262.0	1,429.8	18
1973	4,053.2	20,062.6	20	1938	297.5	1,418.1	21
1972	4,138.2	18,329.4	23	1937	409.5	1,386.2	30
1971	3,891.3	16,782.1	23	1936	496.0	1,339.1	37
1970	2,937.4	15,573.6	19	1935	381.6	1,311.6	29
1969	2,850.8	14,139.1	20	1934	323.8	1,299.4	25
1968	2,931.5	12,410.0	24	1933	654.8	1,302.6	50
1967	2,529.9	10,079.5	22	1932	425.2	1,315.3	32
1966	1,899.5	10,495.0	18	1931	576.8	1,307.8	44
1965	1,556.3	9,641.0	16	1930	810.6	1,212.2	67
1964	1,236.6	8,668.8	14	1929	1,124.8	942.5	119
1963	1,146.3	7,883.7	15	1928	930.9	706.2	132
1962	962.2	7,373.6	13	1927	581.7	620.3	94
1961	1,021.3	6,773.2	15	1926	451.9	538.6	84
1960	766.7	6,152.8	12	1925	459.7	462.5	99
1959	820.3	5,432.0	15	1924	284.0	424.8	67
1958	747.1	4,910.2	15	1923	236.5	393.2	60
1957	559.9	4,632.9	12	1922	260.9	337.2	77
1956	556.3	4,149.2	13	1921	172.8	292.7	59
1955	649.6	3,505.3	19	1920	227.6	251.1	91
1954	573.4	3,050.4	19	1919	318.3	208.0	153
1953	354.9	2,857.4	12	1918	143.3	193.9	74
1952	337.8	2,702.0	13	1917	184.6	179.7	103
1951	443.5	2,484.6	18	1916	232.6	160.2	145
1950	524.8	2,259.4	23	1915	172.5	155.8	111
1949	272.2	2,091.6	13	1914	b47.4	b154.8	b31
1948	302.2	1,962.0	15	1913	82.8	152.3	54
1947	253.6	1,839.0	14	1912	131.5	148.8	88
1946	363.7	1,681.8	22	1911	125.9	140.3	90
1945	377.6	1,542.2	24	1910	a161.1	126.8	127

a-Excludes unlisted trading which was discontinued March 1910.

b-Exchange closed July 31, 1914, due to pending outbreak of World War I. Reopened for trading in all stocks under restrictions December 15, 1914. Restrictions removed April 1, 1915.

Source: NYSE Fact Book.

New York Stock Exchange

All Listed Stocks

End of Year	Number of Companies	Number of issues	Shares Listed Number (millions)	Market Value	a-Inst. Holdings
1979	1,565	2,192	30,032.8	$960,606.1	....
1978	1,581	2,194	27,573.1	822,735.9	....
1977	1,575	2,177	26,093.2	796,639.0	....
1976	1,576	2,158	24,499.8	858,299.2	....
1975	1,557	2,111	22,478.0	685,110.0	32.9%
1974	1,567	2,080	21,737.0	511,055.0	32.8
1973	1,560	2,058	20,967.0	721,012.0	31.8
1972	1,505	2,003	19,159.0	871,540.0	31.7
1971	1,426	1,927	17,500.0	741,827.0	30.1
1970	1,351	1,840	16,065.0	636,380.0	27.6
1969	1,311	1,789	15,082.0	629,453.0	26.0
1968	1,273	1,767	13,196.0	692,337.0	24.8
1967	1,274	1,700	11,622.5	605,816.8	24.0
1966	1,286	1,665	10,938.6	482,540.9	23.7
1965	1,273	1,627	10,057.7	537,480.6	22.7
1964	1,247	1,606	9,229.4	474,322.3	22.2
1963	1,214	1,572	8,108.2	411,318.0	21.3
1962	1,186	1,559	7,659.2	345,846.1	20.4
1961	1,163	1,541	7,088.0	387,841.2	19.4
1960	1,143	1,528	6,458.4	306,967.1	18.7
1959	1,116	1,507	5,847.3	307,707.7	18.1
1958	1,100	1,507	5,016.7	276,665.2	17.9
1957	1,107	1,522	4,803.8	195,570.2	17.8
1956	1,087	1,502	4,462.1	219,175.9	17.1
1955	1,087	1,508	3,836.3	207,699.2	16.2
1954	1,089	1,532	3,174.3	169,148.5	....
1953	1,084	1,530	2,926.6	117,257.2	....
1952	1,084	1,522	2,788.2	120,536.2	....
1951	1,075	1,495	2,615.1	109,483.6	....
1950	1,057	1,472	2,353.2	93,807.3	....
1949	1,043	1,457	2,165.7	76,292.0	14.5
1948	1,017	1,419	2,017.5	67,048.3	....
1947	996	1,379	1,906.5	68,312.5	....
1946	962	1,334	1,771.4	68,594.9	....
1945	912	1,269	1,592.1	73,765.3	....
1944	889	1,259	1,492.3	55,512.0	....
1943	869	1,237	1,489.4	47,607.3	....
1942	867	1,238	1,470.5	38,811.7	....
1941	863	1,232	1,463.3	35,785.9	....
1940	862	1,230	1,454.8	41,890.6	....
1939	854	1,233	1,435.4	46,467.6	....

a-Estimated holdings of New York Stock Exchange-listed stocks include insurance companies, investment companies, non-insured pension funds, non-profit institutions, common trust funds and mutual savings banks. The holdings do not include foreign institutions, mutual funds that aren't registered with the Securities and Exchange Commission, private hedge funds, non-bank trusts and bank-administered personal trusts.

Source: NYSE Fact Book.

New York Stock Exchange

Daily Reported Stock Volume: Average, High and Low Record Days

(Thousands of Shares)

Year	a-Average Daily Volume	High Day Volume	Date	b-Low Day Volume	Date	Year	a-Average Daily Volume	High Day Volume	Date	b-Low Day Volume	Date
1979	32,237	81,619	10-10	18,346	1- 2	1945	1,422	2,936	6-28	492	8- 6
1978	28,591	66,370	8- 3	d7,580	1-20	1944	958	2,517	6-16	337	5-15
1977	20,928	35,261	11-11	10,582	10-10	1943	1,012	2,805	5- 4	335	8-30
1976	21.186	44,513	2-20	10,301	1- 2	1942	455	1,441	12-29	207	7- 1
1975	18,551	35,158	2-13	8,670	9-15	1941	619	2,925	12-29	224	5-19
1974	13,904	26,365	10-10	7,402	7- 5	1940	751	3,940	5-21	130	8-19
1973	16,084	25,962	9-20	8,970	8-20	1939	955	5,934	9- 5	235	7- 3
1972	16,487	27,555	12-29	7,945	10- 9	1938	1,080	3,100	11- 9	278	6- 8
1971	15,381	31,731	8-16	7,349	10-25	1937	1,492	7,288	10-19	424	6-21
1970	11,564	21,345	9-24	6,660	5-11	1936	1,791	4,718	2-17	586	5-13
1969	11,403	19,950	10-14	6,758	12-26	1935	1,385	3,948	11-14	345	2- 4
1968	12,971	21,351	6-13	6,707	3-25	1934	1,178	4,940	2- 5	275	8-20
1967	10,080	14,954	12-29	5,998	7- 3	1933	2,519	9,572	7-21	477	1-30
1966	7,538	13,121	5- 6	4,268	6- 6	1932	1,541	5,461	8- 8	385	10-31
1965	6,176	11,434	12- 6	3,028	7- 7	1931	2,090	5,346	2-24	536	9- 1
1964	4,888	6,851	4- 2	3,051	8-10	1930	2,959	8,279	5- 5	1,090	8- 1
1963	4,567	9,324	11-26	2,513	7-26	1929	4,277	16,410	10-29	1,996	12-24
1962	3,818	14,746	5-29	1,946	10- 8	1928	3,416	6,943	11-23	1,090	6-25
1961	4,085	7,077	4- 4	2,184	7- 3	1927	2,111	3,214	10- 4	1,219	1-28
1960	3,042	5,303	12-30	1,894	10-12	1926	1,643	3,860	3- 3	607	5- 6
1959	3,242	4,884	3-13	1,745	10-12	1925	1,663	3,391	11-10	790	4-13
1958	2,965	5,368	10-17	1,566	2-24	1924	1,029	2,584	11-20	316	6- 2
1957	2,222	5,093	10-22	1,256	9- 4	1923	863	1,559	11-22	283	7-16
1956	2,216	3,921	2-29	1,233	10- 9	1922	950	2,008	4-17	236	7- 3
1955	2,578	7,717	9-26	1,230	8-15	1921	632	1,290	3-23	280	8- 8
1954	2,275	4,433	12-29	1,215	1-11	1920	828	2,008	4-21	227	6-29
1953	1,414	3,119	3-31	738	9- 8	1919	1,179	2,697	11-12	299	2- 7
1952	1,297	2,352	11-19	780	5-19	1918	529	1,692	5-16	136	8- 2
1951	1,674	3,877	1-17	973	7-11	1917	678	2,048	2- 1	236	10-24
1950	1,980	4,859	6-27	1,061	3-13	1916	843	3,002	12-21	119	8- 7
1949	1,023	2,212	12-14	541	6-17	1915	624	1,673	9-28	114	3-17
1948	1,132	3,837	5-14	465	8-16	1914c	270	1,281	7-30	50	12-30
1947	952	2,197	4-14	476	8-27	1913	303	864	6-10	57	11-24
1946	1,370	3,624	9- 4	487	7- 5	1912	476	1,252	11-11	100	12-26

a-A trading session of three hours or less is counted as one-half day.
b-Full days only.
c-1914—Exchange closed July 31, 1914. Reopened December 15, 1914, for trading in all stocks, under restrictions. Restrictions removed April 1, 1915.
d-Opened at noon due to snow storm.
Source: NYSE Fact Book.

New York Stock Exchange

Cash Dividends and Yields on Common Stocks

Calendar Year	Number of Issues Listed at Year End	Number Paying Cash Dividends During Year	Estimated Aggregate Cash Payments (Millions)	a-Median Yield (%)	Calendar Year	Number of Issues Listed at Year End	Number Paying Cash Dividends During Year	Estimated Aggregate Cash Payments (Millions)	a-Median Yield (%)
1978	1,552	1,373	$41,151	4.8	1957	1,098	991	$8,807	6.1
1977	1,549	1,360	36,270	4.5	1956	1,077	975	8,341	5.2
1976	1,550	1,340	30,608	4.0	1955	1,076	982	7,488	4.6
1975	1,531	1,273	26,901	5.0	1954	1,076	968	6,439	4.7
1974	1,543	1,308	25,662	7.4	1953	1,069	964	5,874	6.3
1973	1,536	1,276	23,627	5.0	1952	1,067	975	5,595	6.0
1972	1,478	1,195	21,490	3.0	1951	1,054	961	5,467	6.5
1971	1,399	1,132	20,256	3.2	1950	1,039	930	5,404	6.7
1970	1,330	1,120	19,781	3.7	1949	1,017	887	4,235	7.0
1969	1,290	1,121	19,404	3.6	1948	986	883	3,806	7.8
1968	1,253	1,104	18,124	2.6	1947	964	851	3,255	6.3
1967	1,255	1,116	16,866	3.2	1946	933	798	2,669	4.8
1966	1,267	1,127	16,151	4.1	1945	881	746	2,275	3.6
1965	1,254	1,111	15,300	3.2	1944	864	717	2,223	5.0
1964	1,227	1,066	13,555	3.3	1943	845	687	2,063	6.1
1963	1,194	1,032	12,096	3.6	1942	834	648	1,997	7.8
1962	1,168	994	11,203	3.8	1941	834	627	2,281	9.3
1961	1,145	981	10,430	3.3	1940	829	577	2,099	6.1
1960	1,126	981	9,872	4.2	1939	825	504	1,833	..
1959	1,092	953	9,337	3.8	1938	823	486	1,556	..
1958	1,086	961	8,711	4.1	1937	831	569	2,373	..

a-Based on cash payments during the year and price at end of year for dividend-paying stocks only.

Source: NYSE Fact Book.

New York Stock Exchange

Membership Prices

(Thousands of Dollars)

Year	High	Low	Year	High	Low	Year	High	Low
1979	$210.0	$82.0	1946	$97.0	$61.0	1914	$55.0	$34.0
1978	105.0	46.0	1945	95.0	49.0	1913	53.0	37.0
1977	95.0	35.0	1944	75.0	40.0	1912	74.0	55.0
1976	104.0	40.0	1943	48.0	27.0	1911	73.0	65.0
1975	138.0	55.0	1942	30.0	17.0	1910	94.0	65.0
1974	105.0	65.0	1941	35.0	19.0	1909	94.0	73.0
1973	170.0	72.0	1940	60.2	33.0	1908	80.0	51.0
1972	250.0	150.0	1939	70.0	51.0	1907	88.0	51.0
1971	300.0	145.0	1938	85.0	51.0	1906	95.0	78.0
1970	320.0	130.0	1937	134.0	61.0	1905	85.0	72.0
1969	515.0	260.0	1936	174.0	89.0	1904	81.0	57.0
1968	515.0	385.0	1935	140.0	65.0	1903	82.0	51.0
1967	450.0	220.0	1934	190.0	70.0	1902	81.0	65.0
1966	270.0	197.0	1933	250.0	90.0	1901	80.0	48.5
1965	250.0	190.0	1932	185.0	68.0	1900	47.5	37.5
1964	230.0	190.0	1931	322.0	125.0	1899	40.0	29.5
1963	217.0	160.0	1930	480.0	205.0	1898	29.8	19.0
1962	210.0	115.0	1929	b495.0	b350.0	1897	22.0	15.5
1961	225.0	147.0	1929	a625.0	a550.0	1896	20.0	14.0
1960	162.0	135.0	1928	595.0	290.0	1895	20.0	17.0
1959	157.0	110.0	1927	305.0	170.0	1894	21.3	18.0
1958	127.0	69.0	1926	175.0	133.0	1893	20.0	15.3
1957	89.0	65.0	1925	150.0	99.0	1892	22.0	17.0
1956	113.0	75.0	1924	101.0	76.0	1891	24.0	16.0
1955	90.0	80.0	1923	100.0	76.0	1890	22.5	17.0
1954	88.0	45.0	1922	100.0	86.0	1889	23.0	19.0
1953	60.0	38.0	1921	100.0	77.5	1888	24.0	17.0
1952	55.0	39.0	1920	115.0	85.0	1887	30.0	19.0
1951	68.0	52.0	1919	110.0	60.0	1886	33.0	23.0
1950	54.0	46.0	1918	60.0	45.0	1885	34.0	20.0
1949	49.0	35.0	1917	77.0	45.0	1884	27.0	20.0
1948	68.0	46.0	1916	76.0	60.0	1883	30.0	23.0
1947	70.0	50.0	1915	74.0	38.0	1882	32.5	20.0

a-To February 18, 1929; b-Ex-rights.

Source: NYSE Fact Book.

Stock and Bond Trading for 1979

NEW YORK STOCK EXCHANGE COMPOSITE

The following tabulation gives the 1979 sales, high, low, last price and net change from the previous year in stocks listed on the New York Stock Exchange:

A

Stock	(div)	Sales (hds.)	High	Low	Last	Net Chg.
ACF	2.24	36501	39¾	29⅛	34¼	+ 3½
AMF	1.24	62347	18⅜	14½	14⅝	− ⅞
AM Intl	.28	78872	25	12½	16¾	− 4¾
APL	1	14427	12¼	9½	10⅛	......
ARA	1.82	35821	42	32½	33½	− 2½
ASA	2.40e	114789	41¼	22⅝	41¼	+17⅜
ATO	.56	21964	12¾	8⅛	10⅜	......
AVX s	.25	12217	28¼	17	27½	+16⅛
AbbtLb	1	163764	43⅜	29½	41⅛	+ 7⅜
AcmeC	1.20	19061	27¾	17½	26⅛	+ 7⅜
AdmDg	.04	6831	4⅞	3¼	4	+ ⅜
AdaEx	1.32e	12208	13½	10¾	12¾	+ 1⅜
AdmMl	.20e	7145	6⅛	4¼	4¼	− ⅛
AMD n		14358	38⅜	30⅞	36¼	......
AetnLf s	1.80	132783	36⅜	28⅝	33¼	+ 7⅜
AetnLf pf	2	50	80	59	73	+13
Ahmans	1.20	13743	28¼	18⅛	21⅛	+ 3
Aileen		9760	3¼	2⅛	2⅝	+ ⅛
AirPrd	.80	86517	37¼	23¾	36¾	+13⅛
AirbFrt	1.20	16525	28¼	17⅝	26½	+ 8⅝
Akzona	.80	25071	17⅛	11¼	12½	+ 1¼
AlaP dpf	.87	7864	8¾	6½	6⅝	− 1⅛
AlaP pf	9	528	87½	67	67	−14¼
AlaP pf	11	563	105	86½	87	−15¼
AlaP pf	9.44	264	92	70	70	−17
AlaP pf	8.16	699	80	62	63¾	−16¼
AlaP pf	8.28	427	80	62⅛	62⅛	−10⅞
Alagsco	1.48	1832	15⅞	13⅜	13⅝	− ⅞
AlaskIn	.80	56352	42¼	15⅜	40¾	+24¾
Albany s	1	2331	36	27⅛	30	+ 9½
Alberto	.36	5019	8⅜	6⅞	7⅝	+ ½
Albrtsn	1.20	18066	45	34¼	38⅛	+ 1¼
AlcanA	2.40	145497	46⅞	32⅝	46⅞	+13
AlcoStd	1.40a	13871	37¼	22⅝	32¼	+ 8¼
Alexdr	.40	32956	9⅝	6	6⅜	+ ⅛
AllgCp	1.08a	14758	34⅝	20	27	+ 5½
AlgCp pf	2.86	8597	28⅞	22	24¾	......
AlgLud	1.40	25324	29¼	14¾	28¼	+13⅝
AlgLd pf	3	4147	45¼	30⅜	44	+13⅞
AlgLd pf	2.19	7402	22⅝	18⅝	19⅞	− 1½
AllgPw	1.80	112679	18	14⅜	15½	......
AllenGp s	1	14258	17¼	13⅜	14⅜	+ 2⅜
Allergan	.60	22825	57½	24	57	+28⅜
AlldCh	2	170881	49½	28½	49⅛	+20⅞
AlldMnt	.86	7940	13½	11⅛	12¼	+ 1
AlldPd	.60	3028	22¼	10⅝	19⅝	+ 8⅝
AlldStr	1.60	57962	27½	20⅞	23⅞	+ 2⅛
AllisCh	2	52479	38⅝	29	34⅝	+ 5⅝
AllrAu	.64b	5315	18⅜	11⅞	14⅝	+ 2⅞
AlphPr	.72a	4644	21⅜	14⅜	15	+ ⅜
Alcoa	2.80	141838	60½	46½	54⅞	+ 7⅛
AmlSug	1	6770	29	14½	26¾	+12⅜
Amax s	1.80	67609	45⅝	35½	45⅝	+13
Amax pf	3	12300	60	45½	59	+12⅝
Amrce	1.32	9454	32¼	17¼	23⅞	+ 6⅝
Amrc pf	2.60	1244	52	31⅝	39	+ 7¼
AHess	1.40b	319381	49¾	25⅛	48¾	+20⅝
AHes pf	3.50	14870	109⅝	56¾	106½	+44⅜
AmAir	.40	168737	14¾	9¼	10⅛	− 3⅛
AmAir wt		45598	6⅛	3⅛	3¾	− 1⅝
AAir pf	2.18	15123	20⅞	16	16⅛	−- 3⅛
ABakr	1.20	10270	18¾	12	17¼	+ 4⅛
ABrnds	5.50	39576	68¼	47⅝	67⅞	+17½
ABrd pf	1.70	682	32¼	23	32	+ 8⅛
ABrd pf	2.75	37101	33½	28¼	28⅝	......
ABrd pf	2.67	34431	35⅛	28¾	34¾	......
ABdcst	1.60	159612	47⅝	32⅜	39¼	+ 4¼
ABldM	.78	4203	16	13	14½	+ ½
AmCan	2.90	33907	41⅛	33¾	35⅝	− ¼
ACan pf	1.75	2756	22¼	16⅞	17¼	− 2⅝
ACentry		16491	7¼	3	5¾	+ 2⅝
ACyan	1.60	180194	36⅛	24⅜	34	+ 8⅝
AmDistl		16584	18½	9½	17⅝	+ 7¾
ADT	1.16	21152	27	17¼	20	− 4
AElPw	2.22	191723	23½	17½	17⅞	− 3¼
AmExp	1.80	215774	36¾	27¾	29⅞	+ ¾
AFamil	.60b	32949	14⅛	8¾	10⅞	+ 1
AGlBd	2e	10908	22½	17⅝	18	− 1⅝
AGnCv	1.44	6776	21¾	15¾	20½	+ 4⅞
AGnIns	1	63301	38⅜	25¾	36⅝	+ 9½
AGln pf	.90	317	37¾	26⅛	36½	+ 9¾
AHeritLf	.48	5257	16½	10⅛	13¾	+ 3⅜
AmHoist	1.12	49797	24½	14¼	21	+ 6⅝
AHome	1.60	338883	29½	24⅜	27¼	− ⅞
AHome pf	2	131	131	110½	120	− 4
AmHosp	.80	128378	35¾	23⅝	31½	+ 5¼
AmInvt	.40	31453	11½	8	9⅜	− ⅞
AMI s	.80	11134	33½	24⅛	30⅜	+ 5⅜
AmMotrs	.07e	303871	9¼	4⅝	6⅞	+ 2⅛
ANatR	3.20	42557	48⅛	36	47	+ 8⅛
ASLFl n	.80b	5234	31½	19½	26⅝	......
AShip	.80a	13245	19⅜	11⅞	15⅝	+ 3½
AStand	3.60	42678	58¼	39½	54¾	+13⅜
ASteril	.32	57781	10¾	6⅜	9¼	+ 2¾
AmStr	.80	28713	34½	23½	26⅝	− 1
AmStr pf		5440	59⅝	48½	50½	......
ATT	5	594334	64¾	51⅝	52⅛	− 8⅜
ATT pf	4	4557	67⅝	54¼	54½	− 9
ATT pf	3.64	36435	47⅝	38⅞	39⅜	− 4¼
ATT pf	3.74	35115	49⅛	40	40¼	− 4¾
AWatWk	.92	6001	14⅞	11	12⅞	+ 1⅞
AWat pf	1.43	1235	19	15	16¾	+ 1⅞
AWat pf	1.25	324	13	10	10¼	− 2½
AWa 5pf	1.25	z8270	13¾	10½	10½	− 2⅛
Ameron	1.20	3620	21	15⅞	17⅞	+ 2⅛
AmesD	.40b	5374	15¼	11¼	15¼	+ 3
Ametek	2	15202	49⅜	29⅞	49	+18¾
Ametek s	1	582	25⅜	22¾	24	+ 8⅞
Amfac	1.20	29271	25⅝	16⅝	25½	+ 8½
AMPInc	.76	90570	41	29½	40¼	+ 9⅝
Ampco	.60a	4783	24⅞	13½	24⅝	+ 8⅞
Ampex	.20	69993	20¾	14	20¾	+ 6⅝
AmrepCp		12734	7⅛	3¼	6¼	+ 2⅞
Amstar	1.35	62694	24⅜	14⅜	19⅝	+ 3⅝
Amst pf	.68	1270	7¾	6	6¼	− ⅝
Amst pf	2.65	24	62½	44¼	52¼	+ 8¼
Amsted	2.20	28843	43	32¼	38¼	+ 2⅞

NEW YORK STOCK EXCHANGE COMPOSITE

Stock	(div)	Sales (hds.)	High	Low	Last	Net Chg.
Analog	s	16927	25	14¾	22	......
Anchor	s 1.20	16864	18¾	14⅛	15⅝	−1½
AnClay	1.12	14323	25	18⅛	22⅝	+2
Angelica	.34	16369	7⅝	5½	6½	......
Anixter	.40	23045	25¼	9	24	+14⅞
Apache	s .40	32588	39⅜	18⅜	35	+19½
ApPw	pf 8.12	784	81¼	66¾	68	−7⅝
ApPw	pf 7.40	z8040	73⅝	58	61	−10⅞
ApPw	pf 2.65	5975	26	22½	23⅜	......
ApldDig		57317	12½	6¼	8½	−1¼
ApldDig	pf 1	603	28¼	16	20	−3½
ApplMg		25353	13¾	6¾	12¾	+5¾
Arcata	1.28	13805	27⅝	19	23⅝	+4⅜
Arcat	pf 2	310	35	28¾	30½	+1¼
Arcat	pf 2.16	1179	31¼	24½	27½	+¾
ArchrD	.20b	140992	31	13⅝	30⅞	+16⅞
ArctEn	.10e	13618	11⅜	5	5½	−1⅛
ArizPS	2	88317	21⅜	16⅞	17¼	−3⅛
AriPpf	10.70	512	109	96⅛	99¼	−6¾
ArkBst	.60b	5613	12¼	8	8⅞	−1¾
ArkLGs	s1.24	3274	28¼	24½	25⅛	+9¼
ArlenRty		81212	4	1⅝	3⅝	+1⅛
Armada		8943	10⅜	5¼	7⅛	+1⅜
Armco	1.50	70352	27½	19	25	+5⅛
Arm	pf 2.10	12137	35	26	31¾	+5⅜
Armr	pf 4.75	150	54	41¾	43	−11
ArmCk	1.10	74466	19	14⅝	16½	+⅜
ArmC	pf 3.75	z9980	44½	38	38¾	−2¾
ArmRu	1.20	9729	25¼	17⅛	18¼	−6¼
AroCorp	1b	1687	22⅜	18	19¾	+1¼
ArrowE	.20r	16988	31¾	9⅜	31⅛	+21⅞
Arvin	1.12	22030	16½	11	12	−1¼
Arvin	pf 2	3196	26¾	20	20⅜	−3⅞
Asarco	1a	195853	37⅞	13⅝	37⅜	+23½
AshlOil	s 2.20	158267	45½	32¾	40⅛	+6⅜
AshlO	pf wi4.50	910	41⅞	40½	41⅜	.....
AsdDG	1.50	38893	21½	15¾	21	+4⅝
Athlone	1.20	9722	22⅛	17⅛	18⅞	−⅝
AtCyEl	1.84	16373	20⅜	16¾	17⅛	−⅞
AtlCE	pf 5.87	54	69	59½	60	−1
AtlRich	2.80	279280	83⅛	56	80	+23⅛
AtlRc	pf 3	260	277	189½	270½	+77½
AtlRc	pf 3.75	340	46½	37	37½	−5
AtlRc	pf 2.80	3790	99¼	66¾	95½	+28
AtlasCp		13905	20⅛	10⅛	14¾	+4½
AutoDta	.64	51641	41	28½	35	+5⅝
AvcoCp	1.20	153853	29¼	18⅝	27¾	+4⅞
Avco	pf 3.20	1376	58	39½	56⅛	+7⅝
Avco	pf 4.20	2598	73	49½	70¼	+9⅝
Avery	.60	18034	21½	14¼	18	+3
Avnet	.80	61178	26⅝	15½	25¾	+10⅛
Avnet	pf 1	8	54½	34½	54½	+10¾
Avnet	pf 2.50	6	121½	79¼	121½	+45¼
Avon	2.80	218585	56	37¼	39⅜	−11⅜
Aydin		18568	22½	10	21¾	+10¼
B						
BAV Liq	52c	6803	63¾	10¼	10½	−50¼
BT Mtg		9150	2⅞	1¼	1⅞	+⅝
Bache	.50a	48828	12⅛	6⅝	10¾	+4⅛
BakrInt	.60	105825	58	31	53½	+21¾
BaldwU	1.20	17209	40½	20⅛	30⅜	+9⅞
BldU	pf 2.06	3116	60	30⅛	45¾	+15⅛
BallCp	1.40	7101	28⅞	20¾	23¼	+¾
BallyMf	s .10	333605	48⅝	23⅛	36	+15⅜

Stock	(div)	Sales (hds.)	High	Low	Last	Net Chg.
BaltGE	2.44	64285	26	21⅛	22⅛	−2¼
Balt	pfB 4.50	234	49	41½	43¾	−3¼
BanCal	.92	6752	29	18¼	29	+10½
Bandag	.60	31463	19½	12¼	18¼	+5⅛
BangPnt	.80	20813	29⅜	19⅝	25	+4
BanP	pf 2	877	40¼	27⅝	34	+5
BkNY	2.72	22869	43¼	31⅝	35½	+2⅜
BkofVa	1.16	10015	16	12⅝	13⅞	−⅛
BnkAm	1.32	241909	30⅞	24	27⅝	+1⅞
BankTr	3.30	43366	48⅛	33	40	+6¾
BkTr	pf 2.50	5415	28	22¾	24½	−1¼
BkTr	pf 4.22	4388	49	40	41¼	−4¼
Banner	.14	15208	14	7⅜	12	+1⅞
Barber	1.60	21205	58¾	24¼	47⅛	+21
BardCR	.36	50598	15⅝	11	12⅞	+1¼
BarnGp	s .80	2621	21⅝	15½	18	+3¾
BarnBk	n 1	1480	20½	19	19¼	......
BarryW	s .52	16000	25	14⅜	24⅞	+9¼
Bausch	s 1	42428	40	23½	38⅛	+18⅝
BaxtTrv	.50	116893	49½	35⅜	47½	+6½
BayColP		38333	10⅜	3½	6⅝	+2⅝
BayStG	2.20	4300	27⅜	18¾	25⅜	+6½
BaykCig	.48	1381	13	9⅛	12⅝	+3⅛
Bearing	.92	14766	38	26	30	+2⅞
BeatFd	1.20	199118	24¼	19¾	20½	−2¼
Beat	pf 4	21	120	103	103	−18¼
Beat	pf 3.38	22981	50¼	41	42	−7¼
Beckm	.32	73890	32½	20	29¼	+5¼
BectnD	.92	58939	36½	27⅜	34	+2¾
Beech	1	120509	50¼	22	50	+25⅜
Beker		62103	16	3½	14¾	+11⅜
BelcoP	s 1	36127	47¾	24⅝	40¾	+14⅞
Belden	1.60	5295	30⅝	19⅞	27¾	+7⅞
BeldnH	.36b	3824	9	6¼	6¾	+⅜
BellHow	.96	30863	24⅜	14¾	23⅝	+7⅞
BellInd	.20a	38100	13⅜	5¾	12	+6⅛
BelCd	g s1.64	6857	19⅞	15⅞	17⅜	−1
Bemis	1.40	18246	30½	19⅝	27½	+7½
Bendix	2.84	33900	45	36⅛	40¾	+4⅜
Bendix	pf 3	89	91	75	82	+10⅜
BenfCp	2	57941	32⅛	22⅛	26⅝	+3¾
Benef	pf 4.30	1683	45½	36⅛	36⅜	−6⅝
Benef	pf 4.50	z9020	47½	35	35	−8
Benef	pf 5.50	z7230	140¼	100	120	+20
Benef	pf 2.50	286	26½	20	20½	−4
BengtB		74961	6	2⅞	6	+2⅞
BerkeyP		31761	7¼	3	4⅝	−¾
BestPd	.24	53714	29⅛	22	23⅛	−1¼
BethStl	1.60	156854	25⅝	19½	21⅛	+1½
BigThr	.88	57132	44½	31⅝	42¼	+9
Binney	.92	25046	33⅜	14⅝	25½	+10⅛
BisFSL	s .80	3246	29¼	16⅞	28⅜	+16⅛
BlackDr	.68	169044	25¼	16¼	23	+6⅜
BlairJn	s 1	7911	24½	18¾	20⅛	+4⅜
BlissL	1.10	14318	25½	14⅛	20⅜	+6¼
BlckHR	1.60	26847	27¼	21¼	25¼	+1⅝
BlueB	1.60	51434	35¼	20⅛	32½	+11¾
Bluebrd	.28	12310	14¾	7¾	14⅝	+6
BobbieBr		16019	6¼	3⅝	3¾	−1⅛
Boeing	s1.40a	298900	51¼	37¼	50⅝	+3
BoiseC	1.50	100175	40⅜	26⅜	33⅞	+7⅛
Borden	1.82	77325	27⅞	23⅞	23⅞	−1⅝
BorgW	2.30	31224	37¼	26¾	35⅞	+7½
Bormns	.20e	9143	8½	4⅛	5⅛	−1⅝

NEW YORK STOCK EXCHANGE COMPOSITE

Stock	(div)	Sales (hds.)	High	Low	Last	Net Chg.
BosEd	2.72	24795	24¾	19⅞	22	- 1⅞
BosE pf	8.88	411	86¼	70	72	-10
BosE. pr	1.17	6172	11⅜	9	9¼	- 1½
BosE pr	1.46	4686	14¼	11	11⅛	- 2⅜
Braniff	.20	153459	14⅜	6¾	8½	- 4¼
BraunC	.80	50654	56⅞	23¾	55¾	+30⅛
BrigSt	1.20a	22536	29⅞	24½	26	+ ⅝
BristM	1.44	164856	38¼	31	37	+ 1¼
BristM pf	2	4736	44	35½	41¼	+ 1
BritPet	1.02e	144961	35¼	17½	30¾	+12½
BrkwGl	1.08	11666	19½	12½	14	- 2¼
BkyUG	2.22	10655	25	18¾	22½	+ 3½
BkUG pf	2.47	2087	26½	22¼	22¼	- 3¾
BwnSh	1	6241	27½	16⅛	26⅜	+10
Brown	.30	13232	19½	8¾	17⅞	+ 8⅞
BwnGp	2	10532	28¾	22½	25½	+ 1⅛
BwnFer	.70	71761	15⅝	11⅝	15¼	+ 2¾
Brnswk	.80	128220	15⅝	10⅞	13⅜	+ ¾
Brnsk pf	2.40	7893	30¼	24⅝	26½	- 1⅞
BrushW s	1	4999	24¾	17½	23⅞	+12⅜
BucyEr	.88	129665	25	15½	20	+ 4⅜
BudgC pf	.60	495	6⅛	4¾	4¾	- 1
BufFo	1.80	3223	37¾	24⅞	31⅝	+ 6⅞
Bundy	1	8938	16⅜	9¼	10¼	- ½
BunkrH	1.96	3185	19⅝	15⅞	16⅛	- 1⅝
BunkR	.84	45896	29⅞	14⅞	28⅞	+14⅜
BnkR pf	1.50	2222	31	19⅛	30	+11⅜
BurlInd	1.40	100224	18½	15	16⅞	- ⅛
BurlNo	2.10	107160	65	35½	56⅛	+20⅝
BrlNo pf	.55	3387	7½	5⅝	5⅞	- ⅞
BrlNo pf	2.85	16188	58¼	37	51¾	+14½
Burndy	1	9699	33⅝	18¾	30½	+11½
BrnsRL		125176	7½	3	5⅝	+ 2½
Burrgh	2.20	153340	83	64⅜	78⅜	+ 5⅜
ButlrIn s	.80	7461	25¾	14	24½	+ 9⅜
Buttes		40417	15	7⅛	13⅜	+ 6⅜
C						
CBI Ind s	1a	10716	38¾	27	38¼	+14⅜
CBS	2.80	105387	56¾	44⅛	52⅜	+ 1⅝
CBS pf	1	178	37½	30½	35½	+ ¾
CCI		47122	10¼	6	8¾	+ 2⅞
CIT	2.60	215554	60⅛	31⅛	52¼	+20⅞
CLC	.24	6398	12⅞	7⅛	8¼	- 3½
CNA Fn		102915	16⅛	10⅛	16	+ 6
CNA pf	1.10	23346	20½	15¼	20⅛	+ 4⅝
CNAI	1.14a	5768	11⅞	9⅛	9¾	- ⅞
CPC	3	43956	63⅜	48⅛	60⅜	+11⅛
CP Nat	1.88	2869	17	14⅛	15¼	+ ⅝
CTS	.80	52999	28½	15¼	18	+ 2⅝
CabotC	1.60	18668	50	30½	45¾	+15
Cadence		12847	21⅝	9⅝	18½	+ 8⅝
Caesars	s	431752	36⅛	13¼	17⅞	+ 9⅝
Callhn	.50a	35011	34⅜	13⅝	33⅞	+20⅛
CamerB		12475	7¼	2⅝	4⅛	+ 1½
CmRL g	s.60a	26738	29¼	17	29¼	+14⅝
CamSp	1.90	28850	35¾	27¾	30	- 4
CampT	1.08	22190	27⅜	19⅞	25⅝	+ 1¾
CdPac	g1.70e	128751	34½	19¾	33⅞	+12⅜
CanalR	.64	5755	16½	10	15⅝	+ 4⅞
CanMil	n1.16a	9524	29¼	18⅛	25¾	......
CapCits	.20	36065	49⅞	36¾	48⅝	+ 9
CapHold	1.08	79306	24⅞	18¾	19¾	- 1¾
Carlng g	.10	18425	6½	3⅞	6⅛	+ 2⅛
Carlisle s	.90	6349	29⅝	18¼	24¼	+12¼

Stock	(div)	Sales (hds.)	High	Low	Last	Net Chg.
CaroCO	5	208	61	46¾	46¾	- 6
CaroFrg	.40	5744	8¾	6⅛	7⅛	+ 1⅛
CarPw	2.08	87229	22½	17⅜	19⅛	- 2⅜
CarP pf	2.67	2214	28⅛	22⅝	22⅝	- 3⅞
CarTec	1.90	19826	35⅝	24¾	30	+ 3¼
CarrGn	1.11e	1686	13	10¾	12¾	+ 1¼
CarsPir	1.10	6436	21⅞	16⅜	19½	+ 2⅜
CartHw	1.10	43506	20⅝	14⅝	17⅜	+ 1¾
CartHw pf	2	3515	34½	26⅝	28	+ 1⅞
CartWal	.40	14048	8¾	6½	7⅜	+ ½
CascNG	.86	8505	13⅝	6¾	11¾	+ 5⅛
CastlCk	.80b	33940	19	13	14	- 3½
CatrpT	2.10	194415	62⅞	49⅛	54	- 4¾
CecoCp	.75	5233	17⅜	11⅛	13¼	+ 2⅛
Celanse	3.20	42696	48¾	39⅜	47⅜	+ 7¼
Celan pf	4.50	854	48¼	39	40⅛	- 4⅞
Cenco		63692	8¼	3⅝	7⅛	+ 3¼
Centex	.25	48796	38¼	17¼	34	+16½
CenSoW	1.42	197991	16½	12⅞	14⅛	- 1¼
CenHud	2.16	4057	20¾	18	18¾	- 1⅛
CenIlLt	1.70	11974	17½	14⅜	14¾	- ¾
CnILt pf	4.50	z7120	46½	37	38	- 8
CnILt pf	2.87	1436	28⅝	24	25	- 2¾
CnILt pf	2.62	715	27	20½	21	- 5¼
CenIlPS	1.36	35659	14⅛	11½	12	- ⅝
CenLaE	1.68	47528	49½	19⅞	48½	+28¾
CeMPw	1.64	11100	16	12⅜	13	- 1⅞
CenSoya	.84	40817	14⅝	11	14	+ 1¼
CenTel	2	46952	28¾	23⅝	25⅜	+ 1½
CentrDat	1b	79344	54⅝	26½	49⅞	+23⅛
CntryTel	.62	9818	8⅞	6¾	8¼	+ ¾
Crt-teed	.90	16166	19⅛	13⅞	14¾	- 1¼
CessAir	.80b	92254	24⅜	15¼	23½	+ 4⅞
Chmpln	1.40	156803	28½	20⅝	23⅞	+ 2⅝
Chml pf	1.20	4517	28¼	20¾	23½	+ 2¾
ChamSp	.80	105887	13¾	9	10⅛	+ ½
ChartCo	.60a	399692	50	5	34⅞	+29¾
ChartCo	wt	253473	45¾	1⅜	27⅞	+26½
ChartCo	pf	46608	25½	17¼	18½	......
ChasFd	.80e	14981	11	8	10½	+ 2¾
ChasM	2.40	156846	43⅞	28⅝	38⅝	+ 9¼
ChasM	pf6.75	2506	77⅛	62	65	- 8⅝
ChasM	pf7.60	4670	86⅞	69⅛	69⅛	-13⅞
Chelsea	.60b	10550	14½	8½	10⅝	+ 2⅛
ChmNY	3.16	36292	44¾	34	36⅝	- ¾
ChNY pf	1.87	7368	22¾	17½	18⅝	- 1¾
ChesVa s	.84	4073	24¾	18½	23¾	+ 7
ChesPn	1.08	80130	25⅝	20⅞	22	- ½
Chessie	2.32	56850	34½	25	30½	+ 3¾
ChiMlw		30280	19⅞	8¼	16	+ 7¾
ChiMlw pf		3978	52½	22	35¾	+ 9¾
ChiPneT	2	16643	29⅜	22½	23⅝	- ⅝
ChkFull	.10e	11765	5½	3⅜	4⅜	......
ChrisCft	.52t	42702	21⅛	9⅝	17	+ 7⅜
ChCft pf	1	146	9¾	8⅝	8¾	- ⅞
ChCft pf	1.40	1119	44⅛	22½	39	+16½
Christn	.40e	11782	9⅝	5½	9	+ 3½
Chroma	1.10	66583	24¾	15⅝	23	+ 7½
Chroma pf	5	1559	95	65	86½	+21¾
Chrysler	.20j	264333	11⅜	5½	6¾	- 1⅞
Chrys wt		32291	4½	2	2⅝	- ½
Chrys	pf2.06j	54470	22⅜	8⅛	9	-11
ChurCh	.60	45885	28⅞	20⅛	24⅛	+ 1⅝
CinBell	2.52	3805	30¾	27½	27⅝	- 1¼
CinGE	1.96	56761	21⅛	16½	16⅝	- 3⅜

NEW YORK STOCK EXCHANGE COMPOSITE

Stock	(div)	Sales (hds.)	High	Low	Last	Net Chg.
CinG pf	4	266	43	33	33¼	−8¾
CinG pf	4.75	119	51½	39	39	−12
CinG pf	9.30	935	103¼	78	78	−16
CinG pf	7.44	666	81½	63	64	−17¾
CinG pf	9.28	1788	102½	77	78	−23
CinG pf	9.52	2715	105	81⅝	82½	−17½
CinMil s	.80	17908	28⅞	18	28⅞	+12⅜
Citicrp	1.30	339237	26⅝	20¼	23¾	+¼
CitiesSv	3.60	92355	90¼	53	83½	+29⅝
CitzSoRt		69077	2½	1⅛	1½	+⅜
CityInv	1.20	165528	22	13¼	18	+4⅜
CityInv wt		11201	2¾	1	1¾	+¾
CityIn pf	1.31	44	41	29	36⅝	+8⅝
CityIn pf	2	20545	34	22¼	27⅝	+5⅜
ClarkE	2.20	39028	45	35	38⅜	+2
ClarkOil	.80a	51222	32⅜	15½	28	+11½
ClvClf	1.40a	12062	37¼	26¼	33¼	+6¾
ClevEl	1.92	76075	19⅝	15½	16¼	−⅝
ClvEl pf	7.40	1354	78¼	60	63¾	−7¾
ClvEl pf	7.56	983	81¾	64⅛	66	−6
Clevepk	.60	19044	11⅜	6⅞	8	−1¼
Clorox	.76	109297	13¾	9¾	10¼	−½
CluettPe	.68	34920	12½	8½	9¾	−1⅛
CluettP pf	1	2197	11¾	9	9¼	−1⅝
Coachm	.30j	23615	10	4⅝	5½	−2¾
CstStGs	.40	159142	37⅜	17	35½	+17⅜
CstStGs wi		12777	25½	21¾	24	......
CstSG pf	1.83	9485	33	18¼	28½	+9⅞
CstSG pf	1.19	1543	33	17¼	26½	+9
CocaBtl	.44	58767	7⅜	5½	6	−¼
CocaCl	1.96	185007	46⅛	31½	34½	−9⅜
CldwBk s	.88	4439	23	13⅛	19¼	+4½
ColeNt	.72	5483	16⅜	10½	13⅜	+1⅞
Coleco		27782	5½	3	4⅜	+1¼
ColgPal	1.08	215966	19⅝	13¾	14⅜	−2¼
ColgP pf	3.50	z9040	45	35	35	−7¼
CollAik	.72	43974	10⅞	7½	8⅛	−¼
CollinF	.32	30954	18⅜	10⅝	13⅜	+2⅛
ColPen	1.40	103220	27¼	18½	21⅛	−3¾
ColtInd	2.50	37143	51½	34	43⅞	+7½
Colt pf	1.60	274	40	27½	34	+5½
Colt pf	4.25	381	110¼	75	95	+17
ColGas	2.44	71287	40¾	25¼	37¾	+12¼
ColGs pf	5.48	4386	57¾	51⅜	54	−1½
ColuPct	.42e	88869	37¼	18⅛	34⅛	+11¾
ColSOh	2.32	22700	26⅛	20⅛	21⅛	+⅛
CSO pf	10.52	151	105	91	96½	−4
CSO pf	2.42	1134	27	21¼	25¾	+3
CmbEn	2.40	60370	59½	32⅜	59¼	+26⅝
CmbEq	.07j	40016	15⅜	8½	10⅜	+½
CmwE	2.60	214593	27	19⅞	20	−5¾
CwE wtA		240	8⅞	6½	6½	−1⅞
CwE wtB		63	8⅝	6½	6½	−1⅞
CwE pf	1.42	4645	20¼	15¼	15¼	−3⅜
CwE pf	1.90	6315	20½	14⅝	14⅞	−4⅛
CwE pf	2	3072	21½	15⅛	15¼	−5⅜
CwE pfB	8.40	534	99¾	92	92	−3⅛
CwE pf	8.38	2686	91⅜	63½	65	−23¼
CwE pf	2.37	9522	26¾	19⅞	21⅜	−4
CwE pf	2.87	6551	28⅞	23	24½	−2⅝
CwE pf	8.40	2078	89½	64½	65½	−21½
CwE pf	7.24	666	78	58	58	−18¼
Comsat	2.30	36908	47½	35½	38¼	−1⅛
CoPsyc	.60	13670	31⅜	14¾	30½	+15⅜
ComPS	1.88	2860	22¼	16	16⅛	−2⅞
Compgr	.28	35835	48⅜	32⅛	38¾	−2¼
CompSci		91939	19¾	10½	18⅝	+7⅜
Cptvsn s		30390	57	23½	50⅜	......
ConAg s	1.16	6082	19½	15½	17¼	+2⅝
ConeMl	1.80	13284	36¼	22½	34¾	+12⅛
Congolm	1	112219	35⅞	19½	34⅜	+13⅞
ConnGn	n1.32	63978	39½	31⅝	34½	......
ConnM	2	21644	27⅛	17	23⅜	+5⅜
CnnNG	1.60	1294	18	14⅜	15¾	−⅝
Conoco	1.90	302701	49¼	28	47¼	+19⅛
Conoco pf	2	69	127¾	74⅞	120½	+45
Conrac	.80	8401	18½	12½	16⅝	+2¾
ConEd	2.44	116481	25	21	24¼	+1⅛
ConE pf	6	858	80⅛	69½	77¾	+3¾
ConE pf	4.65	492	48½	35	35	−10¼
ConE pf	5	1847	50	39¼	39¼	−7¾
ConFds	1.76	64891	26½	21½	26	+2½
ConF pf	4.50	1813	64	54	61½	+4¾
CnsFrt	1.30	35983	28¼	21¾	24¾	+2½
CnsNG	3.24	22548	45	36	40⅝	+2⅝
CnG pf	10.96	2422	112	99	103¾	−6¼
ConsPw	2.36	92596	23⅝	18½	18⅞	−3½
CnPw pf	4.16	136	42	32	33	−6½
CnPw pf	4.50	383	45	34½	34½	−8¼
CnPw pf	4.52	168	58⅞	52¼	56	+3
CnPw pf	7.45	1528	78½	57½	61	−10
CnPw pf	7.72	1632	80⅞	61½	61½	−15½
CnPw pf	7.76	1154	80⅞	62½	64½	−13½
CnPw pf	7.68	1180	80⅜	61	62	−16¾
CnPw pr	2.50	1445	24¾	18½	19	−4⅛
CnPw pr	2.23	2638	22¾	16½	16⅞	−2¾
CnPw pf	2.43	2250	24¼	18	18⅛	−3¾
CnPw pf	5.50	134	75	59½	61	−10
CnPw pf	6	103	93½	77½	79	−10
ContAir	.40	181228	17½	7¾	10	+1¼
ContCop		14280	8½	3¾	6⅜	+2½
CntC pf	1.25	z7560	11¾	9¼	10	−¼
CntlCorp	2	117525	28½	23¾	26⅝	+2⅛
CtlC pfA	2.50	48	60	53	60	+9½
CtlC pfB	2.50	89	58	53¼	57½	+7½
CntlGrp	2.40	79127	31⅞	25⅝	28⅞	+1⅞
CntGp pf	2	11035	24½	18¾	18⅞	−4⅝
CntGp pf	4.50	12939	49	39⅜	39⅜	......
ContIll	1.60	96848	30⅝	24	29	+2⅞
ContTel	1.36	108246	17⅝	13⅞	16⅛	+1¾
CtlData	.40	193183	57	28⅞	54¼	+19¾
CnDt pf	4.50	257	48½	38	40½	−4
Conwd	1.70	1902	30½	26	28¾	+⅞
CookUn	.15e	100904	10⅛	3⅝	5⅞	+2⅜
CoopIn	1.84	49679	66¼	46⅛	60⅞	+11½
CoopI pf	2.50	21	247	168	225	+70
CoopI pf	2.90	19166	39½	31⅝	36¼	......
CoopLab	.60	46190	26¼	18⅞	21⅝	+2⅜
CoopTR	.80	5820	17	10⅛	11⅞	+1¾
CopT pf	1.25	392	17	13	13	−¼
CopeInd	.92	6804	23½	18	19¾	+1¾
Coppwd	1.36	3203	21	15¾	19⅜	+1⅛
Cordura	.44	28976	6	4½	5	+⅜
CoreIn s	.58	4800	19¾	12⅞	19⅝	+8⅜
CornG	2.12	55215	65	52¼	56	+2¾
CorrBlk	1.56	9772	30⅛	21¼	27	+5½
Cowles	1	17259	26	18¾	23⅜	+3⅝
CoxBdct	.75	6905	64⅝	55	64¼	+8½

NEW YORK STOCK EXCHANGE COMPOSITE

Stock	(div)	Sales (hds.)	High	Low	Last	Net Chg.
Craig	.25	7908	13¼	7¼	7½	− 4⅛
Crane	1.60	17596	36⅞	25⅛	33¼	+ 7⅞
CredtF	.44	32060	12	7⅛	8¼	− ⅛
CrockN	2	33155	35⅜	24½	29	+ 4⅝
CrckN	pf 3	1669	53	37¼	43	+ 6
CrckN	pf2.18	7815	27¼	22½	23⅝	+ ⅛
CrmpK	1.04	4248	18⅜	13	17½	+ 4⅜
CrouHi	s .92	1827	21	18⅞	18⅞	+ 4⅜
CroH	pf 3.35	24	115	77	109	+18¾
CrwnCk		32402	35¼	27¾	29⅛	−
CrwZel	2.10	104258	44	30⅞	43½	+12⅝
CrumF	2.52	49692	60¾	35½	54¾	+18
Culbro	.65e	8357	14⅛	6⅞	7⅞	− 4
CumEn	1.80	33811	39¼	27⅞	31	− 2¼
CunnDrg	.40	2382	13	9	9⅝	+ ½
CurrInc	1.10	4355	11⅝	8¼	9⅛	− 1⅛
CurtW	.80	35366	21¾	12½	21¼	+ 8⅞
CurtW A	2	359	28¼	22	28¼	+ 5¾
Cyclp	s .88	14328	29⅞	17½	22¼	+ 4⅝
CurtW	.80	35366	21¾	12½	21¼	+ 8⅞
CurtW A	2	359	28¼	22	28¼	+ 5¾
Cyclp	s .88	14328	29⅞	17½	22¼	+ 4⅝

D

Stock	(div)	Sales (hds.)	High	Low	Last	Net Chg.
DPF		24621	12⅛	7⅜	8⅜	− 1⅜
Damon	.20	44204	7⅜	4¾	5¾	+ 1
DanRiv	1.12	45884	20	12⅛	18¾	+ 6½
DanaCp	1.56	56720	30⅜	24¼	25¾	− 3¾
Daniel	.26b	8208	25¾	15¼	25⅛	+ 9¾
DartInd	1.80	59285	49¾	37¾	39¼	− ⅝
Dart	pf 2	9586	49¼	37¾	39	− ½
DataGen		77275	74½	46	54⅞	− 5⅞
DataTer	.30	51109	48⅛	33	38⅛	− 3⅝
Datapnt		43539	105⅜	66½	104	+34½
Dayco	.56b	16243	18½	13½	13⅞	+ ⅜
Dayc	pf 4.25	z6440	87	65½	77½	+ 7½
DaytHd	1.80	52011	46	34¼	42⅜	+ 8
DaytPL	1.74	33633	17¼	13⅞	14½	− ⅛
DPL	pf 7.48	468	76⅜	58⅞	59	−12⅞
DPL	pf 7.70	391	78⅛	61	63	−10
DPL	pf 7.37	471	76	59⅜	64	−10
DPL	pf 12.50	416	115	99	99	−11
Deere	1.80	198486	41½	33¼	39⅛	+ 4½
DelmP	1.38	41480	14⅛	11⅝	12⅝	− ⅝
DeltaA	1.20	95540	47⅜	36	39⅛	− 2⅝
Deltec	2.50c	2689	8¼	5⅜	7⅝	− ⅜
Deltona		18459	14¾	8⅝	10⅞	+ 1⅛
DenMf	s 1	8411	21¾	16⅛	18	+ 3
Dennys	.88	43508	26⅜	14¼	15½	−10½
Dentsply	.88	14963	20	14⅝	17⅝	+ 2½
DeSoto	1	11414	13	10	11⅞	+ ½
DetEd	1.60	83807	15⅞	12¼	12⅞	− 1⅛
DetE	pf 5.50	499	68½	56¼	56¾	− 3¼
DetE	pf 9.32	292	90	71	71	−10
DetE	pf 7.68	951	76¾	58¼	58½	−10½
DetE	pf 7.45	1941	75½	58	58	−10
DetE	pf 7.36	1316	75	56½	58⅞	− 7⅜
DE	pfF 2.75	1846	26⅛	21	21⅝	− 4⅛
DE	pfB 2.75	2234	26	20⅞	21¼	− 4⅛
DetE	pf 9.72	7525	103	87⅜	87½	......
DetE	pr 2.28	2899	21⅞	16¾	16⅞	− 3¼
Dexter	1	12885	25⅝	19¾	22¾	+ 2
DiGior	.56	47458	14⅞	8⅛	12⅞	+ 1⅞
DiGior	pf .88	z9670	25	14	20	+ 1½
DiGior	pf2.25	751	24	20⅝	23½	......

Stock	(div)	Sales (hds.)	High	Low	Last	Net Chg.
DialCp	1.20	5930	26½	16⅝	19¼	+ 1⅞
DiaInt	2.20b	34652	43¼	31½	37⅜	+ 5⅛
DiaInt	pf1.20	877	19½	14¾	18½	+ 4
DiamS	1.60	206323	31½	19	31½	+12¼
Diebold	.70	32327	33	18¾	32¼	+12¼
DigitalEq		234019	69½	48⅝	68⅞	+15¼
Dillingm	.60	46847	14⅜	8	12⅜	+ 4⅛
DilIngm	pf 2	611	27¼	21½	24⅝	+ 3⅜
Dillon	s 1.08	6670	23¼	15½	15¾	− 3
Disney	.72	148096	45½	33	44⅞	+ 4¾
DivrsfdIn		57367	6⅞	2½	6⅝	+ 3⅞
DivrsMtg		36059	6⅞	3⅜	4⅝	+ 1
DrPeppr	.68	120907	19¼	10	11⅞	− 2⅝
Documat		19148	27	15⅜	16⅝	− 4⅞
DmeM	g s.50	30625	52	34⅜	50¾	+24⅝
Donald	n .60	1168	20⅜	18¾	19⅞	......
DonLJ	.14	21902	5⅛	3¼	4	+ ⅜
Donnly	1	32997	30⅝	25½	27⅞	+ ⅝
Dorsey	.75	13295	20	12	14¼	+ 2½
Dover	s .86	5783	32⅞	27¾	31¾	+10¾
DowCh	1.60	392648	34⅞	24¾	32½	+ 7¼
DowJn	1.44	15027	40¼	32	40¼	+ 8¼
Dravo	1.28	19798	32⅞	23⅞	31	+ 2¾
Dressr	1.10	144093	57½	35⅞	52	+15
DrexB	1.72	3383	17¼	14¼	15⅜	+ ¼
Dreyfs	1.02e	4217	20⅞	11½	19	+ 7¾
duPont	s 2a	138718	45⅞	37	40⅜	− 1⅝
duPnt	pf 3.50	851	45¼	35¼	36¾	− 8¼
duPnt	pf 4.50	2581	57¼	45	46½	− 9⅝
DukeP	1.92	184780	20⅝	16¼	17¼	− 2⅛
Duke	pf 6.75	937	82	66	68¾	− 9
Duke	pf 8.70	1778	94½	73	76	−14½
Duke	pf 8.20	1464	90⅝	69	70½	−15
Duke	pf 7.80	1258	85¾	64½	68½	−12¼
Duke	pf 2.69	6569	28⅜	24¼	25½	− 1⅜
Duk	pfN 8.84	2715	104¼	90	93½	......
Duk	pfM 8.84	2093	97	76	78¼	−16¼
Duke	pf 8.28	1649	91½	70	72	−16½
DunBr	1.76	50168	44½	30⅝	43⅞	+ 9
DuqLt	1.80	53035	16⅞	13⅜	13⅝	− 1⅛
Duq	pfA 2.10	355	23½	17¾	17¾	− 5¼
Duq	pf 1.87	338	20½	14½	15	− 5¼
Duq	pf 2	590	21½	15½	16⅜	− 2⅝
Duq	pf 2.05	104	23	16¼	16½	− 5¼
Duq	pf 2.07	138	21⅞	15½	15¾	− 5¼
Duq	pfG 2.10	z8590	23¼	18	18¼	− 3⅜
Duq	prK 2.10	2143	21¾	16¾	16⅞	− 4⅜
Duq	pf 2.31	2355	23¾	18	18	− 3½
Duq	pr 2.75	842	27½	23	23	− 3¾
Duq	pf 7.20	687	78	60½	61½	−16½
DutchB	.18	6045	11⅜	6	10⅜	+ 3⅞
DynAm	.10a	13493	7⅛	4⅞	6⅜	+ 1⅜

E

Stock	(div)	Sales (hds.)	High	Low	Last	Net Chg.
EGG	.80	23970	49¼	25½	48⅞	+19⅞
EMI	.19j	113419	3⅛	1⅞	2⅝	− ⅛
E Sys	s 1	6202	35	22⅜	32⅞	+14¼
EagleP	.88	14169	25⅜	19⅜	19⅞	− 1¼
Easco	1.20	8247	21¾	15	17⅛	− 1
EastAir		165333	10⅜	5⅞	7¾	− ¾
EsAir	pf 2.69	3468	24⅞	19	19½	− 4
EastGF	.92	158293	24	15	21⅝	+ 6⅝
EastUtl	1.60	6937	15½	11⅝	11¾	− 2½
EsKod	2.40a	393260	66⅞	47¾	48⅛	−10½
Eaton	s 1.72	8502	29⅝	23⅝	25⅝	+ 2⅜

NEW YORK STOCK EXCHANGE COMPOSITE

Stock	(div)	Sales (hds.)	High	Low	Last	Net Chg.
Eaton	pf 1.19	32	42	35½	39½+	5
Echlin	.44	82428	21½	14¼	15½−	⅜
EckrdJk	1	57171	30⅛	23½	27⅝+	1
EdisBr	1.32	29581	35	23½	24⅝−	4⅜
Edwrd	.60a	7005	19⅞	13½	15¾+	¾
ElPaso	1.48	194304	23¼	15⅛	22¾+	7½
EPG	dpf 2.35	4405	24¾	18½	18⅝−	2⅜
ElcorCp	.24	7624	12¼	8¼	10⅜+	⅞
ElecAssc		17527	8⅞	5½	7 +1	
EDS	1	15752	28	18¼	26¾+	7¾
ElMeMg		28713	5⅜	2¾	4⅛−	½
EMM	pf 1k	1821	9½	6¾	7⅜−	1⅞
Elgin	1.60	16507	26¾	17¾	23¼+	3⅝
Elixir		29142	7⅞	3½	4⅞+	⅝
EmrsEl	1.60	110664	39	32⅛	35⅛−	½
EmryA	1	76000	23⅝	16¼	16⅝−	1⅞
Emhart	2.40	29076	41¾	29⅛	31¼−	5⅝
Emht	pf 2.10	45	66½	49¾	51 −	5
EmpDs	1.44	4984	14½	11⅛	11⅝−	1⅝
EmpD	pf .47	558	5⅜	4	4¾−	¾
EmpD	pf .50	225	5¾	4⅜	4½−	½
EmpD	pf .92	220	10	7¾	7¾−	2¼
EmpGas	.50	4518	29¾	13½	29 +15¼	
EngMC	1.98	153489	65⅛	28⅜	65⅛+36½	
EngMC	wi	3048	32	25⅞	32	
EnnisB	s .56	3678	21	13⅞	17¼+	8⅞
Ensrch	1.56	104281	30⅜	17	29⅛+11⅞	
Ens	pf 10.32	1264	107	100¼	104 −	1⅜
Entex	s .80	15184	19⅛	12⅞	18 +	5⅛
Envrtec	1	31653	23⅜	12⅜	14⅛−	3½
Equifx	2.20	3342	24½	19⅛	19⅜−	1¼
Equimk	.96	4363	11½	8⅞	9⅛−	1¼
Eqmk	pf 2.31	1240	24½	19	19⅜−	3¼
EqutG	s 1.64	5274	25	17¾	24½+	8⅛
EqtGs	pf 2	236	24½	18	18 −	5¾
EqtLf	2	10533	20⅜	14	14¾−	2
Esmrk	1.84	65237	32	23¾	28⅝+	4⅝
Esquire	.70	6511	23⅜	11⅜	16½+	5¼
EssexCh	.80	7073	14⅛	10½	10⅞−	1⅜
Estrlin	.80	24883	33⅞	13⅛	33¼+19⅞	
Ethyl	1.50	33112	30	21	28⅞+	7⅜
Ethyl	pf 2.40	343	75¼	54¾	73½+18½	
EvanP	1.60a	53448	24⅞	17⅝	22 +	4¼
Evan	pf 1.40	3779	14	10⅞	11⅛−	2¼
Evan	pf 2.10	1689	19¾	16⅝	17	
ExCelO	1.90	16405	41	25¼	39 +11⅞	
Exclsr	1.77e	2658	18¾	15	15¼−	1⅜
Exxon	4.40	549034	61¼	48¾	55⅛+	6

F

Stock	(div)	Sales (hds.)	High	Low	Last	Net Chg.
FMC	1.40	62413	29½	22⅞	26 +	1¾
FMC	pf 2.25	2644	39	31½	33⅝+	¾
Fabrge	.40	35506	12⅛	7⅝	11¼+	3
FabriCtr	.28	6711	8	4½	5⅛−	1¾
FacetEnt	.15e	8657	7¼	4	6 +	2
Fairchd	s1.20	23008	43⅝	25	43 +21¼	
FairmtF	.76	7829	15	8⅜	14⅝+	5⅛
Fairmtpf	1	166	11	8½	10½	
FamDlr	.40	4836	15¾	9⅝	12¾+	3
FrWstFn		5225	16	11¾	12⅝+	¾
FarahMf		13818	4½	3⅛	4⅜+	1
Fedders		56747	6¾	3	3⅝−	⅝
FedCo	2.40	10074	46¼	35⅜	37 −	4¼
FedExpr		76660	51	21	46⅝+20⅜	
FdMog	s 1.08	25819	20¼	14¼	16⅛+	2⅞

Stock	(div)	Sales (hds.)	High	Low	Last	Net Chg.
FedNM	1.28	216301	19⅜	15⅜	16⅛−	⅛
FedPB	1	34446	32½	20⅞	29½+	6½
FPap	pf 1.20	2545	39¾	26½	38¾+	9½
FdSignl	s 1	7690	19⅞	12⅛	19⅞+	8⅜
FedDSt	1.70	81233	33⅛	25⅜	27⅝−	4⅜
Ferro	1.20	49581	29⅜	19	20⅞−	2⅛
FidFin	.60	10199	13½	7⅝	8⅞+	1⅜
FidUni	2.80	2872	34½	29½	30¾−	⅜
Fldcst	1.40a	9821	37¾	24¾	25⅞+	⅞
Filmwy	.20b	70945	18½	10	11¾−	2⅞
Filmwy	pf	2337	11	6⅝	7½	
FinCpA	.50	6821	19	10½	14¾+	4⅛
FinSBar	1	16258	19½	12½	14⅝+	1¾
FinlFed	1.40	36302	45½	23⅜	30⅝+	7¼
Firestn	.60	174431	13⅞	8⅛	8⅞−	3¼
FtChrt	.80	98267	23¼	14	17⅞+	3⅛
FstChic	1.20	131622	19⅞	14⅜	15½−	3½
FtBnTx	1.56	18875	40¾	31½	38¾+	5⅝
FtInBn	1.50	32032	42¼	31¼	38⅜+	5¼
FstMiss	.40	84591	29⅜	10	29 +19	
FstNBo	2.20	28898	33½	25½	28¾+	1¼
FNStBn	2.20	3054	25¼	20⅛	20¾−	½
FstPa	.44	71661	15	8½	8¾−	4½
FstPa	wt	11498	3	1⅜	1½−	⅝
FtPaMtg		7342	2¾	1½	1½	
FtUnRt	1.28	14812	19½	10¾	15⅜+	4⅝
FtVaBk	.52	13296	8⅛	6½	6⅞+	⅝
FtWisc	1.88	3306	28	22½	25 +	2
FischM	1.50	16875	26¾	19¾	26⅜+	2⅝
FishFds	.40	47315	15½	7⅝	9⅜+	½
FishrSci	.52	21533	23⅛	13⅝	21⅝+	8⅛
FleetEnt	.52	74624	12¾	7	9¼−	1⅞
Fleming	1	9008	18¾	15½	17½+	1½
FlexiV	.80	47315	19⅜	12½	14⅛−	½
Flexi	pf 1.61	3816	15	11⅝	12	
Flntkt	1.40b	47373	55⅛	27	54⅞+27⅝	
FlaECst		4032	63	39¼	50 +10⅜	
FlaPL	2.40	157761	28⅞	24⅛	25 −	1⅛
FlaPow	3	38888	32⅞	26⅛	28¼−	2⅝
FlaStl	1.80	6660	40¼	22⅞	34¼+11¼	
Fluor	s 1.20	56402	55¼	34½	52⅝+30⅜	
Fluor	pf 3	243	193½	77¾	188¼+108¼	
FooteC	1.70	4838	24	16⅞	24 +	6⅛
FordM	4	286073	45⅜	29⅜	32 −10⅛	
ForMK	1.56	54067	30⅞	17⅞	25¾+	7
FMK	pf 1.80	1308	49	28¾	42 +11½	
FtDear	1.24	8529	13½	10¼	11⅛−	1
FrtHow	1.32	21469	47¼	38⅛	45⅜+	6⅞
FosWh	s .64a	51841	28⅛	18⅛	26½+12⅜	
Fotomat	.25j	62490	14⅝	5⅛	7¼−	3¾
FourPha		41864	48½	29⅜	46¾+16¾	
FoxStaP	.68	11202	13¼	8¼	9⅞−	⅛
Foxbro	1.30	22231	44⅜	29⅜	37⅝+	4⅞
FrankM	.40	72028	10⅞	5⅜	9⅝+	4
FrptMn	sl.20	72189	66½	30	65½+44	
Frigtrn	.30	20225	18½	9⅞	11⅛−	3⅝
Fruehf	2.40	51825	40	25¾	27¾+	1⅝
Fuqua	.50	86729	19¼	8¾	18½+	9⅞
Fuqa	pf 1.25	1405	16½	12½	16⅜+	3⅞

G

Stock	(div)	Sales (hds.)	High	Low	Last	Net Chg.
GAF	.68	52702	13¼	9¼	10⅛−	1¼
GAF	pf 1.20	5627	17⅜	13½	13⅝−	1⅞
GATX	2	68124	46	23⅞	36¾+12¾	
GAT	pf 2.50	555	56½	31¼	45 +14	

NEW YORK STOCK EXCHANGE COMPOSITE

Stock	(div)	Sales (hds.)	High	Low	Last	Net Chg.
GCA	.20	37617	61¾	14¾	60½	+45⅜
GCA wi		394	41	34½	40	......
GDV		33378	14⅛	6⅞	11½	+ 4½
GF Eqp		6455	6⅜	3⅜	3⅞	− 1
GK Tec	1.30	57700	24⅝	14	24⅛	+10⅛
GK pf	1.94	12433	29⅜	20⅜	29¼	+ 9¼
GMR Pr		13357	3⅞	1⅞	2⅛	+ ¼
GalvHo	n .40	2545	38	30¾	37	......
GamSk	1.50	11497	36⅞	22¼	33¼	+ 7⅜
GaSk pf	1.60	129	28	19¼	26½	+ 4⅜
GaSk pf	1.75	66	30	20	26½	+ 4
Gannett	2	64033	49¼	39½	47⅞	+ 7⅛
GapStr	.38	13394	13½	6⅝	8⅛	− 1¾
Garfink	1.24	7226	26½	14½	15¾	− 3⅛
GasSvc	1.28	5258	16¼	12¾	15	+ ½
Gatewy	.60	4893	9⅞	6⅝	9½	+ 3
GearhtO	.36	35247	53¾	33⅝	49½	+13¼
Gelco	1.20	18706	37¾	23⅞	29¾	+ 1¾
GemCa		3640	30	20⅜	26	+ 3¾
GemIn	1.80	1803	17½	14	15¾	+ 1½
GAInv	1.22e	10393	15⅜	9⅝	15⅜	+ 4⅞
GnAmO	.60b	61560	64⅝	39⅞	60½	+17½
GnBcsh	.80	2052	17⅜	13¾	15	+ ½
GnCare	s	23399	17½	6¼	16	+ 7
GCinm	s .68	20173	25⅛	17¾	23⅝	+ 7⅛
GDyn	s 1.20	124163	61	27¼	60½	+28⅝
GDyn pf	4.25	1751	72½	50	72	+19½
GenEl	2.80	315023	55⅛	45	50⅝	+ 3½
GnFds	2	114209	37	28¼	33⅝	+ 1½
GnGth	1.57e	35652	47	26½	38¼	+11⅞
GnHost	.70	17257	23¼	9⅝	18⅞	+ 9⅛
GnInst	.80	93677	51½	26⅞	51	+23⅞
GnInstr pf	3	1402	46	34½	45¼	+11¼
GenMed	.44	15686	14¾	10¼	13¼	+ ¾
GnMills	1.32	127272	30⅜	23½	25	− 4⅝
GMot	5.30e	494178	65⅞	49⅜	50	− 3¾
GMot pf	3.75	3596	46⅞	36⅝	36¾	− 7⅞
GMot pf	5	2805	62¾	48¾	48¾	−11⅛
GnPort	.80	32211	18¼	11	15	+ 4
GPU	1.20e	344051	18⅞	7	8⅝	− 8⅞
GnRefr		20189	14	6	9½	+ 3¼
GnSignl	1.28	69584	39⅛	25	37⅝	+10¾
GnSteel	.40b	9293	11	7⅛	8⅜	+ 1⅛
GTE	2.72	267476	30¾	26⅛	28¼	− ⅛
GTE pf	2.50	928	31	25⅛	25¾	− 2⅝
GTE pf	2.48	6734	26⅜	20½	20⅞	− 3⅝
GTFI pf	1.25	225	14	10	11	− 2
GTFI pf	1.30	402	14⅜	11¼	11¼	− 2¼
GTFI pf	8.16	1904	91¼	70	71	−19⅝
GTire	1.50	58747	27	19	21¼	− 3⅝
Genesco		39011	5¾	3⅜	4	+ ⅛
Genst	g s1.20	7544	24	17¼	21⅞	+ 6
GenuPt	s .88	34167	26⅞	21	23⅝	− 2¼
GaPac	1.20	228323	30⅜	23½	26⅜	+ 2⅛
GaPac	pf2.24	11960	36¼	30	32¾	......
GaPac	pfB	1115	34¾	30	30¼	......
GaPw	pf 2.56	3953	24⅝	20	20	......
GaPw	pf 2.52	2526	25¼	18⅝	19¼	− 5⅛
GaPw	pf 2.75	7537	27¼	22	23⅞	− 2
GaPw	pf 7.80	1128	79	60¼	61¼	−14⅛
GaPw	pf 7.72	272	77¼	58	58¾	−13¼
Geosrc	.80	20679	51¼	27½	50⅝	+23
GerbPd	1.62	37029	30⅞	23	23⅝	− 3
Getty	1.60	142222	81¼	35½	73¾	+36
Getty pf	1.20	1581	18½	14¾	15¼	− 2⅞

Stock	(div)	Sales (hds.)	High	Low	Last	Net Chg.
GiantPC	.60j	6804	11⅞	6¼	6½	− ½
GibrFn	.60	79024	16⅝	10	11¼	+ 1
GidLew	1	40758	29¼	13⅛	26⅞	+13½
GiffHil	s .92	12930	17⅞	12	17⅝	+ 3⅞
Gillette	1.72	115472	28	23⅜	26⅜	+ ½
GinosInc	.40	33169	11½	6⅞	10½	+ 3⅜
GleasW	.80	10644	25⅜	15⅛	20⅞	+ 5⅝
GlobMar	.20	64312	42⅝	13½	41½	+28
GldWFn	.54	36894	17	10⅝	16	+ 4¼
Gdrich	1.44	42025	24	17⅜	19⅝	+ 2¼
Gdrich	pf7.85	303	92⅜	81	81	− 7
Gdrich	pf .97	339	10½	8¾	9	......
Goodyr	1.30	244533	18⅞	11⅞	12⅞	− 3¼
GordJw	.72	10541	28	16⅞	23⅜	+ 4¼
Gould	1.72	73806	30	22	23¼	− 2⅞
Gould pf	1.35	1109	28¾	21¾	21¾	− 4¼
Grace	2.05	111191	41¼	25⅝	40½	+14⅝
Graingr	.92	24121	39	31⅛	37⅜	+ 4⅞
Granitvl	1	10651	14⅛	10¼	11⅝	+ ¾
GrayDr	.80	7745	16¼	9⅝	10⅝	− 3⅛
GtAtPc		57763	10⅜	5⅝	8⅝	+ 2⅞
GtLkInt	.68a	4789	32¼	20	22¾	− 1½
GNIrn	3.75e	2523	30	21⅞	24¾	+ 2¾
GtNoNk	1.60	47440	40⅜	30½	32⅜	+ 2
GtWFin	s .84	140683	27¾	16¾	22	+ 4¼
Greyh	1.04	148514	16⅝	11	14⅜	+ 3⅜
Greyhnd	wt	93971	2⅜	11-32	1⅝	+1 5-16
GrowG	.44b	8126	10½	8⅛	9	− ½
GthRty		7556	6⅛	4	5⅝	+ 1⅝
Grumm	1.20	30149	23⅜	14¾	22	+ 6¾
Grum pf	2.80	1664	22	20	20⅜	......
GuardIn	s.32	3597	12⅞	10	11⅛	+ 1⅝
GlfWstn	.75	259982	19⅝	13⅝	18½	+ 4⅜
GlfW pf	5.75	360	72½	64½	66⅛	− 1⅞
GlfW pf	3.87	672	93¼	66¼	85½	+18¾
GlfW pf	2.50	8901	40	30¾	38¼	+ 6¼
GulfOil	2.25	610869	37⅜	23	34⅝	+11¼
GulfRes	.32	86252	24⅜	8⅝	24⅜	+15⅝
GulfR pf	.20	160	37½	10½	37½	+27½
GulfR	pf 1.30	1537	30	14¾	30	+15⅜
GulfR	pf 1.60	8835	28	15⅞	28	+12⅜
GlfStUt	1.36	106414	13⅝	10½	11	− ¾
GlfSU	pf 4.40	z4660	45¼	36	36	− 9
GlfSU	pf 4.52	z1210	53	46	48¾	− 3¼
GlfSU	pf 5.08	z860	59	44	44	−13½
GlfSU	pf 8.80	762	102½	79	83½	......
GulfUtd	1	184944	27¼	12⅞	21¼	+ 8¼
GlfU pf	3.78	501	54½	39¼	47	......
Gulton	.50	16807	15¾	8⅞	15⅜	+ 6⅜

H

Stock	(div)	Sales (hds.)	High	Low	Last	Net Chg.
HMW		13280	7¾	2⅞	7½	+ 4½
HackW	s 2	401	25½	21½	24¾	+ 8⅛
Hajoca		5367	8⅝	4¾	5½	......
HallFB	1.34	20620	29⅝	23¾	27	+ 2¼
Hallibt	2	195192	85	59¾	85	+19
HamrP	1.50	22786	24⅛	18	21	− ⅞
HanJS	1.51e	9892	16	12¼	12⅝	− 1⅞
HanJI	1.84a	6605	19⅞	15¼	16⅛	− 1¾
HndImn	1	24484	17	10½	12¼	− 3⅞
HandyH	.70	22325	38⅞	15½	38¼	+22⅜
Hanna	2	15737	41¼	30⅜	37	+ 6⅝
HarBrJ	1.44	22257	41¼	28¼	32⅛	+ ⅜
Hardees	.24	20895	15⅜	11¼	12¾	+ 1¼
Harnishf	.40	158225	26	11¾	13½	− 2⅜

NEW YORK STOCK EXCHANGE COMPOSITE

Stock	(div)	Sales (hds.)	High	Low	Last	Net Chg.
Harrah	.50	62632	34¾	17	34½	+17½
HarrBk	2	14966	34¾	23¼	26½	......
Harris	.72	91000	34¼	25⅛	32⅞	+ 4⅛
Harsco	2	9699	33⅛	28	31¼	+ 2¼
HartSM	.88	29409	15⅜	10	11⅞	+ ⅝
HarteHk	.56	9452	28⅞	18⅞	27	+ 5¼
HartfZd	.40b	18102	13	7⅛	8¼	− ⅞
HattSe	1.50a	2580	16⅜	13¼	13⅝	− 1½
HwiiEl	2.44	5916	27½	23½	24	− 2
HayesA	.40	10999	18¾	8⅝	10¼	− 6⅜
Hazeltn	.60	11021	21	12¼	20⅜	+ 8⅛
HeathTec	s	5205	27⅞	16¼	27⅞	+14⅞
Hecks	.30	43854	19	9¾	15⅛	+ 5⅛
HeclaM		107548	46	5¼	46	+40⅞
HeilmB	s 1a	6841	28⅛	21¼	27⅝	+15¾
HeinzH	2.20	50339	42⅞	34½	40½	+ ¾
Heinz pf	1.70	3384	32	26½	29	......
HeleneC		8735	10⅛	6⅛	7	− ⅞
Hellrlnt	1.20	131472	34	16	22⅞	+ 6⅜
Hellr pf	4.07	29	135	69	96½	+18½
HelmrP	s .36	7402	47	32⅛	41⅞	+20⅛
HemCap		3800	3½	1⅜	2⅝	+ 1¼
HemInc	.75e	1209	8½	7¼	7⅞	+ ½
Herculs	1.10	190954	22¾	16⅛	20⅝	+ 4¼
Hershy	1.40	16679	26½	17⅜	24⅝	+ 4
Hesston		6921	11¾	7⅛	8⅜	+ 1¼
Hestn pf	1.60	1041	16⅞	13⅝	13⅞	− ⅝
Heublin	1.66	69654	32⅝	25⅜	29¾	+ 1⅝
HewltPk	s.40	86469	62⅞	46⅜	59⅛	+14⅛
HiShear	.40	12599	19½	9¾	18¼	+ 7½
HiVolt	.12	21987	11⅜	6⅜	10¼	+ 4⅛
Hillenbd	1.08	5375	38⅛	29	35½	+ 6
Hilton	1.36	157857	35⅝	22	31⅝	+ 9¼
Hobart	1.20	21476	25	15⅝	16¾	− ¼
Holiday	.66	252865	22⅞	15¼	18	+ 1⅝
HlidyA	.85t	1089	34	24½	29½	+ 3
HollyS		27000	53⅞	15⅝	48¼	+32¾
HmeG	pf1.10	6687	10¾	8½	8⅝	− 1⅝
Homst	1.40	79788	51½	29¾	51½	+21½
Honda	.33e	4708	28½	22	28⅛	+ 3¼
Honwll	2.60	186771	85⅜	63¼	83¼	+13¾
HoovU	1.24	13477	23½	15⅝	15⅞	− 6¼
Horizon		65958	11½	2½	7	+ 4⅜
HospCp	.50	67331	44¾	26	44½	+14
HostIntl	.60	27352	19¾	12½	13⅜	− 4⅛
HougM	1.60	4873	36⅛	27⅛	30⅛	+ 1
HousFb	.20	23489	6¾	3¾	4⅝	− 1
HoushF	1.55	93127	22	16¾	18⅛	+ ⅝
HouF pf	2.37	645	48⅛	38	40⅝	+ ⅞
HouF pf	2.50	2467	33½	27	27⅞	− 1⅞
HousIn	2.36	91812	31⅝	26¼	29⅛	+ 1¾
HousNG	1.10	127564	42	21⅜	40¼	+18⅛
HowdJn	.44	378903	24⅞	9½	24¾	+14⅞
Hubbrd	1.76	8614	19¾	15⅝	16⅛	......
HudMn	g.80e	4930	25⅞	16½	25¾	......
Huffy s	.60	1162	19	16⅞	18	+ 9½
HughsTl	s.84	43326	53¾	39½	52	+21
Human	.75	61409	42⅜	24¼	41⅞	+16¾
Human wi		8	31½	31¼	31¼	......
Huma pf	2.50	10849	23⅝	20	20	− 1¼
HuntCh	.40	22965	17⅝	11	11½	− ⅛
HuttEF	.80	27012	22⅜	14⅞	22	+ 6⅞
Huyck	.72	17678	15½	10½	13½	+ 3

Stock	(div)	Sales (hds.)	High	Low	Last	Net Chg.
I						
IC Ind	1.84	43623	30⅞	24	24¾	+ ½
IC In pf	3.50	7844	47	37¼	38½	− 2
ICN		57283	8	3⅛	4	− ⅜
INACp	3.30	55724	50⅞	38¼	49⅜	+11⅜
INA pf	1.90	1690	26¼	23	25	......
INAIn	1.68	5404	17½	14⅜	14⅝	− 1¼
ITTSvc pf	4	15	70	60¼	61	− 3¼
IU Int	.95b	133210	15⅛	10⅛	11⅛	+ ⅞
IUInt A		484	45	30½	43	+11½
IUInt pf	1.25	661	23	16⅜	21⅜	+ 5⅜
IUInt pf	1.36	4774	18⅝	13⅝	17¼	+ 3⅜
IdahoP	2.40	25946	26⅜	20⅛	21⅛	− 3
IdealB	1.60	34276	27½	19¼	23⅛	+ 1¼
Ideal pf	4.75	34	116½	87	97	+ 6
IdealT	.24t	10096	7	4⅛	5¾	+ 1½
IllPowr	2.28	86574	23¾	17½	19⅛	− 3⅝
IlPow pf	2.04	376	22⅝	16¾	18¾	− 2
IlPow pf	2.10	z4310	23	19¼	20	− 1
IlPow pf	2.13	839	24⅝	17¾	18½	− 3
IlPow pf	2.21	210	24	18½	19	− 3
IlPow pf	2.35	594	25½	19½	20¼	− 5¼
IlPow pf	4.12	433	46¼	35½	36	− 6
IlPow pf	3.78	2293	43	32½	37	− 3
IlPow pf	4.47	2596	50⅞	38	40¾	− 9¼
IlPow pf	4	5087	45	34	36⅛	− 7⅜
ITW	1	11684	29½	22¼	25	+ ⅜
ImplCp	1.20	64148	29⅝	15⅞	25½	+ 9⅜
INCO	.40a	147060	24	15¾	23¾	+ 8
IncCap		3886	8⅛	5¾	7⅞	+ 2¼
IncCC	1.02e	1141	10¼	9	9¼	− ⅞
IndiM	pf 7.08	176	73	52	55⅛	−10⅜
IndiM	pf 7.76	324	77⅝	60	62	−16⅜
IndiM	pf 8.68	293	86¾	67⅛	71	−11
IndiM	pf 12	640	109½	98¾	101	− 2
IndiM	pf 2.15	3363	22½	16¼	16¼	− 3⅞
IndiM	pf 2.25	2742	23	17	17¼	− 3
IndiM	pf 2.75	2939	26¼	24½	24¾	......
IndiGas	2.60	2482	30⅝	25⅜	28⅛	+ 2⅜
IndiPL	2.12	25286	24	20	20⅛	− 2⅛
InPL pf	6.25	46	85½	76	76	− 7
IndNatl	1.60	7062	21⅜	16⅛	17⅝	+ 1⅜
Inexco	.14	115975	33¼	14⅜	32½	+17⅝
IngerR	3.16	63521	59¼	46⅝	52	+ 3½
IngR pf	2.35	7594	37½	29¾	31⅞	− ⅛
IngrTec	.54	3207	16⅞	13¼	14¾	+ 1
InldStl	2.80a	54682	40⅜	29¼	31⅝	− 3⅜
Insilco	.94b	18397	14⅜	11⅛	12¼	+ ½
Insilc pf	1.25	1466	17½	13¾	15⅝	+ 1½
InstInvTr		10639	2⅝	1	1⅜	− ⅝
Integon	.48	80280	32¾	14⅝	28½	+13⅞
ItcpSe	1.92a	10060	21¼	16¼	16⅜	− 2⅜
Interco	2.40	18218	42¾	35¾	39	+ 3
IntDiv	8.11e	1300	33¾	25½	33½	+ 7
Intrlk	2.20	9690	29½	22⅜	24¾	+ 1¾
IntAlum	.60	16178	14⅞	10¼	13⅝	+ 1⅝
IBM s	3.44	622695	80	61⅛	64⅜	−10¼
IntFlav	.80	93058	25⅝	18¼	19⅝	− 4
IntHarv	2.50	105508	45½	34⅝	39⅛	+ 2⅞
IntMin	3	77125	61½	35¼	57⅞	+22½
IntMinr pf	4	62	43	38	38⅛	− 3⅝
IntMult	1.20	11260	23⅞	17	18	......
IntPapr	2.20	159113	47⅝	35⅝	37	+ ½
IntRectf	.32	18959	28⅝	9¾	23⅜	+12¼

NEW YORK STOCK EXCHANGE COMPOSITE

Stock	(div)	Sales (hds.)	High	Low	Last	Net Chg.
IntTT	2.40	312271	30⅞	24¼	25½	— 1½
IntTT pfH	4	724	55½	45	46	— 2½
IntTT pfJ	4	7181	51	40½	42	— 3¼
IntTT pfK	4	21245	50	39½	42	— 2⅜
IntTT pfO	5	1417	56½	45¾	47¼	— 2⅞
IntTT pf	2.25	4084	38¼	30⅝	32	— 1¾
IntTT pf	4.50	4551	53¼	43	44	— 3½
Intrpce	1.40	7507	21⅞	15⅞	18	+ 2
Intrpce pf	5	218	84½	65	70¾	+ 9
IntpGp	1.60b	11292	40	27⅝	33⅜	+ 1¼
IntstPw	1.50	6394	15¾	12¼	12½	— 1½
InPw pf	2.28	300	22¾	17⅝	17¾	— 2⅜
IowaBf s	.52	36157	26⅞	17⅝	23½	+ 2¼
IowaEl	1.60	8835	15⅞	12¾	13	— 1⅜
IowIlG	2	7599	21⅜	17¼	17⅜	— 2
IowIll pf	2.31	384	25⅛	19	20⅛	— 3⅞
IowaPS	2.04	9923	23⅜	18¾	20⅛	— ⅜
IowaRs	2.52	9233	26	21⅛	22¼	— 3⅛
IpcoCp	.12	21189	6⅝	4⅞	5½	+ ¼
IrvgBk	2.44	16442	38½	28½	34	+ 5¼
ItekCp		78713	34	16¾	28¼	+11¼
ItelCp	.36j	227093	28⅛	3½	5⅜	—20⅛
Itel pf	.72k	20938	14⅜	4	4¾	— 8⅝

J

Stock	(div)	Sales (hds.)	High	Low	Last	Net Chg.
JmesF	1.40	17681	27½	19½	25¼	+ 5½
Jamsw	.08b	8907	11⅝	8¼	10⅝	+ 2
Jantzen	1	10697	29½	14¼	29½	+13¾
JapnF	1.53e	37331	13⅛	8½	9½	— 2⅞
JeffPilt	1.20	49499	38	28¾	30	— ¼
JerC pf	4	146	40	28	30	— 7
JerC pf	9.36	514	93	66⅝	67	—26
JerC pf	8.12	461	84⅛	57½	57½	—24¾
JerC pf	8	275	80¾	55½	56	—20
JerC pf	7.88	197	80	56	56½	—23¾
JerC pf	13.50	576	116	95⅛	101	—14
JerC pf	11	750	106	81½	85	—20¾
JerC pf	2.18	3083	22	15⅜	15½	— 6½
JewelC	1.68	30592	27½	19⅞	26¼	+ 6⅛
Jewelcor		22184	6⅞	2⅞	5½	+ 2½
JhnMan	1.92	81942	27¾	21⅞	24⅛	+ 1½
JnMn pf	5.40	38429	64⅝	54⅛	55	......
JohnJn	2	118566	80⅜	64¾	79¼	+ 5½
JohnEF		13094	9½	6⅛	8½	+ 1⅜
JohnCn	1.10	45979	31⅞	24⅛	31⅝	+ 6⅜
JohnC pf	2	3090	40	30½	39¼	+ 7¼
JonLgn	.60	21742	16¼	8⅞	10⅜	— 1½
JonLaupf	5	103	48	38⅛	40	— 5
Jorgen	1.50	3261	34¾	28	29⅞	+ ⅛
Jostens	1	21429	21½	16¾	21¼	+ 3⅛
JoyMfg	1.72	52972	36	26⅜	30⅝	+ 2⅞

K

Stock	(div)	Sales (hds.)	High	Low	Last	Net Chg.
KLM	3.49e	1206	63	36⅝	38	—22½
K mart	.84	267331	28⅝	22½	23¾	+ 1¼
KaisrAl	1.20	146135	22⅛	17¼	19¼	+ 1¾
KaiAl pf	2.37	120	47½	45⅜	45⅜	— 1⅛
KaiAl pf	4.12	110	73	58½	64¾	+ 4¼
Kai 57pf	4.75	132	85	70	71½	— 1½
Kai 59pf	4.75	137	84	68	69½	— 3½
Kai 66pf	4.75	206	82	69½	72½	+ 4½
KaisCe	1.40	35919	29⅜	19⅛	22⅝	+ 1⅞
KaiC pf	1.37	3624	23⅞	16⅜	18¾	— ⅝
KaiC pf	2.50	253	63	44¾	49	— 1¼
KaisrSt	1.12j	96384	46	18⅜	27	+ 8¾

Stock	(div)	Sales (hds.)	High	Low	Last	Net Chg.
KaneMil	.28	15327	9½	6¾	9	+ 2⅜
Kaneb	.80	88326	24⅛	13⅛	23⅛	+10
KCtyPL	2.66	20578	27⅛	22	22⅛	— 2
KCPL pf	3.80	z8870	40	32	32	— 5
KCPL pf	4.35	174	48	35⅜	39½	— 8½
KCPL pf	4.50	z4780	50	37½	38½	— 9
KCPL pf	2.20	916	23½	18	18¼	— 4¾
KCPL pf	2.33	1005	24⅝	19⅜	19⅞	— 3⅜
KCSoln	1.10	17004	33¼	19¾	28¼	+ 6½
KCSou pf	1	219	11	9	9½	— ⅝
KanGE	1.94	20287	19¾	15	15¼	— 2⅞
KanNb	1.48	8565	23⅜	17¾	19	+ ⅛
KanPLt	1.96	17964	20¾	15⅛	17⅜	— 1⅝
KaPL pf	2.32	768	25½	19½	21	— 3
KaPL pf	2.23	1832	24¾	18¾	18¾	— 4⅝
KatyInd		32578	11¼	5⅞	10¼	+ 4½
Katy pf	1.46	5454	28⅞	17½	27	+ 9¼
KaufBr	.24	111992	13⅞	7	9⅝	+ ⅝
Kauf pf	1.50	584	17	13	13	— 2½
Keene	.60	11327	20⅝	13	19	+ 6
Keller	.30	22454	16⅞	6⅞	9¼	+ 2¼
Kellogg	1.32	55023	21⅝	17⅛	18⅞	+ ½
Kellwd	.80	8586	14⅞	8¼	9⅛	— 4⅜
KenilRty	.20e	15866	31⅜	11¼	28⅞	+17⅝
Kenmtl	1.32	9437	47⅞	32	45⅞	+13¼
Kennct	1.40	172819	31½	19⅞	31½	+11⅝
KyUtil	2.04	15080	21⅞	17½	18⅛	+ ⅛
KerrGls	.44	24189	14⅞	8⅝	9¾	— 2⅛
KerrG pf	1.70	820	19½	15½	17	......
KerrM	1.55	116349	68⅜	46	67¾	+20
KeysCon		5911	17¼	9	9⅞	+ ⅛
KeysInt s	.48	8026	28¼	17	26¼	+12⅜
KiddeW	1.80	26535	39¾	27⅜	35⅝	+ 6¾
Kidde prB	4	520	51½	42¼	43¼	+ 1
Kidde pfC	4	746	51¼	43	44¾	+ 2¼
Kidde pr	1.64	1947	30	21⅞	27¼	+ 5¼
KimbCl	2.88	42602	48½	39½	40¾	— ⅛
KingDSt	.90	26722	16¼	11⅛	12⅛	— ⅜
Kirsch	1.32	9995	24	15½	17⅛	— ⅝
KnigtRd	.70	45381	26½	20⅜	26	+ 3⅜
Koehrin	1.10	19928	27¾	15½	20	+ 4¾
Koeh pf	2.75	213	36½	29	30	+ 1½
Koger n	1.10	289	24⅜	23⅛	24¼	......
Kollmr	.64	9009	42¾	23½	41	+16½
Kopprs	1.40	41424	27⅝	17⅜	27	+ 6⅞
Kopprpf	4	129	48	38½	40	— 5½
Kraft	3.20	42202	50⅛	43	47¾	+ 3
Kroehlr		7353	13½	7½	7¾	— 1⅛
Kroger s	1.36	54634	27	17⅝	19	+ 1⅛
Kubota	.58e	273	29¾	24½	28¾	— 1¼
Kuhlm	.80a	4385	16¼	9½	10	— 4⅛
Kysor	.88	13308	15	9⅝	11⅜	+ 1⅞

L

Stock	(div)	Sales (hds.)	High	Low	Last	Net Chg.
LFE	.12r	13046	12	5⅞	11	+ 4⅞
LFE pf	.50	292	8	5½	8	+ 1½
LITCO	1	3980	18⅛	14½	16	+ 1¼
LTV		157832	10⅞	6⅝	8	+ 1⅜
LTVA	.36t	908	16	9¼	12	+ 2⅛
LTV pf	5	398	57	43	44	+ ½
LTV pf I		2134	10¾	6⅝	7¾	+ 1
LTV pf	2.60	16418	30⅞	22⅜	25⅞	+ 3⅜
LQuint	1.08t	19983	11⅞	8¼	11½	— ⅜
LacGas	1.86	3656	23⅝	18⅛	19½	+ 1⅜
LamsSe s	.80	5439	19½	14¾	16	+ 6⅜

NEW YORK STOCK EXCHANGE COMPOSITE

Stock	(div)	Sales (hds.)	High	Low	Last	Net Chg.
LaneBry	1	26341	22½	11⅝	17⅜	− 1⅞
Lanier	s	2129	33½	28¾	32¾	+14¾
LawtCh	.60	43626	15	9⅝	10½	......
LearPet	n.12	1551	36⅔	33⅛	33½	......
LearSg	1.04	51871	23⅞	17¼	23	+ 5
LearS	pf 2.25	1273	57¾	42½	57	+13⅜
LswTr	s 1.30	15368	24½	18¾	22⅜	+ ⅛
LeeEnt	.72	4591	25	19⅝	24½	+ 1¾
Leesona	1.16	8061	31¼	19½	27½	+ 7⅝
LegPlat	n .48	5094	15⅝	10	11⅛	......
LehValInd		14236	2⅛	1⅛	1¼	− ½
LVIn	pf	162	21	14½	15½	− 4¼
Lehmn	1.33e	47427	13⅛	9¼	13⅛	+ 3¼
Lennar	s .16i	12562	23⅞	13	18⅛	+13⅜
Lenox	1.30	10481	30	23⅛	24¾	− ½
LesFay	.48	7536	9	6⅜	6⅝	− ⅝
LevFdC		4535	21¼	15⅜	19½	+ 4⅛
LevFln	.75a	1855	14⅝	12⅜	13⅛	− ¾
LeviStr	2.20	78938	73¼	34⅜	72¾	+37⅞
LeviStr	wi	37	36⅜	35⅝	36⅜	......
LevitzF	1	39598	29⅛	17⅞	26⅝	+ 8⅛
LOF	2.20a	23888	28⅞	23⅜	24¼	+ ⅜
LOF	pf 4.75	952	57⅝	47¾	48	− 3½
LibtyCp	s .60	12697	22⅝	14	19	+ 3⅜
LibrtyLn		18708	4⅞	2	4⅞	+ 2¼
LibtL	pf	1961	13⅛	8	12	+ 2
Lifemk	s .48	18009	24¾	14	23¼	+12¼
Ligget	2.50	64931	42	29⅜	38	+ 1¾
Liggt	pf 7	z6850	79	68	70	− 9
Liggt	pf 5.25	24	95	74	90	+ 7
LillyEli	2.10	164475	63⅞	47⅛	59¾	+11⅞
LincNt	2.80	32958	48	35½	43¾	+ 8
LincNtpf	3	661	95	71	86½	+14¾
LincPl	1.80	2607	18¼	14	14¼	− 2
Lionel	.16	53889	8⅜	4⅝	6⅞	+ 1¾
Litton	1b	212467	42¾	18⅞	42¼	+22⅝
Litt ptc	pf	429	65¾	29	64¼	+35½
Litton	pf 3	391	85	44½	85	+41
Litton	pf 2	2621	20½	18	19⅛	+ 1⅜
Lockhd		127098	34½	18⅛	34½	+15
Loctite	.52	27682	45	21	32¼	+ 7¾
Loews	1.20	52865	69⅜	41¼	61	+19½
LomFn	1	25639	18⅛	9⅝	15⅝	+ 6
LomMt	2.20e	10459	21	15¼	19¼	+ 3⅞
LnStar	1.40	42978	29⅜	20⅞	28⅝	+ 7½
LoneS	pf 4.50	28	113	87	113	+ 8
LILCo	1.78	95751	18¼	13¾	14⅝	− 2⅝
LIL	pfB 5	z1830	50	40¼	42	− 7¼
LIL	pfE 4.35	z8700	44⅜	37⅞	39	− 4
LIL	pfI 5.75	64	85¾	72	72	−11
LIL	pfJ 8.12	264	82⅜	63	63	−14
LIL	pfK 8.30	561	84½	67½	67½	−15
LIL	pfS 9.80	821	96¼	89	93½	......
LIL	pfP 2.43	2232	25¼	18⅛	18¾	− 4¼
LIL	pfO 2.47	5661	26⅜	20¾	22⅞	− 2¼
LongDr	.76	12918	33	25¼	28	+ 1
LoralCp	1	18546	52⅞	26⅝	50⅝	+21⅞
LaLand	1.48	320872	55¼	21⅝	46¼	+24¾
LaPac	.60b	83628	26⅜	18⅝	22¼	+ 3½
LouvGs	2.06	20491	22¼	17⅝	18⅜	− 2⅛
Lowenst	.37j	8832	17¼	8½	9¾	− 3½
Lowes	n .50	1120	18⅜	17½	18⅛	......
Lubrzl	1.60	54424	59⅞	41	55⅛	+ 9⅜
LuckyS	1	89886	17¾	14⅛	15⅝	+ ⅞

Stock	(div)	Sales (hds.)	High	Low	Last	Net Chg.
Ludlow	.70	56696	18⅞	11⅛	12⅛	+ 1⅛
Lukens	.96	7731	16¾	12	12⅝	− 3⅛
LynCSys	.40	16904	24⅞	13½	22½	+ 7⅝

M

Stock	(div)	Sales (hds.)	High	Low	Last	Net Chg.
MACOM	s.24	18299	34⅜	19¾	31½	+14
MCA	1.50	60498	55½	37⅛	54½	+13
MEI	.40	22977	15⅜	10⅜	12⅛	+ 1⅜
MGIC	1	206442	38⅜	18⅛	27½	+ 9⅛
MacAF	1	7121	22½	14⅜	22⅛	+ 4½
MacDn	.40	18409	11⅛	7⅝	8⅞	+ ⅛
Macke	.52	16201	13¾	7¾	8¾	+ ¾
MB Ltd g	n1.40a	293	23¼	22⅞	23⅛	...
Macmill	.82	157511	21⅜	10	14¾	+ 4¾
Mcmi	pf 1.20	450	32	16	22½	+ 6½
Macy	1.85	23439	54⅞	32	54	+18¼
Macypf	4.25	142	49	40	40½	− 3
MdsFd	1.25e	39786	19⅜	13⅛	18½	+ 4¾
MagicCf	.60	46348	11½	6⅞	8⅜	− 1¾
MalonH	1.12	13033	32	26¾	29	+ ½
MgtAst	n	13495	20¾	17⅛	18⅝	......
ManhIn	.30b	13764	11½	5⅝	6⅞	− 3
ManhLf	.30	13397	10¼	5¾	7¼	− ⅜
MfrHan	2.52	74765	37¾	29⅞	31⅛	− 1⅛
MAPCO	1.40	97742	37⅜	26¾	36⅝	+ 7¾
MarOil	s 1.60	100187	52⅜	34¾	50	+22⅝
MarMid	.80	40165	20⅜	13½	18¾	+ 3¾
MarionL	.64	29873	15⅝	11⅜	13½	+ ⅝
MarkCtl	.36	8826	14¾	10¾	13¾	+ 3
Mark	pf 1.20	2728	16¾	12½	15⅝	+ 2⅛
Marley	1	28708	30¼	19	21⅞	− 3⅜
Marriot	.20	194149	18⅜	11⅝	17⅝	+ 5½
MrshM	3.60	23890	72¼	59	70⅜	+ 8⅝
MrshF	1.24	71481	25⅞	15⅝	18⅝	+ 2⅞
MartM	2.12	73160	46¾	29⅝	46½	+16½
MaryK	.60	17441	30	9¼	28⅜	+19⅜
Md Cup	.64	35489	31⅞	17⅞	25	+ 2¾
Masco	.60	69713	27¼	19⅛	25½	+ 5⅝
Masonit	1.20	80267	30⅞	20⅝	24	+ 3⅛
MasM	1.40e	11899	14¼	10½	11¾	− ¾
MassyF	g	56318	13⅝	8⅜	10¼	+ 1½
MasCp	1.72	6153	17⅛	13¾	14¼	− 1⅜
MasInc	1.12	12417	11⅝	9	9¼	− 1½
MatsuE	.68r	7109	37¼	27⅞	30	− 6¾
Mattel	.30	122625	10¾	6⅝	7¾	+ ¼
Mattel	wt	70621	7⅞	3⅞	4½	+ ¼
Mattl	pf 2.50	12603	28⅜	21⅛	22⅜	......
MayDS	1.40	63659	27⅝	21⅞	24	+ ⅜
MayerO	1.10	8484	25¼	18¾	20⅞	+ 2
MaysJW		3676	5	3⅛	3¼	− ⅞
Maytg	1.80a	21370	28¾	22¾	24⅞	+ 2
McDrm	1.20	219560	26⅛	15⅞	25	+ 3⅝
McDr	pf 2.20	52138	29¼	22½	28⅛	+ 1⅛
McDr	pf 2.60	36279	30⅝	23	23⅝	− 4⅞
McDnld	.56	181193	51⅞	39¼	43⅜	− 2⅞
McDonD	.75	215087	36¾	20	36½	+ 3¼
McDonh	1.32	3604	32¼	24	26⅞	+ 1⅞
McGEd	1.80	32943	31⅝	24	26⅛	+ 1⅜
McGrH	1.28	134123	34	23½	28⅜	+ 4
MGH	pf 1.20	160	55	39	47¼	+ 7⅝
McIntyr	g	12408	64¾	20¾	57¾	+37½
McInty rt		3869	3	¼	¾	......
McLean	.64	17143	16½	12	13¼	+ ⅞
McLout		15271	13¾	7⅜	7⅞	− 1⅛
McMorO	.10	76012	58	13	51⅜	+37¼

NEW YORK STOCK EXCHANGE COMPOSITE

Stock	(div)	Sales (hds.)	High	Low	Last	Net Chg.
McNeil	.80	10565	20½	10¼	14⅝	+ 4⅜
Mead	1.80	76095	29¾	23	24¾	+ 1⅜
Mea pfA	2.80	125	75¾	63¼	65	+ 5½
Mea pfB	2.80	171	73½	62½	62½	+ 4½
Measrx	.50	29319	48½	28¾	35½	+ 1
Medtrn	.60	35079	69½	30½	69	+37⅛
Melville	1.40	57298	31½	25½	27½	+ 1⅛
Memorex		109667	39	16⅝	17⅞	−11½
MercStr	1a	4902	41	33¼	38	+ 4⅞
MerTx s	1.20	8368	29¼	22½	25⅝	+ 6⅞
Merck	2.30	161575	74¼	62½	72¼	+ 4⅝
Merdith	1.20	4216	36½	27	35⅛	+ 7⅝
MerrLy	.96	159229	21⅞	15⅜	19¼	+ 3⅞
MesaPet n		53219	64¼	34¾	59⅛	......
MesaRoy	n.07e	69779	42⅜	27¼	37⅝	...
Mesab	1.49e	21104	18¼	14¾	16⅛	+ 1⅜
Mesta	.45j	2297	21¾	15¼	17	− ⅞
MGM s	.60b	118260	27⅜	14½	21½	+ ½
Metrm	3.20	11034	73½	50¾	73½	+19
MtE pfC	3.90	246	40	26	27	−11¼
MtE pfF	8.12	337	84	51	57½	−25½
MtE pfG	7.68	328	81	50	52	−27
MtE pfJ	8.32	160	85½	55	57	−26
MtE pfI	8.12	240	83¼	53¼	54½	−27
MtE pf	8.32	559	85¾	55	56½	−25½
MhCn pf	2.05	957	24⅜	17¾	17¾	− 5½
MchGs	1.30b	1605	15⅜	12¾	13	+ ⅜
MhWi pf	2.67	4159	28¼	24½	25¼	− ⅜
MhWi pf	2.12	6277	25⅞	21¼	23	− 1¼
MdCTel	1.68	16949	22⅝	16½	19¼	+ 2¼
MdCT pf	2.06	1099	27½	22⅛	23⅛	+ 1⅛
MidSUt	1.58	266120	16⅜	12¼	12⅝	− 2⅜
MidIndM		11481	4¾	1⅝	3⅞	+ 2⅛
MidRos	1.30	50770	27⅝	16½	27⅜	+10¾
MillerW	1.20	28665	29½	17⅛	19¼	− 5⅜
MiltBrd	1	43590	35⅝	19¾	31¼	+11⅛
MilRoy	.40	8930	22¾	14⅝	22½	+ 7⅞
MinnGs	1.94	2780	25⅛	19	22¼	+ 3⅛
MMM	2.40	246245	66	48⅛	50¼	−12⅞
MinPL	1.94	13700	21¼	18	18⅛	− 1
MirroCp	.96	6349	15¾	9⅞	14⅞	+ 4¾
MisnIns	s .68	1807	33¼	26	31	+10⅝
MPacC	3	35576	55⅜	45½	51⅜	+ 1⅜
MoPSv	1b	4904	13⅜	10½	10¾	......
MoPS pf	2.44	632	23½	18⅜	18⅝	− 2½
MoPS pr	2.61	595	25	21	21	− 2½
Mobil s	3	327987	60⅜	36¼	55	+20¼
MobileH		13234	2⅞	1¾	2	− ⅛
MdMer	.20	38479	15¾	11⅞	14½	− ¼
Mohasco	.90	28056	14½	7⅞	9⅛	− 1¾
MohkDta		97609	17½	8½	17⅛	+ 8¾
MohkR	1.20	3663	15⅞	10¾	11⅜	− 3¼
Monrh	s1.20a	3202	24¼	14⅛	22	+10¼
Monogr	.65a	22285	49⅝	23⅝	39	+14¼
Monsan	3.40	113722	62	45	59⅝	+12⅝
Mons pf	2.75	48	66½	52	66½	+12
MntDU	1.80	8075	19¾	16	19⅜	+ 2⅞
MonPw	2.12	34792	24⅝	19⅛	20	− ¼
MonSt	1.80a	10254	20⅞	16⅜	16⅝	− 1⅞
MONY	1.02e	17262	9¼	7⅜	7⅝	......
MoorM	1.12	25320	44⅞	27	42¾	+13⅜
Morgan	2.80	84197	54⅞	43¾	46¼	+ ⅞
MorKn	1.50	16259	35⅞	18¾	35¾	+16¼
MorseSh	.72	18008	19	13⅛	13½	− 2
MtgTrAm		18176	8⅞	5⅞	7⅛	+ 1⅛

Stock	(div)	Sales (hds.)	High	Low	Last	Net Chg.
MorNor	1.40	22345	34⅛	25¾	33	+ 4⅛
Motrola	1.40	132481	55½	36	51⅛	+11¼
MtFuel	2.20	54171	35⅛	24½	29⅝	− ¼
MtSTel	2.32	12515	26⅞	23	23½	− 2¼
Munford		25796	14¾	6⅜	7¼	− ¼
Munfd pf	.40	5786	8¾	4⅜	5	......
Munsng	1.20	4440	17½	12½	13⅝	− 1⅞
MurphC	1.28	6277	15⅞	12	14⅝	+ 2⅝
MurpOil	1	45994	91¼	40	85	+40⅝
MurryO	1.20	7292	23⅝	15	21	+ 6
MutOm	1.44	6514	14⅛	11⅛	11⅞	− 1⅜
MyersL	.50	15776	14⅜	9½	11½	+ 1½
N						
NCH	.64	26123	23¾	13¾	23¼	+ 9¼
NCNB n	.64	21777	16⅝	11⅛	13⅝	......
NCR	1.60	176552	81½	56¾	69¼	+ 8¾
NLInd	1.20	161189	35⅞	20	34½	+14
NLT	1.12	294213	37	19	23½	+ ¼
NVF s		30077	14½	8⅛	13⅞	+ 9
Nabisco	1.62	50073	25½	20⅝	21⅞	− 3½
Nalco	1.36	57665	35⅝	26¼	34½	+ 7¾
Napco	.20	5116	15¼	9¼	13⅛	− ¾
Narco	.68	28781	33¼	10¾	15½	+ ½
Nashua	1.50	25850	34¾	20⅜	28⅜	+ 6
NatAirl	.37j	86968	50	33½	49⅝	+11⅞
NatCan	.72	30332	25⅝	16½	23⅛	+ 4¼
NCan pf	1.50	800	45⅛	31½	40½	+ 8⅛
NtCtyL	.60	13527	15¼	9⅝	11⅞	+ 2⅛
NtDetr	2	12458	35⅜	27½	29½	+ 1⅛
NatDist	1.80	96185	30¾	18⅜	28¾	+10⅜
NDist pf	4.25	z2430	74	63⅞	63⅞	− 9⅝
NDist pf	2.25	63	32½	26	26	− 6⅞
NDist pr	1.85	2181	21⅜	16	17	− 3
NatFG	2.54	4955	31	25⅛	29	+ 2⅞
NFG pf	2.30	4203	26	20⅝	22⅝	− 1⅜
NatGyp	1.48	53099	24¾	15¾	22	+ 6½
NatHom		21534	3⅞	1⅞	1⅞	− ½
NtLibt n	.28	36253	19¾	7⅝	19	......
NMdCr	s .60	46219	26¾	16¼	26¾	+ 8
NMedE	s .60	65971	28¼	12½	27⅞	+12⅛
NMineSv	.56	8027	18¼	11	14¼	− ¾
NtPrest	1.50	8999	19⅞	15⅞	18¾	+ 2⅜
NtSemic		308646	36⅝	18½	34⅝	+13⅜
NtSvIn	1.24	15532	21¼	14¼	19	+ 4¾
NStand	1.24	8472	21⅜	13¼	19⅜	+ 4⅝
NatlStl	2.60	31406	35½	25¾	26½	− 2½
NatTea		3155	5¼	3¾	4¼	+ ½
Natom	s 1.10	26454	33¾	26¾	30¼	+ 9⅜
Natom pf	4	897	49⅞	48	48	......
NevPw	s 2.12	1908	23¾	19¾	23⅛	+ 6
NevP pf	1.60	448	16⅝	12½	13¾	− 1½
NevP pf	1.74	605	19½	14	14¾	− 1¾
NevP pf	2.30	682	22¾	18½	18½	− 3⅜
NevP pf	1.95	846	19⅞	14¾	15⅜	− 3
NEngEl	2.36	24368	23½	19¾	22⅛	+ ⅞
NEnGE	1.60	6368	16⅞	13½	14¼	− 1¾
NEG pf	9.80	767	102½	95	95	− 2½
NENucl	s .26	52270	34	17½	23¼	+ 4¼
NEnP pf	2.76	2607	30	25	26⅛	− ½
NEngT	3.40	5204	36¼	31	32⅜	− 2⅜
NYSEG	1.76	34377	18⅛	15	15¾	− 1⅛
NYS pf	3.75	297	37½	30½	30½	− 5½
NYS pf	8.80	175	89¼	71	71¼	−12¼
NYS pf	2.12	1313	23⅜	17	17¼	− 4⅜

NEW YORK STOCK EXCHANGE COMPOSITE

Stock	(div)	Sales (hds.)	High	Low	Last	Net Chg.
Newcrp		13149	3⅞	2½	3	+ ⅜
Newell n	.70	4116	10½	7½	8⅞	......
Newhall	.80	6163	48	24⅝	45⅞	+20¾
Newmt	1.30a	110516	39¾	21½	39⅝	+18⅛
Newt pf	4.50	1082	123	72½	123	+51
Newprk	.20	60420	21⅛	8¼	19⅞	+11½
NiaMP	1.44	73400	15⅜	12	12⅝	− 1⅜
NiaMpf	3.40	112	36	27¾	28¼	− 5¾
NiaMpf	3.60	279	36¾	28¾	28¾	− 4½
NiaMpf	3.90	174	39	31	32	− 4½
NiaMpf	4.10	135	41	33	34	− 9⅛
NiaMpf	4.85	809	49	38⅛	38½	− 7½
NiaMpf	5.25	267	52½	42	43	− 7
NiaMpf	6.10	281	60⅜	49	49½	− 6½
NiMpf	10.60	810	106½	92¾	96¼	− 7½
NiaMpf	7.72	557	77½	56¾	61	−12½
NiagSh	1.21e	8423	15½	9⅝	15⅜	+ 5⅛
NICOR	2.52	32057	35¾	26½	33⅛	+ 6¾
NICO pf	1.90	255	35	26⅛	32½	+ 6½
NorfWn	1.92	65902	28⅞	21⅞	27¼	+ 5⅜
Norlin	1.60	8490	25¾	17⅛	18½	− 1⅜
Norris	1.40	25174	28⅞	18⅞	23½	+ 3
NACoal	.64	16161	40½	19⅛	38¾	+18¾
NoAMtg		21324	5¼	2⅝	3¾	+ 1
NoAPhl	1.70	10664	32	24⅞	26¾	+ 1⅜
NoestUt	1.10	96180	10⅝	8⅝	9⅛	+ ⅛
NCalSL	.70	9559	21⅞	11¾	15¾	+ 3⅝
NIndPS	1.50	78997	16⅞	13	13¾	− 2
NorNGs	3	46761	58⅝	33⅝	58½	+23⅞
NoNG pf	6.40	112	89	84¼	84¼	− 1
NoNG pf	6.84	302	91	81¼	81¼	− 8¾
NoNG pf	8.48	399	101½	94⅞	94⅞	− 2¼
NoStPw	2.28	63557	25⅞	21⅜	22⅜	− 1⅛
NSPw pf	3.60	194	39¾	32	33	− 5⅛
NSPw pf	4.08	157	45½	37½	40½	− 5
NSPw pf	4.10	427	46	34⅝	36⅞	− 8⅛
NSPw pf	4.11	1206	46⅝	36½	38⅛	− 7
NSPw pf	4.16	468	49¼	38½	38½	− 6¾
NSPw pf	4.56	240	53	40½	40½	−11⅜
NSPw pf	6.80	170	77	64	65¾	− 9¼
NSP pf	10.36	709	109	99	99	− 6¼
NSPw pf	7.84	1519	89⅝	72⅝	72⅝	−16⅞
NSPw pf	8.80	1228	101	74½	75	−22¼
NSPw pf	7	402	79	63	66¼	−12⅞
NorTel g	1	109493	46⅞	30⅜	43⅜	+12¾
Nthgate g		18723	10½	5	10⅛	+ 5
Nortrp	1.80	69425	45	27¾	41⅛	+ 5⅝
NwstAirl	.80	126072	36¼	24½	27⅝	− ⅞
NwtBcp	1.32	38842	29¼	23	25½	+ ⅜
NwtEnr	s1.30	49642	33½	17	31	+17⅝
NwtInd	2.05	87287	37⅞	25⅛	34⅞	+ 7⅞
NwtP pf	2.50	2093	26⅝	21⅛	21¾	− 2½
NwtP pf	2.36	9907	26⅛	20¾	21¼	− 2¾
NwMLf	1e	14954	11⅞	8⅝	9	− 1
NwStW	1.80	5567	32¾	24¼	25⅛	− 3⅜
Norton	1.60	22489	35⅛	22	33	+ 7¼
NorSim	1.04b	186312	17½	14¼	16	− ½
NortS pf	1.60	903	39½	32½	36½	− ½
Nucor s	.36	15811	40⅝	25½	39⅞	+19
O						
OKC	1.20	58021	62	18½	53¼	+34½
OakInd	.40	64348	40¼	16¼	38⅝	+22¼
Oak pf	1.75	30	116	61	116	+63
OakiteP	1.28	1269	20	15¼	18	+ 1⅜

Stock	(div)	Sales (hds.)	High	Low	Last	Net Chg.
OcciPet	1.50	507885	29⅝	15¾	27⅛	+11⅜
OcciPet	wt	82258	13⅝	5⅛	11¾	+ 6⅝
OcciP pf	2.16	1480	47½	27⅛	43½	+16½
OcciP pf	3.60	1501	95	52⅞	88⅞	+37⅞
OcciP pf	4	1422	93	52	86½	+35
OcciP pf	2.50	5299	24½	19½	20	− 2
OcciP pf	2.12	4729	20¾	16½	17⅛	− 1⅞
OcciP pf	2.30	7537	22½	18	18	− 1⅞
Ogden	2	14004	40	27¼	34¼	+ 5⅜
Ogdn pf	1.87	215	60	43¾	52	+ 9
OhioEd	1.76	145730	16⅞	13⅛	13⅜	− 1½
OhEd pf	3.90	142	39½	29½	29¾	− 7¾
OhEd pf	4.40	232	44	33	33	− 8
OhEd pf	4.44	171	47	33½	33½	−11⅛
OhEd pf	4.56	z9320	45	33	35	−10¼
OhEd pf	7.24	669	73⅛	60	60	−13
OhEd pf	7.36	z9820	74	55¾	58	−14
OhEd pf	8.20	1149	82⅞	66½	67½	− 9½
OhEd pf	1.80	346	16	15¼	15⅝	......
OhEd pf	9.12	1570	92⅛	75	75½	−12½
OhEd pf	8.64	350	87¾	62	64¼	−21½
OhE pf	10.48	538	104	89	93	− 7
OhE pf	10.76	982	106	92	96	− 9
OhP pf	8.04	124	78	61	61	−14
OhP pfB	7.60	1305	76	62	63	−11
OhP pfC	7.60	453	76	60¾	64	−10
OhP pfG	2.27	4533	23½	17¼	17¼	− 4
OhP pfA	14	696	120	103	105½	−10¾
OhP pfF	14	416	119½	103½	104⅞	−10⅛
OhP pfE	8.48	562	86¾	67	67	−19¾
OhP pfD	7.76	1375	78½	64	64	−10
OklaGE	1.60	91077	17⅞	13	13⅜	− 3⅜
OkIGE pf	.80	506	9½	7¼	8	− ¾
OklaNG	1.80	12927	26¾	18	24	+ 4¼
Olin	1	111899	25	16⅛	18	− ¼
Omark	1.44	6784	37⅛	27⅛	34⅝	+ 6¾
Oneida	1	7625	26¼	18½	24⅝	+ 5⅝
Opelika	.84	2518	13¼	9⅝	13	+ 3¼
OranRk	1.56	10401	15¾	12⅜	12⅝	− 2
Orange	.20j	22710	9	5½	7¾	+ 1⅜
OrionC	.40	35791	13⅛	7½	10½	+ 3
OutMar	1.22e	32226	19⅝	10⅜	16	− ¾
OutletCo	1	9029	25½	17¾	19	− 4
OverhDr	.84	9186	18⅜	13⅞	16¼	+ 2½
OvrnTr	1.24	7759	25½	17⅛	24	+ 7
OverSh	.50b	35746	40¼	20¼	39	+17¼
OwenC	1.20	95007	31	24⅜	28½	+ 2
OwenIll	1.26	74721	22⅞	17⅜	20¼	+ 2⅜
OwnIl pf	4	39	76	75	75	......
OwnIl pf	4.75	2083	68½	55	61½	......
OxfrdIn	.68	3884	12¼	9¼	10¾	+ 1⅜
P						
PHH Gp	.80	19660	23½	15⅛	21⅝	+ 5¾
PNBMt	1.08e	9824	12¾	7½	9	+ ⅝
PPG	2	50069	34¼	23¾	28⅞	+ 4⅞
PSA		25347	26½	12⅝	22½	+ 5⅛
PacAS	1.28	8264	13½	10⅜	11¼	− ⅜
PacGE	2.44	167112	25⅛	21⅝	23	+ ¾
PacLtg	2.24	26681	23⅞	19⅜	22¼	+ 1
PacLm	2.40	9868	53⅜	41	47½	+ 5⅞
PNwTel	1.64	10106	20	16½	17	− 1¾
PacPw	2.04	47872	22⅜	17	18	− 1¾
PacScie	.40	11697	15⅞	9¾	14½	+ 2¼
PacTT	1.40	21758	15⅜	11¾	11⅞	− 2⅞

NEW YORK STOCK EXCHANGE COMPOSITE

Stock	(div)	Sales (hds.)	High	Low	Last	Net Chg.
PacTT pf	6	241	66	53	53	- 9¼
PacTin	1	2789	22¾	10⅛	17⅝	+ 7½
PaineW	.44	21412	11¼	7⅛	9⅛	+ 2
PaiW pf	1.30	2174	15⅛	12¼	12½	- ⅝
PalmBc	1.20	16904	19⅜	14¾	15⅜	- 1⅝
Pamida	.06j	20816	4¾	2⅞	3⅛	- ⅞
PanAm		370441	8	5½	6	- ⅝
PanEP	3.10	42276	66	40	60⅞	+20⅞
Papcft	1.25	9633	24¾	17	17⅞	- 1⅛
Pargas	1.08	17418	22½	10⅞	19⅜	+ 8¼
ParkDr s	.24	115309	39¾	18⅛	37⅝	+17½
ParHan	1.20	22472	32¾	24	28	+ 3½
ParkPn	s .36	11309	17¾	14⅜	15⅛	+ 3⅝
PatPtl		74125	25½	10⅝	21	+ 9½
PayIsnw	.60	14080	26	16¾	20½	+ 3¼
Peabdy	.32	47158	26½	18⅞	22¾	- ¼
Pengo		24535	16⅜	6⅛	13¾	+ 6⅛
PenCen		129365	26	13⅞	23⅛	+ 8¼
PenCn prA		5421	12⅝	9⅝	12⅛	+ 2
PenCn prB		75075	7⅛	4¾	6¼	+ ⅞
PenCn pf wi		2593	49½	48	49¼	......
PenDix		23322	6¼	3⅜	3¾	+ ½
PennCp	n .16	91467	11½	7⅛	8⅞	......
Penney	1.76	155575	33⅜	24¾	26⅛	- 4¼
PaCo pf	4.62	126	68	51½	62	+ 5
PaPL	2.04	52616	21⅛	17⅜	17¾	- 1½
PaPL pf	4.40	250	46¾	35¼	36	- 8½
PaPL pf	4.50	415	47	37	38½	- 7¼
PaPL pf	8.60	231	92	70	70	-15¼
PaPL pf	8.40	341	84½	66½	66½	-13½
PaPL pf	9.24	1315	105	85⅛	93⅝	- 5⅜
PaPL pf	11	643	109	94	98	- 5¼
PaPL pf	13	244	116	102	102	-11
PaPL pf	8	352	81	62	63	-12
PaPL pf	8.70	266	86½	68¼	69	-13
Penwlt	2.20	16662	35⅞	30½	31¾	- ⅞
Penw pf	2.50	80	52½	46	46½	- 3
Penw pf	1.60	4298	22	19	19½	- 1½
Pennzol	s	12970	44⅛	34¼	44⅛	+23⅝
Pennz pfB	8	1159	94	80¼	82⅝	- 2⅞
PeopDr	.24	9106	16	9⅛	13	+ 2¼
PeopGs	3	42757	44	31⅝	41⅞	+ 8⅛
PepsiCo	1.14	266949	28½	21⅞	24⅞	- ¾
PerkinE	.72	109282	42¼	26¼	42	+14½
Petrie	1.40	22212	42	28	29¼	-11
Petroln	s .64	13432	30	22⅞	28½	+13½
PetRs	2.51e	7723	33	20⅞	31⅝	+ 8¼
PetRs pf	1.75	3564	30	19¼	29⅛	+ 7¾
Pfizer	1.32	222865	41¾	29	39¼	+ 6¼
PhelpD	1.20a	97833	32	20⅞	30⅞	+ 9⅞
PhilaEl	1.80	100999	17⅝	13½	13¾	- 1¾
PhilE pf	3.80	291	39	29	29¾	- 6¼
PhilE pf	4.30	253	44	32	34	- 5½
PhilE pf	4.40	296	44¼	32½	34	- 8
PhilE pf	4.68	300	47¼	36	37	- 6½
PhilE pf	7	759	80	57¼	57¼	-19¾
PhilE pf	8.75	1093	90½	65	67	-21
PhilE pf	7.85	419	79⅞	60	60¼	-15¾
PhilE pf	9.52	160	101¾	83	90½	- 9¾
PhilE pf	9.50	2509	96½	77½	78	-16
PhilE pf	7.80	1348	79⅝	58	60	-14
PhilE pf	7.75	162	75½	58	58	-12
PhilSub	1.10	40479	35⅛	21¾	34	+11¾
PhilMr	s 1.25	164523	38⅝	31⅛	36	+ ¾
Phillnd	.32	16937	6½	4⅛	5½	+ 1⅛
Phillnd pf	1	1162	10¾	8⅝	9¾	- ¼
PhilPet	1.40	329997	50⅝	29½	48	+16⅜
PhilVH	.60	8551	15⅜	10	14⅛	+ ⅞
PiedAvt	.24	35202	20	8¾	15⅛	+ 6¼
PieNG	1.56a	3326	22	16⅛	18⅛	+ 1⅝
Pilsbry	1.72	47348	41¼	32	35	- 2
Pioner	s 1.16	14816	35⅞	23¾	33½	+21⅛
PionrEl	.25e	986	22⅝	15½	16¼	- 1¾
PitnyB	1.40	61747	32½	22⅞	32	+ 8⅝
PitnB pf	2.12	9329	33¼	24⅝	32½	......
Pittstn	1.20	223860	30⅜	17⅜	25⅝	+ 8¼
PlanRsc		38377	7⅝	5	5⅞	+ ⅜
Plantrn	.16	22941	22¼	16½	20⅛	+ 2⅛
Playboy	.12	47572	25¾	12	14¼	- ¼
Plessey	1.32e	2075	29¼	19½	23⅞	+ 3⅛
Pneumo	1	30686	34¾	17	33⅝	+11¼
PogoPd	.20b	186488	23¼	11⅜	22	+10⅝
Polaroid	1	271574	56	22⅜	28	-23¾
Pndrosa	.40	55571	23	11⅞	13½	- 7⅜
PopTal	1.16	4826	38	24¼	32⅛	+ 7⅝
Portec	.80b	13805	21⅛	14	15½	+ 1⅝
Portr pf	5.50	z6730	76¾	70½	76¾	+ 1⅛
PortGE	1.70	51060	18⅜	13	13	- 3¾
PoG pf	11.50	227	106¾	90¼	93	- 7
PorG pf	2.60	1098	25½	19¼	19½	- 4½
Potltch	1.32	21231	39	29	30	+ ⅜
PotmEl	1.40	65103	14⅝	11⅛	11½	- 2⅛
PotEl pf	2.44	174	41	31⅝	31⅝	- 6⅞
PotEl pf	4.50	1322	49	37¼	37¾	- 7¼
PotEl pf	4.04	658	45½	32	34¼	- 5¾
PotEl pf	4.23	803	48¼	43⅜	45⅞	......
Premier	s.54	583	27⅞	22¾	27½	+12⅛
Presley	s.36i	15666	16	6¾	10⅛	+ 4½
PrimeC	s	40507	25¾	14⅜	24⅞	+ 9¾
PrimMt	s	4046	14	8⅜	13	+ 7
ProctG	3.40	101441	89¾	70¼	74¼	-14⅝
PrdRsh	s	2313	13¾	10⅜	13⅜	+ 7
Proler	1.40	4207	28	19⅛	25⅝	+ 6½
PSvCol	1.60	98230	17⅜	12⅞	13⅜	- 3⅜
PSCol pf	7.15	363	79½	63½	63½	-12½
PSCol pf	2.10	4465	23½	18	18½	- 4
PSInd	2.32	80700	27	22	23⅜	- 1¼
PSIn pf	3.50	z9900	39	30	32⅜	- 4⅝
PSIn pf	1.04	679	12⅛	9½	10¼	- ¾
PSIn pf	1.08	2482	13	9⅜	10⅛	- 1⅝
PSIn pf	7.15	880	79½	64¾	68⅛	- 9⅛
PSIn pf	9.44	1805	105	87	87¾	-17
PSIn pf	8.52	2995	98½	75¾	80⅜	-17⅜
PSIn pf	8.38	3387	97⅜	74½	79½	-15
PSIn pf	8.96	5476	103½	81	84½	......
PSvNH	2.12	34279	21⅛	15	15⅜	- 4⅛
PSNH pf	2.75	768	26¾	20	20	- 5¼
PSNH pf	2.81	11257	27¼	20¾	21½	......
PSvNM	1.92	31596	21½	17⅜	18¼	- 1⅝
PSvEG	2.20	96102	22¾	18⅜	19¼	- 1
PSEG pf	1.40	857	14¾	11½	11½	- 2¾
PSEG pf	4.08	491	45⅝	34¼	35½	- 4
PSEG pf	4.18	636	46¾	35	35¼	- 9¼
PSEG pf	4.30	462	48½	35	38	- 4½
PSEG pf	5.05	653	56½	40½	45	- 8
PSEG pf	5.28	260	58¼	44	44	-10
PSEG pf	2.17	9602	24	18⅛	18⅝	- 3⅜
PSEG pf	6.80	364	72¾	56¼	57½	-13½
PSEG pf	2.43	2962	26½	20⅜	20⅝	- 4⅞
PSE pf	12.25	1109	115	101½	104⅜	- 5⅞

NEW YORK STOCK EXCHANGE COMPOSITE

Stock	(div)	Sales (hds.)	High	Low	Last	Net Chg.
PSEG	pf 7.70	2542	86	65	66½	−16
PSEG	pf 7.80	1423	86	65½	66	−15½
PSEG	pf 8.08	114	81½	66	66	−12
PSEG	pf 7.52	2559	83⅛	64	65⅜	−12⅝
PSEG	pf 7.40	1556	81½	63	63	−14½
PSEG	pf 9.62	983	104	81¾	83½	−15½
Publick		68385	11¾	5¾	8	+ 1⅞
Pueblo		8916	5⅜	3⅜	3½	− ¾
PR Cem		1973	5⅞	3⅝	3¾	− ⅞
PgSPL	1.64	28133	17½	13⅝	14¼	− 2½
Pullmn	1.80	53046	43½	29⅛	37⅞	+ 2⅝
Purex	1.28	18076	18½	14⅝	15½	+ ½
Purex	pf 1.35	86	24	18¾	20	+ ¾
PuritnFa		42896	9¾	3¼	6⅝	+ 3¼
Puroltr	1.36	14115	35¼	25	28⅜	+ 3⅜

Q

Stock	(div)	Sales (hds.)	High	Low	Last	Net Chg.
QuakO	1.40	39224	30⅛	22	28⅜	+ 5½
QuaO	pf 9.56	1565	109½	100	100	− 6
QuakSO	s .80	12501	18	13½	15⅝	+ 5⅛
Quanex	s1.12	12797	33	18¾	26¼	+ 6⅞
Questor	.20	30259	10⅛	6⅛	7	+ ⅜
QuestrpfA	2	214	23	19½	20½	+ ¾

R

Stock	(div)	Sales (hds.)	High	Low	Last	Net Chg.
RBInd	.28	7135	14⅜	9	9¾	− ¼
RCA	1.60	273805	28¼	21⅛	22⅛	− 4
RCApf	3.50	228	41½	36	36¾	− 2¼
RCA pf	4	2822	62¾	48¼	49⅜	−10⅝
RLC s	.48	28084	12½	8½	11⅞	+ 3⅝
RTE	.65	10128	13	7⅝	8⅜	− 1⅝
RalsPur	.58	302135	12¾	10	11	− ⅜
Ramad	.12e	390307	14¼	7	8¼	+ ¼
Ranco	.84	28152	23	12¾	14	− 4¾
RapAm	.80e	28712	24¼	13⅞	21¾	+ 7¾
RapA	pf 2.25	135	63	45¼	59	+14
RapA	pfB 3	137	82	49⅛	75	+25¾
RapA	pfC 3	2471	20½	18	20⅛	......
Raybt	1.60b	9469	37	20⅜	22⅜	− 6⅞
RaymdInt	1	25730	21⅜	12⅝	16⅞	+ 2⅛
Raythn	2	130184	67	42½	67	+20½
ReadBat	.80	41873	45⅞	19⅝	42⅝	+23
ReadBat	wi	19	29⅜	27¾	29	......
RltRef	1.57e	3216	16⅛	10⅜	10⅜	− 2⅝
Redmn	.14e	64371	9⅜	4⅛	8⅞	+ 4⅛
ReeceCp	.60	7575	10¼	7⅜	8	+ ½
ReevsB	2	5683	33⅞	24⅞	28¾	+ 1¾
ReichCh	.74	12091	16½	10⅞	11⅞	+ ⅛
RelnEl	1.60	85609	71½	29¾	71½	+41½
RelEl pf	3	237	195	85¾	193	+95
RelGp	2	79015	60¼	34⅝	60	+24⅛
RelG	pf 2.20	1032	90	53	88	+35
RelG	pf 2.60	5062	26	20	20⅜	− 3⅝
Relln	pf 2.68	4774	27½	22½	23½	− 1⅝
RepAir	.20	74941	9⅝	5⅜	6	− 1⅛
RepCp	.60b	17328	30	16¾	27⅞	+11¼
RepFnS	s 1	17472	25⅝	13⅞	19⅞	+ 7½
RepMtg		6197	2¾	1⅜	1¾	+ ⅜
RepStl	2a	39238	31	22½	24⅜	+ 1⅝
RepTex	1	20899	30	20⅝	27¼	+ 4
ResvOil	.30	207941	34¾	10⅞	34¾	+23⅞
RsOil	pf 1.75	21404	50⅝	19⅞	50⅝	+30¾
RevcoD	.80	52862	32⅜	20¾	26½	+ 3⅛
Revere		21045	17⅜	11½	15¼	+ 2
Revlon	1.56	162445	54⅞	44⅛	45	− 6⅜
Rexham	.60	23035	22½	12⅛	14⅞	− 2⅛
Rexnrd	.96	27849	19⅝	15⅛	16⅝	+ ½
Rexn	pf 2.36	70	56	48	48½	− ½
Reynln	s	9038	36	33¼	34	+ 5¾
Reyln	pf 2.25	1044	83	60	78½	+15¾
Reyln	pf 4.10	29722	50¾	46	46⅞	......
ReyMtl	2.20	77684	39⅝	28¼	32½	− ⅛
ReyM	pf 4.50	2157	80½	59	67	− 2½
ReyM	pf 2.37	127	42½	41⅜	41½	− ½
RichCo	1.30	10862	35	17¼	26¼	+ 9
RchMer	1.20	63637	27	19¾	24¾	+ ¾
RiegelT	1.60	4758	19⅜	15¼	18¾	+ 2⅜
RioGran	1	18665	38⅝	25¾	28¾	− ⅛
RioGr	pf .80	22113	20	13¾	15⅜	− ⅛
RiteAid	.65	39784	27⅞	18⅞	26⅛	+ 6⅜
Robshw	1.30	14722	22¼	16⅛	17	− 1⅜
Robtsn	1.90	6088	33⅞	26½	30¼	+ 3¾
Robins	.40	67780	12	8¼	8⅞	+ ⅛
RochG	1.48	12511	18⅜	14½	14⅞	− 3⅛
RochTl	1.68	21745	20⅞	16	18¾	+ ½
Rockowr	1j	17124	19½	10⅛	16½	+ 5⅞
Rockwl	2.60	59519	48⅜	35	48⅜	+12⅞
RkInt	pf 4.75	679	115½	85½	115½	+31½
RkInt	pf 1.35	456	42½	31	42	+11¼
RohmH	2	26329	48½	31½	48⅛	+16½
RohrInd		43491	19¼	11¼	14¼	− 2½
Rollins	.72	111839	31¾	16¼	28½	+10¼
Rolm	s	38688	45½	28⅜	42⅜	+21⅝
Ronson		5396	4⅛	2½	3	− ⅛
Roper s	.90	12891	11⅞	9⅜	10½	+ ⅝
Rorer	.84	110926	18⅞	13¾	17¼	− ¾
Rosario	.80a	64628	51½	15½	51½	+35¼
Rowan	.10	60938	45	18	42⅛	+22⅛
RC Cos	1.04	18260	16⅜	11⅞	14¼	− ⅞
RoylD	5.53e	80574	80¾	60⅜	78⅞	+18⅜
Rubbrm	.92	19654	30½	21¾	28⅜	+ 5⅝
RussTog	.88	7825	11⅛	8¾	10⅛	+ ⅛
RyanH	1.20	30617	25⅜	15¼	22⅛	+ 6
RyderS	1b	65299	27½	19½	24⅝	+ ½

S

Stock	(div)	Sales (hds.)	High	Low	Last	Net Chg.
SCA	.35t	85965	10⅛	5⅞	9¼	+ 3¼
SCM	1.30	80182	32	16⅝	23	+ 6
SPSTec	.64	21191	27⅝	15⅛	27	+10⅛
Sabine	.56	24832	64¼	31	58⅝	+26¼
Safgdln	.32	31303	25⅜	9⅝	24⅜	+14½
Safewy	2.60	73690	44	33⅝	35⅛	− 5⅛
SagaCp	.44	17006	11⅜	7½	9⅜	− ⅜
SJoMn	1.40	49531	37⅜	22½	35½	+12¾
StJoLP	1.26	2623	13¼	9¾	9⅞	− 2⅜
StLSaF	2.50	7952	60⅞	35½	55¼	+19⅝
SPaul	1.03e	9864	11¼	8⅞	9¼	− ¾
StRegP	2	55736	34⅞	27	30¼	+ 2
Salant	.40	9666	7⅜	5¼	5⅞	+ ⅛
Sambos		124404	11⅛	5	6¼	− 3¾
SDieGs	1.52	43915	15⅞	12¾	13⅛	− 1⅝
SJuanR	1.45t	19604	18¾	12½	14¾	+ 1⅛
Sanders	.50	50043	36¼	16¼	35½	+18½
SFeInd	2.60	136737	55½	29⅝	52	+22½
SFeln	pf .50	3361	15¼	8⅛	14⅛	+ 5⅝
SFeInt	.72	202020	37⅝	18¼	34⅝	+ 6½
SgtWel	.88	4307	17⅜	13⅛	16⅜	+ 1⅜
SaulRE		12183	9¼	6⅜	7¼	+ ⅞
SavAStp		26750	11⅝	6½	10⅞	+ 3¾
SavOnD	.50	22816	13¾	8¼	9⅞	......

NEW YORK STOCK EXCHANGE COMPOSITE

Stock	(div)	Sales (hds.)	High	Low	Last	Net Chg.
SavElP	1.20	6197	11⅝	9⅝	10⅞	+ ⅜
SavE A	1.34	1441	14	11	11	− 2
SavE pf	1.28	1250	12¼	9⅞	10¼	− 1½
Savin	.70	72930	19¾	12⅝	14¾	+ 2⅛
Saxon		77769	9¾	4⅝	9	+ 4¼
Schaefer		8928	6⅛	3	3¼	+ ⅜
SchrPlo	1.44	188168	35¼	27½	30⅜	+ ¾
SchrPl pf	5.07	4534	64¾	58¾	61¼	......
Schlitz	.30j	156296	13⅜	7⅞	8¾	− 1¼
Schlmb	s1.10	168435	100⅜	66¾	93¾	+30½
SciAtla	s .18	15609	40½	25⅛	36⅛	+14⅜
SCOA	s 1.08	14824	27¼	18	25	+ 7¼
ScotLad	.05e	14466	5¾	3½	5⅜	+ 1⅞
ScotFet	1.80	18922	30⅞	22	22¾	− 3⅛
ScottF	.80	16967	26⅞	16¾	26	+ 8⅞
ScottP	.92	238473	20⅞	13⅝	18¼	+ 4½
Scottys	.40	16866	19¾	10⅝	17¾	+ 6⅞
Scovill	1.52	25971	21½	17¼	17¾	......
Scovil pf	2.50	106	49¾	42½	46½	+ 2½
Scudder		8277	10⅞	7¾	10½	+ 2⅝
Scud pf	.90e	5417	9⅜	8⅜	8⅝	− ⅛
SeaCA pf	1.46	4163	13¾	9⅞	10	− 2
SeaCont	.42	41290	25	14⅝	15⅞	− 4⅝
SeabCL	2.20	44552	32⅜	24½	29⅜	+ 2¾
SeaWA	.30j	66747	18¼	10	10¾	− ⅞
Seafst	1.12	25574	31⅞	24¼	28	+ 3⅜
Seagrm	1.10	84349	42¼	27¼	40⅝	+12½
Seagrv	.27e	6367	23	13⅝	19	+ 5¼
SealAir	n .44	9533	19¼	14	18	......
SealPw	1.30	15171	32⅝	19¼	26⅞	+ 5⅛
SearleG	.52	207336	20	11½	18⅞	+ 5⅝
Sears	1.28	514200	21⅞	17¾	18	− 1¾
Seatrain		48987	9⅜	4½	6⅝	− 1
SecPac	n1.80	46337	34¾	25¾	28⅛	......
Sedco	.72	63801	62½	24⅛	57⅞	+28
SelgLt	1.20	6659	14	8	9	− 2¾
SvCplnt	.34	8006	10⅝	7⅛	9¼	+ 1⅜
Shakspr	.52	9423	14½	7¾	13¼	+ 5¾
Shaklee	.80	23724	18¼	12½	15⅛	+ 1¾
Shapell	.15	8835	43⅜	22¾	40⅝	+17⅞
ShearL	.48b	46304	21⅛	9	21	+12⅛
ShellOil	2.40	123230	59¼	30¼	54¼	+22⅛
ShellT	s 3.27i	4423	33¾	27	30	+ 7⅜
ShelGlo	.70	20803	11⅜	7⅝	7⅞	− 1⅛
ShelG pf	1.35	1685	17⅞	13	13⅜	− 1½
ShelG pf	1.40	446	15¾	11⅝	11⅞	− 2⅛
ShelG pf	3	74	39	30	30½	− 3½
Shrwin	.15e	24643	28⅞	19⅝	26⅝	+ 6⅝
Shrw pf	4.40	346	53½	44	48	+ 3¾
SierPac	1.34	10427	14¼	12	12½	− ⅜
Signal	1	101253	41	19¾	39	+19
Signode	1.72	15964	38½	29	34⅝	+ 5
SimPrec	.28	40064	20⅜	11	14⅞	+ ½
SimpPat	.56	127795	13¾	8¾	9⅞	+ ¼
Singer	.50j	91271	16⅛	7½	9⅛	− 4⅛
Singr pf	3.50	3701	33¾	23⅝	24¾	− 6¼
Skyline	.48	56813	12¾	9¼	11⅝	+ 1⅜
SmithA	1.40	6671	22¼	16¼	17	− 1¼
Smithln	1.12	50553	73¾	42¾	69¾	+23⅛
Smtkln	s 1.44	117645	63¼	38¾	62⅞	+17⅛
SmithTr	1	10591	30¼	15	28¼	+13½
Smucker	1.10	2774	22¼	18	21½	+ 3
SnapOn	s .80	31656	29	20⅛	26⅞	+ 8⅝
SonyCp	.10e	71729	10¾	6⅝	7⅝	− ¾
SooLin	s1.79i	5951	21½	16½	20	......
SoAtlFn		6572	5¼	2⅞	3⅜	+ ⅜
SCrEG	1.68	42800	18	14⅜	14¾	− 2¼
SCrE pf	2.50	116	27	20½	20½	− 4½
SoJerln	1.74	2451	21⅝	16¾	21	+ 4
Soutdwn	.60	7996	58¾	32⅛	56	+23¾
SoetBk	.88	27492	17	12⅛	14⅜	+ 2
SoetPS	s .07e	3268	9⅞	6⅛	9¼	+ 3¼
SCalEd	2.72	173149	27⅜	23½	24½	− 1¼
SouthCo	1.54	314518	14⅞	11	11½	− 1⅞
SolnGE	1.52	7160	19¾	16⅞	17⅝	− ½
SoNRes	1.50	45049	55¾	31¾	54	+22¼
SNETel	3.60	7979	41	33⅝	34	− 1½
SoNE pf	3.82	1270	44	36	37¾	− 6
SoNE pf	4.62	2759	54½	49	50	− 3
SouPac	2.60	58211	37⅜	25¼	33¾	+ 8½
SouRy	3.20	33602	58¼	45	54	+ 7⅜
SoRy pf	2.60	812	29¾	24½	24⅞	......
SoUnCo	1.92	13621	35	19½	33¼	+14
Soutlnd	.84b	49354	32	25⅛	28¾	+ 2
SouRoyl	s	22806	63⅞	34¼	57½	+31½
SwtAir	s .28	16606	26	16⅛	22¾	+ 9⅝
SwtBsh	1.40	10717	25⅝	20⅝	24⅝	+ ⅛
SwtFore	.40	89016	24	12¾	15½	+ 2
SwtGas	n1.10	12046	13¼	10	11¼	......
SwtPS	1.28	45957	14⅝	11⅝	12⅛	− 1½
Sparton	.80	5778	28¾	11	24⅜	+13¼
SpectPh		29371	41	20¼	40½	+17⅝
SperHut	1	8733	18	12⅝	14½	− ⅞
SperHu pf	3	746	35¼	30	31	− 2
Sperry	1.56	178781	52⅜	42¼	50½	+ 5⅞
SprngsM	1.20	8433	19¼	14	18¾	+ 4
SquarD	1.60	40724	25½	19¾	23¼	+ 3⅛
Squibb	1.14	205970	39¼	27	37¾	+ 9¾
StaRite	n .70	6537	16¼	11⅛	14¾	......
Staley	1	51259	33	16⅝	31½	+14¾
StBrnd	1.48	75964	27⅞	21¼	26½	+ 3¼
StdBr pf	3.50	156	48½	36½	38	− 3
StBPnt	.64	42046	28⅛	19⅛	24¾	− ¼
StdMotA	.64	9353	18¾	11½	12¼	− 1⅞
StOilCl	3.20	258926	62⅛	44⅜	56⅜	+ 9½
StOInd	3	273291	85⅞	53½	78⅞	+22¼
StOilOh	1.60	177774	93	40	88¼	+45¾
SOOh pf	3.75	z5490	60½	50⅜	50⅜	− 7⅛
StPacCp	.60	13062	12⅝	7⅜	10	+ 2⅝
Standex	.80	7120	19½	15	16⅝	+ 1⅜
StanW	1.24	40689	46	22⅜	41⅞	+18⅝
Starret	1.48	1179	33	23¾	32⅞	+ 9⅜
StMutlnv		18499	6⅛	4¼	4¾	+ ⅜
StaMSe	1.05a	9488	11	8⅞	9	− ¾
StaufCh	s1.10	71105	25	17¾	22½	+ 3
Steego	.12b	12108	4⅝	3⅛	3¾	+ ½
Sterchi	.68	2150	11¼	9⅜	10	+ ⅞
SterlBcp	.66	10946	9½	6½	7¼	+ ¼
SterlDg	.84	337571	21⅜	15⅛	20	+ 4⅜
Sterndnt	.60	20894	25½	17	17⅝	− 3½
StevenJ	1.20b	26170	16½	13	14¾	+ ⅞
StewWa	s1.88	11003	41⅜	26½	31	+ 7½
StokVC	1.48	16578	37⅜	23⅜	25½	− 2⅝
StokVC pf	1	443	12¼	9½	9⅝	− 1⅜
StoneW	2.75b	6621	50⅝	37⅞	44¼	+ 1
StonCon	.60	22257	29⅞	10⅝	23	+12
StopShp	1.20	10200	20⅛	14⅛	15⅝	− ⅝
StorTec	s	156859	23⅛	13¼	17⅜	+ 2
Storer	s .72	3383	26⅞	21¾	24⅛	+ 7⅞
StridRit	1.08	6255	17⅜	12⅞	13	− 1½

NEW YORK STOCK EXCHANGE COMPOSITE

Stock	(div)	Sales (hds.)	High	Low	Last	Net Chg.
SuavSho	.20	10537	4⅞	2⅞	3¾	+½
SubPrG	1.44	33730	39¾	16⅞	36	+18¼
SunChm	s.60	1184	27¼	23	27⅛	+8¾
SunEl	.60	22732	28⅜	18⅜	23¼	+¾
SunCo	3	81943	72⅞	41⅝	69⅞	+27⅜
SunC pf	2.25	4387	75½	43	72	+28⅜
Sunbm	1.50	97851	25	16⅝	17⅝	+½
Sundstr	1.20	67750	40	21¾	38	+16
Sunds pf	3.50	2578	96¾	54½	92½	+37
SunsM	.40	65672	35¾	10	35	+25
SuprVal	.66	33959	24	15⅜	23⅞	+8¼
SuprOil s	.70	15540	141	99	132	+66⅛
SupmkG	.48	36107	19¾	11½	16	+3⅛
Supm pf	1.30	195	40	23½	33½	+6
Supscp		12326	8⅞	3⅛	4	-3⅛
Swank	1.40a	11298	24½	18½	19¾	-3½
Sybron	1.08	54470	24¾	15⅝	16⅝	-1⅛
Sybrn pf	2.40	952	40	29¼	30⅛	-3⅛
T						
TRE s	1	29927	22⅜	11¼	22⅜	+13⅝
TRW	2	70279	41⅞	33⅛	38⅜	+2⅜
TRW pf	4.40	3410	90	73½	85	+3
TRW pr	4.50	4699	79	63¾	71⅜	+1⅞
TaftBrd	.76	31851	35	18¼	33¾	+15⅛
Talcott		16250	11¾	1⅞	8¾	+6⅞
Talley	1	17276	12½	7⅞	8	-3⅜
Talley pf	1	3595	12⅞	8¾	8¾	-3⅛
TampE	1.44	49421	19¼	15¾	17¾	+¼
Tandy		168640	32	17⅝	31¼	+4
Tandycft n		42810	6⅞	3⅝	5	......
Tchncolr	.72	25001	22½	10	21⅝	+11⅝
Technicn		62971	18⅛	10⅝	15¾	+2¾
Tektrnx	.84	54170	64	46⅞	59⅞	+12½
Telcom	.70	14274	18	7¾	13	+4½
Telecor	6.60c	13193	11¼	4	5⅜	-3¼
Teledn	9.92t	143036	154½	96¼	134	+37⅛
Telprmt		134788	24¼	12	22⅛	+9¼
Telex		88930	7⅛	3¼	4	-1⅜
Tennco	2.40	250940	41½	29	38¾	+8½
Tenc pr	7.40	5590	88¼	72½	75¼	-8¾
Teradyn		29788	37¼	14½	35½	+19
Tesoro		278600	20¼	7¾	19⅛	+11½
Tesor pf	2.16	41854	35	19⅜	34	+14⅝
Texaco	2.16	636107	32⅛	23⅝	28⅞	+5
TexCm	1.60	26418	45¾	35½	44	+7⅞
TexEst	2.70	53049	69¼	33⅝	66½	+32⅝
TxET pf	2.40	9442	27⅛	23¼	23¾	-1¾
TxET pf	2.87	3534	28¾	24¼	25¼	-1½
TexGT s	1.46	13276	29	22¾	27⅜	......
TexInd	.60	21065	24½	16¼	23¼	+3½
TexInst	2	95366	101	78	88	+8
TexInt		259552	20⅛	7	19⅜	+12½
TexOGs	.48	90143	65¼	32	61¼	+29⅛
TexOG wi		80	31½	30	30¾	......
TxPcLd	.45e	2272	93	45⅜	89¾	+44¾
TexUtil	1.64	250283	20⅛	16¾	17¾	-1⅛
Texsglf	1.20	65278	36¼	18⅜	36¼	+17¾
Texglf pf	3	7710	57⅞	35⅜	57⅞	+22⅝
Texfi Ind		28830	11¼	3⅛	4¼	-6
Textron	1.80	56687	29⅝	22¾	26⅜	+¾
Textr pf	2.08	3338	32	24½	29	+1
Textr pf	1.40	2764	26¼	20¼	23¾	+1⅛
Thiokol	1.55	18418	49	29¼	47	+17¾
ThmBet	1.52	12453	46¾	38½	42	+⅜
ThomIn	.56b	7315	13¾	8⅞	10¼	+1¼
ThmJW	1.80	10740	28¾	20⅞	27¾	+5
Thrifty	.66	23183	17¼	10⅛	12⅞	-1⅜
Tidwatr	.90	47494	35½	20	31½	+10
TigerInt	.80	118084	27¾	16½	19	-5⅜
TimeIn	1.66	79371	49⅜	35¾	47⅛	+4⅜
TimI pf	B1.57	41455	35¾	26½	34¼	+2⅝
TimesM	1.44	50147	37½	28	36½	+6¾
Timkn	3a	17416	63½	48¼	51	+1¼
ToddSh		13917	37	20½	36¼	+15¾
Tokheim	.60	27300	25⅞	15	18⅝	+2⅜
TolEdis	2.20	23723	23⅜	17⅜	17½	-4⅛
TolEd pf	2.36	2128	24½	17⅜	18⅛	-3⅝
TolEd pf	2.21	982	22½	16½	17	-3¼
TonkaCp		14889	15⅞	8⅛	12⅝	+4¼
TootRol	.40b	3689	11¾	8½	8⅞	-1½
ToroCo	.88	24009	29⅝	18⅝	23⅝	+4⅝
ToyRUs n		37281	30⅝	18⅞	28⅝	......
Tracor s	.40	18290	27⅜	15⅜	26	+13¼
Trane s	1.04	28096	23½	16¼	18⅞	-½
TranUn	2.36	23091	36	27¾	34⅝	+4⅝
TW Corp		213462	27⅞	13⅞	16¼	-1¼
TW Cp wt		15630	7⅞	4	6¼	......
TWC pf	2	2238	21¼	15⅝	15⅝	-4
TWC pf	1.90	10206	17¼	13⅛	13¼	-3¼
TWC pf	2.66	11056	32¾	21⅞	22½	......
Transm	1.12	160011	20⅜	15⅝	17	+⅜
TranInc	2.04	5331	21⅞	17	17	-2⅝
Transco	1.24	105920	44⅞	19	43⅜	+22⅝
Transco	pf3.09	47	51⅝	50¼	51⅝	......
Transcn	.60	11927	14½	6¾	7¾	-3
TrGP pf	6.65	131	79¼	60	64	-9½
TrG pf	10.32	415	100¾	86	86¾	-11½
TrGP pf	8.64	430	97½	79¼	79¼	-13¼
TrGP pf	2.50	3098	25½	20¼	20¼	-3⅝
TrnsOh	.40b	6323	18½	10⅝	12¼	-1⅜
Tranwy	1.80	13915	26	19¼	24	+2⅞
Travlrs	2.08	161972	40⅞	33	38⅛	+4⅛
Travelr pf	2	1551	44½	36¼	41	+4½
TriCon	2.07e	30427	20¼	16⅝	19⅞	+2¼
TriCn pf	2.50	565	29¼	24¾	25⅛	-2⅝
TriSoM		19552	4	2⅜	3⅛	+⅞
TriaInd	.35r	5678	11⅛	7⅝	8⅛	-¼
TriaPc	1	16295	23⅞	15¼	22⅝	+7¼
Trico	.18	30265	16⅛	7¼	14¾	+7½
TrintyIn	s.60	10813	25⅝	16⅛	24⅜	+14⅜
TucsEP	1.42	63962	17½	13¼	14½	-1⅛
TCFox	1.40a	70638	46¼	30	43½	+12⅝
TwinDs	1	2518	22½	17⅝	18½	+⅝
TycoLab	1	43879	29	16¼	28½	+11¾
TylerCp	.45	22926	18⅜	14	15⅜	-⅞
Tymshr		50450	54⅛	27¼	51⅝	+24⅜
U						
UAL	1	246470	34⅜	20⅛	22⅜	-6¾
UAL pf	.40	74	28⅜	20½	23½	-5
UGI	1.64	8270	28	17	27½	+10⅜
UGI pf	2.75	617	28¾	22¾	24	-2½
UMC	1.20	16124	18⅛	12	13⅜	-⅞
UMET Tr		10417	3½	1⅞	2⅝	+¾
UNCRes	.50	79731	29¼	16¼	22½	+4⅜
UVInd	18c	159535	39½	20½	28¼	+5½
Unarco	.88	3414	14⅜	10	12⅛	+2⅛
UnilLt	4.63e	169	53⅛	38½	42	......
UniNV	4.27e	3182	67¼	56⅝	60⅜	-⅜

NEW YORK STOCK EXCHANGE COMPOSITE

Stock	(div)	Sales (hds.)	High	Low	Last	Net Chg.
UCamp	2.60	51883	52½	41¼	42	− 5¾
UnCarb	3	163842	44½	34	42	+ 8
UnComr	.20	16033	13¾	8	10¾	+ 2½
UnionCp	.32t	31735	9⅛	4	6¾	+ 2⅞
UnElec	1.44	58203	14¾	11	12	− 1⅜
UnEl pf	3.50	z9560	35	29	30	− 2¾
UnEl pf	4	270	41	31½	33½	− 3½
UnEl pf	4.50	192	45¼	33	35½	− 6
UnEl pf	4.56	z6650	46½	36	37	− 8¾
UnEl pf	6.40	204	65	50½	53⅜	−10⅝
UnEl pfL	8	409	79¾	61½	61½	......
UnEl pf	2.13	3327	22½	16½	17¼	− 3⅛
UnEl pf	2.72	6212	27½	23½	24¼	− 2¼
UnEl pf	7.44	121	78	64	64	−11¼
UnEl pfH	8	321	79	61½	62½	−12½
UOilCl	s 1.30	162120	49⅝	33	44¾	+16¼
UPacC	2.80	116155	78½	51½	72¼	+20¾
UPac pf	.47	253	27¼	18	26¼	+ 8½
Uniroyal		128746	8¼	3½	4¼	− 1⅜
Uniryal pf	8	3074	64¾	32⅜	33	−13
UnBrnd	.25e	21440	12½	8⅛	10⅞	+ 1
UBrd pf	1.20	4470	13	10⅛	10⅞	− 1⅛
UEnRs	2.48	33892	67⅜	32½	62⅛	+28⅞
UFinCl	s .90	25826	33¼	28	33¼	+17⅝
UnGrty	.16	54377	30⅜	18½	24⅜	+ 5¾
UIllum	2.68	6784	25¾	20¼	21⅛	− 1⅝
UIllu pf	2.20	508	21½	16½	16¾	− 2¼
UnitInd	.90b	4291	22⅛	13½	20¾	+ 5¾
UnitIn pf	.42	119	15⅞	10¾	15½	+ 5⅛
UnitInn	.22	27047	19⅜	10¼	18	+ 7⅝
UJerBk	1.04a	6170	12¾	9½	10⅜	− ¾
UnMM	n	7851	7⅜	5	6	......
UnPkMn		18277	5⅜	1⅝	5⅛	+ 3⅝
UnRefg	s.80a	3169	32⅜	22⅜	27⅛	+13¾
USFoS	1.58e	6445	20½	14¾	19	+ 3¼
USAir		145169	12½	6½	6⅞	− ⅜
USAir pf	1.87	10276	26⅜	16½	17⅝	− 3⅛
USFid	2.40	59208	41⅛	30⅜	38½	+ 8
USGyps	2.40	53200	37⅞	25¾	31½	+ 5⅜
USGy pf	1.80	2708	33½	24	27¾	+ 3¼
USHom	.52	91707	16¾	8½	15	+ 6¼
USInd	.76	103817	10½	7¾	8⅝	+ ¾
USLeasg	.52	17286	18⅛	11¾	14⅞	+ ¼
US Rty		14289	9⅞	4⅜	8⅞	+ 4
USShoe	1.48	24295	24	17⅝	17⅞	− 3⅜
USSteel	1.60	234009	26⅛	16¾	17½	− 3¾
USTobc	1.84	11809	37⅜	30½	33⅜	+ 2
UnTech	2.20	182206	44⅜	35¼	43	+ 4⅛
UTch pf	8	97	190	156¾	190	+20
UTch pf	7.32	2085	119½	99	117¾	+ 3¾
UTch pf	3.87	32576	58	47½	56¼	+ ¾
UTch pf	2.55	72745	27⅝	23	24¼	......
UniTel	1.52	134597	21⅜	16¾	19¾	+ 1
UniTl pf	1.50	167	31⅜	26½	28¾	+ ¾
UniT 2pf	1.50	1124	26½	20⅞	24½	+ 1⅜
Unitrod	.50	25983	37½	16¼	34¼	+17⅞
Univar	.56	10420	12⅝	6¾	12½	+ 5⅜
UnivFd	.96	11651	21½	13	14¼	− 5¾
UnLeaf	1.20	7687	24½	15⅞	18⅝	+ 1⅜
Upjohn	1.72	116349	50½	40	47¼	− 1⅝
USLIFE	.68	82980	28	18¾	23¼	+ 4¼
USLIF pf	3.33	177	35⅛	27	28½	......
UslifeFd	.96a	6272	10⅝	8⅜	9⅛	− ⅜
UtaPL	1.76	53232	19¾	16½	16⅞	− 1¾
UtPL pf	2.80	1937	29⅞	23¾	24⅛	− 4⅝
UtPL pf	2.36	2548	26¼	20½	20¾	......
UtPL pf	2.04	553	22½	18½	18½	− 2¼

V

Stock	(div)	Sales (hds.)	High	Low	Last	Net Chg.
VF Cp	1.60	22095	22	16¾	21½	+ 4⅝
VSI Cp	.60	27973	39	17½	32¼	+13½
ValleyIn	.40	20128	9	5¼	6⅜	+ 1
VanDrn	1	4397	14¾	11⅜	13	+ ¾
Varian	.40	62557	31	13½	30¼	+16¾
Varo	.40	38782	12¾	7⅝	12¾	+ 4½
Veeco	.60	25606	44½	16⅞	42¼	+25⅝
Vendo		7680	6¾	4⅛	4⅝	+ ⅜
VestSe	1.36e	7197	13½	9⅞	10	− 2
Viacom	.32	23950	40¾	24¾	37¾	+13⅛
VaEPw	1.40	252877	14¾	10⅜	10½	− 3½
VaEP pf	5	z8370	52	40¼	40¼	−10¾
VaEP pf	7.72	1094	79	59	61½	−14⅝
VaEP pf	8.84	555	90	70¼	71⅛	−16⅞
VaEP pf	8.60	358	95¼	68¾	69	−25
VaEP pf	9.75	1666	99¾	72½	73	−23¾
VaEP pf	2.90	3010	28¾	21¾	21⅞	− 5½
VaE pfJ	7.72	736	78¾	60	60¼	−16⅞
VaEP pf	7.20	660	75¼	54	54½	−15¾
VaEP pf	7.45	1382	77	53½	55⅛	−16⅝
Vornado	.60	65875	29¾	8½	22½	+14
VulcInc	.75	2947	15⅝	10⅞	11⅞	− ⅛
VulcnM	1.60	4920	37	28	32⅝	+ 4

W

Stock	(div)	Sales (hds.)	High	Low	Last	Net Chg.
Wabash	.60	9039	19	11⅞	14¼	+ ⅝
WabR pf	4.50	z8280	49	41	42½	− 6
Wachov	.86	21790	21	15⅝	18¼	+ 1⅞
Wach pf	2.20	1042	55¾	42½	50¼	+ 7½
WachRty		21641	7¼	3¾	5⅛	+ 1¼
WalMrt	.30	22828	36¾	22½	34¾	+12
Walgrn	1.50	14875	34⅞	24⅛	33¼	+ 8⅜
WlkrA	g1.60a	20355	48½	33	47½	+13⅞
WallBus	1	4521	29	22½	28¾	+ 5⅞
WalMu	1.60	10999	28⅝	19⅛	26⅛	+ 6⅞
WaltJm	1.80	52310	35⅞	26¼	30¾	+ 4
WaltJ pf	1	158	11¾	9½	10	− ⅛
WaltJ pf	1.60	1979	38	27⅞	32½	+ 4½
WardFd		18251	12⅛	6⅞	7⅛	− 4¾
Warnaco	.35r	16690	13	8¾	11⅝	+ 2½
Wrnc pf	1.50	304	28⅛	24⅛	26½	− ⅞
WarnS	1.80	33403	80	21⅝	74⅛	+49⅝
WarnS	wd	56	73⅛	73	73⅛	......
WrnCom	s 1	95643	50¼	32⅜	49⅜	+13⅛
WrnC pf	1.25	260	131¼	86½	130	+34¾
WarnrL	1.32	284595	26½	17⅜	20	− 3¾
WashGs	2.40	5172	27½	21⅜	22¼	− ⅝
WshNat	1.40	11095	39	23½	25½	+ 2¼
WasN pf	2.50	669	45	31¾	32⅛	+ 1⅛
WshWt	2.08	8080	23⅝	19	19⅜	− 2⅜
WasteM	.70	39745	44¾	26¼	43⅞	+16¾
WatkinJ	.40	21315	32¾	15	31⅝	+16⅜
WayGos	.42j	4529	6¾	4⅛	4½	− 1¾
WayG pf	1.60	608	17⅜	12½	12⅞	− 3⅛
WeanUn	.20	3889	7	4⅝	5½	+ ½
Wean pf	1.26	442	13⅜	11½	11½	− 1½
WebbD	.20	150235	25¼	10⅝	13¾	+ 1¼
WeisMk	s .80	1712	28½	22⅜	25⅜	+ 1¾
WellsF	1.72	50893	33⅜	25⅜	26⅞	− ¼
WelFM	1.35e	9586	17⅞	11¼	14⅛	+ 2¾

NEW YORK STOCK EXCHANGE COMPOSITE

Stock	(div)	Sales (hds.)	High	Low	Last	Net Chg.
WPenP pf	4.50	222	48⅝	37½	37½	— 8¾
WtPtPe	2.80	14354	37½	27¼	35½	+ 2⅞
WstctT g	.80	6083	14	9⅜	12	+ 2¼
WnAirL	.40	111819	12	7⅜	10⅜	+ 2⅛
WAir pf	2	10541	30⅛	21½	26¾	+ ¾
WnBnc	1.64	95880	35	23¾	31⅜	+ 7¼
WnCoNA	s.32	7083	40⅛	27⅛	39	+23
WnCo pf	2.12	3336	33¾	24¾	32½	......
WPacl	23.75e	23957	67¾	34¼	42⅞	+ 8½
WUnion	1.40	105237	24¾	15⅛	21⅝	+ 6⅜
WnUn pf	4.60	738	54	40½	47¼	+ 3
WnUn pf	4.90	358	61	47½	52	+ 4⅛
WUn dpf	1.18	7541	11	8½	8¾	— 1⅛
WUTI pf	6	133	61½	47¼	47¼	—14¾
WUTI pf	2.56	2484	23⅞	18	18¼	— 2⅞
WestgEl	.97	338132	23	16½	20⅛	+ 3½
Wstg pf	3.80	242	46	39	40	— 2
Wstvac	1.50	21067	35¾	25⅛	30⅝	+ 5
Weyerhr	1.30	183406	35½	24½	31¾	+ 7⅛
Weyr pf	2.80	15946	48½	37	42½	+ 5¼
WheelF	1.40	30655	35⅞	26¼	33½	+ 2⅞
WheelF pf	2	1717	39⅞	29½	34¾	+ ¼
WhelLE	5.75	z350	65¼	59½	60½	—11
WheelPit	1e	16281	24¾	10⅝	17⅛	+ 6⅝
WhelPit pf	6	334	50	42¼	43½	— 3¼
WhelPit pf	5	481	41½	34	34⅝	—10⅞
Whirlpl	1.40	94112	22½	17¼	18¾	— ⅜
WhitC	1.40	63145	27⅝	17	23⅞	+ 7
WhitC pfA	3	184	43¼	35½	35½	— 6
WhitC pfC	3	1254	42¾	32	33	— 4¼
WhiteMt		63795	7⅞	4⅞	5⅞	— 1⅝
Whittak	1	103249	20⅛	11⅝	19⅛	+ 7⅝
Wickes	1.04	32079	17¼	12½	16¾	+ 4¼
Wiebldt	.44	10282	13⅝	6¾	7	— 1⅛
Williams	1	179806	32¼	15	32	+17
Willms pf	.80	15	46⅝	30½	46⅝	+19⅝
WilshrO	.14b	47056	14¼	7⅛	13⅞	+ 6⅝
WinDx	1.68	19692	33¾	25½	27⅜	— 2
WinDx B		235	46	37	40¼	— 1¼
Winnbgo		49291	4⅛	1¾	2⅛	— ⅞
WinterJ	1	4210	11⅞	7	7¼	— 2⅝
WisEP	2.38	50562	27	22½	22⅞	— 3⅛
WisE pf	8.90	1367	103½	79½	82½	—17
WisE pf	7.75	545	89½	69	69	—15
WisGas	2.04	7237	25⅛	19⅛	21⅝	+ 2¼
WisG pf	2.55	913	27½	22½	22⅝	— 3⅛
WiscPL	1.84	8498	20¾	16⅞	17¾	— 1¼
WiscPS	1.72	11372	19⅞	16¼	17⅜	— ⅝
Witco	1.40	17541	30½	20	30½	+ 9¾
Witco pf	2.65	77	106	76	100	+21½
WittrR	.80	20203	13⅝	10	11	+ ½
WolvrW	.44	54316	13⅜	8⅜	13¼	+ 5⅛
Wometc	.66	30247	24⅞	13⅞	21⅛	+ 7¼
WoodPt	.48	45255	40½	25½	39⅜	+12½
Wolwth	1.60	214952	32	19	25⅛	+ 5¾
Wolw pf	2.20	4852	44	27½	35½	+ 8
WorldAir		10602	9½	4¾	5⅝	— ½
Wrigly	2.88a	3548	78	64	75½	+ 8¼
Wurltzr	.48	8972	12⅛	8	8¼	— 1¼
Wylain	.80	38586	24	11⅛	22¾	+11⅛
WyleLb	s .40	10829	12⅝	7½	12⅝	+ 6⅝
Wyly		34553	7⅜	4	6	+ 2⅛
X						
Xerox	2.40	309035	69⅛	52⅝	62⅛	+ 8⅞
XTRA	s .64	60064	28⅞	14¼	23¼	+ 7
Y						
Yates	s .20	6642	22½	14⅛	20¾	+11⅝
Z						
ZaleCp	1.08	25590	25	15	20¼	+ 4¼
ZalepfA	.80	1167	19¾	12½	15⅝	+ 3
Zapata	.48	66862	29¾	11¼	28½	+17⅜
Zapata pf	2	47	135	61	135	+71
ZayreCp		23729	14¾	9¾	10⅞	+ ¾
ZenithR	.60	99079	15½	9¼	9¾	— 3⅛
ZeroCp	.48	4672	24⅜	12½	23¼	+12
ZurnInd	.80	30806	21¾	14⅜	20⅝	+ 6⅛

Sales figures are unofficial.

Unless otherwise noted, rates of dividends in the foregoing table are annual disbursements based on the last quarterly or semi-annual declaration. Special or extra dividends or payments not designated as regular are identified in the following footnotes.

a—Also extra or extras. b—Annual rate plus stock dividend. c—Liquidating dividend. e—Declared or paid in preceding 12 months. i—Declared or paid after stock dividend or split up. j—Paid this year, dividend omitted, deferred or no action taken at last dividend meeting. k—Declared or paid this year, an accumulative issue with dividends in arrears. r—Declared or paid in preceding 12 months plus stock dividend. t—Paid in stock in preceding 12 months, estimated cash value on ex-dividend or ex-distribution date.

wd—When distributed. wi—When issued. ww—With warrants. xw—Without warrants.

vj—In bankruptcy or receivership or being reorganized under the Bankruptcy Act, or securities assumed by such companies.

s—Split or stock dividend of 25 per cent or more in the past year. The range and dividend begin with the date of split or stock dividend, and do not cover the entire year. The net change shown is from an adjusted previous year's closing price.

n—New issue in the past year. The range begins with the start of trading in the new issue and does not cover the entire year.

g—Dividend or earnings in Canadian money. Stock trades in U.S. dollars. No yield or PE unless stated in U.S. money.

z—Sales in full.

NEW YORK BONDS

The following tabulation gives the 1979 sales, high, low, last price and net change from the previous year in bonds listed on the New York Stock Exchange:

CORPORATION BONDS

A

	Sales ($1,000)	High	Low	Last	Net Chg.
AMF 10s85	982	101⅜	89	89	−12
AM Int 9⅜95	1139	93¼	70	73	−19
APL 10¾97	3163	87⅜	73	78	− 3½
ARASv cv4⅝96	1904	68	56½	58	− 7½
ATO cv4⅜s87	902	69¾	61	63¾	− 3
ATO 9⅜s86	43	91	82	82	−16½
ATO 10⅜98	408	93	78½	83	− 7
AbbtLab 6¼s93	114	89¼	79	87	− 1
AbbtLab 7⅝s96	93	93¾	92⅛	92⅛	− 2⅛
AbbtLab 9.2s99	151	100	85	85½	−16½
AetnaCr 8¾83	434	98	86⅞	88½	− 7
AetnaCr 9¾86	343	100¾	83	87⅝	−12⅜
AetnaLf 8⅛07	1198	91	74	77	−11
Akzona 7½s97	69	79⅞	76½	79⅞	+ 4¼
AlaBnc 10.55s99	2770	102½	97½	98½	− ½
AlaBnc 9½s84	677	101¼	91½	92	− 8¼
AlaPw 3⅛s84	108	75¼	69	69	− 1¼
AlaPw 3⅛84r	7	69	69	69	......
AlaPw 9s2000	2209	91	71	71⅛	−15⅞
AlaPw 8½2001	1760	84⅞	67¾	67¾	−14¼
AlaPw 7⅞2002	1320	80½	61	61	−18⅛
AlaPw 7¾2002	1269	78⅞	62⅛	65¼	−10⅝
AlaPw 8⅞s2003	3906	88	69⅛	71½	−11¼
AlaPw 8¼2003	1689	82½	65⅝	66⅛	−13⅞
AlaPw 9¾s04	2095	96⅞	76⅛	76¾	−17½
AlaPw 10⅞s05	651	102⅞	84⅜	85	−18
AlaPw 10½s05	2364	102⅝	85¼	89	−10
AlaPw 8⅞s06	939	87½	69⅛	69⅛	−15⅞
AlaPw 8¾07	2348	87	67⅛	71	−14
AlaPw 8⅝87	1296	94	76¼	80½	− 8½
AlaPw 9¼07	951	91	72	72	−13⅛
AlaPw 9½08	1452	93½	73	74	−15¾
AlaPw 9⅝08	1914	97	73⅜	75½	−17¾
AlskInt cv6s96	4652	154	71	154	+81½
AlskInt 12¾99	351	103¼	95	95	......
Alexnd cv5½96	1635	61⅛	49	49	− 5½
AlleghWn 4s98	44	46½	39	39	− 1
AllgLud 10¾99	215	86	83	83⅞	......
AllgLud cv4s81	440	92⅛	86	92	+ 6
AllgLud cv4s81r	12	86	86	86	+ 1
AllgLud 9s89	2938	94½	75¼	76½	−12½
AllnG cv6s87	255	91	80	80	− 1¾
AllnG cv11½94	1107	152	124⅝	131	+ 5⅞
AlldCh 5.20s91	308	90¾	83⅛	84	− 3⅝
AlldCh 6.60s93	335	86¾	77⅛	77¼	− 6¾
AlldCh 7⅞s96	1306	91	77	77	−15⅛
AlldCh 8⅜s83	794	97¼	84¼	89	− 4½
AlldCh 9s2000	143	96¾	81	81⅛	−17⅜
AlliedPd 7s84	354	84	78	78	− 2
AlldSt cv4½s81	31	171	153	165	+23¾
AlldSt cv4½s92	154	118	95¾	111	+16½
AlsChal 10.35s99	156	103¼	91⅛	91⅛	......
AllstFn 8⅛87	175	96	78	78	−15
AllstFn 7⅞87	328	91½	80⅜	80⅜	− 8¼
AllstFn 9⅝86	235	101¾	91½	91½	......
Alcoa 4¼s82	291	95⅝	87	89⅞	+ ⅝
Alcoa 4¼82r	12	89	86	89	......
Alcoa 3⅞s83	234	85⅛	79	82⅛	− 1⅝
Alcoa 3⅞83r	22	81¾	81	81	......
Alcoa cv5¼s91	9691	106½	89½	98	+ 4
Alcoa 6s92	706	82	68	68½	−11⅝
Alcoa 9s95	1672	98	81	83¼	−12
Alcoa 7.45s96	407	86	72⅛	74⅝	− 7⅞
Alcoa 9.45s2000	531	102⅜	87	87½	−12
AluCan 4½s80	80	98	94	98	+ 3⅝
AluCan 9½s95	789	98⅞	85⅝	85⅝	− 9⅜
AMAX 8s86	4073	94⅜	80	85⅛	− 6⅜
AMAX 8½s96	180	92⅝	79	79	−13
AMAX 8½s84	926	97⅜	84½	88	− 5½
AMAX 9⅜2000	48	98	84	85	−12⅛
Amax 8⅝s01	8	89	88⅛	89	−13½
Amerce cv5s92	852	83⅛	72⅜	80	+ 7⅞
AmrHes 6¾s96	1216	80½	67	67¼	−10¾
AmForP 4.8s87	1165	74	61⅞	63½	− 7⅛
AmForP 4.8s87r	75	72⅛	70	72	......
AmForP 5s2030	1533	58	45	45¼	− 5
AForP 5s30r	76	54⅝	45	45	......
AmAirl cv4¼92	9436	55¾	41¾	42	−12¼
AmAirl 11s88	1982	106⅞	92⅛	93¼	− 9¾
AmAirl 10⅞s88	1100	104	92	92⅛	− 9⅝
AmAirl 10s89	701	100	87⅝	88	−10
ABrand 4⅝s90	185	76	65¾	65⅞	− 7⅞
ABrand 5⅞s92	503	79⅛	62	64¾	− 6¾
ABrand 8⅛s85	2260	95⅜	84¼	87	− 4
ABdcst 9.35s00	184	99½	87	87	−12
AmCan 3¾s88	97	67⅜	58	63	− 8⅛
AmCan 3¾88r	6	65	65	65	......
AmCan 4¾s90	56	70⅛	61	61	−15
AmCan 4¾90r	4	64	64	64	......
AmCan 6s97	324	78	65⅛	67	− 8¼
AmCan 7¾2001	159	86⅞	73⅜	73⅜	−15¼
AmCan 9¼84	2860	100⅝	90⅛	92½	......
ACenM cv6¾91	850	67	55⅛	59	+ 4
AmCyan 7⅜01	184	85	70½	76½	− 3⅝
AmCyan 8⅜s06	282	91¼	76½	76¾	−14¼
AmDist 4⅜s86	87	75⅞	50	61⅝	−14¼
AmDist 4⅜86r	2	75⅝	75⅝	75⅝	......
AExpCr 7.8s92	108	88	81	81	− 4½
AExpCr 9½s82	864	101¾	92½	94	− 5
AExpCr 8½s85	509	99	83⅜	87½	− 8½
AExpCr 8½s86	433	96½	89¾	89¾	− ¾
AExpCr 7.7s87	411	91	79	80	− 7½
AGenIns 6½94	1938	112	91	110	+17
AGenIns 9⅜08	112	99	86	86	......
AHoist cv4¾92	47	144	110	138⅛	− 5⅞
AHoist cv5½93	6234	123	81½	109	+28
AHosp cv5¾99	4029	120½	98⅛	110⅛	+ 7⅞
AHosp 7⅞07	53	89	84	89	+ 1½
AmInvt 8¾s89	541	90	73⅛	77¼	− 4¾
AMFd cv4¼81	1014	94	86½	90⅛	− 1⅞
AMFd 4¼81r	45	93	89	89	......
AmMot cv6s88	11800	93	71	81¼	+ 9¾
AmSL 7¼82	320	94	87	89	− 3
ASmelt 4⅝s88	341	78¼	60	60½	− 7⅝
AmStrs 9⅞s90	516	101	85	89⅛	−11⅞
AmStrs 9⅜s01	61	95⅝	78⅜	78⅜	−17¼
AmSug 5.30s93	1105	67⅝	56	59¼	− 2¼
AmSug 5.3s93r	355	66¼	57	59¼	......
ATT 2¾80	4915	96	91¼	94¼	+ 2¾
ATT 2¾82	4253	89	83¼	85½	+ 3

NEW YORK BONDS

		Sales ($1,000)	High	Low	Last	Net Chg.
ATT	3¼84	6887	80⅜	74	76	......
ATT	4⅜85	8880	82	73⅝	77	− ⅞
ATT	4⅜85r	881	81¾	73	76¾	......
ATT	2⅝86	4431	74⅞	64	66⅝	− 1⅞
ATT	2⅞87	2429	71	63	65	− 1
ATT	3⅞90	11227	68½	59½	60⅜	− 5
ATT	3⅞90r	845	68¼	59	60	......
ATT	8¾00	37244	98	81½	82⅛	−13⅛
ATT	7s2001	22980	83⅛	68¾	69¾	− 9¾
ATT	7⅛03	17229	83¼	69¾	71⅛	− 9¼
ATT	8.8s05	33147	98⅞	81½	81¾	−13⅜
ATT	7¾82	9821	97¾	90	92⅞	− ¾
ATT	8⅝07	17449	96½	80¼	81⅛	−12½
AmesDSt	10s95	319	96	84	84½	−13½
Amfac	cv5¼94	2535	74	65⅛	69	+ 1⅞
AMPInc	8⅝85	244	97	87	87	−10½
Ampex	cv5½94	7584	71⅝	56⅛	68¼	+ 6¾
AnchHck	8⅝06	10	87⅜	87	87	−14½
Anheu	5.45s91	61	93½	87	91	+ 3
Anheu	6s92	260	84	72	73	− 7½
Anheu	7.95s99	58	88	75	80	− 7⅝
Anheu	9.20s05	436	101	86	87	−14⅜
Anheu	8.55s08	66	94	83	83	−14
Anheu	9.9s86	1397	98	93	98	......
AppalP	11⅛s83	1239	105	96	97	− 5
AppalP	11s82	1972	103½	94	97	− 4
AppalP	10½s84	1253	102	90	90	−10
AppalP	11s87	229	103⅞	92½	93	......
ArcoPip	8.7s81	3556	99½	91½	92⅝	− 3½
ArcoPip	8s82	3920	97½	86½	92	− 2
ArcoPip	8⅜s83	2504	98	87	90⅜	− 4½
ArcoPip	8s84	2742	96¾	85	89½	− 1⅝
ArcoPip	7½82	1254	96⅛	86¼	89¼	− 1¾
ArcoPip	7¾86	1427	92¾	78¾	83½	− 3⅞
Aristar	9½s89	535	97½	80⅜	83	− 8⅝
ArizPS	7.45s02	512	80	66	68	−12
ArizPS	9½82	4599	102	92	95	− 4
ArizPS	9.8s80	2780	101¾	97	97	27-32−1 5-32
ArizPS	10⅝s00	981	106	90	92⅝	−11⅞
ArizPS	12⅛s09	607	101⅞	99½	100	......
ArlenRl	cv5s86	2316	55	40⅛	45	− 5
Armco	4.35s84	95	91⅛	88¼	88¼	+ ¼
Armco	4½s86	48	90⅛	85½	85½	− 3½
Armco	4½s86r	10	90⅛	90⅛	90⅛	......
Armco	5.90s92	47	86⅝	81	81⅝	− ⅞
Armco	8.70s95	375	93	83⅛	84½	− 9½
Armco	9.20s00	45	98½	97⅛	98	− ½
Armco	8½01	78	91⅛	86⅛	88⅛	− 5⅝
Armour	cv4½83	131	101	83	92⅛	+ 9⅛
Armour	5s84	1407	88⅝	75⅛	88½	+13¼
Armour	5s84r	150	88½	75⅛	88½	+14
Armour	9⅞s00	291	101¼	90	94	− 9½
ArmCk	8s96	259	91	78	79½	−11½
ArmCk	8.45s84	336	97¾	86⅛	86⅛	− 6⅜
ArmR	cv4½s87	287	80	70	70	− 5
ArmR	8⅝96	99	90	87	89	− 2
Asarco	8.80s83	80	96⅜	90	91	− 1
Asarco	9¾2000	72	99	95	97¼	− 2
AshO	6.15s92	299	87½	82½	82½	− 2¼
AshO	cv4¾93	4241	135¼	99¼	121	+21
AshO	8.8s00	506	95⅞	78¼	78½	−17½
AshO	8.2s02	205	89	85	87	− ¾
AssdDGd	7⅛96	33	86	79	79	− 9
AsDGCr	8⅞s83	480	98	80	89⅜	− 5
AssoCp	9¼s90	705	98	75⅞	79¼	−12⅛
AssocCp	8⅝s81	290	98¾	90	95	+ ¾
AssoCp	8.2s87	419	94	80	82⅞	− 8⅞
AssoCp	8¾87	64	93⅝	84	84	− 9
AssoInv	4½83	165	83	75⅛	75⅛	− 3⅞
AssoInv	4⅜84	191	84¼	73⅜	74	− 4
AssoInv	4⅝85	183	78⅞	70	70¼	− 4¾
AssoInv	7⅜88	228	88⅞	68	69⅛	−14⅛
Atchison	4s95st	151	61½	50	50	− 6⅞
Atchison	4s95st r	15	57	49	49	......
Atchison	4s95	724	64	51⅛	51⅛	− 9⅞
Atchison	4s95r	239	63	50½	50½	......
Athlone	11s93	322	98	93⅝	94	− 1
AtlCtyEl	9¼s83	432	100¾	90¾	93	− 5⅛
AtlCstL	4s80	79	99	93	96	5-16+4 5-16
AtlCstL	4.95s88	269	73⅝	62¼	62¼	−12¾
AtlCstL	4.95s88r	31	71	62	62	......
AtlCstL	4¾s88	79	75	66	66	− 6¾
AtlRch	5⅝97	321	83⅝	69	69	− 9½
AtlRch	8⅝00	1110	95¾	79	81¼	−10⅜
AtlRch	7.7s2000	570	87¼	73¾	75⅜	− 9⅝
AtlRch	7¾03	307	89⅝	73½	74⅝	−10½
AvcoCp	cv5½93	8715	71¼	61⅞	66⅝	+ 3⅝
AvcoCp	7½93	3581	76¼	63	64⅜	− 6⅛
AvcoFin	6⅛87	94	84¼	73½	73½	− 7
AvcoFin	7⅞s89	287	90	75	75	− 9
AvcoFin	9¼s90	166	98	81	81	−13
AvcoFin	9¼s89	473	98	82½	82½	−12¾
AvcoFin	11s90	1754	106	90¼	96⅛	− 7⅝
AvcoFin	7⅞s92	49	86⅛	80¼	84⅝	+ 4⅜
AvcoFin	7⅝s97	161	82	66	67	−15
AvcoFin	8.35s98	64	89¼	81⅞	86½	+ 6½
AvcoFin	10½82	840	102	92½	97	− 3½
AvcoFin	9¾s83	1121	101	90⅛	92⅝	− 6⅜
AvcoFin	8½s84	1148	96	82⅛	86¼	− 7¾
AvcoFin	8.2s86	312	92	75¼	79	−10½
AvcoFin	8⅞91	400	92	75	75	−13½
AvcoFin	9⅜93	49	97⅜	85	85	−13
AvcoFin	9⅛98	135	93⅛	89¼	89¼	− 8¼
AvcoFin	9⅜98	305	98½	75	75	−20½
AvcoFin	9⅞87	167	101¼	90	90	......
AvcoFin	9¾99	119	99	86	89	......
AveryIntl	9⅛81	169	99	90	94	− 4

B

BPNoA	9s80	608	99½	95½	95½	− 1½
BPNoA	10s00	353	102½	94⅝	94⅝	− 7⅜
BPNoA	9¼01	250	98⅜	83	83	−15
BakerInt	7.55s87	53	86¾	79⅞	80	− 8
BakerOil	7.8s97	25	89	86¼	86¼	− 6¾
BaldwUn	10s09	20	81⅜	81¼	81⅜	......
Bally	cv6s98	71674	153¾	82	128	+46
B O	4s80	222	95¼	91¼	94	25-32+3 29-32
B O	4s80r	28	94	90¾	94	......
B O	4¼95	223	62⅛	55¼	55¼	− 3⅜
B O	4¼95r	5	60¾	58⅞	60¾	......
B O	4⅛10A	1430	90	65	65	−17
BaltGE	3s89	35	60½	57⅛	57½	......
BaltGE	3¼s90	136	63½	48½	54⅝	− 8⅛
BaltGE	4s93	64	59	51	52	− 4½
BaltGE	10s82	2221	102⅛	92	93½	− 7½
BaltGE	10⅛83	1266	103⅞	95½	96½	− 5½
BaltGE	9⅞s05	1698	103	87⅛	90	−10
BaltGE	8⅜06	1250	94⅜	75¼	76	− 9⅞
BaltGE	8¼07	528	89	70⅛	70⅛	−15¾
BaltGE	9⅜08	704	97⅞	80⅛	85	−13½

NEW YORK BONDS

		Sales ($1,000)	High	Low	Last	Net Chg.
BangP	5¾s92	286	79½	68	70	+ 1½
BangP	cv8¼94	752	93	80	82⅝	+ ⅛
BangP	11½98	3081	101¼	84½	89	− 5
BangP	11¼98	1239	99½	82	85½	− 8⅜
BkCal	cv6½96	2084	97½	76	96	+16⅝
BkNY	cv6¼94	6960	114	83¾	92	+ 6⅞
Bankam	7⅞s03	1220	87½	72	74⅛	− 9⅞
Bankam	8⅞s05	6445	97	79½	80⅞	−12¼
Bankam	8¾s01	2588	96⅜	78⅞	80⅝	−12⅛
Bankam	8.35s07	1957	91¼	74	76	−13
BankTr	8⅛s99	879	87¼	70½	72½	−10⅞
BankTr	8⅝02	404	92	69	69	−21
BarcAm	8⅝85	369	95	84	87	− 5⅛
BarcAm	8⅞86	222	97	84	85	− 9½
BarcAm	7.95s92	102	92	73	73	−12½
BarcAm	8¾97	130	92¾	72⅛	76⅞	−10¼
BaxLab	cv4s87	21	275	225	275	+51
BaxLb	cv4⅜91	2688	130	101	125	+10
BaxLb	cv4¾01	4961	111	92¾	108	+ 6¼
BayColP	8½81f	1425	96	83⅜	90½	+ 5
BeatFd	7⅞94	125	100	93	93	− 4¾
BeatFd	8½08	32	96¼	83	83	−14⅜
Becton	cv4⅛88	1181	85	74½	76½	− 6⅜
Becton	cv5s89	2154	77½	68	71	− 2
Beech	cv4¾s93	1247	260	118½	255	+130
Belco	cv4¾s88	3389	136	83	124	+41
Belden	cv8s90	2090	120	95	109½	+15
BellCnda	8¾06	419	93⅝	76¾	76¾	−12
BellCnda	9s08	656	95½	77½	77½	−13
BellTPa	8⅝s06	3154	95½	78	78	−13¼
BellTPa	7⅛s12	1459	80½	64¾	67	− 9½
BellTPa	7s80	723	99	94⅜	97 13-32	+3 1-32
BellTPa	7½s13	1814	83½	69⅜	70⅜	−11⅝
BellTPa	9⅝s14	7654	103¼	85¾	87½	−14
BellTPa	8¾s15	826	96	79	81	−13¾
BellTPa	8⅛17	889	89½	74⅜	74⅜	−12
BellTPa	9¼19	3483	100½	82⅝	85⅞	......
Bemis	6⅜s92	128	85¼	69	69	−14¼
Bendix	6⅝s92	808	84⅝	68⅛	68⅜	−15½
Bendix	9¼s81	1075	100⅜	92½	94¾	− 4¼
BenefCp	7½s96	382	83⅞	68¼	68¼	−11¼
BenefCp	7.45s00	223	83¼	63	66⅛	−14¼
BenefCp	7½s02	70	82	76	80	− ⅝
BenefCp	7½s98	89	83½	79½	81¼	+ 1¼
BenefCp	8s01	646	97	82	86⅛	− 5⅞
BenefCp	8.3s03	245	90½	74⅞	74⅞	−13¼
BenefCp	8.4s07	161	91	71⅞	75	−12⅞
BenefCp	8.35s88	816	94⅛	64⅛	82	− 8
BenefCp	8.4s08	703	97½	83	87	−11⅛
BenefCp	9.4s85	3831	101⅝	89½	91¼	......
BenefCp	11.5s87	1494	100¼	92½	93⅝	......
BenfFin	4⅞81	524	93	87⅛	91	+ 2
BenefNJ	7¾s84	456	94	82⅜	85	− 6⅛
Berkey	cv5¾86	1580	67	52	59	− 3
BethStl	3¼s80	79	95	91⅛	95	+ 3
BethStl	4½s90	1568	72½	61⅛	61½	− 7½
BethStl	5.4s92	379	82	75⅜	75⅝	− 3
BethStl	6⅞s99	289	84	62⅝	62⅝	−18⅜
BethStl	9s2000	2100	96¾	75⅛	77½	−16⅜
BethStl	8.45s05	1001	90½	72⅞	72⅞	−12¼
BethStl	8⅜s01	268	90	72⅛	72⅛	−13⅛
BigThr	8.55s01	9	90⅛	90	90⅛	+ ⅛
BigThr	9.85s09	5	90	90	90	......
BlackD	cv4s92	7	222	174	222	+66
BlackD	8.45s85	851	97¾	85	85	− 9½
BobieB	cv5¼81	362	90	86¾	89	+ 2
BoiseC	9.9s86	609	96⅞	91½	95⅝	......
Borden	2⅞s81	40	90½	87	89¼	+ 2½
Borden	2⅞s81r	3	88	85½	88	......
Borden	4⅜s91	65	90	84	90	+ 5½
Borden	5¾s97	168	79½	73¼	73¼	− 3½
Borden	8½s04	316	92	79⅜	79½	−13
Borden	9⅜09	208	102	85	86	......
BorgWAc	7⅞91	333	90	73	73	−16
BorgWAc	7½93	102	86½	73	73	−18
BorgWAc	9⅞81	630	100½	91⅜	94	− 5½
BorgWAc	8⅜86	459	94¼	83½	83½	− 8
BorgWar	5½92	117	72¼	62	62	− 2¾
vjBosM	6s70f	1158	88¼	72½	82¼	+ 7¼
vjBosM	4½s70f	1562	55	35⅛	48	+13
vjBosM	4½70fr	162	52	34⅛	52	......
BosEd	9¼07	287	91¾	71	73	−18
Braniff	5¾486xw	526	79½	60	62½	−16⅝
Braniff	11⅛s87	580	106½	91	92½	− 8
Braniff	10s86	1093	101¼	82	84¼	−15⅛
Braniff	9⅛97	258	98½	75	75	−16¾
BrckwyG	8¾85	320	98½	84	84⅛	−14
BrkUnG	3s80					
		26	96¼	94 25-32	94 25-32	+2 25-32
BrkUnG	4⅛s83	88	84½	80¾	81⅛	......
BrkUnG	4⅜s88	4	67½	67½	67½	− 2⅛
BrkUnG	6¼s92	86	74½	69	73¾	+ 1⅜
BrkUnG	9⅛s95	709	96⅞	80⅛	80¼	−13⅛
BrkUnG	7⅞s97	41	85¼	69½	69½	−13⅝
BrkUnG	8¾s99	240	90¼	76½	76⅝	−14⅞
BrkUnG	9¾s85	750	101¼	88	93	− 7⅝
BrkUnG	9⅝s96	198	98¾	79⅛	83	−14
BrwnGp	7⅜s98	15	76	75⅛	75¼	−16⅛
BrwnGp	9⅞00	46	100	98½	100	− 3½
BrwnF	10¼96	164	102	90	90	−10½
Bruns	cv4½s81	1004	93½	89½	93	+ 2½
BucyErie	9s99	107	97	81	85⅞	−13⅛
BucyErie	7¾83	268	94	81	88½	− 6⅝
BudgtCap	6s10	698	57⅛	45	45¾	− 5¾
BudgCap	11⅞98	634	105	84	84	−11½
Bulova	cv4½84	30	83	79	79	− 1
Bulova	cv6s90	3785	72	56	63	+ 7
BurlInd	cv5s91	1514	75½	68¼	71½	+ 2½
BurlInd	9s95	399	96⅞	79¾	83⅛	−13⅞
BurlNor	8½s96	658	92½	77¾	77⅞	−11⅛
BurlNor	cv5¼92	12127	118½	77½	102	+26
BurlNor	8.6s99	230	93⅝	75	81	− 6
Burrough	7⅝81	1005	97⅞	92⅜	93⅝	− ½
Buttes	cv5½88	2319	95	62	84½	+23⅜
Buttes	10¼97	19617	83½	64	70	− 2

C

CBS	7.85s2001	117	91	72	81¾	− 9½
CCI Cp	12¾98	510	104½	90	92	......
CITFin	7⅝s81	1082	96⅝	88	90¾	− 1
CITFin	8.85s82	1651	99¼	90	90½	− 3½
CITFin	9½s95	1129	100½	82½	85	−14¼
CITFin	7⅞86	922	92⅛	80⅛	81⅛	− 8⅞
CITFin	8⅜01	27	91½	87⅛	90½	− 2½
CITFin	9s91	462	97	78	81	− 9¼
CITFin	8.8s93	375	96	80	80	−16½
CITFin	8¾08	211	94	75	75	−19½
CITFin	9.85s04	85	95½	85½	85½	......
CITFin	9⅝09	40	97½	86	86	......
CMEI	6½s82f	4571	72⅞	57	68¾	+12⅛

NEW YORK BONDS

	Sales ($1,000)	High	Low	Last	Net Chg.
CNAFinl 8½95	1355	86	72¾	75	— 9⅛
CaesrW 12½90	4598	102	85½	92⅝	— 5⅜
CaesrW 11¼97	4835	96¾	75	85¾	— ¼
CaesrW 12s94	3221	99⅜	82	90¼	......
CanPac 4sperp	4247	45⅜	40	40¼	— 2¼
CPac4perp reg	53	44¾	37	44¾	......
CaroCO 4½s90	5	67	65¼	65¼	— 1¾
CaroPwLt 7¾s	953	84	66½	67½	—14½
CarTT cv5¾88	1453	96½	83½	89	+ 2¾
CarTT 9⅛s2000	691	98⅜	80	81¾	—14¾
CarTT 7¾s2001	324	84	68	68	—13½
CarTT 8.10s03	238	88⅛	70	70	—16
CaroTT 9s08	15	97	83⅜	83⅜	—13⅛
Carrier cv5⅛89	3669	98¼	80	85½	— 8½
Carrier 8⅛s96	221	87⅛	74½	74½	—12½
Carrier 7¾s98	180	88	75¾	75¾	—12½
CartH 7.95s82	449	96¾	88	91	— 2⅛
CartH 8¼96	70	90	86½	87	— 7
CartH 9.45s00	10	98	96¾	96¾	— 3½
CartH 9⅛08	10	94	81	81	—16¼
CascNG 10½92	422	100⅝	82	90⅛	— 8⅛
Case 5½s90	229	80	69	69	— 8
CastCk cv5⅜94	3020	101⅞	77	85	—10⅞
CastCk 8⅛85	120	92¼	84⅞	84⅞	— 7⅝
CaterT 5.30s92	307	79½	69	70	— 7¼
CaterT 5⅛s86	148	87	77⅜	77⅞	— 5¼
CaterT 6⅞s92	309	87⅞	75	75	—11
CaterT 8.60s99	516	96¼	82⅜	83⅞	— 8¼
CaterT 8⅜s82	1220	99¾	89	92¾	— 2½
CaterT 8¾s99	265	96¾	83¾	85¼	— 9¾
CaterT cv5½00	4439	125½	99	107½	—12½
CaterT 8s01	194	91½	77½	80⅛	— 9⅝
Cave 11½00O	2485	100	79¼	85	— 7½
Cave 11½00N	2059	99½	80¼	83	— 9⅞
Ceco cv4.75s88	337	70	66	66	— 2
Celanes cv4s90	1981	71	65	68½	+ 2¼
Cenco cv5s96	4024	55	45¼	51	+ 5¾
Cenco cv4¾97	1080	52	41½	45⅝	+ 3⅝
CenSoya 6⅜s93	137	85	76	76	—10
CenTUt 8.1s96	324	86⅝	71⅛	77½	— 8½
CentrlTel 8s96	443	88	72	75	— 7
Centrn 7.85s97	268	84	71¾	71¾	—10¼
CntTelE cv9s98	2292	106	90¼	95	......
Cessna cv3⅞92	8	144½	122⅛	144½	—41½
Champ cv4½84	804	106	90	92	+ 3½
Champ cv4½84r	3	91⅞	91⅞	91⅞	......
ChampS 5⅞s92	35	85⅞	80	80	— 5½
ChartCo 10⅝98	11233	92½	77	83½	+ 2⅛
ChasBk cv4⅞93	6580	80¼	64	73	+ 7⅛
ChasBk 8¾86	3427	98½	83	86½	— 7½
ChaseCp cv6½96	8477	85½	69¾	74¾	+ ¾
ChaseCp 13.5s99	2986	102	98	99⅞	+ ⅝
ChaseCp 12¼09	7972	100¾	90	91	......
Chelse cv5¼93	817	68¾	50	52	+ 2⅝
Chelse cv10s99	1377	111¼	90	96	+ ½
Chemetrn 9s94	1444	97⅝	78	84	— 7
ChmNY cv5s93	1245	73	56	57	— 8½
ChmNY cv5½96	2045	73	57½	57½	— 9
ChmNY 6⅝80	425	97⅝	95½	97½	+ 2½
ChmNY 7.80s82	608	97	84	92¼	— ¼
ChmNY 8.40s99	817	91¾	73⅛	73⅛	—17⅞
ChmNY 8¼02	388	89½	70	72¼	—16⅜
ChmNY 12.65s04	1254	100⅞	94½	96	......
COhRA 1st4s89	62	67½	56⅜	56½	—11½
ChesOh 4½s92	459	64⅞	51½	57½	— 6½
ChesOh 4½92r	153	65⅝	57⅝	57⅝	......
ChesOh 3½96D	137	88½	86⅞	87½	+ ⅝
ChesOh 3½96Dr	11	86⅞	86⅜	86¾	......
ChesOh 3½96E	65	88⅝	86½	86½	— ⅞
ChesOh 3½96Er	3	86¾	86½	86½	......
ChePoMd 7¼12	687	81	65	67	—11
ChePoMd 8⅞09	1152	97	79¾	79¾	—13¼
ChePoMd 9s18	450	98½	81	82½	......
ChPotVa 7¼12	316	81	64½	67¼	— 9¼
ChPotVa 8⅝09	1655	95	77¼	77⅞	—12⅜
ChPotVa 9¼15	1218	100	83¾	84⅛	—13⅞
ChPotVa 9½19	872	101⅞	86	86½	......
ChPoWas 7¾13	395	85½	69⅝	70	—12¼
ChPWVa 7¼13	471	80½	65⅛	66	—12½
ChPWVa 9s15	786	96½	80	80	—17¾
ChPWVa 9¼19	103	87	81⅛	81⅛	......
ChEIll 5s2054	31	48¼	41	41	— 7⅛
ChEIll 5s54r	3	47⅛	45	45	......
Chi&NW 3s89	317	49	40	42½	— 6½
ChiBQ 3⅛85	17	94	94	94	......
ChiGW 4s88	78	61	54½	54½	— 5⅞
ChiGW 4½s38f	110	45	38⅞	42	+ 5
ChilndL 4s83f	293	85	76⅛	85	+10
ChilndL 4½03f	81	55	42	55	+ 7¾
ChocFl cv4½81	182	93	92	92⅛	+ ⅛
ChrsCft cv7s89	1076	108	74	100	+26½
ChrsCft 13s99	3660	105	87	91¾	......
ChrsCft 15s99	539	103	100⅛	102⅜	......
Chrysler 8⅞95	25245	80	46⅛	54	—14½
Chrysler 8s98	47614	71	42	48	—13
ChryF 7⅜86	10046	77⅛	56⅛	58¾	— 7⅜
ChryF 8.35s91	4584	78	59¼	64½	— 4½
ChryF 7.70s92	3421	72⅜	52	60	— 3
ChryF 10s81	18121	97¾	83	90⅛	— 1⅜
ChryF 9½83	10017	93¼	72	78⅝	— 3⅝
ChryF 9s86	12882	85½	65	69½	— 6
ChryF 8⅞82	10435	90½	75	81⅜	— 1⅛
ChryF 8⅞84	3591	88⅞	66⅛	71⅝	— 6⅜
ChryF 9⅜87	10682	88⅜	61¾	65⅛	—11⅜
CinGE 4⅛87	38	69	68	68½	— ¼
Citicp 6⅝s80	1278	96⅝	92	95⅛	+ 1⅞
Citicp 13.5s89	11290	102	98½	100½	+ ¾
Citicp cv5¾s00	18136	78½	63½	67¾	— 5¼
Citicp 8.45s07	4088	92	75	75⅛	—11⅞
Citicp 8⅛07	1736	89	70⅝	75⅜	— 7¾
Citicp 11.1s98	7540	101¾	92¼	95½	— 4½
Citicp 12.7s04	9299	101⅛	93½	95⅜	......
CitSvc 6⅛97	401	89⅛	74¼	77½	—10⅝
CitSvc 6⅝99xw	221	80	61¼	64	— 7¾
CitSvc 7.65s01	369	86¾	69⅛	69⅛	—14¾
CitSvc 9¾00	535	101⅝	88	88	—13¼
CityInv cv7½90	16838	131½	87½	107¼	+19¾
CityInvst 8s91	4110	80	66	70½	— 4⅛
CityInv 8⅞s97	223	87	72	74	— 8
CityInv 8⅛s91	3364	80½	66½	71	— 4¼
CityInv 9s96	12204	85½	67	72½	— 6
CityInv 9⅛97	11837	85½	68	73⅛	— 6⅞
ClarkEq 9⅝s99	75	99⅝	96	96	— 6⅜
ClarkEq 9s82	527	99½	89	95	— 1⅞
ClrkECr 7.85s91	129	86¼	68	73	—13
ClrkECr 9⅜s82	1082	100	89⅜	92	— 4⅛
ClrkECr 8s87	531	91¾	80	82½	— 8½
ClevEl 3s82	91	83	78	81	+ 1
ClevEl 2¾85	30	72	69	69	— ¼

NEW YORK BONDS

		Sales ($1,000)	High	Low	Last	Net Chg.
ClevEl	7⅛90	1419	86	70	72	−9
ClevEl	3⅞93	47	61	54½	61	+3¾
ClevEl	3⅞93r	5	57⅛	57	57⅛	......
ClevEl	4⅜94	59	60	54½	55½	−4
ClevEl	8⅜91	1017	92	74¼	75¼	−14¼
ClevEl	8¾05	1413	93	73	75	−12¾
ClevEl	9¼s09	1096	98½	75½	75⅝	−19½
ClevEl	9.85s10	1515	101¼	78	78	−21
ClevEl	8.85s83	741	98½	90	90	−5
ClevEl	8.65s80	503	101½	95 1-32	97 5-16	+1-16
ClevEl	8⅜11	840	89	70	70	−16
ClevEl	8⅜12	636	88	70	72⅜	−13⅝
Cluett	cv4¼84	87	93⅛	89	89	−4
ColonStr	8s96	38	83½	77	77	−7½
ColoIntr	8½s91	22	89½	85	85½	−6½
ColuGas	3⅝s80	105	94	89½	92	......
ColuGas	3⅝80r	2	92	92	92	......
ColuGas	3⅞s81	118	91¼	86⅝	90½	+3⅜
ColuGas	3⅞81r	3	89	89	89	......
ColuGas	4¾s81	118	91⅜	85⅛	88¼	+¼
ColuGas	4¾81r	22	89	87⅛	87⅛	......
ColuGas	5s82	196	89½	83½	83½	−½
ColuGas	5s82r	30	88	86	87½	......
ColuGas	4⅜s83	188	86	79	83	−1
ColuGas	4⅞s83	95	85¾	79	79⅝	−3⅜
ColuGas	4⅞83r	25	82⅝	82⅝	82⅝	......
ColuGas	5⅛s85	169	82	72	77¾	−1¼
ColuGas	5⅛85r	8	79¼	74	74	......
ColuGas	9s94	1678	97¼	82⅛	83½	−11
ColuGas	8¾s95	1372	94¾	77¼	77½	−15
ColuGas	9⅛s95	1343	99½	80⅞	81⅞	−14⅜
ColuGas	8⅜s96	705	92⅛	72⅛	73	−17⅛
ColuGas	8¼s96	760	91	76¼	78¼	−12⅛
ColuGas	7½97M	376	85¼	70⅝	74¼	−9⅜
ColuGas	7½97J	424	84½	70	72	−11
ColuGas	7½97O	293	84½	70⅝	71½	−13½
ColuGas	7½s98	339	85	69⅝	73	−10
ColuGas	9⅞s99	726	101¾	90	90	−10
ColuGas	9⅝s89	2644	102	88½	90	−10
ColuGas	10⅛95	144	102	99¾	100	−5
ColuGas	9⅛96	501	97	84	84	−12
ColuGas	10¼99	324	102¾	89	94	......
ColuGas	11¾99	8	100½	100½	100½	......
ColPict	cv4¾87	526	154½	110	154½	+33½
ColPict	cv5¾94	4923	121	74	116	+37½
ColPict	11¾90	914	101¾	86	88	−12
ColuSOE	3⅝83	5	79½	79½	79½	+4
ColuSOE	3¾86	10	69	69	69	−¾
ColuSOE	4½87	119	70	61⅛	61⅛	−11⅜
ColuSOE	7⅝80	991	97¾	92¾	94 31-32	+2 31-32
ColuSOE	11s83	1130	105	95⅝	97	−4
ColuSOE	9¼82	857	99¼	89	92	−2½
ColuSOE	9½84	1213	100	87	87⅜	−7⅝
ColuSOE	7⅝85	261	91⅜	79	80¼	−4¾
CombE	7.45s96	67	86⅝	82⅝	82⅝	−1⅞
ComlCr	8¾s91	580	94¾	75	77¼	−11½
ComlCr	7s79	71	99 7-16	99 7-32	99 7-16	+¼
ComlCr	7¾s92	473	85¼	71	71	−10¼
ComlCr	7¾s93	236	85¼	68	68	−15⅛
ComlCr	8s81	1225	97⅜	93½	94	−2½
ComlCr	8.40s81	791	98	92⅝	95¼	+¾
ComlCr	8⅞s86	777	96	83	87	−7
ComlCr	8.8s86	293	94	79⅛	83¼	−12¼
ComlCr	8.35s86	1309	93½	79¾	81	−7
ComlCr	8¾88	468	94⅝	80	84	−7½
ComlCr	9s88	428	95½	89	89	−4⅜
ComSo	cv4½91	247	66½	63	65	−¼
ComwEd	2¾99	36	58¾	56⅝	58⅝	+2½
ComwEd	3s99	5	61⅞	56¾	61⅞	+4¾
ComwEd	2⅞01	8	56⅛	56	56	+1
ComwEd	2⅞01r	3	55	55	55	......
ComwEd	7⅝03F	1101	82⅜	60	66	−14½
ComwEd	7⅝03J	540	84¼	65	66	−14½
ComwEd	8s03	2861	88½	68	68	−15
ComwEd	8⅝80	1197	99	95 5-32	97 5-32	+21-32
ComwEd	8¾05	3326	93⅞	72	74	−17
ComwEd	9s83	4679	100	89	91⅛	−6⅜
ComwEd	8¾81	867	99	90½	94½	−1
ComwEd	9⅜04	2199	100⅜	78⅛	80	−18
ComwEd	8s82	1308	96¼	86⅝	89½	−3
ComwEd	8⅛07J	1574	88	68½	68½	−15½
ComwEd	8⅛07D	775	87½	68½	68½	−16½
ComwEd	8¼07	3127	90¾	68¾	68¾	−18⅛
ComwEd	9⅛08	1909	97½	76½	76½	−19½
ComwEd	9¼84	998	99½	90⅜	92	......
CompSci	cv6s94	7665	89	71	88	+16
ConnM	cv6¾90	456	116	79	104½	+25
ConnM	cv6s96	2658	82	67½	74½	+7
ConEdis	3s81	289	92	86⅝	90⅝	+3¼
ConEdis	3s81r	10	91¼	91¼	91¼	......
ConEdis	3¼s81	521	92	85⅜	88½	+3
ConEdis	3¼81r	29	89	85⅛	88½	......
ConEdis	2¾s82	591	86½	80	83½	+3
ConEdis	2¾82r	16	84	81½	84	......
ConEdis	3⅜s82	533	87½	80	83½	+2⅛
ConEdis	3⅜82r	7	83	79¼	83	......
ConEdis	3½s83	424	83⅜	75½	77	−⅜
ConEdis	3⅜s84	213	77¾	75	77	+1⅛
ConEdis	3⅜84r	10	74⅛	74⅛	74⅛	......
ConEdis	3⅜s85	1200	72½	64⅛	69	+1
ConEdis	3⅜85r	70	70¾	68¾	69	......
ConEdis	3⅝s86	166	71½	64	64⅝	−⅜
ConEdis	3⅝86r	9	69½	64½	69½	......
ConEdis	4¼s86	622	73	62	67⅛	+1⅝
ConEdis	4¼86r	52	70⅛	64	64⅛	......
ConEdis	5s87	1087	73½	63½	66	−4
ConEdis	5s87r	109	73½	62⅝	62⅝	......
ConEdis	4s88	658	66⅝	57	59½	−4½
ConEdis	4s88r	57	66	61⅝	62	......
ConEdis	4¾s90	295	67½	59	59	−4
ConEdis	4¾90r	1	61¼	61¼	61¼	......
ConEdis	5s90	731	67½	59	61	−3
ConEdis	5s90r	99	67	59½	59¾	......
ConEdis	4¾s91	355	65	55⅜	60	......
ConEdis	4¾91r	5	59⅛	58½	59⅛	......
ConEdis	4⅝s91	369	64	54⅛	54⅝	−2⅞
ConEdis	4⅝91r	31	63⅝	54⅛	54⅛	......
ConEdis	4⅜92V	723	61⅛	49	49	−8
ConEdis	4⅜92Vr	93	59½	57	58½	......
ConEdis	4⅜92W	333	61	52⅝	53	−5
ConEdis	4⅜92Wr	56	58	51	53½	......
ConEdis	4⅝s93	771	60½	50⅛	51⅞	−6⅛
ConEdis	9⅜00	5941	95½	76¼	78	−12¼
ConEdis	7.9s01	6288	83⅜	65½	67⅜	−10
ConEdis	7.9s02	4211	83	65⅛	65⅝	−12⅜
ConEdis	7¾s03	3999	82¾	65½	66⅛	−10⅝
ConEdis	8.4s03	5159	87	71	71	−10⅜

NEW YORK BONDS

	Sales ($1,000)	High	Low	Last	Net Chg.
ConEdis 9⅛s04	5609	93¼	75	75¼	−12¼
ConFd 7⅜s96	108	89	75⅛	78	− 8¼
ConFrg 7.95s96	69	90	76	76½	−16¼
CGEBal 2⅞s81	74	90	85¾	89	+ 3⅛
CGEBal 2¾s86	3	65⅝	64⅜	65⅝	+ 2⅝
ConNG 4⅞s82	93	90½	86	90	+ 1¼
ConNG 4⅞82r	2	87½	87½	87½	......
ConNG 5s82	152	89⅛	83	84¼	− 3¼
ConNG 5s82r	23	88⅛	86¼	88⅛	......
ConNG 4⅜s83	99	84⅝	78	80⅛	− 2¼
ConNG 5s85	129	82½	70	72⅜	− 6¾
ConNG 5s85r	5	75⅜	75⅜	75⅜	......
ConNG 4⅜s86	114	78⅜	73⅛	75¼	− ¾
ConNG 4⅜86r	3	75	75	75	......
ConNG 4¾s86	208	78½	68⅛	69	− 5½
ConNG 4¾86r	14	76	74½	76	......
ConNG 4½s87	41	74½	68	68	− 8⅜
ConNG 4⅜s88	209	71⅝	61⅜	64½	− 5½
ConNG 4⅜88r	19	70	63¼	63¼	......
ConNG 4¾s90	33	70⅛	68	68¼	− ¾
ConNG 6⅛s92	352	78¼	62½	62½	−13¾
ConNG 7¾s94	367	87¾	74⅛	74⅜	−11⅜
ConNG 8¼s94	433	90¾	74⅛	75⅛	−14¾
ConNG 9s95	1209	97	80⅛	80½	−11
ConNG 7⅞s95	251	89¾	73	74	−12
ConNG 8⅜s96	515	92⅛	74	76	−13
ConNG 7¾s96	242	87¾	72	72	−13
ConNG 7⅝s97	118	85⅞	78	78	− 8
ConNG 7¾s98	186	88½	69⅝	69⅝	−20⅛
ConNG 8⅝s99	192	95½	75	75	−19½
ConNG 9¼s95	1130	100	84	85	−13¾
ConNG 8⅜s96	584	93¼	75½	75½	−17
ConNG 8⅛97	284	89¾	73¾	76¾	−11¼
ConPw 4½s88	42	68	54⅛	54⅛	−12⅞
ConPw 4⅝s89	62	68⅝	64	68⅝	+ 2⅝
ConPw 4⅝s90	38	67½	61⅜	65¼	+ 1¼
ConPw 4⅝90r	8	62	62	62	......
ConPw 4⅝s91	92	67½	55	55	− 7
ConPw 4⅝91r	4	65	63	63	......
ConPw 5⅞s96	1117	68½	55	58	− 8¼
ConPw 6⅞s98	993	76	58½	59⅛	−14½
ConPw 6⅝s98	674	73½	55⅝	59⅜	− 8⅝
ConPw 7⅝s99	1530	82¼	62	65⅜	−11⅝
ConPw 8⅝s00	962	90	70	70⅝	−14⅞
ConPw 8⅛s01	1204	87	67⅝	69⅛	−11⅜
ConPw 7½s01	549	80½	64⅛	64⅛	−14⅛
ConPw 7½02J	428	80¾	63	63½	−10½
ConPw 7½02O	690	81	63	63⅝	−13⅜
ConPw 8⅝s03	1237	89	70⅛	70¼	−16⅛
ConPw 11⅜s94	1272	110⅝	94¾	96⅛	− 5⅞
ConPw 11¼s82	1825	105½	96	98	− 4
ConPw 9¾s80	2370	100½	95	97⅜	− 1⅝
ConPw 11½s00	1574	111⅞	93	98	− 8½
ConPw 9¾06	1102	99⅞	79⅜	80½	−19½
ConPw 9s06	514	94	75	75⅞	−16½
ConPw 8⅞07	372	91	73	75½	−14
ConPw 8⅝07	680	91¾	72	72	−19
ConPw 9s08	187	93	74	74	−18¼
ConAir cv3½92	3511	63	45½	48	− 3
ContCan 5¾85	105	89	85½	89	+ 4
ContCan 5¾85r	5	85	85	85	......
ContlGp 8½90	481	96¼	87⅛	89½	− 3½
ContlGp 8.85s04	154	96	80	82	−18¾
ContlGp 8.85s08	167	94½	92⅝	92⅝	− 5⅜
CntllCp 6⅝79	245	99¼	98⅛	99¼	+ 1
CntllCp 10.5s89	3056	101½	95⅜	99¾	+ ¾
CntllCp 8½85	748	97½	84	87⅛	− 5⅞
CntllCp 12.15s87	2640	100⅛	93½	94¼	......
ContOil 3s84	111	81½	76	76	− 4⅛
ContOil 4½s91	91	76⅜	65⅝	65⅝	− 6⅞
ContOil 4½91r	14	73⅛	65	65	......
ContOil 7½s99	312	87	76	77	− 6
ContOil9⅛s99	279	98½	85	85	−12 contC
ContOil 9⅜09	631	103⅞	87	87	......
ContTCal 10s82	663	101	90	93¼	− 5¼
ConTel 10½83	1723	103½	93	95¼	− 5¾
ContDat 5½s87	192	80	67	68	− 4⅝
CoopL cv7½s91	2411	140	104½	115	+ 6
CoopL cv4½92	1130	73	60	65	+ 7
CoopL 10½92	381	98	84	88½	− 5½
CornPd 4⅝s83	310	84¼	78	78½	− ⅝
CornPd 5¾s92	416	85⅜	67	67	−15½
CorngGl 7¾s98	118	90	72	72	−14⅛
CorngGl 8.65s80	350	99 7-16	96½	97 15-32	+15-32
CraneCo 6½s92	259	82⅛	66	66	−19
CraneCo cv5s93	24	280	203	262⅛	+43⅜
CraneCo 7s93	524	76	61½	63⅝	− 9⅞
CraneCo 7s94	4387	75	60	62⅝	− 6⅜
CraneCo 8s85	1916	92⅝	83	84½	− 7½
Crane 10½94	7677	98½	83	86½	......
CreditF 8s92	311	86⅞	70⅝	72⅝	−10⅜
CreditF 10½81	535	101	94¾	97	− 3
CreditF 10⅛81	1306	100¾	93⅜	94⅝	− 4⅞
CreditF 9s86	194	96	82	87½	− 4½
CreditF 8.2s87	252	91¾	78⅛	81	− 6
CreditF 8¾88	10	88½	86	88½	− 1½
CreditF 10¼89	114	99¾	91	93½	......
CreditF 10½94	31	98⅜	90¼	90¼	......
Cresct cv5½80	136	97⅛	92½	97⅛	+ 5⅛
CrocN cv5¾96	826	87¾	72⅞	73	− 1½
CrocN 10s94	896	101	96	98¾	− ⅜
CrocN 8.60s02	794	93⅞	75½	75½	−13½
CrwnCk 4⅜88	19	74	71½	71½	− 5
CrwnZel 8⅞00	541	97½	79	79½	−15½
CrwnZel 9¼s05	119	97⅛	84	85	−14
Crucible 6⅞92	248	83	69¼	69¼	− 6⅛
Culbro 11½s05	328	100	79⅞	81	−19
CummEn 8⅞95	76	92¾	90	90	− 5½
CyprusM 8¾85	482	94⅛	85	86¾	− 1¾
D					
DPF cv5½s87	2961	73	58	63	− 6½
DanaCp 6s91	192	88	75⅛	86⅛	+13⅛
DanaCp 7.3s96	291	87½	75⅛	77	− 7⅜
DanaCp 9s2000	102	99	95	99	+ 1⅞
DanaCp 8⅞08	206	97½	94¾	96½	+ ½
DartIn 7½s96	115	87⅛	71	81¾	− 2⅜
DartIn cv4¼97	4821	84	62⅛	62⅜	−18⅝
DataGen 8⅜02	145	94	84	84	− 3
Dayco cv5¾94	1503	79¼	64¼	67½	− 4
Dayco cv6s94	4716	84	66	70½	+ ½
Dayco cv6¼96	5401	109	81½	91	+ 9
DayHud 7¾s94	232	95	83½	84⅝	− 8½
DayHud 9¾s95	235	101⅝	84	84	−14¼
DaytnPL 3¼82	78	87	82¼	85	+ 2
DaytnPL 3s84	35	73½	70¼	71	......
DaytnPL 8⅛01	286	85	67½	70	−12½
DaytnPL 8s03	387	83	66	68	−11
DaytnPL 10⅛81	801	102½	93	95½	− 4½

NEW YORK BONDS

	Sales ($1,000)	High	Low	Last	Net Chg.
DaytnPL 10.7s05	110	109	101	103	— 4
DaytnPL 8¾06	170	90	82⅞	82⅞	— 6⅞
DaytnPL 8½07	169	90	72	72⅛	—12⅞
DeereCo 4½s83	319	88⅝	82	86¾	+ 3¾
DeereCo 4½83r	22	85⅛	82⅛	83⅛	......
DeereCo 7.9s87	933	95	82¼	84	— 6⅜
DeereCo 8.45s00	167	100¾	78	78	—20
DeereCo cv5½01	4949	124	104	115¾	+ 6¾
DeereCo 8s02	113	89⅜	85½	86½	— 3⅜
DeereCr 8¾s82	1051	99¼	85	87	— 9
DeereCr 8s84	1084	95	82	89¼	— 1¼
DeereCr 9.35s03	42	99	83	84	—15
DelaPL 3⅛84	25	76½	73	73	— 3
DelaPL 3⅞88	29	65¼	60	60	— 5⅛
DelaPL 3⅞88r	1	61⅛	61⅛	61⅛	......
DelmPL 6⅜97	130	73⅜	60	60	— 9
DelmPL 6⅜97r	5	68	68	68	......
DelmPL 9⅜83	474	102	88	91¼	— 6¾
Dennison 8¼96	49	90⅞	86	89½	+ 3⅜
D&RG RR 4½18	38	65⅜	61½	63¼	+ 1¾
D&RG RR 4½18r	1	61⅜	61⅜	61⅜	......
DetEd 3¼s80	826	96	90⅝	95⅝	+ 5
DetEd 3¼80r	33	94⅝	91	94⅝	......
DetEd 2¾s82	500	83	77	80½	+ 1¾
DetEd 2⅞s84	418	76	71	71	— 1¾
DetEd 2⅞84r	3	74	72	72	......
DetEd 2¾s85	276	71½	64	65¼	— 3¾
DetEd 6s96	1728	68	52⅛	53⅞	—11⅛
DetEd 6.40s98	1247	70	53⅛	53⅞	—10¼
DetEd 9s99	1978	90⅞	70½	70¾	—12⅜
DetEd 9.15s00	2298	92	73	73	—16⅜
DetEd 8.15s00	1370	84	65	65	—14¾
DetEd 8⅛s01	2420	83¼	63⅞	65¾	—14¼
DetEd 7⅜s01	1684	77⅜	57	59¼	—12⅜
DetEd 7½s03	1587	78	60⅛	65⅛	— 9⅜
DetEd 9⅞04AA	2858	98⅝	77	77¼	—19
DetEd 12¾s82	4954	107⅜	98½	100¼	— 6¾
DetEd 11⅞s00	1586	112½	92	92	—14
DetEd 10⅝06	1886	104	80⅞	81	—22
DiGior cv5¾93	2033	90⅞	66	78	+ 1¾
DialFin 8¼s89	77	92	84⅝	90	+ ¼
DiamGard 4s83	5	84½	84½	84½	— 1¼
DiamIn 8.35s06	50	91¼	85	85	—14½
DiamSha 7¾94	93	93⅝	89	92¼	+ 1¼
DiamSha 9⅛00	158	100	86	86½	—12½
DiamSha 8½08	134	92⅝	83½	83½	—11½
DiamSha 7.7s01	44	87	71⅝	71⅝	—15⅝
DiaStTel 7s08	178	78½	66	67⅞	— 8⅝
DigitE 9⅜2000	191	100¾	95	95¾	— 5¾
DigitE cv4½02	12251	124	105	121	+11
Dillngh cv5½94	1020	70	60¼	62	+ 1¼
Dillngh cv9¾99	1871	115½	100	109½	+12½
Divrln cv5⅞93	413	63	46	62⅛	+16⅞
Diverln 9⅞s91	1345	85	70	79	+ 5
DomBks 7¾s96	224	81	63	71⅛	— 4
DomBks 9½s83	178	100	90⅝	91⅞	— 6⅝
DowCh 4.35s88	529	85½	79⅛	81	— 2
DowCh 6.70s98	203	83	69½	69½	—12
DowCh 7.75s99	806	88¾	73⅛	75½	—10½
DowCh 8⅞s00	1607	97⅝	79⅝	82	—13¾
DowCh 8.9s00	2114	98⅞	79½	82	—12⅞
DowCh 7.40s02	150	85	70⅛	72	—12⅞
DowCh 7⅝s03	195	86½	70¼	71⅝	—13½
DowCh 8½s05	697	94	77	78	—13
DowCh 8½s06	690	94⅜	75⅛	77	—14¾
DowCh 7⅞07	369	87½	70	72½	—14
DowCh 8⅝08	566	94½	76	76	—17½
DowCorn 9⅝05	25	101	98¼	98¼	— 6¾
Dresser 9⅜s95	343	103	87½	87½	—11½
Dresser 9⅜00	134	100½	95½	95⅝	— 5⅞
Dresser 8.65s85	554	97½	84	89⅛	— 7⅛
duPont 8s81	5400	98⅝	91	93½	— 2¼
duPont 8.45s04	2977	96⅛	79⅝	81⅜	—12⅝
duPont 8s86	2385	96⅞	84	87½	— 2½
duPont 8½s06	2134	97	80	82	—11⅝
DukePw 7⅜s01	501	81⅝	63⅛	67¼	— 7⅞
DukePw 7¾s02	1006	83¼	66	66	—13
DukePw 7⅜s02	695	83	64	64	—13⅝
DukePw 7¾s03	1221	83	64¼	66	—16
DukePw 8⅛s03	1857	89⅛	67⅛	70⅛	—13⅜
DukePw 9¾s04	3066	100¾	81¾	83	—16
DukePw 9½s05	1236	99⅞	78⅝	78⅝	—16½
DukePw 8⅜06	670	88½	72⅜	72⅜	—14⅝
DukePw 8⅛07	829	88	70⅝	70⅝	—12
DukePw 9⅜08	917	98⅜	80	80	—15
DukePw 10⅛09	1098	102½	87⅞	89⅛	......
DukePw 10⅞09	110	95¾	92½	95	......
DuqsnLt 3⅝s83	46	80½	78	78½	+ ½
DuqsnLt 3⅛s84	20	74⅝	72	72	— 2⅞
DuqsnLt 3¾s88	42	68	62	62	— 2½
DuqsnLt 4¼s89	23	68½	63½	63½	— 3¾
DuqsnLt 5s10	165	70⅛	65	65	— 3⅛
DuqsnLt 8¾00	903	92¾	73¼	74	—16
DuqsnLt 9s06	874	94½	75	78½	—16½
DuqsnLt 8⅜07	511	88	71½	72	—16¼
DuqsnLt 10⅛09	631	102⅞	92⅛	92⅛	......

E

	Sales ($1,000)	High	Low	Last	Net Chg.
EGG cv3½87	1236	105	73	104	+31⅛
ESyst cv4½92	2217	138½	77⅜	134	+56½
EstAir cv5s92	8421	58½	46	50	— 7
EstAir cv4¾93	7098	56½	44½	48½	— 7¼
EstAir cv11½99	14967	101⅞	84	90	......
EKodl cv4½88	55	84⅛	66¼	66¼	—11⅞
Eaton 7.60s96	78	86¾	73	73½	—16½
Eaton 5½s92	112	87	71	73¾	+ 1¾
Eaton 7⅞s03	30	83¾	82¾	83¾	— ⅝
Eaton 8¾01	25	94	94	94	— 3½
EatonCr 8½84	284	95	85	85	— 6½
EdisElll 5s95	23	60⅞	58	58⅝	— 1⅝
ElPaso cv8½95	324	135	102	103	......
ElPaso cv6s93A	4041	132½	91½	132	+44½
ElPaso 12.45s97	5	99⅜	99⅜	99⅜	......
Eltra 8½s01	55	91¼	85	89⅛	— 3⅞
Englhd cv5¼97	2614	206⅝	100	205	+105½
Ensrch 9¾95	621	103	83	85	—14
Ensrch 7.65s98	18	83½	79¾	79¾	— 5½
Ensrch 8.95s99	161	97	79	80	—15
Ensrch 10⅝00	128	103½	93½	96	— 6½
Ensrch 8¾01	69	93¼	87¼	88¼	— 4¾
Ensrch 8½02	5	88⅝	88⅝	88⅝	— 8⅞
Entex 8⅞01	130	93⅜	88	88	—10
EquitGas 9⅝95	89	99	90	90	— 8
EquitGas 9s96	227	97	74⅛	76	—14
EquitL cv6¾90	210	79¼	67	67	— 5
Esmark 8.4s82	362	97¾	89¼	92	— 4¼
Esmark 9¼00	58	97⅞	93⅛	95	— 5
EssexCh 11⅜98	1729	99¾	82¼	88⅜	— 6⅝
Esterl cv6¼95	1896	94½	67⅛	94	+25

NEW YORK BONDS

	Sales ($1,000)	High	Low	Last	Net Chg.
Esterl 12½95	205	107	90⅛	95¼	−11¼
Exxon 6s97	7395	78	64⅜	65¼	−10¼
Exxon 6½s98	7503	80½	67½	69	− 8
ExxonP 9s04	3395	100	34⅝	85⅝	−13⅛
ExxonP 8.05s80	3123	99	94¼	95 13-32	−31-32
ExxonP 8⅞s00	1650	99	82	85	− 9½
ExxonP 7.65s83	2101	96¼	86½	88¾	− 2
ExxonP 8¼01	1014	94	76⅛	80	−12¾
F					
FMC cv4¼s92	2685	78	68	72½	+ 3¼
FMC 7½s2001	154	85	78	78	− 3
FMC 9½s2000	100	98½	96	96	−13
FMCF 9½s83	174	99½	95	95	− 5
Fairch cv4⅜92	708	220	109½	219¼	+104¼
Fairch 9¾98	504	96	76¾	80	−14
FairFd cv9s96	1896	103½	90	101½	+ 8½
FalcnM 8.85s96	1105	86½	70¼	75½	+ 1
FamFin 5s81	281	87½	82½	85	......
FamFin 4¾s90	253	60	52⅛	52⅛	......
Farah cv5s94	1894	46	38½	40	......
Fedders cv5s96	3761	51¾	38	40	− 4¾
Fedders 8⅞s94	1125	76¼	58	61⅛	−11⅝
FdNMt cv4⅜96	3794	96	79½	79½	− 2
FedPapBd 5s81	40	94	92	92½	+ ⅜
FedDSt 8⅜95	291	100½	81	81	−19
FedDSt 7⅛02	29	82¾	66	67½	−18¼
FerroCp 5⅞s92	116	88⅝	86½	88½	......
Fibrbd cv4¾93	74	55	53½	54½	+ ½
Fibrbd cv6¾98	88	91	89½	90	− ½
Filmw cv6s88	677	143	93½	93½	−17½
Filmwy 11s98	1941	93⅞	75	79	− 9⅝
Filmwy 10s99	1820	84	67	70¼	......
Finan 10¼s90	973	101	82	94⅞	− 4⅞
FinCpA 6s88	109	66	59⅞	62	......
Firestn 9¼04	109	94½	90	90	− 6½
Firestn 8½83	181	97½	82¼	82⅜	−14½
FstBkSy 8¾s83	653	99½	90	91	− 6
FstBkSy 14s89	854	100¾	93	97¾	......
FstChiCp 6¾80	1547	97¼	92 9-16	95	+ 1⅝
FstChiCp 7¾86	1680	92¼	79½	79½	− 7
FstIntBn 9s83	664	99	89⅛	91⅝	− 4
FstIntBn 9¾99	395	102½	92⅞	93	− 7
FstIntBn 10.65s87	499	99⅞	91½	92	......
FstMdB 9¾s83	635	105	90	92½	− 5⅝
FstNBkAtl 9s84	658	98⅜	88	89⅞	− 7⅝
FtNOr 6¾80	187	98⅞	95	98⅞	+ 3⅜
FstNBos 6¾80	1644	98	93	96⅛	+ 1⅝
FstNBos 7.6s81	1307	97	90¼	92¾	+ ¾
FstNBos 8s82	1506	96¾	87	89¼	− 5
FstNBos 8.3s85	723	96¼	80	86	− 5
FstNStB 8⅞88	80	95	91¼	93¾	− ¾
FstPenn cv5s93	2718	60⅛	46¾	47	− 8
FstSecur 11s99	2505	102	96½	98	− 1¼
FstUnRE cv8¾99	543	100	90	94⅛	....
FstWisc 8½96	663	89¾	73	80	− 6
FWisNB 6.8s80	152	97⅞	93⅝	97⅞	+ 3
Fischb cv4¾97	754	66½	59	59	− 4½
FishFd cv6½94	1999	77	54½	55¼	−16¾
FlexiV cv4¾97	3002	82	59¾	65½	− 8
FlexiV 8.75s93	26	96	87½	87½	− 8½
Flintkot 8¼96	99	85½	76	76½	−10½
FlaECst 5s2011	96	86⅝	76⅛	76¼	−10⅜
FlaECst 5s11r	39	85⅝	85	85	......
FlaPLt 8⅛80	1304	98½	94 25-32	97⅛	+ 1⅛
FlaPLt 8⅞s82	2222	99	89⅞	92¾	− 3¼
FlaPLt 10¾s81	16041	102⅜	94⅜	97	− 4
FlaPLt 9⅛s84	1742	100⅞	88	90½	− 7½
FlyTiger 7s80	98	100	93	99	+ 3⅜
FlyTiger 9s91	214	97½	84	84	−13
FordMt 8⅛s90	1674	95	79	79	−14½
FordMt 7.40s80	1844	99 9-16	96¼	99 9-16	+3 7-16
FordMt 7.85s94	293	91½	76	78½	−11½
FordMt 9¼s94	1817	101½	83⅞	88	−11
FordCr 8⅞90A	1002	100	83	83⅝	−11⅜
FordCr 8⅞90N	791	98½	81⅛	82½	−13⅞
FordCr 8½91	1672	94½	77⅛	77⅝	−14⅜
FordCr 7½91	713	89¼	70½	72½	− 8½
FordCr cv4½96	5657	72	54	57	− 9
FordCr cv4⅞98	4706	81	57¾	60	−16¼
FordCr 7s80	1434	98¼	94¾	98	+ 2¼
FordCr 7½92	280	86⅝	71½	73	−10½
FordCr 8.7s99	728	95	77	78½	−13
FordCr 7½93	312	86½	70	70	−11⅞
FordCr 7⅞93	710	88¼	69¾	69¾	−15¼
FordCr 8⅜82	2752	97⅞	89½	93	− ⅝
FordCr 9¾81	7487	102	94	94	− 5¾
FordCr 10½94	1645	106½	91	94¼	−11¼
FordCr 8⅝83	1978	99	88⅞	90¼	− 5⅛
FordCr 9½95	1210	102½	85	87	−11½
FordCr 8.85s85	2014	98½	85	88⅝	− 6⅜
FordCr 9.7s00	641	101¾	85	88⅞	−13⅛
FordCr 8⅞86	1528	99½	83	85¾	− 8⅜
FordCr 9¾01	265	103½	86	87½	−12½
FordCr 8⅝86	1348	97⅛	85	86¾	− 5⅜
FordCr 9⅛01	323	97¼	80	80	−19¾
FordCr 8.1s84	1630	95	83⅞	84¼	− 7
FordCr 8¼88	1618	93⅜	76	76⅛	−14⅞
FordCr 8⅜01	345	92	79⅞	79⅞	−12⅝
FordCr 7⅞89	1815	90⅞	74	78	− 7½
FordCr 7.85s88	1043	91⅝	79	79	− 5⅝
FordCr 8⅜02	347	90½	76	76	−10⅛
FordCr 8½02	214	91½	86⅞	90	− 2⅞
FordCr 8⅜84	1606	96½	84¼	88	− 7
FordCr 8½88	1699	95⅞	81⅛	83⅞	− 6⅛
FordCr 9s84	5027	100	88½	90¾	− 6¾
FordCr 8⅞90	873	96½	78	78	−16
FordCr 9½85	10379	101½	90	91½	......
FordCr 9.55s89	6249	101⅞	87¼	88	......
ForeD 4½80	66	99⅛	88⅛	91⅛	+ 1
ForeD cv5½80	165	136	103⅛	136	+31
FoMcK cv6s94	3270	100	80⅛	85⅞	+ 6⅜
FtWDen 4⅜s82	21	84⅜	80¼	84⅜	− 4⅝
Fruehf 6s87	166	85	72	72	− 7⅛
Fruehf cv5½94	7974	90	68	70	+ 3½
Fruehf 9.70s96	143	97	93½	93½	− 1½
FruehFn 7.6s84	340	92	79	85	− 1½
FruehFn 9.15s83	1097	99½	87	89	− 6
FruehFn 8s87	853	90	76¾	77⅛	−10⅝
Fuqua 7s88	1015	77	68	69	− 1½
Fuqua 9½s98	6525	85¾	67	74¼	− 3⅝
Fuqua 9⅞97	4430	89	70⅛	75⅜	− 6⅛
G					
GTES 10s2000	162	102¼	92	92	−10¾
Gamble 10s89	4284	93	78	83	......
GamblCr 9⅜86	353	96⅛	80⅝	83	− 9½
GardDen 9¼05	15	96	94	96	− 4

NEW YORK BONDS

	Sales ($1,000)	High	Low	Last	Net Chg.
GAccept 4⅞s85	282	85	80	80	−3½
GnATr cv5¾99	4556	85	67	72½	+2⅜
GenCig 5½s87	186	86	70½	70½	−14½
GenCig 5½87r	2	84	84	84	......
GenElec 5.3s92	1690	83½	68⅝	69⅛	−10⅝
GenElec 7½s96	3806	90	75⅝	78¾	−7⅜
GenElec 8½s04	3165	97½	81	82	−13⅛
GenElCr 7s80	1182	98½	95	97¼	+2¾
GenElCr 8⅞82	2160	99⅞	90⅛	91½	−5¾
GenElCr 8.6s85	2637	97⅞	85½	86½	−6½
GenElCr 8.4s81	1402	99¼	90⅞	95½	+1
GenElCr 8.65s84	1303	98¼	86	88¾	−5¾
GenElCr 8¼86	3127	95⅜	82¾	85½	−3½
GenElCr 7⅝88	906	90⅜	76	77⅝	−8½
GenElCr 8¼97	574	89	78	78	−10⅜
GenElCr 9⅛84	7583	100½	88	92¼	−5⅜
GenElCr 9¾87	9149	102¾	90	94	......
GenFinl 9½s84	246	99	90⅝	90⅝	−6⅞
GenFds 8⅞s90	1519	103⅛	86	86	−13¼
GenFds 7½s84	1379	95¾	84	85½	−5
GnHost 6s90f	217	60⅝	51¼	55	+3⅞
GnHost 7s94	6655	65	51⅛	54½	−½
GnHost cv5s88	596	84	50⅝	72	+13½
GenIn cv4¼85	359	181	117	180	+73
GenIn cv5s92	2043	92	70	89	+18¾
GenMills 8⅞95	849	100⅜	80	83	−14
GenMills 8s99	278	92	72¼	72¼	−16¼
GenMills 9⅜09	181	102	85⅜	87¼	......
GMotAc 5s80	3686	96	91¼	95	+4
GMotAc 5s80r	237	95¼	91⅛	93⅜	......
GMotAc 5s81	1884	94	89	93	+2½
GMotAc 5s81r	147	94	89	89½	......
GMotAc 4⅝s82	2564	92¼	80½	84½	−½
GMotAc 4⅝82r	119	88	84	84	......
GMotAc 4⅝s83	1984	87½	79⅛	83	−½
GMotAc 4⅝83r	60	87	83	83	......
GMotAc 4½s85	2897	80	72	73	−2½
GMotAc 4½85r	227	79¼	73	73¼	......
GMotAc 4⅝s86	1562	79⅞	69½	70½	−3⅝
GMotAc 4⅝86r	28	76¾	71¼	71⅝	......
GMotAc 4⅞s87	2405	78⅛	67	67	−6¾
GMotAc 6¼s88	4390	84¾	71	74⅞	−3⅞
GMotAc 7⅛90	3533	88	72¼	73⅜	−8⅛
GMotAc 8s93	4350	92	75⅜	76	−12
GMotAc 7¾s94	2200	88	73⅝	75⅛	−9¼
GMotAc 7¼s95	1797	84⅞	71½	73⅝	−8⅜
GMotAc 7⅛s92	2119	85⅜	71¼	72⅛	−7⅞
GMotAc 7.85s98	1558	89¼	72½	73⅝	−10⅞
GMotAc 8⅞s99	2993	97¼	80	80½	−13⅛
GMotAc 8.7s83	2742	99¼	88	91⅛	−3⅜
GMotAc 8⅝s85	3044	98	84½	86⅞	−5⅞
GMotAc 8⅛s84	1773	97½	85¾	86¼	−8⅛
GMotAc 8¾s00	1531	97	78	80¼	−14¾
GMotAc 8⅛86A	2572	93⅞	81	82	−6¾
GMotAc 8⅛86J	1665	95	81⅛	85⅝	−5¾
GMotAc 8¾01	1571	96	78⅜	80	−13¼
GMotAc 8.15s86	3184	94	80	83½	−7
GMotAc 8⅛96	2366	91¾	74⅛	76⅞	−9½
GMotAc 7.35s87	2691	90¾	75⅜	81⅜	−3½
GMotAc 8s02	1234	89	72	73¾	−11⅜
GMotAc 7.3s85	1193	92¾	79½	83⅝	−3½
GMotAc 8s07	869	88½	71	72⅝	−15⅝
GMotAc 8¼06	1371	91⅞	74	75⅛	−13⅜
GMotAc 8.2s88	2129	95¼	79	83¾	−9⅛
GMotAc 8.65s08	534	94	76¾	77	−14¾

	Sales ($1,000)	High	Low	Last	Net Chg.
GMotAc 8⅝88	2769	97	82⅜	84⅜	−7⅜
GMotAc 8⅞85	5178	99⅞	86½	88½	−6½
GMotAc 9s84	16566	100	89	92	−5¾
GMotAc 9⅝89	6150	103⅝	89	92½	......
GMotAc 9¾03	1561	103¾	85	88⅞	......
GMotAc 9¼89	3597	99⅜	85¾	88	.....
GMotAc 9.4s04	1295	99⅞	84¾	85½	......
GMotCp 8.05s85	5863	96¾	84	88⅜	−4⅜
GMotCp 8⅝s05	2180	99½	80⅜	83	−12¾
GPrtCm 7.8s96	77	87⅜	87	87	−3¼
GSignal 8⅞s99	25	80	80	80	−16
GTE cv4s90	3348	67½	58	60½	−3¾
GTE cv4s90r	75	65¾	60	60¼	......
GTE 6¼91	1569	91	82	84⅝	−4¾
GTE cv5s92	5308	73	64½	64½	−5
GTE 9¾95	842	102	82⅛	90⅞	−9⅛
GTE cv6¼96	7067	89¼	77⅛	82½	−1¼
GTE 9⅜99	1039	99½	82⅛	83½	−12½
GTelCal 8⅞96	244	92	75	75⅝	−15⅜
GenTire 4¾s81	12	89⅛	89	89	−2
GWatwk 8¾s96	354	89½	85	85	−7
Genesco 10⅜84	2003	95⅝	80⅜	83⅞	......
GaPac cv5¼96	6717	101⅝	83	89	+½
GaPac 6⅞82	1025	96	88	90½	+½
GaPac 7¼85	1230	92	80	84½	−3
GaPac 12s87	383	98	96	96⅞	......
GaPow 8⅞2000	2907	90	70	70⅛	−14⅞
GaPow 7⅜2001	1557	78⅛	59⅝	59⅝	−11⅜
GaPow 8⅛2001	2319	83⅜	65⅛	66	−12⅛
GaPow 7⅝2001	1208	82	61⅛	62	−13
GaPow 7½02J	1192	77¾	61	61¼	−10⅞
GaPow 7½02D	1347	77	59¼	63⅞	−10⅝
GaPow 7⅞2003	646	80	62½	63¼	−11¾
GaPow 8⅝s04	3132	87⅛	67¼	70¼	−14¼
GaPow 11⅝s00	5368	109½	89⅛	92	−11⅝
GaPow 11¾s05	6072	109½	90⅝	91¼	−12¾
GaPow 9⅞06	363	100	78	80	−20
GaPow 9⅝08	826	95½	77¼	77⅜	−18⅜
GaPow 9¾08	772	96¾	75	76½	......
GaPow 10½09	3583	101¼	81	83⅝	......
GaPow 11s09	3437	104¾	84⅛	85	......
GiddL cv4⅝87	460	104¾	73¼	101	+30¾
Glidden 5½s83	47	90⅞	90½	90⅝	−⅛
GlobMar 12⅜98	972	103½	88	92	−8½
GlobUn 7.85s97	86	86⅝	86½	86½	−3
Goodrch 4⅝s85	86	79½	74⅜	76½	−2½
Goodrch 4⅝85r	3	75⅛	75⅛	75⅛	......
Goodrch 8¼s94	840	91½	75	76	−15¼
Goodrch 7s97	353	77¼	62¼	62⅝	−11⅜
Goodrch 9¾s82	2357	101	90	92⅛	−5
Goodyr 8.60s95	834	95½	76	78	−13¼
Goodyr 7.35s97	189	82	65⅞	68⅛	−13⅞
GordnJ cv5s88	563	94¼	86	90	+3¼
Gould 9¼s95	88	99	92¼	92¼	−4
Grace cv4¼s90	1959	77	69½	76	+6
Grace cv6½s96	12225	136	89¾	135	+45
Granit cv4⅝94	1744	68½	61¾	61¾	−⅜
Granit cv4⅝94r	95	66⅞	62	62¼	......
GtNNek cv4¼91	61	165½	134	165½	+25¾
GtNNek 7⅞98	50	91	85	85	−1¼
GtNNek 8.7s08	10	93	90	90	−9¼
GtNoRy 2¾82	29	85½	81⅝	82½	+1½
GtNoRy 3⅛00	30	44	35	36⅜	−8⅛
GtNoRy 3⅛00r	2	39	39	39	......

NEW YORK BONDS

	Sales ($1,000)	High	Low	Last	Net Chg.
GtNoRy 2⅝10	73	35	26	27⅛	— 5
GtNoRy 2⅝10r	10	30⅛	25	25	......
GtNoRy 3⅛90N	86	56¼	50⅛	52½	— 5
GtNoRy 3⅛90r	2	55½	55½	55½	+ 3
GtWstUnit 6s87	131	79½	71¾	71¾	— 6
GGiant cv4¼92	482	82½	72	73⅛	— ⅞
Greyh cv6½90	11833	91⅞	76¾	83	+ 6¼
Greyh 9⅜01	1082	98¼	78⅝	81⅝	—14⅝
GreyF 9.7s84	1138	100	88	88¼	—10
GreyF 9¼92	454	94	77	77	— 9⅜
GthRty 6¾82	928	85½	72⅝	76⅛	+ 3⅜
Grum cv4¼s92	3355	70	56½	69¾	+13¾
Grum cv8s99	5631	125	91⅛	123	+30½
GulfWn 6s87	307	89	70	71⅛	—17⅜
GulfWn 6s88	1626	77	65	68⅛	— 5⅜
GulfWn cv5½93	20146	96	75½	91⅞	+14⅛
GulfWn 7s03A	12326	70	53½	56⅛	— 5⅝
GulfWn7s03 B	6252	67¾	54¾	57¾	— 5
GulfMO 3⅜s80	98	95	89⅛	93	+ 4⅞
GulfMO 5s15A	271	48	39½	39½	— 8½
GulfMO 4s44B	405	36½	28	30½	— 2½
GulfMO 4s44Br	18	36¼	30½	30½	......
GulfMO 5s56f	520	39½	31½	33	— 3
GulfMO 5s56fr	139	39	31⅝	31⅝	......
GulfOil 8½s95	3611	96	81	82⅝	—11⅜
GulfOil 10.7s09	970	100	86	90½	......
GlfResCh 10⅞97	912	97½	82⅛	87	— 5
GlfResCh 12½04	662	100	87	94½	......
GlfStUt 3⅜s81	52	88	82¼	86⅛	+ 1⅜
GlfStUt 3⅜81r	10	86	86	86	......
GlfStUt 3⅛s82	36	82	78⅝	80	......
GlfStUt cv7¼92	454	90¾	76	77	—11½
GulfUtd 8⅞86	632	96	84	87	— 6½
GulfUtd 8½02	64	86	83⅝	86	+ 1
H					
Hallibrt 7.95s95	134	93½	77	77¾	—15⅜
Hallibrt 8¼81	893	100⅜	90½	93	— 1¾
Hallibrt 9¼00	445	102	86	87¾	—13½
HamPa cv5s94	1212	74½	63	65	— 6
Harra 9½96	783	96¾	78	78	—17
HarBk 7.2s80	594	98	93	95¾	+ 1¾
Harsco 5½s92	31	85⅛	82¼	82¼	— 1⅞
HartSMx 8½96	155	90	82½	82½	—10½
HartfdN 8½s96	200	86	73⅞	74	— 8½
HawaEl 9s00	557	97½	73½	77½	—16½
HawaEl 8.2s01	47	85¼	73	73	—14
HawaEl 7⅝02	87	80	65⅜	66	—14½
HawaEl 8.35s03	48	87¾	80⅝	84	+ 1½
HawaEl 11¼04	197	111	97	97	—14¼
HeinzHJ 7¼s97	57	86½	80	84½	— 2⅝
HellerW 9½s89	827	101	80⅜	81⅛	—10⅞
HellerW 9⅛s91	590	93⅞	76	79	— 8
HellerW 7¾s92	36	84	70⅜	72	—17
HellerW 8s93	80	81⅝	79	79	— 7
HellerW 7¾s93	36	82½	78¼	81	— 7
HellerW 7⅞s80	989	97½	93⅝	95	+ 1⅞
HellerW 8½s93	47	89	80	80	— 6
HellerW 10½86	464	103⅛	88	88¼	—11¾
HellerW 10⅛91	203	101⅛	95	95	— 4
HellerW 8.1s87	475	91½	78⅜	78⅜	— 8⅛
HellerW 8¾02	72	87⅝	82¾	82¾	— 4¼
Hercul cv6½99	6123	85	73	78½	+ 1¼
Hercul 8¾83	710	98¼	86⅛	90	— 4
HershFd 7¼97	4	80¼	80¼	80¼	— 9¾
HershFd 9½09	38	99	97	98	......
Hertz 8⅞s01	47	93	87⅛	89	— 8
Heubln cv4½97	5263	66	55	57⅝	— 5¼
Heubln 8⅜85	855	95⅜	84½	88	— 5¼
HiltnH cv5½95	493	225	150	202¼	+52¼
HockVal 4½s99	118	56½	45	45⅛	— 8⅞
HolInn 9½95xw	752	99¾	80⅛	80⅛	—16⅜
HonyFn 8.2s98	168	86¼	75	76½	—12½
HonyFn 9.65s81	1399	100½	91⅝	94	— 3
HonyFn 8.7s86	957	97½	83	88	— 4
Honeywl 6.1s92	120	76⅝	65¼	65¼	—15
Honeywl 9⅜09	141	100½	97	97½	......
HookCh 4⅞s91	99	74¼	66¾	68	— 2¼
HoovUnv 8⅜96	62	92⅜	91¼	91¼	......
HospAffil 10s99	620	95	84½	86	— 2½
HospAffil 10s91	931	99⅜	88	89	— 4½
HospCp 10¾s90	374	104⅝	95⅞	97½	— 5¼
HostInt cv5¼94	2132	71	56¾	57	—10⅛
HousFin 4⅞s81	392	94½	87⅝	93¾	+ 3⅝
HousFin 5s82	49	89	79	81½	— 4½
HousFin 4⅝s84	32	84	75	75	— 5½
HousFin 4⅜s87	128	73⅜	64¼	64½	— 7½
HousFin 4⅜87r	7	71½	70½	71½	......
HousFin 7½s95	126	85	71	71	—11⅝
HousFin 7¾s99	153	84⅛	70	71½	— 5¾
HousFin 8s84	734	95	83⅞	88⅛	— 3½
HousFin 8½s01	253	92¾	76	76	—14⅝
HousFin 10.4s81	524	101¾	95	99⅞	— ⅜
HousFin 10½94	146	106½	95	96	—14
HousFin 8.3s86	412	94⅞	81	83	— 6½
HousFin 9s00	332	96½	77	81	—13
HousFin 7.85s86	1046	92⅜	79½	83	— 8½
HousFin 8⅜03	115	90	76	77	—14½
HousFin 8.45s97	421	90¼	70½	70½	—16½
HousFin 8.2s07	273	87½	74	74	—15½
HousFin 8½83	574	97½	86¼	91½	— 2⅞
HousLt cv5½85	2743	88	81	86½	+ 3
HouNG 9.75s95	375	101	97	97½	— 1⅝
HouNG 8.2s01	38	88¼	86⅝	87	— 3
HughesTl 9s00	63	96⅜	81	85	—16¼
HughesTl 9s08	5	84	84	84	......
Human cv6s89	645	307½	186⅞	307½	+120½
Human 11.7s98	24223	100	80	87⅛	— 6
Human cv5s97	115	123	114	114	— 1
Human 9½98	439	86½	69⅞	74	— 9
Humble 5⅝s97	39	68½	65	67	— 1
Humble 6⅝s98	72	85½	79¼	81	— 2
HuntIR 9⅞04	3378	84	66	73	— 1
I					
ICPrd 10¼s95	37	102¼	100½	100½	— 1½
ICINA 9.05s95	93	97	93½	95½	— 2½
ICI NA 8⅞03	285	97½	86	86	—11
ITTBkg 9¾s95	425	100½	84¼	84¼	—14¾
ITTFin 9.7s83	762	101¼	91	91	— 8
ITTFin 10½95	170	104	98⅞	100	— ½
ITTFin 11¼85	2289	104	93¾	96½	— 5½
ITTFin 9⅝96	324	100	80	81⅞	—18⅛
ITTFin 8½02	59	92⅝	82	88½	— 4
ITTFin 8⅞03	279	97½	89	95	......
ITTFin 11.85s99	16	99½	99½	99½	......
ITTRay 8s96	15	87	85½	85½	— 2
ITTWor 8½s96	190	89	75	75	—12
IdealB 9¼2000	13	97⅛	92	93	— 2¾

NEW YORK BONDS

	Sales ($1,000)	High	Low	Last	Net Chg.
IllBell 2¾s81	369	93⅛	88½	91	+ 2⅞
IllBell 2¾81r	3	89½	87⅝	87⅝	......
IllBell 7⅝s2006	3221	86¼	70	72⅛	—10¾
IllBell 8s04	3486	91	74⅛	76¼	—11⅛
IllBell 8¼16	903	91½	74⅝	74⅝	—14¼
IllCenG 11¼99	46	104	99¾	104	— 1
IllCen 3¼80G	12	90⅜	90	90⅜	+ ⅜
IllCen 3⅜s89H	97	55	46½	48½	— 7½
IllPow 7.60s01	363	84½	68⅛	68⅛	—14⅜
IllPow 7⅝s03	183	83½	68¼	70	— 6
IllPow 10½s04	154	109	93	94	—16
IllPow 8⅝06	280	92	72⅛	72⅛	—21⅜
IllPow 8¼07	121	88	74	74	—12½
IllPow 8⅞08	240	98½	76⅛	76⅛	—19⅞
IncoLtd 6.85s93	567	79	60	65⅝	—11½
IndMich 10¼82	1103	101⅞	91	94¾	— 5¼
IndMich 11s83	1410	103½	95	96¼	— 4¾
IndMich 10¼87	1382	103	87½	88½	......
IndMPw 10⅞84	1601	103	87	87	—13⅝
IndBellT 8⅛11	1873	90¾	73	74¾	—10⅝
IndBellT 10s14	981	106	89⅛	90	—12¼
IndBellT 8⅛17	951	90	73	73⅝	—10⅜
IndBellT 8s14	612	89	73⅛	74	—14
IndNatl 8¼96	748	90	70	70	—13⅛
IndNatl 7.40s81	198	95	88½	88⅝	— 2⅝
IngRd 8¾s85	674	98⅛	85½	90	— 4
InlandSt 3½s81	98	90¼	85¼	85¼	— 1¼
InlandSt 4⅜s87	106	81¼	69⅞	69⅞	— 8⅛
InlandSt 4½s89	187	72⅝	65¼	69¾	— 3⅝
InlandSt 4½89r	1	69⅛	69⅛	69⅛	......
InlandSt 6½s92	137	81½	70½	70½	— 7½
InlandSt 8¾s95	653	95	78	81	—12⅝
InlandSt 8⅞99	187	95¾	78	82½	—15⅝
InlandSt 9½00	189	102½	81	81	—21
InlandSt 7.9s07	100	84⅜	71	72	—16⅛
Insilco cv9¾99	1430	110½	96	108¼	— ½
InstInv 7⅞80f	2889	96¾	79½	95	+11¼
Intrlak 8.80s96	129	91⅝	84	84	— 4
IBM 9½86	48521	96¾	90¼	96⅛	......
IBM 9⅜04	17229	94⅜	88	92¾	......
IntHarv 4⅝88	419	90	65⅛	65⅛	—20⅞
IntHarv 4⅝88r	69	88¼	85	86	+18
IntHarv 4.8s91	930	83	57	59½	—21⅞
IntHarv 6¼98	136	76½	57	57	—17⅝
IntHarv 8⅝95	920	92	70	75½	—13½
IntHarv 9s04	1255	95	75	76	—18¾
IntHarCr 4¾81	651	91⅝	85½	90	+ 2½
IntHarCr 4¾81r	14	90½	88	89¾	......
IntHarCr 8⅝91	535	91	74¼	74¼	—13¾
IntHarCr 7⅝93	230	83	65½	65½	—17⅜
IntHarCr 7½94	354	80⅛	64	65¼	—13
IntHarCr 9.15s82	1523	99⅝	90	92⅞	— 5⅜
IntHarCr 8¾81	1043	99½	92½	95½	— ½
IntHarCr 9s84	1092	99½	69½	87⅝	— 6⅜
IntHarCr 8.35s86	1601	92⅜	77⅞	77⅞	— 8⅞
IntMin cv4s91	489	150½	94½	150½	+56½
IntMin 9.35s00	65	100	97	100	+ 1
IntMulti 9⅛s96	6	92	90½	90½	— 7
IntPap 8.85s95	1618	98½	81¼	82⅛	—10¾
IntPap cv4¼96	4448	63¼	52½	55½	— 3
IntPap 8.85s00	432	98	82	82	—13
IntSilv cv5s93	241	69¼	60	61½	— 2½
IntTT 4.90s87	113	76½	68	68¼	— 2
IntTT 4.9s87r	5	73	73	73	......
IntTT 8.90s95	991	96	78⅜	79½	—15½

	Sales ($1,000)	High	Low	Last	Net Chg.
IntTT 11s82	3697	107	96½	99⅛	— 5¼
IntTT 9⅛s83	1308	101⅞	87½	90	— 6¾
IntTT cv8⅝s00	6705	120⅝	97⅛	101½	— 5¾
IntTT 10s2000	204	104⅜	85	88¼	—12¾
InvDiv cv6½92	3370	93½	75	80⅞	— ⅛
Ipco cv5¼89	424	75	64	66⅛	— ⅞
IrvgBk 8½02	26	90⅛	87½	90⅛	— ⅝
IrvgBk 12.65s04	480	100¾	97¾	98	......
ItelCp 9⅝98	77662	88	35	41½	—39
ItelCp 10½98	20559	99¼	40¼	50	......
J					
JerCPL 10¼s85	1120	103	90	90	—10½
JerCPL 9⅝s06	69	95½	75	75	—18
JerCPL 9¾06	131	98	82	82	—14
JerCPL 8¾07	142	86½	70	70	—24
JerCPL 9s08	59	94½	86	86	— 7¾
JohnsM 7.85s04	65	85½	82¼	85	— 2½
JohnsM 9.7s85	548	102	90⅛	91⅞	......
JoneLInd 6¾94	15122	57	45½	48½	— 2
JoneLInd 6½88	1202	66	54½	55⅝	— ⅝
JonesLau 6¾94	1585	66⅝	51	54½	— 6
JonesLau 9⅞95	1583	90	70⅛	72	— 7
JonesLau 8s98	59	72¾	61	61	—13
JonesLau 9¾96	1513	88	67	70¼	—10¾
K					
K mart cv6s99	11472	98	81½	81¾	— 6
KaneMil 9½s90	786	88	74⅞	79¼	— ¾
KanCSo 3¼s84	98	73⅝	68	68½	— 2¾
KanCSo 3¼84r	6	71¼	71¼	71¼	......
KaufBrd 12¼99	2041	103	86	90½	......
Kellogg 8⅝s85	937	98½	86⅛	90	— 4¾
Kennect 7⅞s01	626	96	69	71	— 9
KentyCen 4s87	37	75	62½	63	— 4½
KentPw 7⅛s80	395	99½	95 17-32	99 11-32	+2 7-32
KerrMcG 8s83	990	96⅜	85½	90⅛	— 2⅛
KerrMcG 8½06	20	93½	90	93	— 1½
KeyBks 7¾02	695	80¾	63	64⅜	—18⅛
KeystStl 7¼s93	158	79¼	73	73	— 1⅝
Kidde 10½s83	282	102¼	94	94	— 6¼
Kidde 9¾03	92	99	95	95	......
KimbCl 3¾s83	11	87	86	86	+ 1½
KimbCl 4⅝s86	37	93	88¼	88¼	+ ⅛
KimbCl 5⅞s91	254	87	76	78¾	— 2⅝
KimbCl 5⅞s92	131	89¼	84¼	84½	— ½
KingsCEl 6s97	29	67	65	65	— 7
Kirsch cv6s95	711	85	71	71⅜	— 8⅝
Kraftco 6⅞s96	169	87¾	80	84⅝	— ¾
Kraftco 8⅜s04	393	97	77⅛	78	—15
KraftCo 7.6s07	41	86½	76¼	76¼	—15¾
Kroger 9s95	450	97½	82	83	—13
Kroger 8.7s98	329	95⅜	79	80	— 7¼
Kroger 9⅞s83	1339	101½	92	92	— 8
Kroger 8½01	120	91½	86⅝	86⅝	— 3
L					
LFE 10s92	245	89½	70	77¼	— 4¾
LTVCp 5s88	19697	59½	49½	54⅛	+ 3¾
LTVCp 9¼97	21996	74	58	65	+ ½
LTVCp 11s07	18348	85⅞	67	73⅝	— 2⅜
LearSieg 10s04	958	98	71	80	—15½
Lfemrk 11s98	1332	98½	81½	82¾	— 7¼
Lfemrk 11¾99	297	99¼	85	85	......
LiggtGp 6s92	619	78¾	66¼	68	— 8

NEW YORK BONDS

	Sales ($1,000)	High	Low	Last	Net Chg.
LiggtGp 7.6s97	259	86¼	74½	76¼	− 9¼
LiggtGp 8⅝01	40	89⅞	89⅝	89⅞	− 6
LincFtBk 8½96	191	86	76	78	− 7
Lionel 10⅝99	139	91	75⅛	77	......
Litton cv3½s87	4775	103	65⅛	100½	+35
Litton cv3½87r	70	101	75	101	......
Lockh cv4¼s92	9656	64	53½	61½	+ 8
Loews 6⅞s93	48498	80⅞	67¾	72	+ ⅝
LomN cv5½91	5585	92½	66	79	+13½
LoneSG 4⅝s82	31	90	86½	90	+ 3⅞
LoneSG 4½s87	77	76⅛	73	73	− 2⅜
LoneSln 4⅞s90	107	90⅛	87⅛	87⅛	− ⅞
LoneSln cv5⅛93	3586	108	82¾	107	+22
LonglsLt 9¼82	752	100½	90	91⅛	− 6⅛
LonglsLt 9¼83	906	100	90	91⅛	− 4⅝
LonglsLt 9⅞84	1532	103	88	93	− 8
Loral 10¾97	1170	100¾	85	86¾	− 9⅜
Lorillrd 4⅞s86	181	77⅞	63	64	−16
Lorillrd 6⅝s93	451	76¾	68	69¾	− 5¼
LouNsh 4⅞s87	48	74½	65	65	− 8½
LouNsh 2⅞03	43	36	35¼	35¼	+ 1⅛
LouNsh 3⅜03F	46	45½	40	40	− 5½
LouNsh 3⅜03I	10	71¼	70⅛	71	− ⅛
LouNsh 3¾03	64	62⅛	45	47	−16⅜
LouNsh 7⅜s93	315	80	67	70	− 6¼
LouNsh 11s85	614	102¼	93⅜	93⅜	− 7⅛
LouGE 3⅛s82	23	87¼	82¾	87¼	+ 4½
LouGE 3⅛s84	5	77⅝	77⅝	77⅝	+ 1⅛
LouGE 4⅞s87	57	75¼	71¾	71¾	− ¾
LouGE 4⅞87r	2	73	73	73	......
LouGE 4⅞s90	73	67½	59	59½	− 6½
LouGE 4⅞90r	5	67	67	67	......
LouGE 9¼2000	430	99½	78½	81⅛	−16⅞
LouGE 8¼s01	166	90½	71	71	−19
LouGE 7½s02	1	80	80	80	− 4¾
Lowenst 8½s96	300	80¼	67¼	67⅞	−11¼
LuckySt cv5s93	16	192	182¼	182¼	−15¾
LuckySt 8½96	52	93¼	88⅛	88⅛	− 5⅛
LuckySt cv6¾00	810	120	106	112½	+ 8½
Lykes 7½94new	6518	61½	47	53¼	+ 1
Lykes 7½94old	33106	61⅝	48⅛	51⅜	− 1
Lykes 11s2000	5591	86	68	75¼	+ ¼
Lynch cv8½99	869	121	99	116	......
M					
MGIC cv5s93	7145	73⅞	58	70¾	+11¾
MGIC 8⅜s88	2637	94⅞	76¼	83⅝	− 5
MacDon cv6s87	200	93	86¼	89⅞	− ⅛
MackF 9⅝s90	647	99	79½	84¾	−12¼
MackF 9¾s91	425	97½	83¼	85⅛	−12⅞
MackT 5⅛s81	189	99½	85½	87⅞	− 8⅝
MackT 5⅛81r	19	96⅝	91	92	......
MackT 7⅞s97	230	85¾	66½	69	−12
MackT 10¾s85	335	105	93	95¾	− 5¾
Macke cv4⅞92	1520	82	58	61	+ 3
Macmill cv4s92	3166	88	60	68½	+ 9½
MacyCr 4¾81	193	90⅛	85⅛	88	+ 2⅞
MacyCr 5⅜85	33	77	73	73	− 3¾
MacyCr 8s82	519	96	89	92	− ⅛
MacyCr 9¼s80	435	100	94⅝	95½	− ¾
MeYnkP 9.1s02	1262	95½	74	77	−17⅛
MeYnkP 8½02	511	92⅛	74¾	74¾	−10¼
MeYnkP 7⅝02	46	85⅛	77	85⅛	+ 3⅛
Mallory 9⅛03	61	97	95	95	− 4¼
MfrHan 7.6s81	592	96¾	87	93½	− ⅛

	Sales ($1,000)	High	Low	Last	Net Chg.
MfrHan 8⅛04	642	88½	72	72	−12½
MfrHan 8⅜82	1279	97¾	88½	90	− 1½
MfrHan 8⅛07	854	90½	72	74⅛	−10
MfrHan 12.15s87	7524	100¾	92⅜	93⅜	......
MfrsHTr 8½85	708	97	84¼	86⅛	− 8¼
MAPCO 10¾99	608	103¼	90	90	......
MaraOil 4⅜s87	139	85⅜	82¼	85⅜	+ 3¾
MaraOil 4⅜87r	5	84	84	84	......
MaraOil 8½00	488	92½	78	79	−10⅝
MaraOil 8.5s06	242	92	79½	81	− 9½
MaraOil 7.65s83	868	94½	85⅝	87½	− 3½
Marcor 6½s88	10922	81	68½	70¾	− 7⅛
Marcor cv5s96	344	102½	94½	96¼	+ 1¼
MarMid 7⅝s03	483	79	65¼	65¼	−10¼
MarMAI 9⅜s96	175	95½	85½	85½	− 8
MdCup cv5⅛94	2541	96¾	74½	78½	− 3⅜
MdNtlCp 8s86	218	92½	76	76	−14½
Masco 8⅞01	11	98	98	98	− ¼
MassM cv6¾90	335	78	65	69	− 7⅛
MassM cv6¼91	1737	76½	62	65⅛	−10½
MassEl 9⅞s82	163	102	90¾	90¾	− 7¾
Matsu cv6¾90	1	200½	200½	200½	......
MayDSt 3¼80	10	93⅝	93⅝	93⅝	+ 2⅛
MayDStCr 9s89	632	101	81	83⅛	−12⅞
MayrOs 7.85s96	108	88⅞	73¾	73¾	−14
McCror 5s81	448	89	84	85⅞	+ 1⅛
McCror cv6½92	261	61⅝	49	52¼	− 9¾
McCror 7½s94	3424	65	50	55½	− 4
McCror 10½85	560	94	83⅛	83⅛	− 7⅞
McCror 7½94n	667	66	50	54	− 6
McCror 7⅝s97	2179	66¼	52⅝	58¾	− 4⅛
McCror 7¾s95	3601	68⅜	51	57⅜	− 5⅝
McDerm 9.7s99	183	104⅞	92	95	− 8
McDerm 8.9s84	409	98	84	86½	−11¾
McDerm 9⅝04	119	97½	94	97½	......
McDnld 9⅝82	683	101	93	94	− 4⅛
McDnld 9s85	903	100¼	88	91½	− 4⅜
McDnld 8⅝88	632	97	84⅞	85⅜	−10⅝
McDnld 10¼89	74	98	95	97	......
McDD cv4¾91	6933	119½	80½	119½	+ 9
McGrEd 7½96	137	87⅜	81	81	− 2⅝
McGHI cv3⅞92	885	67⅛	60	63½	+ 2¾
MeadCp 8½s95	221	93	76	80	−11
MeadCp 9⅞s00	308	102	98	98	− 3⅛
Mellon 7.8s82	1467	96⅝	87⅛	90½	− 1⅝
Mellon 13.5s89	3300	102½	99	101½	+ 1¾
Melln cv12¾89	2951	100	91⅞	93	......
Melvill cv4⅞96	1215	97¾	85	85	− 2
Memx cv5¼90	2694	71	49	49	−11½
MercStr 8.7s95	51	92	88¼	88¼	− 9¾
MrcTx 13.45s99	684	102	98	99⅞	......
Merck 7⅞s85	3453	95¾	84	86¾	− 4⅝
MGM 9s92	331	95½	79	82¼	−11¾
MGM 10s93	834	97	78⅛	81	−11
MGM 10s94	3227	96	78	82	− 8½
MGM 10½s96	1368	101½	84	86¼	−13
MGM 9¾s86	1297	99⅛	85	85⅛	−12¾
Metro 9½88	878	97½	80⅛	87⅞	− 5½
MetEdis 2¾s80	167	98	91	98	+ 9⅜
MichBT 3⅛88	203	66	60⅞	63	+ ¼
MichBT 3⅛88r	16	64	63	64	......
MichBT 4⅜91	62	65¼	59	61½	− 3
MichBT 7¾s11	2438	85⅞	70	71½	−11¼
MichBT 7s2012	909	80	64½	65	−11¼

NEW YORK BONDS

		Sales ($1,000)	High	Low	Last	Net Chg.
MichBT	9.6s08	6352	103	85⅝	85⅝	−14⅛
MichBT	8⅛15	1656	89½	72½	72½	−13¾
MichBT	9⅛18	2395	99¼	80	82¼	......
MichCG	8⅛98	125	87¼	70	70⅛	−14¾
MichCG	10⅝82	695	102⅛	93¼	96½	− 5½
MichCG	10⅞95	65	105	100½	100½	− 4¾
MichWis	8⅝93	440	94½	81½	82¾	−11¾
MichWis	9⅝94	254	99½	87	87⅝	− 6⅜
MichWis	10⅝95	237	108	97½	99	− 7⅞
MidldMtg	8s80	2736	97	84	96	+11½
MidlnBk	8⅞84	213	96⅝	85	90	− 1⅛
MilesLb	6½92	58	82	80	80	− 2
MilesLb	8.7s96	20	90¼	86½	86½	− 8¾
MplsStL	6s85	174	84½	78	78	− 6½
MplsStL	6s85r	38	83	77	77	......
MStPSS	4s91f	167	55¾	48	48⅝	− 3⅝
MinMM	8.20s85	1803	97¼	86½	88	− 3⅝
MinMM	8.85s05	288	100	84	86½	−12¼
MisRivTr	9¾90	345	99¼	91	91	− 7
MoKnTx	4s90	1186	55	44	51	+ 7½
MoKnTx	5½33f	2584	26	16	21⅞	+ 4⅛
MoKnTx	5½33fr	50	25	17	17	......
MoPacCp	cv8s94	361	200⅛	170⅛	186	+ 3
MoPacRy	4¼90	984	70¼	62½	62½	− 7
MoPacRy	4¼90r	118	69⅞	62½	63	......
MoPacRy	4¼05	1843	54½	43	44¼	− 4¾
MoPacRy	4¼05r	187	53⅜	42⅛	45	......
MoPacRy	4¾20f	1776	51⅝	41¼	43⅛	− 5⅜
MoPacRy	4¾30f	2149	52	40½	42⅛	− 5¼
MoPacRy	5s45f	5359	53	42½	44½	− 5¾
MoPrtC	10s97	1100	99½	83	85	−11⅛
MobilAl	8.45s05	684	94⅜	78	78⅝	−12⅜
Mobil	8½s01	22445	95¾	79	81⅞	−10⅞
MobilOil	7⅜s01	1030	86	73	74	− 9¼
MohkD	cv5½94	868	64	53	55½	− 5½
Mongrm	10s99	445	97	78¼	78¼	−18¾
Mongrm	11s04	1138	99	82¼	83⅛	......
Monon	6s2007f	19	57	53½	55½	− 1½
Monsant	9⅛00	1175	100	81¼	82½	−16
Monsant	8s85	1881	95¼	84½	86⅛	− 6¾
Monsant	8½00	292	94	76½	81½	−13½
Monsant	8¾08	161	96	78	78	−22
MontWd	4⅞s90	274	72⅜	61¼	62¾	− 8¼
MontWd	9⅜s00	45	101	96	96	− 2½
MtWdCr	4⅞s80	357	96⅛	91¾	95	+ 4⅜
MtWdCr	4⅞80r	63	97⅛	91¼	94	......
MtWdCr	4¾s81	266	93½	87	93	+ 3½
MtWdCr	4¾81r	4	90	88⅝	90	......
MtWdCr	5¼s81	314	93½	89⅜	92	+ 2
MtWdCr	6½s87	576	83	63	70⅜	−11⅛
MtWdCr	7⅜s88	1396	87	71¾	72⅝	− 8⅜
MtWdCr	9s89	1282	97⅝	81	83¾	− 7¼
MtWdCr	9¼s90	903	98¾	81⅜	81¾	− 9¼
MtWdCr	9½s83	854	101	91¼	91¼	− 6½
MtWdCr	9.6s95	60	99	93¼	93¼	− 3¼
MtWdCr	8⅝86	351	92¾	79	79¼	−11¾
MtWdCr	8¼02	52	85	65½	65½	−25½
MtWdCr	8⅜02	86	88¾	75½	80	− 8⅞
MtWdCr	8⅞03	41	95½	89	89	− 7
MonyM	cv7s90	649	84	75	82	− 1
MorgJP	cv4¾98	4799	78½	64¾	65½	− 4½
MorgJP	8s86	2311	95	82⅛	84	− 6⅝
MorNor	8⅞s95	223	95	91⅝	91⅝	− 9⅜
Motorola	8s07	25	76	74	74	−15½
MtStTT	2⅝s86	155	71	63	63	− 3½
MtStTT	7⅜s11	1762	82	68⅜	69	−11¼
MtStTT	7¾s13	2509	86⅞	70	70⅝	−10⅞
MtStTT	9¾s12	3129	105	86¼	88⅜	−12⅝
MtStTT	9⅝s15	4358	102½	85	85¼	−15¾
MtStTT	8.70s81	2009	101½	91½	93	− 4½
MtStTT	7⅞16	1306	87	71	73⅜	− 8⅞
MtStTT	8s17	4215	88¾	72	73	−11⅜
MtStTT	8⅝18	4108	95	77¼	78⅛	−13¼
MtStTT	9¼14	2745	100	82¾	83⅞	......
MtStTT	11¼19	1182	102⅞	99⅞	100⅝	......
MurphyG	7⅜97	67	79⅝	74	75⅝	− 6½
N						
NCNB	8.40s95	750	89⅛	72⅞	74⅛	−14⅛
NCNB	7⅝s97	269	83	67	67	−11
NCNB	8⅜s99	560	88⅛	71¾	72	−14
NCR	9s85	779	99½	89⅛	92	− 5¼
NLInd	7½s95	267	86	72	72¾	− 9⅞
NLInd	9⅜2000	86	98	85	88	−12
NLTCp	8.8s85	363	98½	87¼	88⅝	− 6⅜
Nabisco	7¾s01	215	89	75½	75½	−11¾
Nabisco	7¾s03	304	88	75	75	−11¾
NarraEl	10½80	406	100¾	96	97½	− 2½
NashCSL	3s86	16	64½	64½	64½	− 3⅛
NatBisc	4¾87	405	76	66	68¼	− 4¾
NatBisc	4¾87r	10	74½	74½	74½	......
NatCan	cv5s93	744	92	70	86	+15¾
NatCan	8⅜s96	5	88	87	87⅝	− 2⅝
NatCash	4¾s85	153	83⅛	80⅜	80⅜	......
NatCash	4⅜s87	122	82⅛	75	79	+ 2¼
NatCash	5.6s91	488	87	75	75	− 7
NatCash	7.7s94	722	90	77	77⅝	− 9⅞
NCtyL	cv5½88	1324	68	57	58	− 2
NCtyL	cv6½91	1913	68½	57½	59	− 1½
NatDairy	4⅜92	62	78⅞	75¼	76	− 3⅝
NDist	5s83	154	85⅛	80	81	− 7
NDist	5s83r	10	85	85	85	......
NDist	cv4½92	2913	121	76½	114	+38½
NFuelG	12⅛83	412	110¼	99	100	− 7
NFuelG	9s84	13	98½	94	95½	− 4½
NHom	cv4¾96	4450	45	34	37½	− ½
NatInd	cv5¾88	689	85½	65¾	85½	+16¼
NatInd	10s99	932	88	69	76⅛	− 2⅛
NatLead	4⅜88	164	76½	70⅝	72	− ½
NatLead	4⅜88r	8	74	73	73	......
NRurUt	10½81	402	102	95	96½	− 1⅝
NRurUt	8.95s85	331	98	87	89⅛	− 7⅞
NRurUt	9⅛s85	675	99½	86¼	91½	− 7⅜
NRurUt	9¾09	170	101½	96⅞	98½	......
NatSteel	3⅛s82	164	84¾	79	79	− 3¼
NatSteel	3⅞s86	113	74⅜	68¾	73	+ 2⅜
NatSteel	4⅝s89	100	73	55	60⅛	− 7⅛
NatSteel	8s95	525	90½	74	74	−14
NatSteel	8⅜06	20	91½	91½	91½	+ 1½
NatTea	3½s80	212	93	84	89½	+ 5½
Natomas	8⅞97	76	92	75	75	−15¼
NatrlGas	6⅞80	651	97 5-16	93½	95	+ 1¼
NatrlGas	9¼95	106	98	95½	97¼	− ¾
NatrlGas	8.2s86	75	93⅝	83¾	83¾	− 9¼
NEMer	8.8599	126	90½	80	80	−10
NEnMLf	7⅜97	152	84⅛	81¼	81¼	− 3¾
NEngTT	3s82	204	85¼	80	82	+ 2
NEngTT	8⅝09	5353	94½	75½	77⅜	−12⅛
NEngTT	8.2s04	4404	90¼	72¼	75⅞	−10⅜

NEW YORK BONDS

		Sales ($1,000)	High	Low	Last	Net Chg.
NEngTT	7⅜07	2011	81⅞	67¼	68⅝	− 9½
NEngTT	8s03	1741	89	72	73⅝	−10¾
NEngTT	9½10	4229	101⅞	82½	84¼	−15¼
NJBell	3⅛s88	86	66	61½	65¾	+ 2¼
NJBell	7¼s11	1539	82	66⅛	67¼	− 8¾
NJBell	7⅜s12	1196	83⅞	67⅛	67⅛	−11⅜
NJBell	7¾s13	2219	87	70¼	72⅜	−10⅜
NJBell	8¼s16	661	91½	74½	74½	−13
NJBell	8s16	1092	89	71½	73⅛	−12½
NJBell	8¾18	1633	96⅛	78½	80¼	−11¼
vjNYH	4s43f	10	53	52¾	52¾	......
NYBS	13.75s81	2901	102	95½	99½	+ 1
NYChStL	3¼s80		32 94	25-32	91⅜	93 + 2⅜
NYChStL	4½89	5	60	60	60	− 2
vjNYNH	4s07f	2554	85¾	73	81⅝	+ 1⅝
vjNYNH	4s07fr		68	83⅞	72	80⅛ ......
vjNYNH	4½22f	4219	15	9⅛	10⅝	+ ⅛
NYSEG	7⅜s01	478	82	67	67	− 9
NYSEG	7⅝s81	585	96½	89¼	91¾	+ ¾
NYSEG	10.6s82	936	103½	92½	95	− 5
NYSEG	9⅜s05	567	97	75	77	−18½
NYSEG	9⅜s06	457	97⅝	76⅝	77⅝	−19⅜
NYSEG	8⅝07	85	90	71	71	−19⅞
NYTel	3s81	88	91⅛	85½	90	+ 5½
NYTel	2¾s82	472	85½	81¼	83½	+ 2
NYTel	3s89	344	62	54	54	− 4
NYTel	4½s91	688	69	51⅝	58½	− 8½
NYTel	4½91r	31	68¼	57¼	57¼	......
NYTel	4⅛s93	388	63⅛	52	53	− 5¾
NYTel	4⅛93r	25	61	56¾	56¾	......
NYTel	3⅜s96	450	58	46½	49	− 5
NYTel	3⅜96r	10	52¾	52¾	52¾	......
NYTel	7¾s2006	2962	86½	70½	72¼	−10¼
NYTel	8s2008	4093	89¼	73⅛	73⅜	−12⅛
NYTel	7⅜s2011	1899	82⅝	67	68	−11
NYTel	8.30s12	4193	91¼	74	75⅞	−12⅝
NYTel	9s14	7275	98	81	81⅜	−14⅛
NYTel	8s83	1633	97⅞	89	91	− 3⅛
NYTel	8⅞s2015	2638	96⅜	70⅞	80⅛	−13¾
NYTel	8⅝s16	1408	94¾	78	78½	−12¾
NYTel	8¼15	1184	91¼	74	74	−13⅞
NYTel	7⅞17	1226	87⅛	71¼	73¼	− 9⅞
NYTel	8⅞18	1851	96½	78⅝	79¼	−14⅞
Newhall	cv6s95	4011	113	79½	110	+29½
NiagMP	2¾s80					
		167 97	13-32	93 97	13-32	+4 1-32
NiagMP	2⅞s80	175	93½	87⅞	93½	+ 5
NiagMP	2⅞80r	7	91	88⅞	88⅞	......
NiagMP	3½s83	157	82⅜	78	78	− 1½
NiagMP	3¼s83	313	81⅛	73	74½	+ 1¼
NiagMP	3¼83r	5	76	76	76	......
NiagMP	4⅞s87	598	75	62	65	− 5¼
NiagMP	4⅞87r	15	75	71	75	......
NiagMP	12.6s81	3697	107¼	98	99¾	− 8¼
NiagMP	10.2s05	1094	104⅞	80	85	−15½
NiagMP	10⅝85	994	104½	91	98⅜	− 4⅝
NiagMP	8.35s07	102	86⅞	69	69	−19⅜
NorfWn	4s96	262	57	48	50	− 5
NorfWn	4s96r	82	55¼	46	49	......
NorfWn	4.85s15	157	53½	50¼	50¼	− 2¾
Norlin	9s88	1131	90¼	73	73¼	− 6¾
NoACar	8.1s92	44	88½	76	76	−17½
NoAMtg	5½79f	2653	90⅞	80⅛	90	+ 1⅜
NorAPh	cv4s92	1732	73	62⅞	64½	......
NorAPh	9¾s00	1231	100	83½	84½	−17½
NorIIIG	8½s83	643	97¾	86⅞	90	− 2⅜
NorIIIG	8¾01	5	100	100	100	+ 1½
NorIIIG	8¼84	325	95⅛	84⅜	89	− 3½
NorNG	4⅞s80	37	95⅜	90⅛	93	− ⅛
NorNG	4⅝s81	55	92⅝	90	90	− 4¼
NorNG	4⅞s81	42	91⅜	90	91⅜	− 1⅛
NorNG	4⅜s83	50	83⅝	81½	81½	− 2¾
NorNG	4½s84	59	81⅜	78½	79⅛	− 3⅛
NorNG	4⅞s85	22	85¾	78¼	78¼	− 5¼
NorNG	9½s90	1800	101	87½	89¼	−11
NorNG	8s91	952	92¼	78¼	81⅜	− 9⅛
NorNG	7⅜s92	614	87¾	76	77¼	− 8
NorNG	9s85	1537	100¼	83⅞	89⅛	− 6⅛
NorNG	9s95	546	97⅛	82½	82½	−15½
NorPac	4s84	31	84⅞	84¾	84¾	− ⅜
NorPac	4s97	585	58	46	50	− 2½
NorPac	4s97r	168	56	52	53¾	......
NorPac	3s2047	1730	36⅞	30	30¼	− 1¾
NorPac	3s47r	633	35		2½	31½ ......
NorStaP	3¼s82	6	82¼	82	82¼	+ 1¾
NorStaP	4¼s86	109	77⅞	68	68	− 9⅞
NorStaP	4s88	57	68½	60⅛	62⅝	− 5⅜
NorStaP	4s88r	3	69	69	69	......
NorStaP	5s90	144	69½	59	61⅛	−10⅞
NorStaP	4⅞s91	77	66¾	65	65	− 1¼
NorStaP	4⅜s92	10	62	61	61	− 2
NorStaP	4⅜92r	5	59⅛	59⅛	59⅛	......
NorStaP	4⅜s93	31	63	49¼	49¼	−12¼
NSPWis	4⅝s87	29	74¼	69⅛	70	− 2⅝
NSPWis	4½s94	12	62	58	62	+ 1
NSPWis	4½s94r	5	59	59	59	......
NwtBcp	7⅞s86	309	92⅞	83¾	85	− 4⅞
NwtBcp	cv6¾03	689	105¼	92½	93¼	− 2¾
NwtBcp	12.15s89	1569	100	91½	94¼	......
NwstInd	7½s94	1728	84½	70	73⅜	− 9⅝
NwstPipl	10¼91	76	102½	97½	101	......
NwtPip	9½98	82	100½	81¼	82⅞	−13⅛
NwnBell	2¾s84	121	78	72	73¾	− ¼
NwnBell	3¼s96	20	49¼	48⅛	49⅛	− 1
NwnBell	7⅞11	3145	88	71½	72½	−11½
NwnBell	7½05	1666	83¾	69¾	70⅞	− 9¼
NwnBell	10s14	1892	106½	89	90½	−13
NwnBell	8⅝s12	2145	95	78	78⅜	−12⅝
NwnBell	8⅛17	892	89½	73	75	−11¾
NwnBell	9½16	1013	90	84¾	87	......
NwMLfe	cv6s91	266	76	64	64	− 8
Norton	9s95	111	94	80⅛	80¼	−17¾
NortSim	6s98	1308	79	69	78	+ 3
NortSim	7.7s96	66	88	84½	84⅝	− 4⅞
NortSim	9½s99	45	99¾	99	99	− 6

O

OakInd	cv4⅜87	1246	163	92¼	155	+68
OakInd	11⅞98	1173	103	90½	97⅛	+ 1⅛
OcciPet	11s82	6045	103¼	93½	97½	− 2¾
Ogden	cv5s93	3480	83	70¼	75	+ 4½
OhBellT	7½s11	1860	84¾	68½	68½	−11¾
OhBellT	7⅞s13	4260	87½	71½	72½	−10¾
OhBellT	9s18	1437	98	81½	81½	−14¼
OhioEd	2⅞s80	111	95	92	94	1-32+3 21-32
OhioEd	10s81	2779	101½	93	95¾	− 3⅜
OhioEd	9½06	911	99	76½	80¼	−13⅞
OhioEd	8½06	286	87¾	70½	71	−16
OhioEd	8⅜07	839	88	66⅛	71	−14⅜

NEW YORK BONDS

	Sales ($1,000)	High	Low	Last	Net Chg.
OhioEd 9½08	894	98¼	75⅞	79½	—19¾
OhioElec 11s83	3266	104½	94	96	— 6¼
OhioPw 10⅛82	2769	102⅛	90⅛	95⅝	— 1⅝
OhioPw 12⅛81	2164	104¾	95	98	— 4½
OklaGE 2⅞80	15	91½	91½	91½	+ 3⅜
OklaGE 3⅜s82	3	84	82⅞	84	+ 1¼
OklaGE 4½87	82	74½	64	65½	— 5
OklaGE 3⅞88	46	66⅜	63	64¼	— 2⅛
OklaGE 4½95	19	60	55⅝	55⅝	—12⅝
Oneida cv5½88	497	137	102	127	+25
OutbM 7¾s96	30	84	82⅛	82⅞	— 4⅝
Outlet cv5½s86	2	180	178	180	+ 2
OwenCg 6⅞s94	377	88⅝	75⅛	75⅛	—13¾
OwenCG 9½00	115	100	98	98¼	— 5¾
OwenIll 3¾s88	22	83	79⅛	83	+ 3⅛
OwenIll cv4½92	2664	82⅝	69½	74⅝	+ 5⅝
OwenIll 7⅝s01	260	86⅜	71	71½	—13⅛
OwenIll 9s81	495	100	91¼	92⅛	— 4¾
OwenIll 9.35s99	122	99	84	84	—15

P

	Sales ($1,000)	High	Low	Last	Net Chg.
PNB cv6¾82	1567	88½	80	83⅛	+ 1
PPGInd 9s95	511	98	84½	86	—13
PPGInd 8s85	430	95½	84½	88	— 2
PPGInd 8½00	55	93	77⅛	77⅛	—17⅛
PPGInd 9⅜89	686	99¾	86	92	......
PSA cv11⅛04	6547	111¼	92½	99½	......
PacGE 2⅞s80	246	93⅝	88½	91	+ 2
PacGE 2¾s81	125	90	84⅜	88½	+ 3
PacGE 2¾81r	1	86	86	86	......
PacGE 3⅛s82	42	86⅛	79⅞	82	+ 2
PacGE 3s83	149	81½	76⅛	80	+ 3
PacGE 3⅛84X	249	77½	72	73	— 1
PacGE 3⅛84Xr	27	76	74¼	76	......
PacGE 3⅛84W	223	76¾	71½	73½	+ 2
PacGE 3⅛84Wr	2	74	74	74	......
PacGE 3⅜s85	176	75	70	72	+ 1⅛
PacGE 4½s86	665	76¼	63¼	71	— ⅛
PacGE 4½86r	49	74½	72	74½	......
PacGE 3⅜s87	150	66	56	56	—10⅝
PacGE 3⅜s88	12	60½	60	60¼	— 2⅜
PacGE 5s89	1219	74	61	61	— 8¾
PacGE 5s89r	13	71½	70⅝	70⅝	......
PacGE 4½s90	462	68⅞	56	59½	— 5½
PacGE 4½90r	61	66	60½	60½	......
PacGE 5s91	1711	71⅝	55⅝	61	— 7¾
PacGE 5s91r	211	69⅞	55⅞	61	......
PacGE 4⅝s92	170	66⅜	54	54	—10½
PacGE 4⅝92r	3	63⅝	63⅝	63⅝	......
PacGE 4½s93	226	65	52	55⅛	— 5¼
PacGE 4½93r	11	62¼	62⅛	62¼	......
PacGE 4⅜s94	136	62⅝	50	55	— 4
PacGE 4⅜94r	20	59½	59½	59½	......
PacGE 4¼s95	233	60⅝	51	51	— 5⅛
PacGE 4¼95r	6	58⅜	58⅜	58⅜	......
PacGE 4½96J	222	60¼	50⅝	52	— 5¼
PacGE 4½96JJr	5	58⅝	58⅝	58⅝	......
PacGE 4½96K	252	60¼	50⅝	50⅝	— 9⅝
PacGE 8⅞s02	3041	94¼	74½	74½	—15⅝
PacGE 8s03	3065	87	69	71	—11⅞
PacGE 7½s03	3488	82½	66¼	67¾	— 9⅞
PacGE 7½s04	2440	83	66	67	—12¾
PacGE 7¾05Z	1504	84	67¼	67½	—13⅞
PacGE 7¾05A	863	85	66½	66½	—13
PacGE 9⅛s06	4534	95⅞	77⅝	78¼	—14⅝

	Sales ($1,000)	High	Low	Last	Net Chg.
PacGE 9.85s82	3216	132¾	93	96	— 4¾
PacGE 9⅝s06	7663	100¼	80	81⅝	—15⅞
PacGE 9½s85	7687	102	89¼	91¼	— 8
PacGE 8¼08	2885	88	70	70	—13½
PacGE 8½09	3939	91½	71½	72½	—14⅛
PacGE 9⅜11	1922	99	78⅛	81¼	—16¼
PacGE 10⅛12	2853	102	84	88⅜	......
PacGTran 8s90	312	93¼	76½	76½	— 9½
PacLtSv 8⅜s93	250	93	78⅛	78⅛	—14
PacLtSv 9s85	324	99	84¾	86⅝	— 8
PacLtSv 9.3s85	406	99⅜	86½	88⅜	— 4¼
PacNwTel 8⅝10	4238	93⅞	78	78⅛	—12¾
PacNwTel 8¾08	3061	96¾	77½	79⅝	—12⅜
PacNwTel 9s12	2061	98⅞	80½	81½	—13¾
PacNwTel 8¾18	940	96¼	78½	79½	—11⅝
PacNwTel 10⅛19	2284	95	90	91¼	......
PacSwA 6s87	940	77	67	68⅜	— 4⅝
PacTT 3½81	292	89	85¼	86	+ 1½
PacTT 3⅛83	268	81	75	76½	— 2½
PacTT 3⅛83r	18	80	77½	79½	......
PacTT 2¾85	562	71¼	64	64	— 4½
PacTT 2¾85r	40	69¾	66⅛	66⅛	......
PacTT 2⅞86	304	70	60	60	— 4¼
PacTT 2⅞86r	25	66½	59	65	......
PacTT 3⅛87	802	67⅞	55½	59	— 4¾
PacTT 3⅛87r	29	67	65	65	......
PacTT 4⅜88	1578	71	60⅛	63	— 5
PacTT 4⅜88r	86	70	60½	63	......
PacTT 3⅝91	358	63	51½	51½	— 2
PacTT 3⅝91r	4	58	58	58	......
PacTT 8.65s05	7639	98	70½	71¾	—15¼
PacTT 8¾06	8018	92½	73	73¼	—16¼
PacTT 7.8s07	4272	84	66	67½	—12½
PacTT 7¼08	4702	81	63	63¼	—11⅝
PacTT 7¼80	2710	98¼	94	96¾	+ 2¼
PacTT 7⅝09	3342	84½	66	66⅜	—11⅝
PacTT 9½11	17128	100	77	79¾	—15⅝
PacTT 9s81	2500	100⅜	92	94¼	— 3⅝
PacTT 9.1s84	3637	99⅞	88⅛	90	— 5½
PacTT 8⅞15	6330	93¾	72¾	73½	—16⅝
PacTT 8⅜17	3956	90	68⅛	71½	—12⅝
PacTT 9⅝14	5516	100	78½	81⅛	—17⅜
PacTT 9s18	6335	94¾	72½	76½	—14
PacTT 9⅝18	5913	100⅜	77	79½	—20
PacTT 9⅞16	9411	101½	78	81⅝	......
PacTT 9¾19	4483	99	79	81¾	......
PacTT 12.7s19	1920	103	95	102	......
PaineW 11½99	1711	101	85	86⅛	......
PAA cv4½84	2691	88⅝	72⅜	74	— 7
PAA cv4½84r	63	85	76	85	......
PAA cv4½86	4927	65	54½	56	— 3¾
PAA cv5¼89	5071	69	52	53¼	— 9
PAA 11¼s86	4126	103	91¼	95¼	— 4½
PAA 11⅛s86	2230	102	92	95⅛	— 4⅝
PAA cv7½s98	20179	119	86½	94½	— 9⅜
PAA cv9⅞s96	14396	136	100¼	113¼	— 5¾
PAA 11½94A	3066	103	90	94	— 6
PAA 11½94B	2397	102	90	94⅛	— 5⅞
Paprct cv5¼94	765	86	69⅞	70	— 4½
ParkH cv4s92	499	94½	83½	84½	+ ½
PatPet cv8½92	5317	161	97	134	+36⅞
PenC 7s87fD	154	75	65¼	70¾	......
PennCn 7s87Af	14494	86⅝	69½	82½	+ 6½
PenCn 7s87Bf	17995	61¾	44½	56¼	+ 8⅞

NEW YORK BONDS

	Sales ($1,000)	High	Low	Last	Net Chg.
PenCn 8s87Xf	159	76	68	74	......
PenCn 8s87Yf	1156	74	61	71¼	......
PennDx cv5s82	1001	85½	72	79	+ 7
PenncpF 10¼97	76	98	79	79	......
PennyF 4½s84	322	82½	70	73¼	− 3¼
PennyF 5⅜s87	324	80	67½	67½	− 6⅜
PennyF 7⅞s91	427	86⅞	69½	73	−17½
PennyF 9.45s81	1079	100¼	92⅝	94	− 6
PennyF 10.2s94	158	103	85	88¼	−13¼
Penney 8⅞s95	1730	97⅜	79⅛	84	− 9½
Penney 9s99	404	97	81	82	−13
PennPL 10⅛82	1943	103	92⅞	96	− 4
Pennwlt 9⅛s95	274	99½	82	84	−12⅞
Pennwlt 9s85	416	98	86½	90	− 5½
Pennzoil 7½s88	946	89	75⅜	77⅛	− 7½
Pennzoil 7⅜s88	793	87⅞	70¾	76⅝	− 8⅝
Pennzoil cv5¼96	10211	161	80½	161	+81⅞
Pennzoil 8⅜s96	1265	90⅜	73⅝	74½	−13¾
Pennzoil 10⅝83	2484	104½	94	95	− 6¼
Pennzoil 8¾01	357	94	76	77⅝	−16⅜
Pepsi cv4¾96	471	130½	105¾	130½	+ 4½
Pepsi 8⅝81	808	99¼	91⅛	93⅝	− 3
Pepsi 8¼85	859	97	86⅛	89½	− 3
PerMar 3⅜s80	32	97 17-32	91⅝	95 3-16	+2 11-16
PerMar 3⅜80r	1	89¾	89¾	89¾	......
Pfizer cv4s97	4351	90¾	75⅝	87½	+ 7¾
Pfizer 8½s99	252	94¼	80⅞	85	− 9
Pfizer 8⅞s85	1461	99⅛	86	90½	− 5½
Pfizer 9¼s00	289	101	88	90	−12
PhelpsD 8.1s96	396	85½	71	71	− 9
PhelpsD 8½s85	812	94	82¼	82¼	− 5¾
PhilaEl 2¾s81	603	89⅞	80⅞	86	+ 3
PhilaEl 3¼s82	195	86¼	83⅞	85	+ 3
PhilaEl 3⅛s83	419	78½	73	74¼	+ ¼
PhilaEl 3⅛83r	1	78½	78½	78½	......
PhilaEl 3⅛s85	129	80	61	64¾	− 3⅝
PhilaEl 4⅜s86	527	73⅝	64⅞	64⅞	− 4⅛
PhilaEl 4⅜86r	14	71½	70	70	......
PhilaEl 4⅝s87	356	72⅜	61⅞	64½	− 4⅛
PhilaEl 4⅝87r	25	67	67	67	......
PhilaEl 3¾s88	276	67¼	55⅝	57	− 7
PhilaEl 5s89	847	70½	59	60⅛	− 5⅞
PhilaEl 5s89r	12	70	60⅝	60⅝	......
PhilaEl 6½s93	798	76	60	61¾	− 7⅝
PhilaEl 4½s94	354	60	51	51⅞	− 3⅝
PhilaEl 6⅛s97	1849	70	55	56	−10
PhilaEl 9s95	2786	95⅞	75	76½	−12⅝
PhilaEl 7¾00	677	82½	63½	66½	− 8⅞
PhilaEl 8¼s96	1517	87	69⅞	70⅛	−13⅞
PhilaEl 7⅜01	1214	79½	58⅜	60	−12¼
PhilaEl 7½s98	1345	80⅞	63⅜	63⅜	−13⅝
PhilaEl 7½s99	831	80	63	66½	−10
PhilaEl 8½s04	2193	90½	69¼	70½	−12
PhilaEl 11s80	3278	102⅜	95	97 21-32	−2 15-32
PhilaEl 12¾81	14723	105	98	99½	− 3¼
PhilaEl 11⅝00	1153	110⅞	95	95⅛	−11¾
PhilaEl 11s00	761	107	87¼	90	−12⅝
PhilaEl 9⅛s06	773	93⅞	75	77	−13
PhilaEl 9⅝s02	622	99¾	76⅛	80	−14½
PhilaEl 8⅝07	520	89	70	75	−14⅛
PhilaEl 8⅝03	447	90	68⅝	73	−12⅛
PhilaEl 9⅛08	335	93⅝	73⅛	77¾	−15¼
PhilaEl 12½05	127	101¼	100	101¼	......
PhilMor 6⅝s93	158	82¾	73	74⅜	−12⅛
PhilMor 8.85s82	663	99	89½	94	− 3¼
PhilMor 8⅞s04	263	95¾	81	82¼	−15⅜
PhilMor 8½s85	2190	96½	84	89	− 1¼
PhilMor 9⅛03	299	100	83	85¼	−14¾
PhilMor 8.65s84	2011	98¾	87¼	89¼	− 6⅜
PhilMor 9.55s86	2518	101	89	93¾	......
PhilP 7⅝s2001	1274	89½	74	74½	−14½
PhilP 8⅞s00	555	98½	84⅛	84⅛	−13⅞
PhilVH cv5¼94	1011	66	54¼	62	+ 1
PiedNG 8⅝97	32	85	71⅞	72	−18
Pillsby 5⅜s86	8	82	82	82	+ 1
Pillsby 8¾s95	92	94	76	82	−12
PionCp 9½s82	794	105¼	89⅜	93	− 6⅝
Pittston cv4s97	2365	59½	51	51	− 6
Pittston cv9.2s04	1971	102	92	95	......
Pneumo 9⅝98	902	90	73¼	75	− 9¾
Pneumo 11⅝94	167	100⅛	94	94	......
PortGE 10½80	1342	101½	96	97	− 3
PortGE 10s82	1359	101½	90	92¾	− 6¼
PortGE 9⅞s85	785	101½	86⅛	92	− 8
PortGE 11⅝05	714	107	91	94¾	−12¼
PortGE 9½s06	305	96	75	75	−20½
PortGE 8¾07	248	87⅞	76⅞	77	− 9⅝
PotEPw 3s83	63	82¼	77	80	+ 3
PotEPw 9½05	2082	99	78½	80¼	−12¾
PotEPw 7¾07	289	82	69	70⅛	− 9⅞
PotEPw 8⅜09	1247	90½	68⅛	69⅝	−14
PotEPw 10¾04	227	106¾	87	94	−11
PotEPw 10¼81	817	103⅞	93	98	− 2
PrimeC cv6¾98	8139	136	98½	134⅞	+34⅞
ProctG 3⅞s81	274	92	85	90	+ 2
ProctG 3⅞81r	5	89	89	89	......
ProctG 7s2002	1278	84⅞	69	70⅝	− 9⅜
ProctG 8¼s05	1675	95¼	79⅝	82	−11
PubSvCol 8¾00	922	94	74⅛	77⅜	−13⅛
PubSvCol 7¼01	185	79⅝	62	62	−16⅛
PubSvCol 7½02	403	83	68	68	−11
PubSvIn 7⅝s01	309	84	69⅝	69⅝	−14⅜
PubSvIn 7s02	231	80	63⅛	63⅜	−12⅝
PubSvIn 8s04	206	87	69	69½	−12½
PubSvIn 9⅝s81	796	101	90	95⅝	− 3⅞
PubSvIn 9.6s05	377	103½	85	86¾	−15¼
PubSvIn 7⅝07	482	84	66	66½	−11½
PubSvIn 8⅛07	287	87	67⅛	69⅜	−13⅝
PubSvIn 8⅞08	150	95⅛	79	79	−17⅝
PubSvIn 9½85	260	102	95	95	......
PubSvNH 12s99	1614	96	86½	89	......
PubSEG 3¼s83	51	79⅞	72	73⅞	− 4⅝
PubSEG 8s2037	139	87	71	73	−11
PubSEG 5s2037	64	57	41	46	− 8⅛
PubSEG 9s95	2694	97¾	78¼	79¾	−14⅞
PubSEG 8½s04	970	90½	72⅞	73	−13
PubSEG 12s04	830	113¾	100	101⅜	−11⅛
PubSEG 8¾s06	649	94	74⅞	77⅞	−12⅛
PubSEG 8.45s06	554	89¾	73	74	−14
PubSEG 8¼07	899	88¾	71⅛	71⅞	−16⅛
PubSEG 9⅜08	539	99¾	85	85	−13⅛
PubSEG 9¾09J	362	100¼	84⅜	86⅜	......
PubSEG 9¾09N	4	100⅝	100⅝	100⅝	......
PugetS 10¾s83	716	103½	95½	96½	− 5
PugetS 10.45s85	547	104½	90¼	91	−11
Pullman 5⅞97	130	81	75⅛	75½	− 3½
PullmL 10s85	429	105½	93½	94⅛	− 6⅜
PullmL 8¾s85	218	96¼	84	84	−13½

NEW YORK BONDS

	Sales ($1,000)	High	Low	Last	Net Chg.
PullmL 7¾s92	31	87	83	83	— 8
Purex cv4⅞s94	1834	73	64¼	68	— 2
Q					
QuakOat 7.7s01	240	89	71½	71½	—18½
QuakStOil 9s95	234	96¾	81¼	81⅜	—12⅝
R					
RCA 9¼s90	1428	100¼	86½	88¾	— 9¼
RCA cv4½92	7579	73½	57½	57¾	— 9¾
RCA 10.20s92	399	104⅝	94	94	— 9
RainBnc 9½s85	467	101¼	89	92⅛	— 7⅛
RalstP 7.7s96	175	87⅝	75	75	—17⅜
RalstP cv5¾00	6739	90½	77	79	— 9
Ramad cv8s95	743	186	106	122	+ 7
Ramad cv5s96	4482	88	58½	62	+ 4
Ramad cv10s00	7039	182¼	100	116½	+ 2¾
Ramad 10s93	7334	86¼	69	74	— 4
RapAm72 7s94	9135	61½	46	51⅛	— 3⅞
RapAm69 7s94	7582	61	46¼	51½	— 3¾
RapAm 7½s85	3686	80	66	73⅝	+ ⅛
RapAm 6s88	7774	63⅛	50¼	56¼	— 1
RapAm 10¾03	16267	85½	65½	73¾	— 6¼
RapAm 12s99	4563	96	73	82½	— 6½
RapAm 10¾04	1321	85	65	74	......
RapA 11s05	3574	87	68¼	76	— 4
RdgBa cv5½88	3254	168¼	85	160	+75
RtyRef 12s98	804	100½	84½	88¼	— 3
RtyRef 11⅜98	586	97⅞	86	88¾	— ¼
Reeves cv4s91	102	129½	107½	110	+ 3
Reeves 8⅝97	5	74	74	74	—25⅞
ReichChm 8s94	182	88	83	83	— 4
RelianEl 7¼96	167	88	73	73	—13
RelianEl 9⅝94	2	97	97	97	— 6¼
ReliaFin 8½92	28	85¼	82¼	82¼	+ ⅞
RelnFin 9⅝97	72	94½	77½	77½	—14¼
RelianGp 9⅞98	3226	93¾	74	77½	—10½
RelianGp 9⅞99	1334	94	74	76⅛	—11⅜
RepMtg cv9s90	185	100½	90⅛	97	+ 6⅞
RepStl 4⅜s85	58	82½	77¾	77¾	— 3¾
RepStl 8.90s95	450	96½	78	78	—17
RepTex 9⅜01	209	97⅛	82½	83⅜	—13⅝
RepTex 12.65s04	663	100¾	94½	94½	......
Rever cv5½s92	2362	72	60⅛	61⅞	— 3⅛
Revlon 8.45s85	815	96¾	86	90	— 3⅛
Rexnd 8.95s95	179	97	80	86	—10
Rexnd cv5⅞01	547	120	102⅛	105¼	+ ¾
Reynlnd 7⅜01	583	87½	68¼	70⅜	—11
Reynlnd 8s07	76	91	76⅜	76½	—14⅞
ReynM cv4½91	4803	76	63	65	— 4½
ReynTob 7s89	571	88⅜	78⅛	79⅛	— 9
ReynTob 7⅞94	759	91¼	75¼	78	—10⅝
RichMe 8.85s99	30	97	96	97	+ 2
Richs 7.35s97	86	90¼	86⅜	87½	— 2⅝
RiegelT cv5s93	1318	74	68	69	— 1
RochGE 10¾83	406	105	94¼	94⅜	— 7⅛
RochGE 9¼06	467	95¼	75¼	78½	—15½
RochGE 8⅜07	218	87	69	69	—29
RochT cv4¾94	1820	88	75½	79½	+ 3½
Rocklnt cv4¼91	2667	102½	76⅝	102	+25⅜
Rocklnt 5¾91	30	94¼	90⅜	94¼	+ 6⅜
Rocklnt 8.3s96	132	92	82	87⅛	+ ⅝
Rocklnt 8½95	165	93	80½	82	—13
Rocklnt cv4⅞87	902	78½	66	69¾	— 7¼
Rocklnt 8.90s86	471	98	86¼	87½	— 8½

	Sales ($1,000)	High	Low	Last	Net Chg.
Rocklnt 9⅜96	49	99½	95¼	97½	— ½
RohmH 9⅞2000	25	100	98	99	— 3
RohmH 9s85	507	98½	85	91½	— 2¾
Rohr cv5¼86	2355	92	72¾	75¾	— 8
RyderS 11½s90	1672	106	91⅛	94½	— 7½
RyderS 8⅛s92	72	92	86	91	+ 4
RyderS 9¾s82	791	99½	90½	91½	— 6
RyderS 10s94	224	99⅜	82⅝	82⅝	—17⅛
RyderS 9¼98	51	94	85	85	—12½
S					
SCM 5¾87	92	78¼	75	75	— 4½
SCM cv5½88	2918	82½	72	73½	— ¾
SCM 7¼88	95	85¼	81⅛	85⅛	+ ⅛
SCM 9¼90	399	97	79	80⅝	—13⅞
SCM 10s96	106	100½	95	96¼	— 4¾
Sabine cv6½99	2738	154¼	100	150	......
Safeco 7.6s86	236	91	80	80	— 5⅛
SafewyS 7.4s97	132	89	78	78¼	— 7¾
StLouSF 4s97	219	55⅛	44¾	45⅛	— 5½
StLouSF 4s97r	12	54½	49½	52	......
StLouSF 5s06f	1270	52	40	41¾	— 5¾
StLouSwt 4s89X	32	65	59½	59½	— 1½
StLouSwt 4s89Y	23	63	57	59½	— 5½
StReg cv4⅞97	112	110	92¼	96	— 1
SanDGE 10.7s82	1513	105½	92½	97	— 4⅝
SanDGE 10s06	549	100⅞	77½	78¾	—20⅜
SanDGE 8¾07	405	90¼	70	72	—13⅛
SanDGE 9¾08	426	98⅝	77¼	78	—20½
Sanders cv5s92	598	67½	60	67½	— 1
SFelnd cv6¼98	4282	170	96	162	+67
SFeNRs 8.35s02	19	90	89	90	— 3⅜
SaFePip 8¾s80	721	98¾	94⅞	96 7-32	—3 25-32
SaulRlEs 8½80	2729	99	92	98 29-32	+6 1-32
SavEPw 12½81	1894	107	97½	100	— 3½
SavEPw 9.8s86	802	101	86	87¾	—10¼
SavinCp 11⅜98	1863	99½	81½	84⅛	— 8⅞
Schlitz 7.20s96	428	83½	65	65⅛	—17⅞
Schlitz 9½s99	90	100	96¾	97½	— 1
SciotoV 4s89	11	63	62⅛	62⅛	+ 3⅝
ScottFetz 9¼85	152	98⅛	95	95	— 2⅝
ScottP 8⅞s2000	871	96½	81½	83⅛	—10
ScottP 8¾s2000	64	96	80	80	—19¾
ScottP 8.15s85	506	95⅛	83¼	87½	— 6¾
SeaCont 10¼98	1357	94⅞	77⅛	79¾	—10¾
SeabAL 3s80	16	94	92	94	+ 4
SbdCsL 8.35s96	273	90¾	74	77⅛	— 7⅞
SbdCsL 7¾98	15	81	74¼	74¼	— 9¾
SbdFin 5¼s80	96	96	92	94½	+ ¼
SbdFin 5¼80r	2	92	92	92	......
Seafirst 9¼01	472	100	80⅛	81⅛	—16⅞
Seagrm 7¾s96	53	92¾	67	68	—19½
Searle 8.70s95	250	96	82	84½	— 6¼
Searle 7½s80	1743	98	93⅛	94½	+ 1¼
Searle 8s81	1611	97⅝	91⅛	93⅛	— 1¾
SearsR 4¾s83	3862	88⅛	80⅛	82¼	......
SearsR 4¾83r	208	86	79	82	......
SearsR 6⅜s93	1247	82⅞	69	70	—10⅝
SearsR 8⅝s95	3109	97¼	83½	85½	— 8⅞
SearsR 7¾s85	5544	96¼	82⅝	86¾	— 4¾
SearsR 8s06	785	90¼	74¼	75¼	—13¼
SearsR 7⅞07	1392	90	71	76	—11⅛
SearAcc 5s82	1491	90¾	82	86	— ¾
SearAcc 5s82r	112	89¼	81½	83	......

NEW YORK BONDS

Issue		Sales ($1,000)	High	Low	Last	Net Chg.
SearAcc	8⅜86	1586	95⅛	81	83⅞	− 8⅛
SeatrnL	cv6s94	7902	61½	45	55	− 1
SecuPac	7.7s82	1278	96	89	89⅝	− ¾
SecuPac	8.8s85	1360	98	84⅞	88	− 9
SedcoM	7.15s92	96	85	76	76	− 4
ServPL	3.20s82	16	90	82⅝	89	+ 4
ShearL	10¾03	7090	95	79¼	81¾	− 3¼
ShellOil	4⅝86	395	86¾	81	82⅛	− 2½
ShellOil	4⅝86r	62	85½	84⅛	85½	......
ShellOil	5.3s92	819	76⅜	66¼	67⅛	− 8
ShellOil	8½00	1734	94¾	78⅛	79	−13⅝
ShellOil	7¼02	762	86	66⅛	71	−12⅛
ShellOil	8¾05	1327	96¾	80	82¾	−12¾
ShellOil	8s07	549	90¼	74	78	−11⅛
ShellPip	7½99	113	86½	71⅛	74¼	− 6¾
SherW	5.45s92	32	70	60	60	−10⅜
SherW	cv6¼95	2820	77½	65	71	+ 6¾
Signal	8.85s94	2317	97	79½	79½	−15½
Sinclair	cv4⅜86	377	227	152½	227	+73
Sinclair	cv4⅜86r	6	199	167½	199	......
Sinclair	4.6s88	265	84½	70¼	70⅞	−12¾
Singer	8s99	4308	82⅞	58	61	−20
SkilCp	cv5s92	2814	90	69½	81¾	+22¼
SmithAO	10¼95	300	104⅞	90⅛	90¼	−10¼
Smithkln	8.15s84	864	96⅝	86¾	88¼	− 3¼
Socony	4¼s93	388	74½	53½	63⅛	− 8⅝
Socony	4¼93r	25	73½	71¼	73½	......
SohioBP	9¾s99	372	101½	86⅝	88	−11½
SohioBP	8⅝s83	1604	98	86	90⅝	− 3⅛
SohioPL	8¾01	914	93¾	79	79⅛	−11⅜
SoAtlT	6¾82f	1925	82	64⅝	74⅛	+10½
SoCenBl	8¼s04	2789	91½	74¾	76	−12
SoCenBl	7⅜s07	1092	82¾	68¼	69⅛	−10⅞
SoCenBl	7⅜s12	1015	83	67⅞	68¼	−10¼
SoCenBl	8¼s13	4154	91½	74	75	−12
SoCenBl	10s14	1500	106½	89¼	90	−12½
SoCenBl	9.2s10	3301	99⅛	81	83⅞	−13⅞
SoCenBl	8.2s83	1811	97⅝	87¼	91	− 2¾
SoCenBl	8¼17	1527	91	75⅛	75⅛	−12⅞
SoCenBl	8¼15	2135	91⅛	74	75	−13¼
SoCenBl	9⅝19	6524	103	86¾	88⅜	......
SoCenBl	9⅞18	2718	93	87¾	89	......
SoestBk	cv4¾97	1829	65	53½	54½	− 3½
SoestBk	10s83	1255	101½	90	92¾	− 6¾
SoBellT	2¾s85	273	74⅜	66	66	− 3½
SoBellT	2⅞s87	98	69⅝	65½	66	......
SoBellT	7.60s08	1936	86	70	70⅜	−10⅝
SoBellT	7⅜s10	2422	83½	66⅛	69	−10
SoBellT	7⅝s13	3897	85	69	71⅝	− 9⅝
SoBellT	8s14	6151	89⅞	72¼	73¾	−12¼
SoBellT	8¼s16	6185	91¾	75	76	−12⅛
SoBellT	8⅛17	2219	90½	72⅞	74¾	−12½
SoBellT	8⅝18	1306	96	78½	81	−10⅛
SoBellT	10.9s19	301	99¼	98¼	98¼	......
SCE	cv3⅛80	1497	94⅜	91	94	+ 3
SoCalGs	8.85s95	1091	94¼	75¼	77½	−15⅛
SoCalGs	7⅝s97	111	89	81½	81⅝	− 4⅞
SoCalGs	10¼81	1180	102¾	93	96⅛	− 3⅜
SoCalGs	8¾s96	89	96	74	76½	−21⅛
SoCalGs	8½97	215	91½	74¼	75	−16
SoCalGs	12¾99	135	106	103⅛	103⅛	......
SoCntGs	9½s95	541	98	78½	82⅞	−12⅝
SoNGas	7.70s91	690	90⅝	77⅛	78	−13
SoNGas	6⅞s79	157	99½	98 19-32	99½	+29-32
SoNGas	8¼s86	663	94½	80⅜	84	− 7
SoNEngT	8⅛08	2334	89	71	72⅞	−12¼
SoNEngT	9⅝10	1260	101½	84	85	−14⅞
SoPac	4½s81	1265	94	89¾	89¾	− 1⅝
SoPac	4½81r	231	93	88¾	88¾	......
SoPac	10.35s94	3692	103⅞	86½	90	......
SoPac	5¼s83	221	90	80	80⅜	+ ¼
SoPac	5¼83r	35	86½	82	82⅛	......
SoPac	2⅞s86	31	70⅝	67¼	67¼	− 1¼
SoPac	2¾s96	156	46½	41	41	− 4½
SoPac	2¾96r	1	43	43	43	......
SPacTr	8.2s01	115	88	86¼	86¾	− 1¼
SouRy	4⅝88	122	77	65⅝	65¾	− 8¼
SoRwy	4⅝88r	25	71⅝	64¾	64¾	......
SouRy	5s94	531	67⅛	54⅛	57	− 5⅝
SouRy	5s94r	98	65¾	53	57½	......
SouRy	8½01	202	90⅝	78	78	−14
SoRyMem	5s96	4	58⅛	58⅛	58⅛	− 7⅞
Sothlnd	9⅜03	17	99¼	95⅞	96	......
SouthF	10⅛s86	738	102½	89	91	−13
SwBcsh	9⅜01	293	98⅞	82	82	−14
SwBellT	3⅛s83	269	83¾	78	79	+ ¼
SwBellT	2¾s85	858	74¾	66	69¾	− ½
SwBellT	8¾07	6215	96¼	78½	80	−13⅜
SwBellT	6⅞11	2339	80	64¼	67½	− 8
SwBellT	7¾09	1652	88⅜	70¾	71½	−11¼
SwBellT	7⅜s12	2570	83¾	68½	70¼	− 9¼
SwBellT	7⅝s13	4593	85⅝	70	70¼	−11
SwBellT	8¼s14	4348	90⅞	74½	74¾	−12⅝
SwBellT	8.2s82	1750	98¾	89⅛	93¾	− ¾
SwBellT	9¼15	8798	100½	83	84½	−14½
SwBellT	8½16	3215	93½	77⅛	77½	−12⅞
SwBellT	8¼17	1741	91½	75⅛	75½	−12½
SwBellT	8¾18	1603	95⅞	79⅞	80	−12⅛
SwBellT	9⅝19	5643	103	86⅝	90	......
SwtnPS	9⅝86	150	101⅝	99	99	......
Sperry	8.2s96	359	92	78⅝	79⅜	− 9⅝
Sperry	cv6s00	5019	126½	105¼	120½	+ 7
SperryFn	7⅞85	750	93	77⅝	81¾	− 6¼
Spiegel	5¼s83	351	85½	76	78	− 3⅞
Spiegel	5s87	92	72	66	67¼	− 5⅛
Spiegel	cv4½90	36	64	57	58⅛	− 7¾
SquibbCp	8s85	1057	95¼	82	86½	− 5½
StaleyM	8⅛s95	73	90⅞	84	84	− 2
StaleyM	8⅞s01	35	91½	91½	91½	− 9⅝
StBrand	6¾s93	180	84⅞	70	70	−12¾
StBrand	7¾s01	126	91	80	88⅛	+ 1⅛
StOilCal	4⅜83	1937	86⅞	80⅝	82½	+ 1¼
StOilCal	4⅜83r	15	85⅛	80⅞	82⅞	......
StOilCal	5¾92	1475	78⅛	68	68⅛	− 7⅛
StOilCal	7s96	4223	85	72	73¼	− 8⅞
StOilCal	8¾05	2284	98¾	81	83⅛	−14¼
StOilInd	3⅛s82	63	87	80½	80½	− 2¼
StOilInd	4½s83	1882	87	79	82	+ 1
StOilInd	4½83r	119	86	79	81	......
StOilInd	6s91	2553	90	69	71½	− 8½
StOilInd	6s98	2752	77¼	63⅝	66	− 9
StOilInd	9.2s04	4097	101¾	84½	87¼	−12¼
StOilIn	10.4s89	12111	102½	98¼	99¾	− ¼
StOilInd	8⅜s05	1321	94½	78	79½	−13⅜
StOilInd	7⅞07	999	89⅝	73½	74	−13¼
StdOilOh	4¼82	11	91⅜	89¾	91⅜	+ 1⅝
StOilOh	7.60s99	358	86½	73	75	− 6
StOilOh	8½00	2909	93⅜	77½	78¼	−11¾
StOilOh	8s81	685	97⅞	91⅞	94¼	− 2¼

NEW YORK BONDS

	Sales ($1,000)	High	Low	Last	Net Chg.
StOilOh 6½81	642	93¾	87	87⅞	−2⅝
StOilOh 7½86	2507	91⅛	79	83½	−3
StOilOh 8⅜07	611	91	75	78	−9
StdPac 12¾99	70	103	100	100	......
StdPkg cv5¼90	2678	58	49½	52¾	+2¾
StdPkg 6s90	835	61¼	50	55	−1
StaMutInv 9s80f	285	97	91	93⅛	+5⅛
StatStBost 9s83	135	97¾	87	88	−10¼
StaufCh 8⅛s96	291	90⅞	77	78¾	−12¼
StaufCh 8⅛s86	377	95	81	82⅛	−8⅞
StaufCh 8.85s01	207	94½	80½	82	−17¾
SterlBcp cv6½90	2179	78	60	64½	−½
Steven cv4s90	663	75	71	72⅛	+⅛
Stokely cv4¼82	26	104	88¾	96½	+1⅞
Stokely 8s98	72	86⅛	73	73½	−16½
Storer cv4½s86	3320	145	90½	135	+40½
StudWor 9.35s03	75	100½	83¼	83¼	−17¼
SuavSh cv5s97	719	57	46	48	+1
SunCh 11½96	516	103⅞	86½	91⅞	......
SunCh 11¼96	222	95	83¼	87	......
SunCo 7⅛s2002	143	83⅝	70	70	−12
SunCo 9.15s86	192	97¼	89	92½	......
SunOil 4⅝s90	237	84⅞	76	81¾	+2¾
SunOil 8½s2000	707	93½	76	76	−16⅛
Sunbm 5½s92	101	75½	68	68	−4½
Sundst cv5s93	1192	110¾	76	109¾	+33¾
Sunray 4¼s87	78	83¾	75	75	−7⅛
SunsM cv6½89	11106	190	82	190	+103¼
SupOil 3¾s81	2	91⅛	90¼	91⅛	−4⅞
SupOil 9⅝89	1877	98¼	89	94⅛	......
SupOil 9⅝99	349	97⅞	85⅞	90⅝	......
Sybron cv4½87	508	79⅞	71¾	73	−¼
Sybron 7½s94	303	90½	78	78	−9½
Sybron 9⅛s85	320	98½	86½	86½	−12¼

T

	Sales ($1,000)	High	Low	Last	Net Chg.
TRE cv9¾02	4358	203½	104⅛	203½	+98½
TRW 5½92	38	71	62	62	−9½
TRW 8⅛04	1	84	84	84	−5
TRW 9⅞00	51	101⅛	92⅝	92⅝	−14⅞
TRW 9s85	275	99	88½	91	−6
TalcotN cv6s94	7553	59	40	50	+10
TalcotN 13¾99	384	96	89	92	......
Talley 8⅛s97	183	84	73	73	−11
Tandy 10s94	1702	97	81⅛	84½	−7
Tandy 10s91	3745	97½	81	85	−6½
Tandy cv6½03	17324	116	86⅝	115	+6½
Tappn cv5½94	1506	70	54½	54½	−8½
Tektrnix 8⅞83	146	97⅞	88⅛	88⅛	−6⅞
Teledy 6½s92	132	86	66¼	70	−11
Teledy 7⅞s94	200	87	72⅝	72⅝	−11½
Teledy 7s99	3980	81½	68	68⅛	−2¼
Teledy 10s04	6876	99⅝	82	87¾	−6⅞
TelexCp 9s96	3267	78⅞	65¾	67	−7
TelexCp 11¾96	614	98¼	83½	84¾	−12⅝
Tennco 7s93	4384	83½	66	67½	−12⅝
TenncInc 8¼91	1007	94⅜	81⅛	83¾	−8½
TenncInc 9s94	1215	98	79¼	84⅛	−11½
TenncInc 9⅞00	794	103¾	88	90	−11½
TenncInc 8⅜02	205	90½	78	78	−12½
TenncInc 8⅞03	198	95⅞	89	89	−5⅞
TenncInc 9½04	277	100⅝	96	96	......

	Sales ($1,000)	High	Low	Last	Net Chg.
TVA 7s97	2727	83½	69	70¼	−8⅞
TVA 7s97r	1027	83	69	69⅛	......
TVA 7.35s97B	3082	85½	69¾	71⅜	−11⅜
TVA 7.35s97Br	979	86⅜	71⅛	71⅜	......
TVA 7.35s97C	3751	86⅛	71	71⅜	−9¾
TVA 7.35s97Cr	853	86⅛	71⅛	71⅜	......
TVA 7.40s97D	2159	86	71¼	72⅛	−10⅛
TVA 7.40s97Dr	797	86	71	72	......
TVA 7.35s98A	1683	85¾	71	71½	−10¼
TVA 7.35s98Ar	518	91	71½	71½	......
TVA 7.35s98B	2507	85⅜	71⅛	71⅛	−10⅞
TVA 7.35s98Br	788	85½	71⅛	71⅛	......
TVA 7¾s98C	3137	89¾	73½	75	−11⅜
TVA 7¾98Cr	832	89	73⅝	74¼	......
TVA 7.70s98	1947	89	73⅜	74	−11
TVA 7.7s98r	464	88¼	73⅛	73½	......
TVA 8.05s99	3662	95	76	76⅝	−12⅞
TVA 8.05s99r	1373	94½	76⅜	76¾	......
TerASL 2⅞s85	42	70	66	66	−⅝
TerASL 4s2019	25	49	46	46	−4⅛
Tesoro cv5¼89	13082	120	66⅜	115½	+49¼
Texaco 5¾s97	2297	74	63	63½	−8
Texaco 7¾2001	2759	88¾	73¾	75⅛	−11⅜
Texaco 8⅞s05	1756	97⅝	82⅛	82¼	−13¼
Texaco 8½s06	1969	95	76½	80⅝	−10⅜
TexNO 3⅜s90	18	57⅛	55⅛	55⅛	−1⅞
TexPac 3⅞s85	54	88¾	88⅜	88⅝	+⅞
TexPac 3⅞85r	1	86	86	86	......
TexPac 5s2000	51	61⅜	55	55	−6⅜
TexPac 5s2000r	1	60	60	60	......
TexCBn 8⅞s85	349	97⅞	89	89½	−8½
TexasCo 3⅝s83	619	84	76	79⅝	−1⅜
TexGsTr 8¾84	380	99	86½	94	−4½
TexGsTr 7⅞86	296	94	81⅛	81¼	−11¾
TexInd 7¾s92	577	84	74¼	74¼	−3⅞
TexInst 4.80s90	17	75	61¼	61¼	−15
TxInt 11½old	1684	96½	79⅞	86½	−6
TxInt 11½new	1046	97⅜	79	85¼	−7⅝
TexO&G 7½s92	65	88	75⅝	75⅞	−10⅛
TexO&G 7⅜s92	109	91	74	82¾	−5¼
TexO&G 8¼s94	20	88½	79	79	−15⅝
TexO&G 10¼95	88	104	95	95¼	−9¾
TexO G 8¼97	50	90½	88	88	−5
TexO&G 9s98	50	97	77½	77½	−19½
Texgulf 9⅜s00	45	98½	96⅝	96⅝	−7⅜
Texgulf 8½02	68	89⅞	76	78	−13
Texfi cv4¾96	8261	50¼	29½	31½	−14½
Textron 5⅞s92	286	87¼	75	75	−8⅞
Textron 8½s80	349	98½	93⅜	96	+½
ThoRW 5¼s86	61	82⅞	75	77⅛	−6⅞
Ticor 9½08	102	97	74¼	75⅛	−24⅜
TideOil 3½s86	72	73½	70½	70½	−1½
TimeInc 7⅞s86	242	94⅞	82¼	83⅛	−6⅝
TimeInc 9⅜09	48	100½	90	90	......
TimeM 9⅝86	154	95½	92¾	94	......
ToledEd 9s00	824	92½	70⅛	73	−19
ToledEd 7½02	448	79½	61	64⅞	−10⅛
ToledEd 8s03	246	81⅞	63½	64⅜	−15⅝
ToledEd 10s82	1496	103	92½	95⅞	−4⅛
ToledEd 9.35s85	422	99⅞	85	85⅞	−12
ToledEd 9.65s06	293	97¼	80	80	−16⅛
ToledEd 9⅝08	45	95	95	95	......

		Sales ($1,000)	High	Low	Last	Net Chg.
TrailFin	8.2s87	135	91	78	78	−10½
Trane	cv4s92	322	75	64	64	− 5
TWA	cv4s92	10319	50⅝	40	40⅝	− 7⅜
TWA	cv5s94	17949	62	44	45¾	−12¾
TWA	10s85	1814	100	87⅛	88	−12
TWA	11s86	2334	103	90	94⅝	− 6⅜
TW Cp	10s99	6126	73⅞	66	70	......
Transa	9⅜s83	499	100¼	90½	90½	− 7
Transa	8⅝01	43	92½	77	77	−17
Transa	10⅝04	422	103	89	89	......
TranFin	7⅞s91	808	89	73¾	76⅝	− 5⅞
TranFin	8½01	564	97⅜	88	92	− 2
TranFin	9¼87	518	99½	85	86	−12
TranFin	9⅞99	96	99	95	95	......
TranFin	10¼85	150	96⅜	92	93½	......
TrnGPL	6¼87	198	81	70⅛	73	− 8¼
TrnGPL	8⅜89	352	91	77	80	− 7
TrnGPL	8⅞90	1028	94⅝	77⅞	79½	−11½
TrnGPL	9½90	831	98⅞	80⅛	84⅛	−11
TrnGPL	8⅞91	413	93⅛	79¼	80⅛	− 7⅞
TrnGPL	9¾86	843	100	87½	89⅝	− 8⅞
Traveler	8.7s95	1833	96½	77⅛	80½	−15
TriSoMt	cv7s92f	1843	61½	49	50¼	− 5⅜
TriSoMt	7¾80f	2179	98	84¼	98	+15
TucsnEP	8⅛01	350	86½	71	71	−12⅝
TucsnEP	7.55s02	95	80⅞	64	64¾	−16¼
TucsnEP	7.65s03	131	80⅞	63	63⅛	−14⅞
TucsnEP	10½05	303	106	89	90	−14
TCFox	10¼98	2302	100	80	81	−12
Tyler	10½98	55	100	100	100	− 2

U

		Sales ($1,000)	High	Low	Last	Net Chg.
UGICp	11s90	112	105	94⅞	99⅝	− 3⅜
UMC	9½s99	129	95¾	84	84	− 9½
UNC Res	12s98	794	102¼	86⅛	86⅛	......
UT Cred	8⅝86	250	96	85	88	− 2
UT Cred	8¼02	24	88	77⅛	77¼	−12¼
UT Cred	8.85s03	33	96	78	78	−19⅜
UVInd	5⅜s95	4281	98½	60	68	+ 2¾
UVInd	9¼87	650	99½	92	93⅞	+ ⅛
UVInd	8⅞97	65	102	97	97½	+ 2
UnBk	7.35s01	861	78	58	62½	− 9
UnCamp	7½96	241	88½	73	73	−15
UnCarb	5.30s97	1152	76	60⅛	62	−11
UnCarb	8½s05	1383	94½	70¾	76	−16
UnCarb	7½06	294	85	70⅝	74¼	− 8¾
UnCarb	9⅛86	1261	97⅞	89	92½	......
UnCarb	9.35s09	618	97½	85⅛	86⅞	......
UnComm	7⅞97	679	80	58	63½	−11½
UnCorp	cv6s88	290	76	63¾	68	+ 4¼
UnCorp	cv7s89	632	98	72	84	+13½
UnElec	2⅞80	154	92¼	88	91	+ 3⅜
UnElec	2⅞80r	10	89	89	89	......
UnElec	3¼82	32	84	81½	84	+ 2½
UnElec	10½s05	925	104	86½	93	− 7
UnElec	8⅞s06	115	91⅞	81¼	82	−10
UnElec	8⅝07	234	88¾	70¼	70¼	−21
UnOCal	4⅞s86	164	80	72	72⅝	− 4⅜
UnOCal	4⅞86r	7	77½	76	77½	......
UnOCal	6⅝s98	694	84⅞	70	71¾	− 8⅜

		Sales ($1,000)	High	Low	Last	Net Chg.
UnOCal	8⅜s82	1582	98	89½	92	− 2⅛
UnOCal	8⅜s85	1723	97⅝	84⅜	89½	− 3⅛
UnOCal	8⅝s06	518	95½	79	80¼	−12⅛
UPacCp	cv4¾99	688	270½	182⅛	251	+73½
UPacCp	8.6s83	1719	99	87	93½	− 1¼
UPacCp	8.4s01	138	91⅞	88¼	88¼	− 2⅛
UnTank	5s86	47	80½	71½	71½	− 8⅝
Uniroy	cv5½96	14576	57¾	36¼	40½	− 7½
UnAirL	cv5s91	1613	75½	56	59½	− 9
UnAirL	cv4¼92	2045	63½	48	48⅛	−13⅜
UBkCpNY	7¾87	339	90	78	78	−11¼
UBrand	7¼88	846	76	70⅜	72¾	− 2¼
UBran	cv5½94	8264	59	48⅜	49	− 5
UBran	9⅛98	4178	82	67	72	− 2
UtdFin	8⅛87	350	90⅝	78	78½	− 3½
UnGasCp	5s80	58	93¼	91	93	+ 2
UnGasCp	5⅛80	7	91⅞	89¾	91½	− ½
UnGasCp	4⅝82	41	88	84	84⅞	+ ⅞
UnGasP	5⅝s80	131	93¾	89	92⅛	− 1⅜
UnGasP	5¾s80	37	95½	88½	93¼	+ 3¼
UnGasP	5⅜s82	34	90⅜	89½	89½	+ 1½
UnGasP	8⅜s89	705	92	76	82	−11¾
UnGasP	10⅛90	372	102	91	93½	− 8
UnGasP	9¾s90	119	100	97	97	− 3
UnGasP	9½s84	614	99¼	89	90	−10
UnGasP	10½89	342	102	95⅛	95⅛	......
UJerBk	7.95s79	48	98⅞	98	98⅞	+ 1⅛
UJerBk	7¾s97	241	79½	63	65⅜	−10⅝
USGyp	4⅞s91	196	68¾	53	56	− 7⅛
USGyp	7⅞s04	15	86	84¼	85	− 6¾
USHom	cv5½96	3112	73	55½	67	+11
USHom	10s87	1738	97¾	80½	83½	− 9½
USInd	7¾s97	97	84	69½	69¾	− 5¼
USNBOr	7¾02	156	83⅛	71	75⅜	− 7¾
USNBOr	6⅞80	175	96½	92¾	95	+ 2¾
USPlywd	4⅝90	5	74¼	74¼	74¼	+ 1½
USPlywd	8s96	560	88¼	73	73	−12¾
USRlty	cv5¾89	822	68	53¾	63	+ 8½
USSteel	4s83	976	86	75¼	77¼	− 4⅝
USSteel	4s83r	18	82	77	78⅜	......
USSteel	4½s86	1357	79½	66⅜	67⅛	−26⅞
USSteel	4½86r	59	78⅜	65¼	67	......
USSteel	4⅝s96	12097	65⅞	48⅜	50⅝	−13⅜
USSteel	7¾s01	1363	87¾	69	69½	−15½
USSteel	cv5¾01	14712	74¼	53	55¼	−12½
USTrNY	8½01	88	88	83	86	− 8
UnTech	4½s88	17	71	64	64¼	− 3⅜
UnTech	cv5⅜91	95	70	61⅞	66⅞	− ¼
UnTech	4½92	178	64⅝	53	56⅜	− 8¼
UnTech	9s85	1200	101	88⅛	91	− 8
UnTech	9⅞00	76	104	90	93	−11
UnTech	9.45s89	1906	102⅞	88⅛	91	......
UnTech	9⅜04	314	101	88	90⅝	......
UTelecm	9.4s99	164	95	91⅝	91⅝	− 4⅞
UTelecm	11s00	112	104½	97¼	97¾	−12½
UnTelOh	7.6s02	109	81½	75	75	−15
UnTelOh	9s08	81	93	92	93	− 1½
UnUtils	cv5s93	1473	78	70	71⅝	− ½
Univar	9¾s99	110	100	89⅞	91¼	− 8¾
Upjohn	8⅛s85	992	96½	85	86	− 7½
USLIFE	9½s85	940	100¼	88⅛	91	− 7
UtahPL	10¼83	1097	105	93⅛	96¾	− 6¼
UtahPL	10¼05	887	104½	93	93	−11⅛
UtahPL	9s06	128	94¼	81⅛	83	− 9⅜

NEW YORK BONDS

		Sales ($1,000)	High	Low	Last	Net Chg.
UtahPL	8¾06	160	92¼	76¼	81	—11¼
UtahPL	8⅜06	283	89	70⅛	76	—12
UtahPL	8½07	276	89½	82	86	— 4¾
UtahPL	8¼07	163	92	72¼	73⅞	—12⅛
UtahPL	9⅛08	98	99	83	83	—15⅛
UtahPL	10⅛09	89	100	90⅛	90⅛	......
UtahPL	10¼09	110	96	90	95	......

V

Valero	7¾91	1241	83	69	73	— 1½
Vendo	cv4½s80	31	91	90⅛	90½+	⅜
Verex	cv4¾92	788	60½	57¾	59¼—	¼
VerYNuc	9⅝98	1566	99	74¼	80	—16⅝
VerYNuc	8½98	200	93	76½	81⅛	—10⅝
VaSw	5s2003	45	53½	50⅝	51	+ 6
VaEPw	2⅜s80	235	94	89¾	92¼+	2¼
VaEPw	3⅜s81	193	88	85	88	+ 3½
VaEPw	3¼s82	107	83½	80	81⅝+	⅜
VaEPw	cv3⅝86	1976	71½	60⅝	61	— 7½
VaNBncsh	8⅞86	343	95	80	85	— 6
VirgRy	4s83	74	82⅛	80⅛	80⅛+	⅛
VirgRy	3s95	181	76	61⅛	61⅛	—13⅞
VirgRy	6s08	499	64½	53⅞	54¾	—10¼
VaRwy	6s08r	97	63¼	52¼	52¼	......
Vought	6¾s88	786	72½	59	61⅝—	5⅞
VulcM	10¼2000	85	100¼	97	97	— 6½

W

Wabash	4s81	21	91	89⅛	90⅜+	2⅝
Wabash	4s81r	3	88	88	88	......
Wabash	4¼s91	60	64	51	51	— 9⅞
WagEl	6⅞s86	485	90⅞	68	72	—18⅜
Walgrn	cv5½91	2428	106	83	101½+	13½
WaltrJ	cv5¾91	2469	90¼	75	80	+ 2
WaltrJ	7⅞97	10	91¾	91¼	91¾+	2¾
WaltrJ	8s98	410	81⅜	65	67	— 9
WaltrJ	9½96	166	96¾	76⅛	76⅛—22	
WarnC	8⅛86	330	93⅛	81	83⅛—	1⅞
WarnC	9⅛96	1183	94	75¼	78¾	—10¾
WarnL	8.30s85	1156	97½	84	90	— 2½
WarnL	8⅞2000	228	99	80	85	—13⅝
WeanU	5½93N	900	64	56⅞	58¾—	2¼
WeanU	cv5½93	1634	65	57⅛	58	— 1½
WellsFar	7⅜97	321	83¾	73	73	— 5⅛
WellsFar	8.6s02	267	90½	78	79	—11⅞
WellsFar	9.55s85	1826	101¼	91¼	94¼	......
WtPtP	cv7¾00	3043	98½	81	90⅛—-	⅛
WAirL	cv5¼93	7046	102½	69⅞	92	+12
WAirL	10s84	1681	100	94¼	96¼+	¼
WnAuto	7.85s96	196	86⅞	68	70½—16⅛	
WnBncp	7¾s82	704	97	88¾	90	— 1⅜
WnBn	cv7¼04	1377	102⅞	89½	96	......
WnCoNA	10⅞97	5857	98	80¼	83	— 8⅛
WCoNA	10.7s98	2062	97	79⅛	81½—	8
WnElec	8⅜s95	2480	95⅞	76¾	79⅝	—13⅜
WnElec	7½s96	807	89½	75	75	— 9¼
WPI	10s01	1155	95¾	80	80	—12
WUCp	cv5¼97	8343	60	49	51	+ ⅞
WUCp	10¾s97	3542	96½	75¼	79½	—10⅜
WnUnT	5¼87	238	77⅞	66½	66½—	5½
WnUnT	6½89	726	80%	61⅞	64	—14½
WnUnT	5s92	370	67	51	52	—12⅛
WnUnT	8.45s96	630	89	69	69¾	—14¼
WnUnT	7.90s97	645	82½	64	67¼	—12¾
WnUnT	8.10s98	367	86	67¼	67¼	—16¾
WnUnT	12½s81	3218	105	97⅜	99	— 4⅛
WnUnT	10s86	1286	101¾	81	82	—17⅛
WnUnT	9¼97	106	89½	74	74	—14¼
WestgCr	8½s91	210	89	73	73	— 7½
WestgCr	7.6s97	356	80¼	68½	69	— 9
WestgEl	5⅜s92	538	73	59	64	— 8
WestgEl	8⅝s95	2738	94⅝	76½	81	—10⅛
Wstvaco	9¾00	111	103	96	96	— 6
Wstvaco	9s83	119	99	89	89½	—10¾
Weyerh	5.20s91	633	86½	76	76	— 9¼
Weyerh	7.65s94	773	90¼	77⅞	78⅛	— 9⅜
Weyerh	8⅝s00	1074	95½	78½	80¾	—12⅜
Weyerh	8.9s04	487	98	80	86	—11⅝
Weyerh	8s85	4029	95⅞	84	88½—	4½
Weyerh	7.95s06	368	91½	75	76¼	— 8¾
Whirl	5¾s86	80	81¼	79	80⅛+	1⅛
Whirl	3½s80	10	93¼	90	93¼+	3¼
Whirl	9⅝s00	41	101	90	90	—10½
WhitCn	cv5½92	7966	118	72½	90	+17
WhitMt	cv5¼93	5529	57	44	53⅝+	2⅝
WhitMt	7¼93	3559	69	48	63	+ 5½
Whitkr	cv4½88	493	83¼	68	73½+	5½
Whitkr	10s88	819	99½	82	85⅜—	6⅜
Whitkr	9⅝93	92	90	80	80	—10
Whitkr	10s96	1362	95	77¼	78⅛—	8⅞
Wickes	6s92	28	75	70	70	— 6¼
Wickes	cv5⅛94	1295	64¾	53½	54½—	3¾
Wickes	7⅞98	36	83¾	81	83¾+	1½
Wickes	cv9s99	2826	101¾	89	92½	— 3½
Wickes	8⅞97	11	86¼	86	86¼—	5¾
Wickes	8¼84	287	92¾	82⅛	83⅝	— 4⅝
Wickes	10¼04	17	82	82	82	......
WillRs	cv5¼89	519	78	73	73	— ½
WillRs	cv4½92	292	66	61½	64¾—	⅛
WmsCos	10¼83	3413	102	90⅛	94	— 4½
WmsCos	9.4s96	388	97	80⅛	83	—11¾
WilsFd	7⅞97	599	65½	53	54⅝—	7⅜
WilsFd	9½84	260	91	80⅜	82⅝—	2½
WilsFd	8⅜97	720	69	55	59⅛—	6⅞
WisCen	4s2004	72	51	43	43⅜—	7¾
WisCen	4s2004r	6	49⅛	48¼	48¼	......
WisCen	4½s29f	130	49	42	42⅛—	5⅝
WisCen	4½s29fr	37	47	44	45	......
WiscGs	10⅝s95	169	107½	88	89⅛—15⅛	
WiscTel	7¼07	1023	81⅝	67	67⅝—11¾	
WiscTel	8s14	1670	90	73	73½—11	
WiscTel	8¼16	817	91⅜	75	75	—13½
Witco	cv4¼93	596	92	74	92	+17½
Womet	cv5½94	2398	158½	93⅞	138½+	44½
Woolwrth	7⅜96	1353	83⅞	71⅛	71½—	9½
Woolwrth	9s99	2910	96½	79	81⅜—	9⅞
WorldAwy	10s93	1983	94	75½	76	—14⅝
WrldAir	11¼94	3133	100	81½	84¾	—10½
WyleL	cv5⅛88	1281	80	66	71⅛+	2⅜
Wyly	cv7¼95f	1362	70	55	57	+ 1¾

X

Xerox	cv6s95	10199	97	82	82½+	¾
Xerox	8.2s82	3254	98	88	90⅝	— 3
Xerox	8⅝s99	482	99⅞	81	81	—15½

NEW YORK BONDS

		Sales ($1,000)	High	Low	Last	Net Chg.
Y						
YngsST	4½90	350	55	45⅜	45⅜	— 4⅝
YngsST	4½90r	5	45⅞	45⅞	45⅞	......
YngsST	10½00	3669	84⅞	67½	72½	— ½
YngsST	9⅞91	2750	81⅞	68	71	— 3¾
Z						
Zapata	cv4¾88B	1826	142½	65	135	+72
Zapata	cv4¾88	2684	143½	64	140½	+77½
Zapata	cv4¾88C	2967	144½	64	135	+71½
Zapata	10⅞01	4082	92¾	75¾	78½	— 5⅜
Zapata	10¼97	7918	87⅞	69	76	— 4
ZapatOff	7⅞85	150	97	84⅛	85	— 6¾
ZapatOff	8⅝96	120	96	82½	82½	—12½
Zayre	cv5¾s94	2332	69⅜	56⅛	61½	— ½
Zayre	8s96	122	82¼	60	67⅛	—14⅞
Zurn	cv5¾94	1955	86	72½	86	+12½

vj—In bankruptcy or receivership or being reorganized under the Bankruptcy Act, or securities assumed by such companies. xi—Ex interest. ct—Certificates. st—Stamped. f—Dealt in flat. x—Matured bonds, negotiability impaired by maturity. nd—Next day delivery. xw—Ex warrants. fn—Foreign issue subject to interest equalization tax.

FOREIGN BONDS

A

	Sales ($1,000)	High	Low	Last	Net Chg.
Austral 5¼s80	28	98	92	98	+ 1
Austral 5½s81	54	100	93	99	+ 2
Austral 5½82Jn	55	100	93	93¾	− 2¼
Austral 6½s82	35	97	94½	94½	− 1½
Austral 5½82Jl	68	94⅝	91	94½	+ ½
Austral 5½82Ot	37	94	92	93½	− ½
Austral 5½s85	33	93½	91	92¼	− ¾
Austral 5¾s85	52	94⅛	90½	92¼	− 1¾
Austral 8.45s80	979	98¾	95½	97	− ¼
Austral 8¾s83	576	98¾	91⅛	93¼	− 5¼
Austral 8¼81	492	99	92	94	− 1
Austral 8¾86	823	97½	86⅞	90	− 8¾
Austral 9⅛96	458	98⅝	83	84	−13⅝
Austral 8⅛83	1049	95	86	90	− 4¼
Austral 9s96	522	98	82	85½	−10¾
Austral 8¼84	676	99	85	85	−10
Austral 8⅞97	278	97	80½	83⅞	−11⅝
Austral 8.45s83	200	97	92½	92½	− 4½
Austral 9⅛93	525	98½	85	86	−12¾
Austria 9s82	517	99⅝	92	93	− 5
Austria 7.8s84	465	93¾	85	87¾	− 5¾
Austria 8⅝92	239	95	81	81½	−14

B

	Sales ($1,000)	High	Low	Last	Net Chg.
BanObra 9¼82	23	98⅜	90	90	− 6½
BanqF 9⅛80	604	99¾	96	98¼	......
BanqF 9⅛80r	10	98	98	98	......
BanqF 8.95s83	432	98½	89⅞	93	− 4
Brazil 10s81	244	99⅞	93	93½	− 2½
Brazil 9s82	213	96¾	86⅜	86⅜	− 9⅛

C

	Sales ($1,000)	High	Low	Last	Net Chg.
CaisseAut 9⅛97	219	97½	84½	84½	−13¾
CaisseN 9⅛s80	462	99½	87⅞	98⅞	+ 1⅞
CaisseN 9⅛80r	25	97 13-16	97	97¼	......
CaisseN 8⅞s84	448	98	88	90½	− 7½
CaisseN 7.9s81	279	96½	90	90	− 6¼
CaisseN 9.3s96	300	98⅝	85	85	−14½
CaisseN 9.3s96r	15	98	96	98	......
Cuba 4½77mf	842	20	13	19	+ 4⅛
CzechSt 6s60mf	164	49	35	49	+ 9

D

	Sales ($1,000)	High	Low	Last	Net Chg.
Denmrk 6¾s82	6	99	97½	99	+ 1½
Denmrk 6s85	6	82	82	82	−14

E

	Sales ($1,000)	High	Low	Last	Net Chg.
EleFran 8⅞s83	599	98½	90	95¾	− 1¼
EleFran 8.9s86	390	98	85	89	− 7
EleFran 8½87	118	94	84	84	−11
Erikbg 6s80	3	96¼	96¼	96¼	+ 1⅛
Estonia 7s67mf	60	20	6¼	20	+13¾
Eurofima 9s82	371	99	91	92½	− 6
EurpCS 5⅜80	5	97½	93⅝	93⅝	− 3⅜
EurpCS 8¾79r	10	98⅛	97¾	98⅛	......
EurpCS 8⅜s83	755	97⅛	89	91⅛	− 4⅝
EurpCS 8⅜83r	46	96	90	90	......
EurpCS 8⅞s80	760	98⅞	93⅛	96½	......
EurpCS 8⅝84	617	97	89	90¾	−13¼
EurpCS 8⅝84r	13	96	95	95	......
EurpCS 9s96	396	96⅝	81¾	81¾	−13¼
EurpCS 8⅛84	1182	94½	85	85⅛	− 6⅞
EurpCS 8⅞96	589	96½	80	81	−13½
EurpCS 9⅛97	455	97½	80	80	−15
EurpCS 9⅛97r	6	95⅝	93¾	95⅝	......
EurpCS 9¾99	189	97½	85½	85½	......
EEC 7¾81	218	96¾	90	93	− 2⅝
EEC 7⅝82	276	95¼	89¾	90	− 4½
EEC 11.6s99	25	100¾	98	98	......
EurpInv 6s85	38	88	86	86	− 2
EurpInv 9s82	710	100½	88½	88½	−10
EurpInv 8⅝84	655	97⅜	88½	90	− 4½
EurpInv 8⅞96	372	95¾	76¾	78	−18
EurpInv 9s97	287	95⅞	90½	90½	− 5½
EurInv 9s97r	57	95⅜	92½	92½	......
EurpInv 7¾84	325	92¾	85⅜	85⅜	− 7⅝
EurpInv 8⅜92	321	92¼	78½	78½	−14¾
EurpInv 8⅝85	458	96½	87⅛	89	− 7⅜
EurpInv 9¼98	329	98½	81½	81½	−16
EurpInv 8⅞86	410	97½	85	87¾	− 7¼
EurpInv 9⅛98	392	96¼	77½	77½	−19½
EurpInv 9⅝86	275	100¾	89¼	92¼	......
EurpInv 9⅞99	143	101	96	96	......
EurpInv 9⅞87	222	102	92	92	......
EurpInv 10s99	63	102	100½	100½	......
EurInv 10⅛87	160	94⅞	90¾	93	......
EurInv 10.15s99	351	91	87	87	......

F

	Sales ($1,000)	High	Low	Last	Net Chg.
Finland 6½s80	16	98	97½	97⅝	+ ⅛
Finland 7⅞81	102	96½	89⅜	92	− 4½
Finland 8¾92	282	94½	81	81	−14
Finland 8¾83	137	97	90	90½	− 5½
Finland 9s88	155	95½	85	85½	......

G

	Sales ($1,000)	High	Low	Last	Net Chg.
Germany 5s80	24	106	100	100	− 9

H

	Sales ($1,000)	High	Low	Last	Net Chg.
HydroQue 10s08	39	99	95	98⅛	− 1⅞

I

	Sales ($1,000)	High	Low	Last	Net Chg.
IntStdEl 6s86	17	79	75	75	− 3¼

J

	Sales ($1,000)	High	Low	Last	Net Chg.
Jamaic 6¾s81	4	92	91	91⅜	+ 1⅜
JapanDv 6½80	13	93	91¼	91¼	− 6½
JapanDv 8½80	590	99	97	98⅜	+ 1⅜
JapnDv 8½80r	5	12⅛	12⅛	12⅛	......
JapanDv 8¼81	490	97¾	93	93¾	− 3
JapanDv 8¼81	25	97	97	97	......

M

	Sales ($1,000)	High	Low	Last	Net Chg.
Mexico 6½s80	15	98	93	94	− 4
Mexico 6⅞s81	36	95	90½	92⅛	− 3⅞
Mexico 7¼s81	14	94⅝	93½	93⅝	− 4⅜
Mexico 7s82	30	95	86	86	− 8
Mexico 7s82r	1	95	95	95	......
Mexico 8½s87	42	96¼	87	87	− 9¼
Mexico 8⅛s97	1072	85	69	69	−10

FOREIGN BONDS

	Sales ($1,000)	High	Low	Last	Net Chg.
Mexico 10s80	812	100½	97	98 13-16	—1 3-16
Mexico 10s80r	46	100	97	97	
Mexico 10s90	23	98	97⅛	97⅝	
Mexico 9½s81	318	100	93	93	— 4
Mexico 9½81r	5	97¾	97¾	97¾	
Mexico 9s82	449	98¼	90	90	— 5¾
Mexico 9s82r	77	97¼	95¾	97¼	

N

	Sales ($1,000)	High	Low	Last	Net Chg.
NZeal 5¾s85	6	92	92	92	— 2
NZeal 6½s86	2	96	96	96	
NZeal 7½84	317	93¼	84½	84½	— 7½
Nippon 7⅞s81	593	98	91½	94¼	— 1¾
Nippon 7⅞81r	14	96	95½	95½	
Nippon 7⅝82	477	95⅜	89¾	91¼	— 3
Nippon 8⅛87	540	94	84	84¼	— 8¼
Nippon 7¾84	493	95	80	80	—12½
NorgesKb 9⅛98	191	96¼	77¼	82½	—14
NorgesKb 9⅞99	5	87⅜	87⅜	87⅜	
Norway 8⅞s80	1147	100½	94 17-32	97	— ¼
Norway 8⅞80r	22	99	97	97	
Norway 8.85s80	1263	99	93⅞	96⅞+	⅜
Norway 8¼81M	944	98	92¼	94 +	⅞
Norway 8¼81J	571	97⅝	92¾	93¼	— 3¾
Norway 7⅜82	530	95	88¾	91	— 3½
Norway ⅞½82	177	95¼	88	90½	— 2½
Norway 8⅛83	245	96¼	83	83	—11½
Norway 9¾84	507	102	93½	95	

O

	Sales ($1,000)	High	Low	Last	Net Chg.
Oslo 5¾s85	19	93¼	91¾	91¾	— 2¾
Oslo 8¾97	113	96¾	82	82	—12½
OsterrchBk 8s81	178	97	91	91	— 5

P

	Sales ($1,000)	High	Low	Last	Net Chg.
Philipp 6½s80	4	95	94 31-32	95	
Portugal 5¾85	16	91	90	91	+ 1

S

	Sales ($1,000)	High	Low	Last	Net Chg.
SocNChF 9⅛80	251	99½	95	97 1-32	—31-32
SocNCF 8¾s83	434	98	89½	89½	— 6
SocNCF 9s92	158	96	87	87	—11½
SoEurP 5½s82	63	94	88	88	— 2
Stckhlm 8⅞92	276	96	80⅞	84	—10
Stckhlm 9¾94	213	100½	89½	89½	
Sweden 8½87	431	96	80	84	—11½
Sweden 8½87r	5	92	91	91	
Sweden 9s97	502	96½	80	89	— 5¾
Sweden 9¼98	545	99½	82½	82¾	—16½
Sweden 9½86	298	100	86⅛	92⅛	

T

	Sales ($1,000)	High	Low	Last	Net Chg.
Tokyo 6s80	29	96	92⅛	93⅛	— 3⅞

U

	Sales ($1,000)	High	Low	Last	Net Chg.
UK 8½85	352	96¾	89	90	— 6¼
UK 8⅞93	220	98	83	83	—14⅜

V

	Sales ($1,000)	High	Low	Last	Net Chg.
Venezla 6¼s80	6	93½	93½	93½	
Venezla 7⅞82	135	92¾	87⅛	90	— 7½
Venezla 8⅛84	69	92	83⅜	83⅜	— 8⅝
Venezla 8¾92	114	92½	77¼	77¼	—16

vj—In bankruptcy or receivership or being reorganized under the Bankruptcy Act, or securities assumed by such companies. xi—Ex interest. ct—Certificates. st—Stamped. f—Dealt in flat. x—Matured bonds, negotiability impaired by maturity. nd—Next day delivery. xw—Ex warrants. fn—Foreign issue subject to interest equalization tax.

AMERICAN STOCK EXCHANGE

The following tabulation gives the 1979 sales, high, low, last price and net change from the previous year in stocks listed on the American Stock Exchange:

Stock	(div)	Sales (hds.)	High	Low	Last	Net Chg.
A						
AAR	.44	4413	15	9⅝	14¾	+ 4⅜
AAV	.20	2280	5⅞	3¾	4⅝	+ ¾
AMC Inv	.40	2277	11½	6⅞	11⅜	+ 4⅛
APS	.44	6775	9⅞	7¼	8⅛	− 1⅜
ATI		5706	3⅞	1	2⅞	+ 1¾
AVC		5829	12⅞	5⅞	7½	− ⅜
AZL		15623	8⅞	4½	8⅝	+ 4¼
AZL pf	.48	1087	6⅛	4¼	5⅝	+ 1
AcmePr		699	2	1⅛	1⅛	− ⅜
AcmeU	.34	2483	17	10	13	+ ½
Action		3547	4⅞	2⅝	3⅝	+ 1
ActonCp	.30b	15665	15⅝	8⅝	15⅛	+ 5⅛
AdamR	s .12	1735	20¼	13¼	18⅛	+10⅝
AdobeO	.20	37174	48½	16⅞	44¾	+27
AegisCp		25801	2¼	1⅛	1⅝	− ⅛
AeroFlo	.50	2073	22½	12¾	21⅝	+ 8
Aeronca		8839	7	2⅛	4¼	+ ⅛
AfflCap	.10e	2632	7	5⅜	5¾	− ⅛
AffilHsp	.28	974	6⅜	4⅜	4⅜	− ⅞
AffilPub	.80	2161	30⅜	19⅝	30⅜	+10⅞
AfterSix	.32	2513	7½	4⅞	5⅛	− 1½
AirExpr	n	3050	9	4⅛	8	......
AlskAir	.30r	13367	7½	4½	5	+ ⅛
AlbaW	.10e	3665	5⅜	2¾	4⅝	+ ⅝
Alcolac	.20	8484	16½	5¼	13⅞	+ 8⅜
AllegCp	wt	551	30½	16⅝	23¼	+ 5¾
AllianT	.73t	808	9¼	7	7	− ⅜
AlmySt	.20r	3567	10	5⅜	5¾	− ¼
AlohaAir	.10e	2804	6¾	3¾	6¼	+ 4¼
Alphaln	.10e	11024	19⅜	6½	18½	+11¾
Altamil	.32	3269	17	9⅝	13⅝	+ 3⅝
Altec		14146	1⅜	¾	⅞	− ⅛
Altec pf		299	7⅝	6⅜	6⅞	......
AlterFd	.50	10897	25½	13⅛	25	+11⅞
Alcoa pf	3.75	927	45	36	37¾	− 5½
Amdhl	.40	109471	52¾	16⅛	25¾	−22¼
AmAgro	s.20	3061	16½	8⅝	15	+ 9½
AmBilt	.30e	1998	13⅜	6¾	8¾	+ 1¾
AmBrd	wt	2696	46¾	26	34	+ 4
ABusPd	.44	3585	12½	7⅛	11¼	+ 4⅛
AmCapCp		3639	3¾	1½	1⅞	− 1⅛
AContrl	.56a	516	16⅝	9	13	+ 4
AGarPd	.34	4674	22	7½	22	+14¼
AIsraeli	s	21471	3⅜	1⅜	2⅜	+ ⅞
AMzeA	.48	10899	15⅝	7⅛	13⅞	+ 6½
AMzeB	.48	2973	14⅞	7¼	13⅛	+ 6⅛
AmMfg	2e	5679	77¾	34¼	76	+42
AMdBld	s	20062	12¾	4½	6⅝	− ⅞
AMotln	.36	18321	17⅝	8¾	12	+ 1⅜
AmPetf	2.50	5857	40½	24	38	+12¾
AmPlan	Cp	1756	2¾	1¾	2	+ 1⅛
APrecs	.40	1651	11⅝	8¼	9¼	+ ¾
ASciE		8543	8⅜	5⅝	7¾	+ 1¾
AmSeat	.40	1120	15¼	10¼	11⅛	− 2¾
AmTec	.64	6507	10⅞	7⅛	8⅜	− ¾
AndrJcb	n	1929	16¼	12	15	......
Andrea	.36	742	4⅞	2⅝	4¾	+ 2¼
AngloC	.21e	58989	21¼	12⅜	18½	+ 4½
Anthony	.44b	10605	12⅛	6¼	9¾	+ 3⅜
AplDta	.16	7281	13⅜	7½	9½	− 1½
ApldDev		48602	11⅛	3½	3⅞	− 4½
AqutCd	g .47	55759	41	17⅛	34½	+17⅜
ArrowA	.20	2016	10¾	6⅛	6⅜	− 2⅛
Arundel	.10e	4308	10⅝	6¾	8¼	− ⅛
Asamer	g .40	64291	22⅛	13½	22	+ 5¾
AskinSvc		9514	5⅛	¾	4½	+3 11-16
Astrex		3344	17¾	7⅛	17¾	+10
Atalnta	.15e	1133	8½	5⅛	8½	+ 2⅞
Atco Ind		4990	1⅛	⅝	11-16	−1-16
AtlsCM	.16e	38995	3¾	2¼	3½	+ 1⅜
AtlasCp	wt	4358	8	3¾	4⅝	+ ⅞
Audiotr	.16	1803	7¼	4⅝	6½	+ 1⅜
Augat	s .40	15894	29⅝	18½	29⅝	+12¾
AutoTrn		29838	8⅛	1⅝	3	+ 1
AutmRad		4329	3⅜	1⅞	2⅝	+ ⅝
AutoSw	1.20	4243	46⅝	33¼	46	+10⅜
AVEMC	.40	12061	12⅛	4⅜	11⅛	+ 6⅞
Avondl	1.20	1157	20⅜	16	18	− 1⅞
B						
BAT	.30e	246	6¾	5¼	5⅜	......
BAT def	.30e	20	6	5	6	+ ½
BRT		6507	2¼	13-16	15-16	−5-16
Badger	.80	2549	13⅞	9½	10⅞	+ 1⅜
Baker	.20	2296	6	3⅛	4⅜	+ 1¼
Baldor	s .20	3116	24⅝	17¼	20⅜	+ 4⅝
BaldwS	.32a	2447	8⅛	6¼	7	+ 1
BanFd	1.67e	2849	21⅝	15¼	21	+ 5¾
Bangor	wt	7576	2⅝	1¼	1¼	− 1⅛
Banistr	g.37j	23050	17⅛	7⅝	16	+ 8⅜
Barclay		1594	1⅞	⅞	1	− ¼
BarcoCa	.12	6716	6⅛	3½	4⅝	+ ⅛
BarnesE		2786	8⅜	5	6	− ⅛
Barnwl	.20	3945	14⅞	8⅝	14⅛	+ 4¼
BarryR	s .16	15134	13⅝	6	9⅛	− 1⅛
BarthS		2908	5⅛	3¼	3⅞	− ⅝
Bartons		1320	4⅜	2½	2⅞	+ ¼
BaruchF		18578	17¾	2⅜	16½	+14
Barwick		9915	2⅜	½	½	− 1½
BasRsNY	n	3566	7⅛	5½	6¾	......
BelsctR		862	2⅝	1⅞	2⅜	+ ¼
BnfStA	s .40	2277	23½	15¾	19⅝	+ 7
BnfStB	s .40	875	24¾	17	19¼	+ 6
BergEnt		12173	10⅛	2⅞	5⅛	+ 2
BergnB	.24	13453	12¾	7	12½	+ 5½
BrgB pf	1.15	2442	21½	13⅞	21⅜	+ 6⅞
BernzO		6149	3⅞	1¾	2	− ⅛
Berven		6139	3⅛	1⅜	1¾	− ⅛
BethCp		2802	5⅝	2	5	+ 3
Beverly	.24	47159	13	5¾	13	+ 5¾
BicPen	.48	11348	12	8¼	10⅞	+ 1½
Bickfrd	.05e	2384	2⅜	1½	1⅝	− ½
BigVSp	s .24	1532	10¼	7½	9⅛	+ ¼
BinkMf	1.20	1901	21½	17⅛	18⅜	− 3
Blessng	.54	528	9	7	7¾	+ ⅛
Blount	.64	3610	26	16¼	21	+ 4⅛
BodinAp		7938	6¾	4⅛	5⅛	− ¼

AMERICAN STOCK EXCHANGE COMPOSITE

Stock	(div)	Sales (hds.)	High	Low	Last	Net Chg.
BoltBer	.40	5015	18½	11¼	17¼	+ 5¼
BowVall	g.10	119619	38⅞	17⅜	32⅜	+14⅞
BowlA	n .28	485	5¾	4¼	4¾	......
Bowmar		28923	7⅞	3	5⅝	+ 2⅝
Bowne	.60b	5277	24½	17⅝	23	+ 5⅛
BradfdN	.26	35484	13	6⅞	10⅞	+ 3⅞
Branch	.20	2865	5⅛	3⅛	4¼	+ 1⅛
Braniff	wt	3888	13⅛	5¼	6¾	− 5¼
Brascan	1.20	139429	23⅞	15¼	18¾	+ 3
BraunE	1.40	1030	34	20¾	23⅛	−11⅛
Breeze	.57t	3034	16⅜	8⅜	13	+ 4½
BristBr	.60	3849	28	13¼	27½	+14⅜
BroDart	.20	2662	4⅞	3¼	4¼	+ ¾
BrodySe		415	2⅝	1¾	1¾	......
BrooksP	s.40	1063	15⅜	10½	15⅜	+ 6¾
BrownCo	wt	25074	9	1⅛	7⅝	+ 6⅝
BrnFA	1.24	1765	38¼	30⅜	36⅜	+ 3¾
BrnFB	1.24	14043	40¼	31	39¾	+ 5¾
BrnF	pf .40	926	4½	3⅞	3⅞	− ½
Buell	.50	1573	14½	7½	8⅜	− 5¾
Buildex		1252	4⅜	3¼	4	+ ⅝
Burgess		2920	2⅞	1¾	1⅞	− ⅛
BurnsIn	.60	12244	19¾	9¼	19⅜	+ 9⅝

C

Stock	(div)	Sales (hds.)	High	Low	Last	Net Chg.
CK Pet	.16	39160	25	11¼	21⅛	+10
CDI		10140	11¾	6¼	8⅛	+ 1½
CHB Fd	.57b	9454	16⅞	6½	7½	− 6⅝
CMI Cp	.05e	13101	6⅛	3¼	3⅞	+ ¼
CRS	.36	2700	14	9¼	12¾	+ 2⅜
CSE	1.40	2116	27½	15⅜	20⅛	+ 4½
CagleA	.15j	2606	9	3¾	4⅝	− 1¼
Caldor	.50	12530	24⅝	16¾	23⅞	+ 6½
Caldor	s .50	2315	22	17	20¾	+ 7⅝
Calcomp		31495	12⅞	5⅝	11⅜	+ 5½
CalLife	.05j	3563	4¾	1¼	1⅝	− 2½
CalLf	pf .46j	581	12⅝	3½	4	− 7½
CalLf	pf1.25j	812	21½	4½	4½	−14⅝
CalLf	pf .55j	2739	9¼	2	2⅜	− 6¼
CalPtC	2	10644	56½	28¼	46	+17⅝
Camco	.30	8253	33⅞	16⅜	32¾	+13⅞
Campnli	n	4464	8¼	4⅜	4⅞	......
CmpChb	g	24445	10⅞	4⅛	10⅛	+6 1-16
CdnHmst	g	60236	23	7¾	21⅛	+13⅜
CdMarc	g .46	18801	17⅝	6⅞	17⅝	+10⅝
CdnMer	g	6600	22	13½	20	+ 2
CdnOcc	s .24	1182	13	10½	11⅝	+ 6⅜
CdSupO	g	41264	184½	59¾	173	+108
CapitlFd	.20	2475	4⅞	2⅞	3⅝	− ¾
Caressa	.05e	6160	4⅞	2⅝	2¾	− ⅞
Carnat	1.50	54398	29½	21⅞	25	− 1⅛
CaroEn	s	1226	23⅞	17⅜	18⅝	+ 8⅜
CaroPLpf	5	140	57	44¼	44½	− 9
CarrolDv	.05e	2846	8¼	3⅝	4⅛	− 3
CastlAM	1b	3016	20	14⅜	16	+ 1⅛
CasFd	1.80	1241	21¾	18½	18½	− 1⅛
Cavitrn	.10e	8588	14¼	7⅞	10⅝	+ 2½
CelluCft		2778	3¼	1⅞	2⅝	+ ⅞
CenM	pf 3.50	182	35⅝	27½	28½	− 5⅞
CenPLpf	4	z8275	43	35	35	− 7
CentSe	.70e	3081	7¼	5⅝	7	+ 1¼
CenS	pf 1.25	z8200	22½	18¾	20½	+ 2
CtryFa	.10e	947	7½	4¼	6¾	+ 2½
Cenvill	1.20	14551	24⅞	14	24¾	+10¼
Cetec	.12	7638	6⅜	4	6⅜	+ 2½
ChadMl	.60	899	7¼	6⅛	6¼	− ⅜
ChampHo		140075	2½	1	1¼	− ½
ChartM	s	3800	24¾	13⅛	23½	+17½
ChrtM	pf .75	440	7	6	6⅛	− ⅜
Chmplst	.28	883	10½	6¾	9⅝	+ 2½
ChiRv	1.60	5476	30⅝	17⅛	18¼	− 3¼
ChiefDv	g s	41315	31⅝	18¾	27½	+15⅞
ChildWld		4285	14	8⅝	10⅜	+ 1⅜
ChiltnCp	.30	2290	8¼	6	6⅜	− 1½
CircleK	1.20	14232	26⅜	14¾	26⅜	+10¾
CircleK	wi	1	13¼	13¼	13¼	......
Citation	.56	4227	11¾	8¼	9⅛	− ⅜
CitBkNJ	2	820	26⅛	21⅞	22	− 4
CityGas	1	3992	26½	11	18⅛	+ 7⅛
Clabir	.18b	3647	5⅛	3⅛	4¼	+ 1⅛
Clarmt	.30e	1265	14⅜	8	14⅛	+ 6⅛
ClarkC	.29e	1696	7	3⅞	7	+ 3⅛
Clarostat		2580	13¼	7¾	12⅜	+ 1½
Clausng	s .88	1801	21⅞	13¾	21⅞	+ 9¾
Clopay	.32	3567	13⅜	7¾	8⅜	− 1⅜
CohenHat		2850	4¾	3	4⅛	+ 1⅛
Cohu	.16e	5310	6⅜	3	6¼	+ 3¼
Colemn	1	14350	20	13⅞	15½	+ ¾
ColCml		73618	22⅞	4⅝	7	− 5⅝
Colwell	.60	8476	21¼	7½	18¼	+11
Cominc	g 3	16957	48	26½	46½	+20⅛
ComAll	.50	3008	25½	17⅞	24½	+ 6⅝
ComA	pf 1.60	1396	15¼	11¾	12⅛	− 1½
ComMtl	.60b	11608	26½	12⅜	26½	+14⅜
ComdInt	s	14676	48⅞	24	44⅜	+32⅜
ComdrCp		6860	3⅝	1¾	2½	+ ¾
Compo	s .20	25102	12⅝	6¼	6⅝	− ⅞
CompuD		1935	6¼	3⅞	5¾	+ 1¼
CompInv		3685	4½	2	2⅛	− ⅜
Conchm	.80	6822	26⅝	11⅝	15⅜	+ 3⅞
ConcrdF		2053	5	2¼	2⅝	− 1⅛
Condec	.33t	9125	16½	8¾	15¾	+ 6⅞
ConnllyC		395	3⅝	2¼	2⅝	− ⅜
ConrHm	1.53t	6022	17⅞	6⅝	9⅝	+ 2⅞
Conrock	1a	1826	35¾	20⅝	27⅜	+ 6⅝
Conroy	.16	3826	7	3¾	6⅞	+ 3
ConsOG		45465	25⅜	6¾	22¾	+15¾
ConsRef	.80	2275	16⅜	8¾	15⅞	+ 6⅞
ContMtl		2975	6⅜	3⅝	5⅜	+ 1
CookIn	.20e	6967	8⅜	5¼	8⅜	+ 2½
CoopJr		1909	5⅛	2⅝	2¾	− ¼
CoreLb	.28	7075	30⅜	17½	29⅞	+12⅛
Cornlius	.80	7842	26⅞	14¼	16¾	− 8¾
Courtld	.17e	161	2½	1⅝	1 13-16	− ½
Cramer		4494	5½	1½	1¾	− 1⅜
CrestFo		907	3¼	1⅞	2⅜	+ ⅝
CrestOil	s.16a	29760	25⅝	9½	19⅞	+13⅞
Crompt	1.80	3817	35⅜	23	28⅞	+ 6⅛
CrossAT	1.40	10235	36⅝	23	35¼	+ 9½
CrowlM	.50	524	10½	6⅞	9⅛	+ 2¼
CwnCP	s.80b	20862	58½	30⅝	54⅞	+41¾
CrownC	.20	1147	5½	3½	4	+ ⅜
CrownIn	s.28	1883	8½	5⅞	7	+ 1⅛
CrutcR	.36	32361	19⅛	12¾	18	+ 4⅜
CrystlO	s .36	18989	38½	16½	36½	+27⅜
CubicCp	.60	11617	21¼	13⅝	16¾	+ ⅛
Curtice	1.10b	3073	24¼	16⅝	22¾	+ 3½
Cyprus		3158	3⅜	1¾	2¾	+ ¾
Cyprus	pf1.70	1652	15⅞	12¾	13⅝	− ⅛

AMERICAN STOCK EXCHANGE COMPOSITE

D

Stock	(div)	Sales (hds.)	High	Low	Last	Net Chg.
DCL		25801	5½	3¼	5¼	+ ⅞
DWG	.29t	18278	3½	2¼	3	+ ¼
DamonC		1179	4⅞	2⅝	2⅝	− 1⅛
Damson		119292	25½	7⅝	18⅜	+10⅝
DataAc	n.73t	8170	11¼	5⅝	10¼	......
Datapd	.30	60755	21⅜	12⅝	20⅞	+ 5¼
DayMn	.75e	24765	34⅞	9¼	34⅞	+25⅛
DeRose		1627	3	1⅜	1½	− ⅝
Decoratr	.24	1776	3	2⅛	2⅜	− ⅛
DelLabs	.48	2494	17⅜	12⅞	13½	− 1⅝
DelhiO	.10e	47925	31¾	7	26⅞	+20
DellwdF	.60	1384	14	7	11⅞	+ 4⅞
Depsitr	s1.60	385	26⅜	20⅜	23	+ 1½
DesgnJw		2329	2⅛	1	1¾	+ ⅝
DevCpA		9397	24	11⅝	18⅜	+ 6¾
DevonGp	s	2101	22⅞	14½	19⅜	+ 5½
Digicon		22161	10½	2¾	9¾	+ 6⅞
Dillard	.40	1046	18	14½	14½	− 1¾
Diodes		4342	1⅞	1	1¼	+ ⅛
DisFab		1150	2⅛	1½	1½	− ½
Dixico	n .30	170	5¾	5	5¼	......
DomeP	g s	241024	48⅜	29	46⅝	+26½
Domtr	g1.80a	21994	25½	19	20⅜	− ⅝
DorcGs	n .20	44975	29¾	17½	29½	......
DghtyB	n.30b	422	7½	6⅛	6⅛	......
Downey	s .32	2036	12½	6½	8¾	− ⅛
DrexUt	1.68	802	19⅜	17⅛	17¾	+ ⅞
DrivHarr		735	17¾	8¼	16	+ 7
DrFair	.40	6860	11⅝	7	9¾	− 1
Dunlop	.09e	2685	1⅝	1 1-16	1 3-16	−1-16
DplxPd	1	5405	30⅝	15⅞	25⅞	+ 9⅝
Dplx pf	1.45	267	54	29½	45	+15
DurTst	.40a	6556	15⅜	9	14⅞	+ 5⅝
Dynlctn		143263	15¾	3⅛	12	+ 8¾
Dyneer	s .56	408	17⅛	14¾	15⅛	+ 3⅝

E

Stock	(div)	Sales (hds.)	High	Low	Last	Net Chg.
EAC	.36	3107	5½	3½	4⅝	+ ⅞
EECO	.28	4174	17⅛	10	16¼	+ 5¼
EarthRes	1.50	39504	35½	13⅝	35¼	+21½
EstnCo	1.20	704	20⅛	15⅝	16⅞	− 2⅛
EazorE	.24	314	4¼	2¾	3	− ⅜
Edmos		4460	3⅜	1⅛	1¼	− 1¾
EDO	s	3722	19⅛	12¼	18⅞	+ 7⅛
Ehren	.15j	16724	14⅞	6⅛	6⅞	− 5½
ElAudD		5020	4¾	2¼	2⅜	− 1⅝
Electrog	1	4299	28½	15⅜	26⅞	+11½
ElecAm	1.40	2476	37	25⅝	28¾	+ ¾
Elsinor	n	68888	16⅞	7⅛	12	......
EmrRd		20167	17¾	6⅜	17¼	+10¼
EngyRs	.24	11015	14⅞	6	12½	+ 6⅝
Ero Ind		919	2¾	1⅞	2⅛	......
Espey	.20e	1297	10¾	6⅞	9⅛	+ 1¾
EsqRd	.57e	1529	19½	14⅝	15	− ¼
EtzLav	.20e	2687	7⅞	3⅜	5	+ 1⅝
EvansAr	.40b	6861	21⅝	12⅜	14⅝	− 3⅝
Exectve		2183	8⅝	2⅞	3¼	− 4½

F

Stock	(div)	Sales (hds.)	High	Low	Last	Net Chg.
FPA	.40	2500	16¾	7½	11⅝	+ 4
FabInd	s .40	5029	12⅝	9⅞	12⅜	+ 4¾
FairTex		2908	6	3	3½	− 1¼
FairfNob		3831	1¾	11-16	15-16	−7-16
FairmC	.15	3410	8⅛	2⅝	4¾	+ 2
FamRc		1445	5⅛	2⅜	4⅜	+ 1⅞
FannyF	.50e	1880	18¾	9	18⅝	+ 9⅜
FayDrg	.24b	3473	12⅞	8⅝	11⅜	+ 2⅝
FedMart	.30j	1726	19½	12½	13¼	− 2⅞
FedRt	1.40	1961	17⅞	13¾	15	+ ⅛
FedRes		72197	9⅜	5⅛	9⅛	+ 3¾
Felmnt	.25	7481	56½	24	54½	+30⅝
Fidelco		4756	7	3⅞	4⅛	......
FinGen	.40b	6937	20⅛	12¼	17½	+ 2⅝
FinGnA	.40b	908	18	10⅛	14⅜	+ 3⅜
FtConn	1a	780	9⅞	7⅝	7⅞	− ⅞
FtSLSh	1b	2141	24⅜	15¼	17¼	− 2⅛
Fstmrk		2100	4½	2⅞	3¼	......
FischrP	1t	8718	15⅛	8¾	10¼	− 1⅞
FitchGE	2	617	21⅛	16	18⅝	+ 2¾
Flagg		4217	9¼	3¼	9	+ 5⅞
FlanEnt		3521	5⅜	3¼	3¼	− ¾
FlightSf	s .16	11358	29	17⅞	27¾	+12¼
FlaCap		892	4⅜	2	2⅝	− 1½
FlaRck	.24	12922	17⅜	7⅝	14⅞	+ 7
FlowGen		20470	29½	12¼	28¼	+15⅜
Flowers	.46	7870	13¼	10⅝	10⅝	− ⅜
FlukeJ	s	10790	24	15⅞	21½	+ 5⅝
Foodrm	.50j	2196	7⅞	4½	4¾	− 1¼
FooteM	.20e	3403	13⅞	6½	10½	+ 4
Foote pf	2.20	701	48	29⅛	34¾	+ 5⅞
FordCan	g3.75j	638	63	41	43¾	−16¼
ForestC	.10	7525	19⅞	10⅝	17⅝	+ 6⅞
ForestLab		6785	14½	3⅞	12½	+ 8⅞
FrankRt	.06e	6080	13⅜	4⅞	11¾	+ 6¾
Franks	.36	4178	10⅞	7¾	8¾	− ⅞
Frantz	1a	249	21¾	18½	18¾	+ ¼
Friedm	.24b	1698	7½	4¾	7	+ 2⅜
FriendFr		5698	12¼	3⅜	5	− 7
Friona	s .40	4230	13	7¼	8	− ½
Frischs	.30b	1584	7⅝	5½	5½	− ¾
FrontA	.20b	11597	15⅛	9	11¾	− 2¼
FrontA	wt	5524	7⅛	3⅝	5	− ¼

G

Stock	(div)	Sales (hds.)	High	Low	Last	Net Chg.
GIExpt		7867	3	1¼	2½	+ 1⅛
GIT		2031	6½	2¼	2⅝	− 1¾
GRI	.30j	18049	7½	3¼	3⅞	− 1⅞
GTI		4788	3¾	1¼	3⅜	+ 2⅛
Galaxy	.06i	3646	6⅞	3⅞	4	− 1⅜
Garan	.80	5362	9¾	6⅞	9⅝	+ 2⅛
Garland		1192	3	2	2¼	− ¾
GatLjet	.40b	19820	31¾	15½	30⅜	+10
Gaylrd	.05e	1131	3¼	2⅛	2⅜	− ⅛
Gaynor		1232	2⅛	⅞	1	− ¾
GelmSc	n	4508	28⅞	17½	26⅜	......
GnEmp	.32b	1362	5	3¼	3⅞	+ ⅝
GenExp		78378	10½	3½	4⅞	− ½
GnHous		5333	3½	2	2⅞	− ⅜
Genisco		4792	7¾	2¾	7⅜	+ 4
GenvDr	.10r	1281	5⅛	3⅞	4⅛	......
GerbSc	.20	14352	53½	16¼	53⅜	+37¼
Gerber	s	303	28⅞	21	28⅞	+20⅞
GiantF	s 1	4134	19⅜	15⅜	17¾	+ 5⅛
GntYell	g.65e	40380	15⅞	8⅜	15⅜	+ 6⅞
Glasrock	.10	8113	24	5⅛	23¼	+18⅛
Glatfltr	1.60	4745	34⅞	23⅝	29	+ 4¾

AMERICAN STOCK EXCHANGE COMPOSITE

Stock	(div)	Sales (hds.)	High	Low	Last	Net Chg.
Glnmr	.88b	8412	33	19½	32½	+10
Globeln	.70	2175	12⅜	8⅜	11¼	+ 3
Glosser	.44	1436	11½	8	9¼	+ ¾
Gldblatt		2380	4⅝	2½	3⅛	− ⅜
GldNugt	.08i	83202	31¼	12½	17⅝	+ 4
GoldWH	.64	6364	12⅛	7¼	11⅜	+ 4
Goldfield		51685	1⅞	⅝	1⅛	+7-16
Goldfld rt		21991	1-16	1-64	1-64	......
GoodLS		1459	2¼	1	1⅛	− ¾
Gdrich wt		9183	2⅛	⅝	⅞	− ⅛
GormR	1.20a	1825	25½	19	22½	+ 2¼
GouldT	1.28	1205	14⅝	8⅝	14	+ 5⅜
GrahMf	.20	2093	10½	6½	6⅝	− ⅜
GrandAu	.34e	1918	13⅛	8	11⅝	+ 3¾
GrndCtl	.50	4281	12⅝	7⅞	8½	− 2⅜
GrangrA		5484	13¼	6⅝	9½	− 3⅛
GtAmlnd		5058	11⅜	6¼	8½	+ 2
GtBasinP		160160	22⅛	4¾	21⅜	+16½
GtLkCh	.32	15625	39¼	22½	37¾	+14¾
GtLakR	.03j	136	2⅞	2⅛	2½	+ ¼
Greenmn		3062	3⅛	1⅞	2¼	+ ⅜
GREIT	.40	3433	11⅜	6¾	9¼	+ 2⅛
GrossT	1.44	1704	29	19⅛	29	+10⅛
GuarBk n		71	8¾	8	8⅜	......
GuardC	.60b	523	14¾	9⅝	10	− 2½
Guilfrd s		510	15¼	13¼	15⅛	+ 7⅝
GlfCan	g 1.60	130467	107	30¼	95¼	+64
Gulfstrm		24031	15⅞	6¼	11½	+ 5½

H

Stock	(div)	Sales (hds.)	High	Low	Last	Net Chg.
HallsM	.90	6531	22½	9¾	19⅝	+ 9⅜
Hamptn	.65t	3123	7⅜	4¼	4⅝	− 1¼
Hannfrd	.88	1292	15⅝	10½	11⅞	− 1
HanSqRt		7363	9½	5⅝	6⅛	− ⅞
Harland	1	6481	38	23½	37	+13
Harvey		7052	5¼	2¼	4¾	+ 1⅞
Hasbro	.05j	4383	8⅜	4⅛	6⅛	+ 2
Hasting	.60	1841	13½	9½	11¼	+ ⅞
HawaiA		2213	7	3½	4⅝	− ⅞
HlthCh		8579	8½	3¾	8⅛	+ 3⅞
HelthM	.30	2392	10¼	6⅜	8½	+ 2⅛
HeinWr	.40a	1496	10¼	7⅜	8¾	+ 1⅜
Heinick	.10	30715	10⅝	3⅛	8¾	+ 5⅜
HeitmMtg		18040	3⅜	1⅜	1⅞	+ ½
HiGlnc	.12r	3829	10¾	6	8¼	+ ⅛
Highland		686	10	6¾	10	+ 3¼
Hiptrnic	.20	4599	16¾	5	15½	+10⅝
Hofman	.20	1368	4¾	2⅞	3⅛	− ⅞
HolngA	g2.20	106	40⅝	31½	40	+ 8
HollyCp		38811	14⅝	6⅜	14½	+ 7⅛
HmeOA	g1.30	4998	85½	35½	79½	+40⅛
HmeOB	g1.30	224	85¼	33½	80½	+46⅛
Hormel	1.68	2805	39	15	34¼	+ 9¾
HornHar		16412	26⅞	9⅛	26⅜	+15¾
HospMt	.60	3932	14	8⅞	10¼	+ 1½
Hotel	2.10e	3030	20¾	15¾	19¼	+ 3⅜
HousRon	.50b	2187	8⅛	5	6¼	+ 1
HouseVi		5487	5⅛	2⅜	2⅞	− ½
HouOM	.80	232098	24⅞	15½	22¾	+ 7⅜
HouO pf	1.69	16502	24⅜	17⅞	21⅞	+ 4⅛
HowelC	.40a	17399	45	7¾	45	+37¼
Howell	.10e	4247	5½	2¼	5	+ 2⅞
HubellA	1.70	822	33⅞	24⅝	31	+ 6½
HubellB	1.70	5378	34	24¼	32½	+ 8½
Hubbl pf	2.06	736	25¾	21½	23¼	− 1½
HuckMf	.36	1548	21⅛	11⅜	19¾	+ 6¾
HudsnGn		2118	11½	7⅜	8⅜	+ ⅝
HudBO	g2.30	14146	93½	44	88	+43⅝
HuntH	.20	4156	9⅛	4¼	9⅛	+ 4
HuskyO	g 1	49852	66⅜	35¾	61¼	+21¾

I

Stock	(div)	Sales (hds.)	High	Low	Last	Net Chg.
ICH	.20	3419	9⅜	3½	8¼	+ 4⅛
ICM	.50e	10244	14¾	7¾	14¾	+ 6¼
IFS Ind	.18	17123	7½	3⅝	5⅛	+ 1½
IMC	.28	2028	16⅜	10½	15⅝	+ 5⅛
IRT Pr	.57e	5088	10⅞	7⅛	9½	+ 2⅛
ITI		2289	1	⅝	11-16	......
ImpCh	.42e	482	8⅝	6¾	8	+ ½
ImpGp	.12e	3898	2 5-16	1⅝	1 13-16	+3-16
Imperlnd	s.05i	3279	7½	4⅛	6⅛	......
ImpOilA	g1.20	86002	39½	20⅞	37¾	+16½
InPL pf	4	z6610	41½	36¼	36¼	− 4¼
InflightSv		6627	1⅞	⅞	1⅜	+ ⅛
Instron	.40	4855	28⅛	15¼	27⅝	+12⅛
InstrSys		136359	1½	⅞	1	− ⅛
InsSy pf	.25t	3445	14½	9⅜	9½	− 2¼
IntegRes		25277	14¾	6	13¼	+ 7⅛
IntCtyGs	g.32	116253	19⅜	6⅞	16¾	+10
Intrmk s	.16	285	12⅞	10⅞	12	+ 3½
IntBnknt		60329	3⅝	2¼	3	+ ⅛
IntCtrls n		5431	9⅛	5½	8⅞	......
IntFdSvc		6962	1¾	⅞	1	− ½
IntGenl	1.40	7600	36⅞	18⅛	34	+15¾
IntProt	.30	7428	7⅞	5	5½	+ ¼
IntSeaw	.45j	1402	8¼	5⅝	5⅞	− ⅝
IntStrtch		5482	1⅝	⅞	1⅛	+ ⅛
Intplast	.40	2305	17¼	8⅛	17¼	+ 8
InvestFla		2854	3½	1⅞	2	+ ⅛
Ionics		3613	28¾	18¼	26½	+ 6½
IroqBrd	.36	13448	34⅜	11½	13⅞	−19¾
Irvinlnd	.10	2740	5	2⅞	4¼	− ⅜

J

Stock	(div)	Sales (hds.)	High	Low	Last	Net Chg.
Jaclyn	.40b	1385	5½	4¾	4¾	− ¼
Jacobs	.50b	7065	16½	10½	14¾	+ 1¾
Jensen	1.50t	4225	9⅜	4½	4¾	− 2¼
Jetero	.10e	4230	5⅛	2	4⅛	+ 1⅞
Jetronic		5851	4½	1⅝	2¼	+ ½
JohnPd	.36	8762	6¾	3½	4⅛	− 1⅞
JuniperP		49423	13½	2⅞	11¾	+ 9
Jupiter		1785	18½	8⅜	13¾	+ 5⅝

K

Stock	(div)	Sales (hds.)	High	Low	Last	Net Chg.
KTelln	.30e	9716	8½	3½	6⅝	+ 3¼
Kaisln	.75c	19675	2⅞	1⅞	2	......
Kallstad n		3298	9¼	5⅛	8½	......
KaneMil wt		3916	1¼	1-16	1-16	−11-16
KnGs pf	4.50	118	47½	36¼	36¾	− 8¼
KapokT		4027	6⅝	3½	3⅝	− ¾
KayCp	.60	1967	16¾	11⅝	12⅜	+ ½
KenaiCp		48901	23¾	9⅝	22⅛	+12¼
Kenwin	.60	1546	12⅝	9	12½	+ 1⅞
Ketchm	.17t	1044	5	3⅞	4½	+ ¾
Key Co	.30	1458	6⅝	3⅞	4¾	+ ½
Key Ph	n.03b	8223	25	8⅜	20¾	......
Kidde wt		1519	2⅜	¾	1⅛	+ ⅛
KinArk		17633	4¼	2¾	3⅛	+ ⅜

AMERICAN STOCK EXCHANGE COMPOSITE

Stock	(div)	Sales (hds.)	High	Low	Last	Net Chg.
KingRd s	.40	11902	25⅞	15¾	22⅜	......
KirbyEx		7481	52⅜	17⅞	48	+30⅜
Kit Mfg		1475	5	2⅛	2⅛	— 2
KleerVu		929	3	2	2¼	......
Kleinerts		4105	11¾	4⅛	8¾	+ 3½
Knogo n		6478	23⅝	14¾	23⅝	......
KuhnStr		5312	5⅞	3½	4⅛	+ ½

L

Stock	(div)	Sales (hds.)	High	Low	Last	Net Chg.
LSB	.23t	2565	5¼	3½	4⅛	+ ½
LaBarge	.06	5154	2⅜	1⅝	1⅝	— ⅜
LaMaur	.20	3018	7¾	4	5⅛	+ 1¼
LaPnt		1078	3¼	2¼	2¾	+ ½
LafyRad		8211	3½	1	1¼	......
LakeSh g		12382	5¾	2¼	5⅝	+ 3⅜
Landmk		11256	11	4⅛	9⅜	+ 4⅜
Laneco	.20a	1252	11½	6¼	11⅜	+ 5¼
LazKap	n .40	2951	16¼	10⅞	14⅝	......
LeaRnl	s .60	4596	24	15⅞	22¾	+ 8⅛
LeePh		5852	6½	3	3⅝	— 1⅛
LehighP		1529	17	12	16¼	+ 3⅝
LeisureT		12235	6¼	2¼	3	— 1¼
LibtyFb	.56t	3614	8⅞	5	6	— ⅛
LightoIr	.30	3533	12	6½	9	+ 2¾
LilliAnn	.24	724	8⅝	6	7⅛	+ 1⅛
LincAm		13037	10½	4½	8¼	+ 3⅞
LloydsE		7055	3⅞	1¾	2	— ⅝
Lodge	.10e	7827	4¼	2¼	4	+ 1¾
Lohmn	1.20	4469	28	17½	24¾	+ ½
LoewT	wt	105751	37¾	14¼	33	+18⅜
Logicon		5311	19⅞	11¼	19⅝	+ 7¾
LaGenS	1.05	1665	27½	17⅜	27½	+10⅜
LouisCe	1.64	483	28¾	26⅝	26¾	— ¼
LundyEl		3015	8½	3⅞	6⅝	+ 2⅜
Lydall	.70	1759	11¼	6⅞	8	— 3
LynchCp		5520	5¼	2¼	4⅜	+ 2⅛
Lynnwear		2410	3	1½	1¾	......

M

Stock	(div)	Sales (hds.)	High	Low	Last	Net Chg.
MPO		1244	6½	3⅝	4⅝	+ ⅝
Macks	.20	1559	7	5	5⅞	+ ⅜
Macrod		21328	2½	1¼	1⅝	— ¼
MePS	1.84	598	19¾	16½	16¾	— ¾
Mngood		874	16¼	8⅛	15	+ 6¾
ManrC	.60	3872	19½	6⅝	19	+12⅛
Marindq		58671	1 15-16	¾	1 3-16	+7-16
Marm pf 2.25		5055	21⅞	18⅜	18⅞	— 1⅛
MrshF		494	4⅞	2⅜	2¾	— 1⅞
MarshIn		5737	15⅜	4⅜	14⅜	+10
MartPr	.40	5475	17⅛	8¾	9¾	— 4¼
MasInd	.20	5712	13½	6⅞	8⅛	— 1⅞
Masters		965	9¼	5¾	7¾	+ 1⅜
MtlRsh	s .20	5181	44	16¼	41¼	+27¼
Matrix s		2480	19⅜	9½	18¾	+10¾
MaulTec	.14	6698	4⅞	2⅞	4⅛	+ 1⅛
McCro wt		1724	1 13-16	⅜	½	— ⅛
McCulO		174311	11⅜	4¼	11	+ 6⅛
McDow	n.13i	277	17¾	13⅞	17¾	......
McKeon		5714	5¼	2⅝	3⅝	+ ⅞
Means	1.20	8277	23½	14½	21⅞	+ 7⅝
Medalst	.56	5323	11¼	8¼	10⅛	+ 1
MedalnGp		9483	8	3⅜	8	+ 3⅞
MedcoJw		552	1⅞	½	⅝	— 1
MediaG	.72	6326	27¾	19	26	+ 6⅛

Stock	(div)	Sales (hds.)	High	Low	Last	Net Chg.
Meenan	n .24	12379	19¾	10⅛	19⅛	......
MegoInt	.28	11645	11¾	7⅜	8⅞	— ⅝
MEMCo	1	3289	17	12	14¼	— ½
MercSL	.50b	5097	13⅝	8½	9⅛	— ¼
MetPro	.15	4175	12	7⅜	9¼	+ 1¾
Metex	.40	2137	13⅝	9	10½	+ 1⅜
Metpth	.32	23275	37⅜	19¼	24	— 9
Metrocar		4121	5¾	2⅝	5⅝	+ 3
MichGen		10633	2¾	1⅞	2⅛	+ ⅛
MchSug	.40	8974	12¼	6¼	11⅜	+ 5⅛
MichS pf	.24	124	3⅜	2⅝	3⅛	......
Micklbry	.16	1431	5½	3⅝	5½	+ 1⅞
MidIdCo	.30	2568	11⅛	6⅝	10⅛	+ 3⅜
MidIGls	.40b	14473	23¼	9¼	10¼	— 2⅝
Miller H		1903	11½	6⅝	9¼	+ 2½
MinP pf	5	z6425	51	41	41	— 7½
MinP pf	7.36	z430	75	62	62	—14
MinP pf	8.90	z9390	93	76½	77	—12
MissnIT		10388	8	3½	6	+ 2⅝
MitchIE	s .20	26168	36	20	32⅞	+20⅞
MiteCp	.60	7284	24½	12⅞	21	+ 6¾
MonMg	.44	909	6¾	4⅝	5⅛	— 1
MonP pf	4.40	z7410	45	34½	35	— 9¼
MonP pf	4.50	z1210	45⅞	40⅞	41⅞	— 3½
Moog	.40b	4961	19⅞	13⅜	19⅛	+ 3⅞
MtgGth	.91e	3296	10½	6⅝	8¾	+ 1⅞
MortnSh	.32	2751	7	4⅝	4¾	— ¼
MottSM	.20	1007	11	8	8⅜	— 1⅝
MtVMil	1.20a	1712	27	17⅞	24½	+ 6⅜
MovStr	.60	745	13¾	9	10	+ 1⅛
Movielab	.52t	10028	7¾	2½	5	+ 2½

N

Stock	(div)	Sales (hds.)	High	Low	Last	Net Chg.
NFC n	.20	10761	18¾	11	16	......
Narda	.24	4205	11¾	4¾	10⅝	+ 6⅛
NCnvSt	n .60	6584	16⅞	10⅞	15⅝	......
NatEdu	.68t	8139	12¾	6⅜	12	+ 5⅝
NtGasO	n	152	20½	18⅝	19½	......
NtHltE		2082	21½	12⅝	21¼	+ 8⅛
NKinney		63636	9¾	1¾	9⅜	+ 7¼
NtParag		3706	3¼	½	1	— 1¾
NtPatent		66455	10½	5¼	8⅜	+ 2⅛
NtSecR	.60a	2130	7½	5	7⅜	+ 2
NtSilvr	.15e	842	5½	4⅛	4⅜	— ¼
NtSpinn	.24	1999	6⅛	3½	5⅛	+ 1⅝
NelsLB	.72t	16973	14⅞	4½	10¼	+ 5⅞
NestLM	.05e	2864	3⅞	2⅛	2⅞	+ ⅞
NHamp	.80a	1848	28½	17⅞	19¼	— ⅝
Nldria	.06e	12688	2⅛	1⅜	1⅝	+ ⅛
NMxAr	.30e	6878	32¼	10⅜	31⅞	+19⅞
NPlnRt	s .90	3509	11	7⅞	9⅛	......
NProc	.55e	13213	8⅞	6¼	6⅞	— ⅛
NYTim	.90	11207	28	20⅝	23⅛	— 4¾
NewbE		5004	12½	5⅞	9⅞	+ 3⅜
Newcor	s .56	1250	15	10¼	14⅞	+ 1⅝
Newcrp	wt	1323	9-16	¼	¼	......
Nexus		1414	5	3	3⅛	......
NiagFSv	.94	3831	30⅞	19½	22¾	+ 3⅝
Nichols	.05r	1362	6¼	3⅝	3¼	— 1⅞
NoelInd		905	2⅛	1¼	1¾	+ ½
Nolex		15388	5⅞	2⅞	3½	— ⅛
Norin	.60	2913	13½	8	13½	+ 5¾
Nori pf	1.50	2191	13	11	11⅜	......
Nortek	.08	21076	13⅞	6½	7⅝	— 1½
NoARoy	.24	6453	23⅞	15½	21	+ 4½

AMERICAN STOCK EXCHANGE COMPOSITE

Stock	(div)	Sales (hds.)	High	Low	Last	Net Chg.
NoCdO	g	30165	19¾	8½	17⅞	+ 9⅜
NoetBk	n1.08	671	13¼	10¾	11	......
NIPS	pf 4.25	156	46	36	36¾	− 8¼
NuclDta		6488	19⅛	9⅞	13¾	......
Numac	g .07i	67176	41⅞	21	41¼	+16
O						
OEA	.20e	3349	9⅞	2⅞	7½	+ 4¼
Oakwd	.12b	4996	17⅛	9⅛	13½	+ 4
OhArt	.24	529	8	4¾	5	− 2¾
OhSealy	s .64	1942	12⅛	9	10	+ 1⅜
OllaInd	.40e	2730	10	6½	8½	+ 2
OOkiep		1222	48	25⅛	43¾	+18⅛
OrioleH	.40a	3211	14	8	10⅝	+ 2⅞
Ormand		1352	3¾	2⅛	2⅝	− ⅞
OSullvn	.80	1051	18⅝	13⅜	13⅞	......
OversSec		366	4⅜	2⅞	4⅛	+ 1⅛
OxfordFt		5741	7⅜	2⅞	4½	+ 1¾
OzarkA	.15e	22673	7¾	4¼	4½	− ⅜
P						
PF Ind		39163	3¾	⅞	2	+ 1⅛
PNBMt	wt	207	¾	9-16	9-16	......
PGEpfA	1.50	3839	16¼	12⅝	12¾	− 2⅝
PGEpfB	1.37	1111	15	10½	11¼	− 3⅛
PGEpfC	1.25	553	13¾	10	10½	− 2½
PGEpfD	1.25	4080	13⅝	10	10¼	− 2½
PGEpfE	1.25	2384	14	10	10⅝	− 2⅜
PGEpfG	1.20	3235	13⅝	9⅝	10¼	− 1⅞
PGEpfW	2.57	11766	27½	20	20¾	− 4½
PGEpfV	2.32	11919	25½	18¼	18¾	− 3¾
PGEpfT	2.54	7061	27¼	19¾	20¾	− 5⅛
PGEpfS	2.62	7630	29⅜	20⅞	20⅞	− 5½
PGEpfH	1.12	2430	12½	8¾	9½	− 1⅞
PGEpfR	2.37	5580	25¾	19⅛	19⅞	− 4⅝
PGEpfP	2.05	6173	22⅜	16	17½	− 3¾
PGEpfO	2	4218	21⅞	16	16½	− 4⅛
PGEpfM	1.96	3639	21½	15	16⅛	− 3⅝
PGEpfL	2.25	1047	24	17½	17¾	− 4⅛
PGEpfK	2.04	6763	22¼	16½	16⅞	− 4⅜
PGEpfJ	2.32	803	24½	18	19⅛	− 4
PGEpfI	1.09	608	12¼	8¾	9⅞	− 1½
PacLt	pf 4.36	382	45¾	34	37⅛	− 5⅝
PacLt	pf 4.40	293	46	35½	37⅜	− 5⅝
PacLt	pf 4.50	278	46⅞	34	36¼	− 7
PacLt	pf 4.75	115	50	38	40¼	− 6
PacLt	pf 7.64	113	79¾	60¼	60½	−21
PacTrst	1.20	2506	29	14	22⅜	+ 8½
PacPLpf	5	132	54	45	45	− 4
PageP	g n	17565	24¾	14⅛	21¼	......
PallCp	.52	15014	46½	27⅛	43⅞	+12¾
PallCp	s	101	29⅝	28⅝	29¼	+ 9¼
PalomrF		3063	2	1¼	1⅞	+ ½
Pantast	.30	1308	5¼	3⅜	3½	− ⅜
Paradyn	n	19674	27	13⅝	25⅝	......
ParaPk		802	6¼	3½	4⅝	+ 1⅜
ParkCh	.60a	548	19¼	11¼	15¼	+ 3½
ParkEl		2944	10	3⅝	9½	+ 6⅛
Parsons	s 1	8187	32¾	22	30¾	+17¾
PatFash	.10e	1751	6¾	5¼	5⅜	......
Patagon		7289	14	8¼	10⅝	+ 2½
PeerTu	.32b	1546	14¼	5⅜	14	+ 8⅜
PenDix	wt	5297	2	⅝	1	+ ¼
PenEM	.80a	3048	21½	11	20⅝	+ 9⅝
PenTr	1.20	1352	16¼	13⅝	14⅛	− 1¾
PECp	.55t	33288	4¾	2⅜	3⅛	......
PenRE	1.90	1891	24¼	15⅜	23⅝	+ 7⅜
PenobS	.20	541	6¼	3⅝	4⅝	+ 1
Penril	n .15	1102	14¼	10⅞	13⅝	......
Pentron		4058	1½	1	1⅜	+ ⅜
PepBoys	1b	1745	32⅜	25⅜	31¼	+ 5¼
PepCom	.80	13892	23⅞	13	15½	− 1⅜
Perini	.40	5959	14⅝	10⅛	12⅞	+ 2⅞
PetLew	s	18216	20⅝	13⅛	19⅛	+13½
PetLe	pf 1.65	3767	13⅞	10	12⅛	......
PhilLD	.52r	2324	10⅞	7⅛	7½	− 1½
Phoenix		10542	4¼	2	2⅛	− ¼
PicNPay	.32	6727	17½	7⅝	15⅝	+ 8¼
PionrSys		19835	6⅞	3⅝	5⅝	− ⅛
PionTx	.20j	2708	3¾	2½	2⅝	− ½
PitWVa	.56	2186	6⅜	5	5⅛	− ⅝
PitDM	1.40	2337	36⅛	22¼	33⅝	+11⅝
Pittway	1.65	8261	38½	26⅝	30⅝	+ 2⅝
PizzaIn	n	13545	7⅞	4⅛	6⅛	......
PlacrDv	g 1a	4431	47¼	21⅜	47	+24⅝
PlantInd		26467	10¾	5⅛	10½	+ 4
PlyGm	.40b	2674	9½	7⅛	8	+ ¼
PlymR A		321	3¾	2¼	2⅜	− ¼
PlymR B		258	2½	1⅝	1⅞	......
PneuSc	1	468	26⅛	15⅝	16⅞	− 5⅛
Poloron		3657	2	1	1⅜	+ ⅛
PostCp	n .50	2281	24	14¾	19½	......
PrairieO	g	7342	26¼	13⅛	23½	+10⅝
PrattLmb	1.10	2174	14⅜	10⅞	13⅜	+ 2¼
PrtL	pf 2.25	120	29	23⅝	26½	+ 1⅜
PrattRd	.30	2582	7⅝	4⅜	5	+ ⅝
PrattR	pf .66	128	8⅜	6	6¼	− 1⅛
PrenHa	1.48	15765	27	20⅝	23⅛	......
PresRtA		875	5¼	3	3½	+ ½
PresRtB		5614	4⅞	3	3⅜	+ ½
Preston	g .90	999	22½	15¼	22⅜	+ 7⅛
PrpCT	1.42e	3323	16⅝	10½	15⅞	+ 4⅞
ProvGas	.92	1405	12½	9⅜	9⅝	− ¼
PrudBld	.24	8237	6¾	3⅞	4½	− 1½
PSCol	pf 4.25	135	47½	34	34½	− 9¾
PgSP	pfC2.34	3242	24¾	19⅜	19⅜	− 2½
PgSP	pfD2.34	9745	26⅛	21⅝	22⅞	......
PulteH	s .32	8938	16⅛	7⅝	13½	+ 6⅛
PuntaG		8269	10¼	5⅜	8⅜	+ 2¾
Punta	pf 1.10	5515	13⅝	9½	11¼	+ 1¼
Q						
QualInn	n .50	5667	9½	6⅛	9½	......
Quebcr	g.25e	932	11¾	6¾	11¼	+ 1¼
R						
REDM		7190	6	2⅝	5¾	+ 3
RET		7963	3⅞	1⅞	3⅞	+ 1⅞
RET	pf 4.38	625	46⅜	42½	44½	+ 2
RHMed	.20a	6581	21¼	9	19	+ 9½
RPS		888	2½	1½	1¾	......
RSC	.10	4094	3⅝	2½	3	+ ⅝
Ragan	.15e	6413	8	5	6¾	+ ⅝
RnchEx	.30e	13151	29	13⅛	28⅝	+14⅝
RangrO	g	108766	46½	13⅜	44¼	+30½
RangrO	s	3684	23½	19⅝	21⅞	+15
Ransbrg	s 1	570	24⅞	21½	24⅞	+ 7½
RapAm	wt	26293	5	2	4⅜	+ 1½
RathP		6056	5¾	2	5⅜	+ 3¼
RayInd	.44	8318	24¾	15¾	23⅛	+ 7

Stock	(div)	Sales (hds.)	High	Low	Last	Net Chg.
Reading		1649	5⅜	2¼	2½	−1¼
REInv	1.60	2924	21¾	15⅝	21¼	+5⅝
RtIncT	1.25e	2423	12⅝	7⅛	7½	−3½
Redlaw		1608	2⅛	1⅛	1¼	......
ReevesT		14651	5⅞	2½	4½	+2
RefgTr	.32	1690	6¼	4½	5⅝	+¾
RegalB	.72	4657	19¾	8⅛	19¼	+10½
RemAr	1a	7986	23½	14⅜	22⅛	+7⅝
RepGyp	s .24	1392	9½	5⅜	5⅝	+1⅜
RepNY	2	2052	44⅛	34¼	38¾	+3¾
RNY pf	2.12	10026	24¼	19½	20⅜	−1⅞
ReshCot	.24	27531	19½	11⅜	17½	+1½
Resrt A		367954	54⅞	23¼	30¾	+5⅛
Resrt wt		17647	22⅜	11¼	14½	......
Resrt B		7835	83¾	32⅝	41¾	+¼
RestAssc		12410	4⅞	2⅛	2¾	−¼
RexNore		8152	13⅜	5½	7¼	−2⅝
RialOil n		12571	36¼	14¾	34⅞	......
RibletP	.12	15284	9⅜	4	4⅞	+¼
Richton	.44	8875	8¼	3⅞	4⅛	−2⅝
RioAlgo	g1.50	3104	34¼	21¾	27⅝	−1
Robntch		18783	13¾	5½	7¼	−3¾
Roblin	.12	6634	8⅜	4⅞	7¾	+2⅞
Rockway	1b	1900	15⅛	10⅜	13	+2⅞
Rocor		136	4¼	1¼	2½	+½
Rogers s	.12	6752	28⅛	18	22¾	+7⅜
RoncoT		2509	3⅝	2⅝	2¾	−⅜
Rossmr		3289	6¼	4¼	6	+¾
RoyPalm		13234	3⅞	1¾	2⅛	......
Rudick	.42e	621	8⅝	7	7⅛	−1¼
Rudick pf	.56	344	8½	6¾	6⅞	−1⅜
Rusco		22031	3	1¼	1½	+¼
RBW Cp		6702	5¾	2¾	3⅛	−½
Russell	.56	9998	16¼	10	11¼	−1½
S						
SFM	.24	1230	6¼	3½	3¾	−⅝
SGL	.30b	1867	12⅜	8⅜	12⅛	+3¾
SMD		1494	3⅛	1¾	2⅛	+⅛
SSP		2278	8	4	7¼	+2⅛
Salem	.40a	7589	18⅞	10¼	17⅛	+7⅛
SCarlo	.07e	1340	3¼	1⅞	2⅜	+½
SDgo pf	.88	1052	9⅞	6½	7¼	−1⅜
SDgo pf	.90	746	10	6¼	7½	−2
SDgo pf	1	479	10¾	7¼	7½	−2⅞
SDgo pf	9.84	170	96¾	72½	73	−19
SDgo pf	7.80	300	78	56	56⅜	−14⅞
SDgo pf	7.20	228	72	54½	57⅝	−13⅜
SDgo pf	2.47	1445	24½	17½	18½	−4⅛
SDgo pf	2.68	1503	26¾	18⅞	19⅞	−5⅛
SFrRE	1.76	3187	24⅝	18⅜	23½	+5
SFRE wt		5493	3	⅝	1⅝	+1
SanJW	1.60	922	22¼	18	20⅜	+1⅜
Sandgte	.40	5608	14¾	5⅞	7½	+1⅞
SaundrL	s.30	461	9⅛	7	8⅝	+1⅞
ScheibE	.42j	4412	6⅜	3¼	3¾	−1¾
Schnuit	1a	2229	20⅞	13⅜	20⅛	+5⅞
Schiller		5181	9⅛	2½	7⅞	+5⅜
SchoolP	.40	977	7⅝	4⅛	5⅛	−⅞
Schradr	.04j	2290	3⅞	2½	2⅝	−1⅛
Schwab n	.30	1760	9⅞	6⅜	7⅝	......
SciMgt	.10	2294	4½	2¾	3¾	+¾
Scope	.65	392	45¼	30½	45¼	+15
ScurryR g		1361	69½	21⅛	68	+46½

Stock	(div)	Sales (hds.)	High	Low	Last	Net Chg.
SbdAM	.40	2161	20⅜	16	17¼	−1¾
Sealctro	.94t	10306	16⅛	5⅞	15	+8⅝
Seaport		2395	1½	13-16	13-16	−5-16
Seapt pf	.42k	z9000	5⅜	3⅞	3⅞	−⅛
SearsInd		1368	6¾	3⅛	5⅜	+2⅜
SecMtg		19680	4⅞	3	4	+⅝
Selas	.36	3614	9¾	6⅛	7	+¾
SeligAsc		1065	1⅞	1⅛	1¼	+⅛
Semtch	.20b	2930	9⅛	5⅛	8	+2⅜
Srvisco	.40	1725	8	5⅛	7⅜	+2⅛
Servo		1178	5	2⅞	3⅞	+1
SetonCo	.50b	1138	15½	9⅛	12	+2⅝
ShaerS	.40e	4194	8¾	4¾	7¼	+2⅜
Sharon	s .50a	7823	13	7½	12⅞	+8⅝
ShawIn	.40	4720	6¼	4⅛	4⅜	−¾
SheltrR		7508	4⅝	2½	3⅛	......
Shopwell		2666	7	3¾	4⅝	+1
Showbt	1	7805	29¾	18⅛	20⅞	+1¼
Sierrcin	.30	4120	30⅞	16⅜	30⅞	+14⅛
Sifco s	.28	2814	8⅞	6⅜	8⅜	+2½
Sigma	.40	5182	20½	10¼	14½	+4
Sikes A	.45e	2797	9¼	5½	6⅞	−⅜
SiloInc	.10e	5223	22⅞	10⅜	22⅞	+12½
Silvrcst		3245	7⅛	3⅞	5⅝	......
SimcoS	.25b	743	5⅛	3⅞	4	−¼
Solitron		43676	7⅜	3¼	5⅞	+2¼
SonderB	.40	4180	29⅞	23⅜	28¾	+4¼
SorgPap	.50r	3205	17⅜	6½	12¼	+5¾
Soundsn	.40	4626	8⅝	6	7	−⅞
SoAtlF wt		497	⅛	1-64	1-64	−3-64
SoetCap	.80a	179	11⅞	9⅞	10⅛	+⅛
SCEd pf	1.02	1095	11⅝	8⅝	8⅞	−2⅛
SCEd pf	1.06	2512	12¼	8¼	8¼	−2¼
SCEd pf	1.08	2735	13	8½	9½	−1½
SCEd pf	1.19	2574	13⅜	10	10⅜	−1⅝
SCEd pf	2.48	453	28	24½	25¾	−1⅛
SCEd pf	1.45	3485	16⅜	12	12½	−2⅝
SCEd pf	1.30	2370	19⅞	17⅛	17⅞	−⅝
SCEd pf	8.54	1856	93	85¼	89⅝	......
SCEd pf	2.30	4601	25⅝	19	19⅝	−4⅞
SCEd pf	2.21	7026	24¾	18¾	19⅛	−3⅜
SCEd pf	7.58	2402	85⅝	63	64	−18
SCEd pf	8.70	1927	98⅜	72	75	−16
SCEd pf	8.96	1401	100	74	74	−20⅝
SwFlBk	.50	5756	9⅞	7¼	8⅝	+1⅛
SwFlB	pf2.18	978	25⅜	22⅛	22¼	−2
SpecltyR		1098	13⅜	9	11⅞	+⅜
Spector	.43e	12964	15	6⅞	10	+3⅛
Spectro	.19t	3284	6⅜	3⅝	6⅜	+2⅜
SpedOP	.20r	2545	6⅝	4	4¾	+⅛
Spencer	.16	6557	5¾	3⅝	3¾	−1¼
Splentex	.24	641	5¼	4½	4⅝	+⅛
StdAlln	1	551	27½	20⅛	26	+5⅝
StCoosa	1.60	1468	27	18¾	26½	+4
StdMetl		22266	20⅛	7½	20	+12½
StProd	1.52	970	26⅛	16¼	17⅛	−6⅞
StdShr	1.22t	1787	33	22	27¾	+5½
Stange	.20	10989	9⅞	5⅝	6¾	+½
StanAv	.50r	679	14⅛	10⅝	12	+⅜
Stanwd		5613	5⅜	3¼	4½	−¼
StarSup	s .80	785	15⅛	11⅛	14	+5
Stardust		2762	3⅜	1⅛	1⅛	−¼
StarrtHo	.15j	4100	9¼	3½	4⅞	−4
Steelmt	.24b	4783	10¾	4⅝	10¼	+5⅝
StepnCh	.92	1821	23½	16⅜	20¼	+3⅝

AMERICAN STOCK EXCHANGE COMPOSITE

Stock	(div)	Sales (hds.)	High	Low	Last	Net Chg.
SterlBcp	wt	2966	2⅛	11-16	1⅛	+ ⅜
SterlEl		8468	1⅝	1	1¼	+ ⅛
SterlExt	.05j	556	3¼	2⅛	2¼	− ⅛
Stevknit		1586	3½	2	2¼	
StrutW	.30b	18493	26⅝	7⅛	26⅛	+19⅛
SueAnn	.24	2039	3½	2⅝	2¾	− ¼
SunCityl	.25	1299	5½	3½	4⅛	+ ½
Sunair	.60a	4132	17⅞	8⅞	14⅞	− 1½
Sundnc	.16b	66732	67¾	16⅝	65	+48⅜
SunshJr	.40	2839	10¼	5½	10¼	+ 4⅜
SupFdS	.40b	1216	16⅜	10¾	11½	− 4⅛
SupInd	s .25	7702	12¼	5	6	− 8½
SupSurg	.32	3783	11½	6½	7	− 1⅛
Supron	s .24	14003	50½	29⅛	44⅜	+25⅝
Susqueh		16336	7¼	3½	4¼	− 1¼
Susqh	pf 1	1829	10½	7¾	7¾	− 2
Synloy	.30b	4842	8⅜	4	8⅛	+ 4¼
Syntex	1.10	176106	44¼	30⅜	41⅛	+ 6⅝
Sysco	s .40	6836	24¼	18¼	22⅝	+13¾
SystEng		31577	20¼	10⅝	19¼	+ 6¼
SysPln	.24	3887	6¼	3⅞	4⅝	− ½

T

Stock	(div)	Sales (hds.)	High	Low	Last	Net Chg.
TEC	.40	1769	9⅛	5½	6⅛	− ⅜
TFI		5692	3¾	1⅞	3½	+ 1¾
TabPd	.20	6048	19⅛	10½	18⅜	+ 8⅛
TandB	.40	3266	14	8	12	+ 1⅛
Tannet	.28b	5794	9½	5¼	5⅝	− 2½
Tasty	1.20b	966	14⅜	9½	9⅝	− 1½
TechSym		21679	4	1⅜	3⅛	+ 1¾
TechOp		5258	13⅝	4⅛	11¼	+ 7¼
TechTp	.52t	9604	4⅛	1¾	1⅞	− 1⅝
Tectrol	.24	2739	6⅞	4¼	6⅞	+ 2⅝
TejonR		11455	84¼	27	73¾	+45¾
Telflex	.40	9159	32	15¾	30⅛	+14⅛
Telsci	.60	16082	22¼	13⅞	15½	+ ⅜
Tenney	s	1362	7¼	3⅞	5	+ 1⅛
Tensor		1532	4⅞	1½	2¼	+ ½
TerraC	.10j	16881	10⅛	5⅛	9⅝	+ 4⅜
TetraT		5390	13¾	5¾	8½	− 1¼
TexlAir	.16	50254	13⅝	7½	9⅜	− 2½
TxPL	pf 4.56	120	50¾	40½	41¾	− 8¼
Textron	wt	98	18¾	12¼	15	− ¼
ThorCp		3547	1	½	13-16	+ ⅛
Thorofar	.04e	1816	5⅛	2⅝	3¾	+ 1¼
ThreeD	.20b	934	4¾	3¼	4⅜	+ ⅞
Thriftm	1.20	3890	27⅝	15⅛	26	+10
Tidwell		6841	7½	3	5¾	+ 2⅝
TobKtz	n .25	7039	8¾	4⅝	5	
TolEd	pf 4.25	241	42	32	35	− 5
TolEd	pf 8.32	125	83⅝	62¾	63¼	−16¼
TolEd	pf 7.76	162	76¾	63⅛	65	−11⅛
TolEdpf	10	243	100	76	78	−14
ToppsG	.21j	3609	10⅛	4¼	4⅜	− 2⅞
TorinCp	.80	1192	17⅝	11	13⅝	+ 2¾
TotlPet	g .32	88653	27¼	14¾	24⅜	+ 9¼
TotPet	wt	34834	19¼	7⅞	16	+ 7⅞
TownCtry		2764	3⅜	2¼	2¾	+ ½
Towner	s	386	21½	17⅝	21½	
Traflgr	.12	16558	6¾	3½	5⅛	+ 1¼
TrnsLux	.10e	9366	8½	4½	6	+ 1⅝
TransOil	.05e	35504	14⅜	7¼	12⅝	+ 4⅝
TrnsTec	n.24	1157	9¼	5⅛	9⅛	
Tredwy	.20	2879	7⅞	4⅝	7⅜	+ 2⅜

Stock	(div)	Sales (hds.)	High	Low	Last	Net Chg.
TriSM	.80	1562	9⅝	7⅛	9	+ 1¾
TriaCp	.20	6900	18⅛	9¾	11⅛	− 3½
TritOil	n	30783	14⅞	8½	13⅞	
TritOil	pf1.96	969	26¾	22¾	25⅜	
TuboMx	s	81827	10⅞	6¼	8½	+ 6⅛
TurnrC	2	2011	31	26	28¼	+ 2
TwinFr	.20	7466	7⅝	3⅝	4⅜	+ ½

U

Stock	(div)	Sales (hds.)	High	Low	Last	Net Chg.
U&I		1946	12½	7⅛	11¾	+ 4⅝
UDS		945	2¾	1¾	2	+ ⅛
UIP	.24	13820	6⅝	3¼	6½	+ 3⅛
UNA	.20	5872	7⅛	2¼	5⅛	+ 3
URS	.38	8347	9½	5¼	9	+ 1¾
Unimax		5340	8¼	5¼	6⅛	+ ¼
Unimax	pf	454	7⅜	6½	6⅞	+ ¼
UnGasA	g.74	28	8¾	8¼	8¾	+ ⅝
UAirPd	.64b	2350	19⅞	12½	17⅛	+ 4
UnCosF	.72	1552	17⅛	11	13¼	− ½
UnFoods	.10e	13310	2½	1⅜	1⅞	+ ⅜
UNatCp		4133	5⅜	2⅝	5	+ 2⅛
UNatCp	wt	2861	¾	1-16	⅛	
UNtCp	pf	1064	8⅛	6¼	7¾	+ ⅝
UnRltT	.87e	10640	11⅜	8⅛	9¾	+ 1⅝
URepln	.23r	498	8	5	5¾	+ ⅝
USAir	wt	5456	6⅛	3⅛	3⅛	
USAir	pf 3	416	40½	27	28½	− 4¾
USFiltr	.36	37173	16¼	10⅛	15⅜	+ ⅞
USRdium		2032	4	2⅛	3⅛	+ ⅞
USRbR	1a	1481	20⅝	14	18½	+ 3½
UnityB		1742	11⅝	7½	9⅛	+ 1⅜
UnivCig	.05	1488	7⅝	3⅝	7	+ 2⅝
UnivRs	.32	21260	27½	12⅛	23½	+11
UnivRu	.72	1195	11⅝	8⅞	9	− ¼

V

Stock	(div)	Sales (hds.)	High	Low	Last	Net Chg.
Valle's	.81t	2411	10	4⅝	5⅜	− 2⅜
Valmac	.80	4213	16	7⅝	12¼	− 1
Valspar	.44	1072	8⅜	6	8	+ 1⅞
ValueL	.06e	4132	3⅜	2⅜	3⅛	+ ¾
Verit		1570	2⅞	1½	1⅝	− ⅝
VermtA	.32b	3530	23⅛	16½	18¼	+ 1
Vernitrn	.10	27785	9⅞	5⅜	9¾	+ 4⅜
Vertiple		6254	6½	3	5½	+ 1⅞
Vesely		10045	9½	1⅝	5½	+ 3⅞
Viatech		929	2½	1⅜	1½	− ½
VintageE		2983	4⅝	2⅜	2⅝	− ⅜
Virco	.16b	1087	7⅛	4½	4½	− 1⅞
Vishay	.53t	7413	14	6¾	13⅜	+ 3
VisualG	.16	4312	6⅜	4¼	4⅞	− ⅛
VolMer	.12e	2706	5¾	2½	4⅛	+ 1¾
Voplex	.52	2173	13⅞	7⅞	8⅛	− 3⅝
VulcCp	.20a	3634	7⅛	3⅞	5⅞	+ 2⅛

W

Stock	(div)	Sales (hds.)	High	Low	Last	Net Chg.
WTC	.02j	21191	7½	2½	3¼	− ¼
Wackht	.40b	6061	9⅛	6⅝	7⅝	+ 1⅛
WadelEq		1236	3⅞	2¼	3¼	+ 1
Wainoco	s.12	16493	32⅝	18⅜	29	+22½
Walbr	n .10e	3976	22⅜	13⅝	22	
Walco	.80b	2248	25	18	22⅞	− 1⅜
WallcS	.12	7272	9⅞	4	5½	− 1¼
Wang B	s .16	36195	34¾	17	33⅝	+19
Wang C	s .06	8025	32½	18⅝	32	+17⅛

123

AMERICAN STOCK EXCHANGE COMPOSITE

Stock	(div)	Sales (hds.)	High	Low	Last	Net Chg.
WardsCo	.20	3771	13½	8⅞	9⅜	— 3¼
WshHm		1681	2¾	1½	1⅝	— ¼
WshPst s	.36	26311	26¾	18¾	21	— 2¼
WRIT	2.12	1498	31⅞	21⅛	27⅞	+ 6⅞
Watsco	.30	1593	8⅜	5	6¾	+ 1¾
Wthfrd n		12244	24½	14⅝	23½	......
Weiman		1622	4¼	2⅜	4⅛	+ 1⅝
WeldTu	.30b	5693	25¾	8⅜	24⅜	+15¼
Wellco	.12e	1391	5⅞	4	5	+ ½
WescoFn	.38	1529	10	6½	8⅜	+ 1⅞
WTex pf	4.40	z3670	49	42½	42½	— 6¼
Wstbrn g	s.70	15458	26⅞	15⅞	25½	+10¾
WstFin	.52	17707	38¾	13¾	23½	+10
WPacRR n		12285	15⅛	9	10½	......
Whippny	.20	7181	12¾	4	8⅛	+ 3⅞
WhitCbl	.20	2064	7½	4	4	— 1¼
Whitehall		7669	7⅛	4⅜	6¾	+ 1¼
Wichita	.45t	17494	16⅜	4	16	+12¼
WillcxG n		3466	2¾	1⅛	1⅝	......
Wmhous	.70	6784	20	10⅛	17¾	+ 7¾
WilsnB	.15j	3633	3⅛	1⅜	1½	— 1¼
Wincorp	.40	2864	22⅜	11½	18	+ 6¼
Winklm	.44	828	10½	8	8⅞	+ ⅞
WisP pf	4.50	z8370	48⅞	41¾	42¾	— 5½
WolfHB	.20e	1252	3	2	2¼	......
Wdstrm n	.60	1563	14½	7⅝	8½	......
WkWear	.40	7013	11½	5⅛	10	+ 4⅜
Wldwd n		2254	21¼	18⅛	20⅛	......
Wrathr	.05e	8548	20½	11⅞	18	+ 5⅞
WrightH g		18498	2 15-16	13-16	2⅞	+2 1-16
Wynns s	.48	3902	18	11	16⅛	+ 1⅝
WymBn	.72b	5116	15	11⅛	13½	+ 1⅛
X						
Xonics		12752	6⅞	2⅜	2 11-16	—7-16
Z						
Zimmer	.36	5648	11½	6½	6¾	— 3¼

Sales figures are unofficial.

Unless otherwise noted, rates of dividends in the foregoing table are annual disbursements based on the last quarterly or semi-annual declaration. Special or extra dividends or payments not designated as regular are identified in the following footnotes.

a—Also extra or extras. b—Annual rate plus stock dividend. c—Liquidating dividend. e—Declared or paid in preceding 12 months. i—Declared or paid after stock dividend or split up. j—Paid this year, dividend omitted, deferred or no action taken at last dividend meeting. k—Declared or paid this year, an accumulative issue with dividends in arrears. r—Declared or paid in preceding 12 months plus stock dividend. t—Paid in stock in preceding 12 months, estimated cash value on ex-dividend or ex-distribution date.

wd—When distributed. wi—When issued. ww—With warrants. xw—Without warrants.

vj—In bankruptcy or receivership or being reorganized under the Bankruptcy Act, or securities assumed by such companies.

s—Split or stock dividend of 25 per cent or more in the past year. The range and dividend begin with the date of split or stock dividend, and do not cover the entire year. The net change shown is from an adjusted previous year's closing price.

n—New issue in the past year. The range begins with the start of trading in the new issue and does not cover the entire year.

g—Dividend or earnings in Canadian money. Stock trades in U.S. dollars. No yield or PE unless stated in U.S. money.

z—Sales in full.

AMERICAN BONDS

The following tabulation gives the 1979 sales, high, low, last price and net change from the previous year in bonds listed on the American Stock Exchange:

	Sales ($1,000)	High	Low	Last	Net Chg.
APL 10s92	374	84¾	69	73	− 9
Action 11s92	600	87½	74	76	− 5½
Aeronc cv5¾82	137	86½	73	73⅞	−11⅛
Altec 6¾88	1410	63¾	50	57¼	+ 2¼
Altec cv15s95	522	130¼	103	108	−13½
ACenMt cv7s90	256	66½	55⅛	57	− 3
AMotl cv5½91	991	70	54	54	− 7
AngloCo 11⅞98	244	101⅝	87	87	− 8
ArrowEl 12s98	1306	100	82	89⅜	− 4⅝
ArrowEl 12⅜99	756	101¼	87¼	93¾	......
BayCol cv6¾91f	78	63½	57	63	+ 4½
Blessng 10s92	166	90	80	80	− 9
CableG cv6½90	3262	116	76	116	+40
CalCom cv4s87	1869	70	52	66½	+13½
CalCom cv7s92	2468	83	65½	75	+ 9
Campanelli 12⅞94	1237	94	81⅞	86½	.....
ChrtMd 11s93	329	94⅞	78	82¼	−10¾
ChrtMd 12⅝97	27	103	98¾	98¾	......
CirclK cv4½97	603	64	55½	63	+ 3½
Condec cv6s82	78	91	85½	89	− 6¼
Condec cv5s93	1239	79¾	55½	79¾	+18¾
Condec cv7¾96	1223	196¼	112	193	+75½
Condec 10s97	746	88	68½	74	− 6
ConsOG 9s88	899	85	76	77½	+ ¾
ConsOG 9¼92	1217	93	77	78	− 1
ConsOG 12s95	888	94½	85	87½	......
ConTel cv5¼86	1000	86	79½	81½	+ ⅜
CoreLb cv8s99	52	105½	98	105½	......
CrysOil 12⅝90	810	104	91⅛	96¼	− 3¾
DPF cv5¾s87	549	88	73	74	−16⅜
DWG 5½87	2284	99¼	75½	89	+ 2
Datapr cv5¾95	3979	101	77	97⅞	+12⅜
DevCpA cv5s96	2908	73	49	68	+19⅜
DevCpA 10s93	40	87	82	82	− 8
Dixico cv8½93	41	79	77	78	......
Docum 11½98	334	98¼	78½	79¾	−15⅜
Documat 12s99	131	99½	90	90	......
DuroT cv5¾92	488	99	75	99	+19½
DuvalCp 6½82	40	91⅝	91	91⅝	+ ½
EAC cv6½85	410	80	72	76¾	+ 5¾
EDO cv5¼87	482	120	83	120	+42
ElAudD cv8s88	580	89½	70⅞	70⅞	−19⅛
ElAudD 12⅞99	2827	97½	72	77	......
ElginN cv6¾88	338	170	122	158	+28
EmrRad 11s92	438	93½	73¼	78¾	−11¼
FischP cv5½87	816	94	80	80½	− 6½
FrankR cv7s89	2511	127	70½	117	+46½
FrontA 5½87	775	78½	66	66	− 5¼
FrontA cv6s92	3200	97	73½	80¼	− 7¾
GMR 7.7s80	2036	99	77	99	+18½
GNAC 11½94	2098	86¼	73	78	......
GTelFla 7½02	92	78	74	74	−10⅝
GTelFla 8⅛03	59	85	82½	84	− 1
GTelFla 10¾04	90	108	90⅛	90⅛	−13⅞
GTelFla 9⅜05	75	98	87¾	87¾	− 5½
GTelSwt 7½02	51	79	75	75	− 2
GTelSwt 7¾03	171	81½	70¼	70¼	− 8¾
GTelSwt 10¾04	60	108⅛	91	91	−16
GerberSci 12⅛94	52	102¼	91	92½	.....
GoldnNugt 12¼94	4516	96½	80	86½	......

	Sales ($1,000)	High	Low	Last	Net Chg.
GreyC cv6s86	955	76¼	71	71½	− 3½
GrowG cv5¼87	1229	93½	80	87	+ 3½
HanPet 11½90	1358	104	97	98½	− 1¾
HanSq cv7¼92	309	83	62	62	−13
Heitm cv7½s92	830	70½	54⅝	60¾	+ 5¼
HiGlnc cv6s88	813	67	57¾	62¾	+ 2
HormelG 9s85	122	97	89	89	− 9
InstSys cv7s91	2672	61½	51	51	− 8⅛
InstSys cv12s99	1900	97	90¼	92	......
IntgRes 12⅞99	2088	96	82¼	87	......
IroqBrd 12s99	24	84½	82	84½	......
KayCp 13½98	1681	104½	90½	94⅝	− 3⅜
Kenai 10½98	3157	88	70⅛	76	− 4¼
LeascoC 5¾s87	1759	91½	76⅛	79	− 4
LeisT cv6¾96	1286	62½	53	57⅜	+ ⅜
Lerner 6½s82	166	88	76	82⅛	− 2⅞
LincA cv5½s87	118	71	66	66	− 4
Lundy cv6½88	341	63	51½	61	+ 7
McCul cv5s97	1592	58½	46	57½	+12½
McCul cv10½99	5718	115¼	90	109⅜	+19⅜
McCulP 7.7s82	799	93	82	87	+ ⅛
McCulP 11½84	517	101¾	94⅜	96½	− 1½
McDongh 7½85	145	89⅜	83	83	− 6½
McDongh 8s85	20	90	89	90	......
McDongh 6s86	89	78	72	72	− 6
McKeo cv5½97	1068	52	43½	47¼	+ 4¼
Mego 12⅞94	1614	98⅞	83	91	......
MichGn 10⅞92	378	90	78	80½	− 4½
MidGls 10¾98	342	96½	75	79½	−10½
Mite 10s97	921	94	78	78	− 9½
Mitsui 8¼s89	1	160	160	160	+ 9½
MortSh 12¾96	182	103	91⅛	94	......
NFC cv8s92	5983	102½	81¼	88	......
NVF Co 5s94	9539	51½	41½	44½	− 3¾
NVF Co 10s03	1305	89	69⅞	74	− 6
NtCss cv6⅜98	4927	118	80	117	+37
NHlth cv8½86	839	95	86	95	+ 9½
NKinn cv5¼97	4289	50½	42	49¼	+ 3⅞
Norin 11s98	1147	99¾	80⅞	81½	−11½
Nortek 12½99	845	96½	83½	84	......
NoACar 9¼92	228	88½	80⅛	80⅛	− 5⅜
NoestA cv6½86	1074	89	75	76	− 9
OKC cv5¾s88	11	420	156½	420	+263½
Offshr cv5s92	248	90½	87	87	− 2¼
OrioleH 12⅝97	34	101	98	98	......
Ozark cv5¼s86	1766	98½	70	70½	− 5½
Ozark cv6¾s88	2066	93½	69	72	− 4¾
PNB cv6¾91	97	60⅛	56	58¼	......
PacHold 9s97	4271	79	64	67¾	− 2¼
PacTr cv7s92	226	101	75	89½	+15½
PennEn cv5s93	4306	94	60¼	71	+ ½
PetroLe 11s97	4747	91½	74	81¼	− ¾
PetroLe 12¼98	5621	99	84	92	− 1
Phoenx cv6s87	2231	80	60½	60½	− 3½
Pier 1 10s89	537	98¾	72	74⅛	− 8⅞
PionrT cv6¾85	1205	81	61	63½	− 5½
Plessy cv4½93	1476	56	48	48½	− 1½
PubSEG 6s98	343	68½	56	57⅛	− 6⅞
PuntGo cv6s92	3003	68	54	57	+ 3
PuritnFa 6½81	451	100	86½	94	+ 7½

AMERICAN BONDS

	Sales ($1,000)	High	Low	Last	Net Chg.
RealITr cv8s91	1410	80	59½	60	— 5½
ResortInt 10s99	7271	85¼	68	75⅝	......
RestAs cv9s93	1016	76	66½	70	— 1½
Roblin cv6½84	667	91	79¼	82½	+ 3¼
RoblinIn 12s89	386	100	83½	88¼	— 7¼
RyanHo cv6s91	755	85	72	78⅜	— 1⅝
SaturnA cv4s87	115	78	72	73	+ 1
SbdWA cv5s86	2718	90	67	69	— 8
SecMtg 7¼s82	1196	91	84⅞	87	+ 2
Sharon 14¼99	1290	95	91⅝	92⅞	......
SondIB cv5¼88	844	108	90½	108	+15
SndDes 10s92	512	88	71	72	—19
SCE 3⅝s86G	136	91½	85½	89½	+ 2½
SCE 4¼s82H	444	89½	84	86	+ 2¼
SCE 4¾s82I	355	89	80½	82½	— 1¾
SCE 4⅞s82J	230	88½	82	84	+ ⅜
SCE 4⅝s83K	294	85	79⅝	80¼	— ¼
SCE 5s85L	293	81½	74¼	74¼	— 3¾
SCE 4⅜s85M	242	78	71	71	— 4
SCE 4½s86N	70	89¼	67	69	......
SCE 4¼s87O	101	72	66	66	— 5⅛
SCE 4¼s87P	48	71¼	68	69	......
SCE 4⅜s88Q	274	71	61	62	— 3
SCE 4⅜s89R	132	68¾	65	65	— ⅞
SCE 4½s90S	133	67½	53	55⅝	—10⅜
SCE 8⅛s94Y	1653	89½	72	77½	— 7⅝
SCE 7⅞s95Z	829	87	71	72¼	—10½
SCE 8s96AA	894	86½	68	68	—15
SCE 7⅜s97BB	612	81¾	66½	66½	—10½
SCE8¼s99 CC	731	88⅛	70½	70½	—14½
SCE 9s81EE	841	99½	91	92⅝	— 4⅝
SCE 8⅞00FF	1410	95	76½	79	—12½
SCE 8⅞01GG	884	93¾	77	77⅞	—12⅝
SCE 8¼02HH	1111	89⅜	71⅝	71⅝	—12⅜
SCE 7¼84II	557	91	80	83⅛	— 4⅜

	Sales ($1,000)	High	Low	Last	Net Chg.
SCE 9⅝03JJ	2117	100⅜	81	82⅛	......
SCE 11¾04	156	100¾	98	98¾	......
Stnwd cv6½89	1077	70½	59½	60	— 3½
StMul cv6¾s91	38	70	66¼	66½	+ ¼
Susque cv5½88	294	73	55	58	— 2
SysEng 12½93	2048	101	80	90	— 5
Tannet 10½92	352	92½	84	84	— 5
TechTp 10s96	963	80	62	64	—11¼
Teleregstr 6s80	102	98½	93¼	94⅞	— ⅛
TexIAir 10⅞98	2862	94½	75	79	— 6¾
TCAir cv6s82	85	90	82¼	83	— ¼
TCAir cv6⅞84	264	85	80⅝	81⅞	+ 1⅝
TranLx cv5s87	101	76	62	66	— 2½
TrnctlOil 12⅞98	1436	101¼	85	89	......
TycoL cv5⅞88	787	77½	69	77	+ 4½
Unimx cv7½92	1352	77½	61½	63	— 7
Unimx cv10¾97	191	89½	81½	83	......
UnNatl 7½s88	486	73½	64	66½	+ ¾
USAir 5½87	334	70¾	60	60¼	— 5¼
USAir cv6s93	34	64	60	63	— 7
USAir cv5¾93	104	74	60⅛	60⅛	—11⅝
VLN cv5½s82	303	88½	85	86¾	— 1¾
VLN cv5s87	617	74	71	71	— 2
Vernt cv5¾82	722	91½	80½	91½	+10½
Wainoco 10¾98	3897	94	80½	82¾	— 3¼
Wang cv6¾04	626	97¼	94	96⅞	......
WarC 7⅝s94	411	83⅛	68	70	—13⅛
WeldTub 10s95	90	88¾	71¾	73½	—20½
WnPac 9⅛02	148	85	80½	80½	— 9½
Wilshr cv6s95	1333	211	112	204	+90
WilsnSp 6½88	218	84¾	76⅜	76⅜	— 8½
WkWr cv4¾s85	155	76½	69	70	— 1¼
WorkWr 8⅞s91	331	88⅛	72¾	73⅛	—11⅞
WyoBn cv7¼96	617	120½	97	111	+ 8¾
ZeroCp 10s89	107	90½	86¾	88¾	......

vj—In bankruptcy or receivership or being reorganized under the Bankruptcy Act, or securities assumed by such companies. xi—Ex interest. ct—Certificates. st—Stamped. f—Dealt in flat. x—Matured bonds, negotiability impaired by maturity. nd—Next day delivery. xw—Ex warrants. fn—Foreign issue subject to interest equalization tax.

Annual Market Statistics

NYSE LEADERS

Of the total volume of 8,155,915,314 shares traded during 1979 on the New York Stock Exchange, the 25 most active securities accounted for 1,061,602,100 shares, or 13.0% of the aggregate sales. Individual volume, high, low and closing prices, with the net change for the year of the 25 leaders are shown in the following table. Sales are in hundreds.

Name	Sales(hds)	High	Low	Last	Chg
Texaco	636107	32⅛	23⅝	28⅞	+ 5
IBM s	622695	80	61⅛	64⅜	−10¼
GulfOil	610869	37⅜	23	34⅝	+11¼
ATT	594334	64¾	51⅝	52⅛	− 8⅜
Exxon	549034	61¼	48¾	55⅛	+ 6
Sears	514200	21⅞	17¾	18	− 1¾
OcciPet	507885	29⅝	15¾	27⅛	+11⅜
GMot	494178	65⅞	49⅜	50	− 3¾
Caesars s	431752	36⅛	13¼	17⅞	+ 9⅝
ChartCo	399692	50	5	34⅞	+29¾
EsKod	393260	66⅞	47¾	48⅛	−10½
DowCh	392648	34⅞	24¾	32⅛	+ 7¼
Ramad	390307	14¼	7	8¼	+ ¼
HowdJn	378903	24⅞	9½	24¾	+14⅞
PanAm	370441	8	5½	6	− ⅝
GPU	344051	18⅞	7	8⅝	− 8⅞
Citicrp	339237	26⅝	20¼	23¾	+ ¼
AHome	338883	29½	24⅜	27¼	− ⅞
WestgEl	338132	23	16½	20⅛	+ 3½
SterlDg	337571	21⅜	15⅛	20	+ 4⅜
BallyMf s	333605	48⅝	23⅛	36	+15⅜
PhilPet	329997	50⅝	29½	48	+16⅜
Mobil s	327987	60⅜	36¼	55	+20¼
LaLand	320872	55¼	21⅝	46¼	+24¾
AHess	319381	49¾	25⅛	48¾	+20⅝

s-Split

WHAT NYSE STOCKS DID

	1979	1978	1977	1976
Advances	1351	951	1016	2006
Declines	842	1240	1138	164
Unchanged	21	34	50	10
Total Issues	2214	2225	2204	2180

AMERICAN LEADERS

Sales, high, low, closing price and the net change for the 10 most active American Exchange stocks for the year 1979.

Name	Sales(hds)	High	Low	Last	Chg
Resrt A	367954	54⅞	23¼	30¾	+ 5⅛
DomeP g s	241024	48⅜	29	46⅝	+26½
HouOM	232098	24⅞	15½	22¾	+ 7⅜
Syntex	176106	44¼	30⅜	41⅛	+ 6⅝
McCulO	174311	11⅜	4¼	11	+ 6⅛
GtBasinP	160160	22⅛	4¾	21⅜	+16½
Dynlctn	143263	15¾	3⅛	12	+ 8¾
ChampHo	140075	2½	1	1¼	− ½
Brascan	139429	23⅞	15¼	18¾	+ 3
InstrSys	136359	1½	⅞	1	− ⅛

AMERICAN EXCHANGE

STOCK VOLUME
Total 1979	1,099,990,000 shares.
Total 1978	988,530,000 shares.
Total 1977	653,100,000 shares.
Total 1976	648,330,290 shares.

BOND VOLUME
Total 1979	$226,060,000
Total 1978	$265,550,000
Total 1977	$284,930,000

NYSE STOCK SALES

Total 1979	8,155,915,314 shares.
Total 1978	7,205,054,539 shares.
Total 1977	5,273,767,151 shares.
Total 1976	5,360,116,438 shares.
Total 1975	4,693,426,508 shares.
Total 1974	3,517,742,638 shares.
Total 1973	4,053,201,306 shares.

ISSUES TRADED

	1979	1978	1977	1976
N Y Stocks	2214	2225	2204	2180
N Y Bonds	2700	2664	2582	2544
Amer. Stocks	1007	1066	1138	1199
Amer. Bonds	190	187	182	178

NYSE BOND SALES

Total 1979	$4,141,690,000
Total 1978	$4,547,260,000
Total 1977	$4,664,510,000
Total 1976	$5,262,106,900

GOVERNMENT NOTES AND BONDS

Over the Counter U.S. Government Treasury bonds and notes 1979 price range.

			High	Low	Last	Net Chg.
7.50	Jan	1980 n	99.22	96.28	99.22+	2.25
4.00	Feb	1980	98.24	93.26	98.24+	4.29
6.50	Feb	1980 n	99.9	95.25	99.9 +	3.16
7.63	Feb	1980 n	99.6	96.27	99.6 +	2.11
7.50	Mar	1980 n	98.26	96.16	98.26+	2.10
7.75	Apr	1980 n	98.25	96.29	98.15+	1.18
6.88	May	1980 n	98.3	95.13	98.2 +	2.20
8.00	May	1980 n	99.1	96.25	98.5 +	1.6
7.63	Jun	1980 n	98.20	96.7	97.23+	1.9
8.25	Jun	1980 n	99.7	96.21	98.2 +	.31
8.50	Jul	1980 n	99.12	96.12	97.20+	.9
6.75	Aug	1980 n	97.24	94.21	96.18+	1.28
9.00	Aug	1980 n	100.4	95.8	98.14—	.6
8.38	Aug	1980 n	99.6	95.28	97.16+	.14
6.88	Sep	1980 n	97.18	94.10	96 +	1.10
8.63	Sep	1980 n	99.16	95.27	97.10—	.6
8.88	Oct	1980 n	99.24	95.27	97.11—	.21
3.50	Nov	1980	94.16	89.30	93.22+	3.22
7.13	Nov	1980 n	97.20	94	95.27+	.27
9.25	Nov	1980 n	100.10	95.30	97.28—	.27
5.88	Dec	1980 n	96.3	92.18	94.19+	1.28
9.88	Dec	1980 n	101.8	96.19	98.14—	1.12
9.75	Jan	1981 n	101.4	96.8	98.6	......
7.00	Feb	1981 n	97.30	93.4	95.12+	1.3
7.38	Feb	1981 n	97.20	93.17	95.25+	.25
9.75	Feb	1981 n	101.6	96.8	98.9	......
6.88	Mar	1981 n	96.26	92.19	94.26+	.30
9.63	Mar	1981 n	101.2	96.1	97.31	......
9.75	Apr	1981 n	101.12	96.2	98.2	......
7.38	May	1981 n	97.14	92.24	95 +	.4
7.50	May	1981 n	97.20	92.26	95 +	.1
9.75	May	1981 n	101.12	95.28	98.2	......
6.75	Jun	1981 n	96.10	91.4	93.25+	.19
9.13	Jun	1981 n	100.12	94.22	97.1	......
9.38	Jul	1981 n	100.1	94.29	97.9	......
7.00	Aug	1981	97.10	91.18	93.18+	.4
7.63	Aug	1981 n	97.19	92.8	94.18—	.12
8.38	Aug	1981 n	99.2	93.14	95.23—	1.8
9.63	Aug	1981 n	99.29	95.2	97.16	......
6.75	Sep	1981 n	95.24	90.7	92.30+	.6
10.13	Sep	1981 n	99.17	95.22	98.10	......
12.63	Oct	1981 n	102.18	100.14	102.1	......
7.00	Nov	1981 n	96.2	90.10	92.28—	.11
7.75	Nov	1981 n	97.21	91.21	94.8 —	.27
12.13	Nov	1981 n	101.26	100.14	101.11	......
7.25	Dec	1981 n	96.16	90.12	93.2 —	.23
11.38	Dec	1981 n	100.8	99.29	100.8	......
6.13	Feb	1982 n	94.8	88.3	91.1 +	.5
6.38	Feb	1982	94.16	88.13	90.30—	.2
7.88	Mar	1982 n	98	91.8	94 —	1.10
7.00	May	1982 n	95.22	88.28	92.2 —	.24
8.00	May	1982 n	98.10	91.6	94.4 —	2
9.25	May	1982 n	101.23	94.2	96.26—	2.21
8.25	Jun	1982 n	100.26	91.20	94.10—	2.5
8.13	Aug	1982 n	98.12	91.4	93.29—	2.1
9.00	Aug	1982 n	100.5	92.29	96.3	......
8.38	Sep	1982 n	99.4	91.9	94.8 —	2.16
7.13	Nov	1982 n	95.20	87.20	91.8 —	1.6
7.88	Nov	1982 n	97.21	89.20	92.30—	2
9.38	Dec	1982 n	102.1	93.13	96.31—	2.28
8.00	Feb	1983 n	97.30	89.12	92.26—	2.19
9.25	Mar	1983 n	101.26	92.26	96.10	......
7.88	May	1983 n	97.11	88.20	92.16—	2.14
11.63	May	1983 n	103.29	100.3	103.4	......
3.25	Jun	1978-83	86.8	80.6	81.13+	.23
8.88	Jun	1983 n	100.19	91.21	95.14	......
9.75	Sep	1983 n	98.20	93.30	98	......
7.00	Nov	1983 n	94.2	85.23	89.6 —	1.30
10.50	Dec	1983 n	100.2	99.20	100.2	......
7.25	Feb	1984 n	94.23	85.30	89.22—	1.29
9.25	May	1984 n	99.26	92.22	96.20	......
6.38	Aug	1984	91.12	82.12	85.28—	1.30
7.25	Aug	1984 n	94.14	85.8	89.10—	1.26
8.00	Feb	1985 n	97.19	87.10	90.24—	3.22
3.25	May	1985	84.26	72.30	76.22+	2.2
4.25	May	1975-85	85.12	74.16	77.30+	.2
10.38	May	1985 n	100.18	98.30	99.31	......
8.25	Aug	1985 n	98.4	87.10	91.2 —	4.6
7.88	May	1986 n	95.22	84.1	88.10—	4.10
8.00	Aug	1986 n	96.7	85.6	88.22—	4.23
6.13	Nov	1986	87.18	76.29	83.2 —	.2
9.00	Feb	1987 n	101.18	89.12	93.11	......
7.63	Nov	1987 n	93.28	81.24	86.19—	4.11
8.25	May	1988 n	97.2	84.2	88.23—	5.21
8.75	Nov	1988 n	100	86.18	91.4 —	6.8
9.25	May	1989 n	103.6	89.18	93.29	......
10.75	Nov	1989 n	103.26	98.16	102.18	......
3.50	Feb	1990	84.18	71.26	76.22+	2.26
8.25	May	1990	97.8	83.24	87.27—	6.21
4.25	Aug	1987-92	84.10	74.2	77.8 +	3.8
7.25	Aug	1992	88.16	75.20	78.24—	6.29
4.00	Feb	1988-93	84.26	71.12	76.26+	3.22
6.75	Feb	1993	84	72.8	75.22—	6.6
7.88	Feb	1993	92.30	79.12	82.15—	7.27
7.50	Aug	1988-93	89.2	76.10	78.30—	8.10
8.63	Aug	1993	98.15	84.11	87.18—	8.25
8.63	Aug	1993	98.13	84.11	87.12—	8.31
9.00	Feb	1994	101.17	87.5	90.3	......
4.13	May	1989-94	84.10	72.10	76.20+	2.20
8.75	Aug	1994	99.15	85.8	88.3	......
10.13	Nov	1994	100.18	95.5	98.21	......
3.00	Feb	1995	84.8	71.10	76.24+	2.28
7.00	May	1993-98	84.16	72.10	77.17—	4.29
3.50	Nov	1998	84.22	72.5	77.6 +	3.10
8.50	May	1994-99	97.17	82.24	85.24—	9.29
7.88	Feb	1995-00	91.27	77.6	80.24—	8.24
8.38	Aug	1995-00	96.8	81.2	84.26—	9.12
8.00	Aug	1996-01	92.22	78.5	81.12—	9.6
8.25	May	2000-05	95.3	79.2	83.20—	9.12
7.63	Feb	2002-07	89.2	75.3	78.18—	8.6
7.88	Nov	2002-07	93.28	81.19	84.5 —	5.30
8.38	Aug	2003-08	96.2	80.31	84.20—	9.17
8.75	Nov	2003-08	99.25	84.2	88 —	9.26
9.13	May	2004-09	103.13	87.19	91.12	......
10.38	Nov	2004-09	104.9	98.20	102.17	......

(N) — Treasury Notes.

Prices quoted in dollars and 32nds. Subject to Federal taxes but not to State income taxes.

MUTUAL FUNDS

The following table gives the high, low and last bid price in 1979, together with the net change from 1978's final bid price:

	High	Low	Last	Net Chg.
AcornFd n	25.70	17.64	25.70+	6.97
ADV Fund n	12.45	11.07	12.35	......
AfutureFd n	16.40	11.90	16.40+	4.47
AlphaFnd n	14.30	11.48	14.03+	2.37
AmBirthTr	12.62	9.71	10.88+	1.22
American Funds:				
AmBalan	8.78	7.93	8.18+	.14
AmcapFd	11.64	7.82	11.64+	3.84
AmMutl	11.64	9.78	10.89+	1.07
AnchGrowth	8.21	6.69	8.02+	1.26
BondFd	13.95	12.69	12.75—	.85
CashMgt n	1.00	1.00	1.00	......
FundmInvs	7.64	6.58	7.33+	.70
GrowthFd	10.18	7.06	10.09+	3.07
IncomeFd	8.44	7.41	7.74+	.02
InvCoA	8.74	7.47	8.50+	1.01
NewPerspFd	7.38	5.99	7.27+	1.21
WshMutInv	7.28	6.35	6.84+	.31
Amer General:				
Cap Bond	8.39	7.35	7.35—	.87
Enterprise	8.91	5.94	8.83+	2.86
HiYldInv	11.88	10.39	10.56—	.98
MuniBond	24.04	20.88	20.89+	2.01
Reserve n	1.00	1.00	1.00	......
VentureFd	20.94	14.99	17.75+	2.84
Comstock Fd	10.33	7.25	10.29+	3.07
EquityGrth	9.36	7.33	9.06+	1.69
FundOfAm	8.62	6.47	8.57+	2.11
Harbor Fd	10.19	8.64	10.08+	1.43
Pace Fnd	21.07	15.84	20.91+	5.14
ProvidentFd	3.97	3.51	3.66+	.06
Amer Growth	8.81	6.15	8.81+	2.68
Am Heritage	2.53	1.61	2.47+	.86
Am Ins&Ind	5.41	4.46	4.93+	.48
Am Invest n	9.23	5.66	9.12+	3.49
Am InvInc n	12.46	11.06	11.62+	.40
Am NatGrth	4.14	3.20	3.72+	.53
Amway Mutl	9.49	7.44	7.94+	.51
Axe Houghton:				
Fund B	8.24	7.26	7.72+	.16
IncomFd	4.70	4.22	4.30—	.28
StockFd	7.28	5.92	7.21+	1.21
BLC GthFd	14.49	11.47	14.48+	2.77
BabsonIncm n	1.68	1.52	1.54—	.10
BabsonInvt n	11.13	9.50	10.85+	1.28
BeaconGth n	10.32	9.11	10.17+	1.07
BeaconHill n	10.34	9.33	10.14+	.66
Berger Group:				
100 Fund n	10.62	8.15	10.46+	2.26
101 Fund n	10.43	8.53	9.40+	.84
Bondstock Cp	6.32	5.29	6.17+	.88
Bost Fndatn	10.14	8.96	9.50+	.58
Bull & Bear Gp:				
Capamer n	9.72	8.15	9.24+	1.10
CapitShrs n	9.81	6.48	9.81+	3.35
Golconda n	11.35	6.77	11.35	......
Calvin Bullock:				
BullockFd	14.84	12.27	14.04+	1.83
CanadianFd	9.39	7.28	8.45+	1.08
DividendShr	2.97	2.49	2.69+	.04
MonthlyIncm	13.92	11.72	11.73—	1.47
Natn WdeSec	9.90	8.44	9.00+	.13
CashRsvMg n	1.00	1.00	1.00	......
CapPresvtn n	1.00	1.00	1.00	......
CentCapCsh n	1.00	1.00	1.00	......
Centry Shrs	13.19	10.40	12.15+	.95
Chanclr HiYld	11.89	10.58	10.82	......
Charter Fund	17.27	13.62	17.27+	3.67
Chase Gr Bos:				
Fund	7.56	6.31	7.56+	1.25
Frontier Cap	5.97	4.20	5.84+	1.63
Sharehold	7.74	7.00	7.56+	.56
Special	8.70	5.86	8.60+	2.75
ChpsdeDollr n	15.22	11.17	14.88+	3.55
Chemical Fd	8.64	7.11	8.60+	1.25
Colonial Funds:				
Senior Sec	9.02	7.76	8.14—	.16
Fund	10.05	8.85	9.93+	.99
Grwth Shrs	6.27	4.59	6.27+	1.65
Income	8.21	7.24	7.25—	.81
Option	11.12	10.16	10.73+	.43
Tax Mangd	14.52	12.88	13.56	......
ColumbGrth n	22.37	15.99	22.31+	5.78
Comwlth A&B	1.08	.93	1.06+	.11
Comwlth C&D	1.49	1.32	1.49+	.10
Composit B&S	9.36	7.97	8.65+	.69
CompositeFd	9.10	7.23	8.51+	1.27
ConcordFd n	18.37	13.13	16.66+	3.62
Connecticut Genl:				
Fund	12.51	10.22	12.45+	2.06
Income	7.85	6.90	6.97—	.73
MuniBond	9.74	8.61	8.63	......
ConsolidInv	10.87	9.37	10.62+	1.25
ConstellGth n	12.96	7.29	12.96+	5.63
ContMutInv n	7.13	5.60	6.92+	1.30
ConvYldSec	12.18	11.10	11.82+	.64
CountryCap In	13.03	10.85	12.97+	1.79
DailyCash n	1.00	1.00	1.00	......
DailyIncm n	1.00	1.00	1.00	......
Delaware Group:				
DecaturInc	13.73	11.45	13.28+	1.89
DelawareFd	13.05	10.53	12.44+	1.89
DelchesterBd	8.82	7.92	8.17—	.60
TaxFree Pa	9.24	8.25	8.25—	.50
Delta Trend	6.52	5.17	6.50+	1.36
CashResv n	10.00	10.00	10.00	......
Directors Cap	4.10	2.35	2.71—	.49
DodgCoxBal	23.47	21.01	22.36+	1.34
DodgCoxStk n	18.30	15.48	17.84+	2.05
DrexlBurnh n	12.16	10.26	12.07+	1.82
Dreyfus Grp:				
Dreyfus	14.11	11.37	14.11+	1.76
Leverage	20.71	15.41	19.91+	4.52
LiqdAsset n	1.00	1.00	1.00	......
MnyMkSer n	1.00	1.00	1.00	......
No. Nine n	9.20	6.83	9.17+	2.36
SpeclIncm n	7.39	6.73	7.25+	.45
TaxExmpt n	15.07	13.35	13.35—	.72
ThirdCntry n	20.77	14.57	20.77+	6.25
EagleGth Shs	11.01	7.68	9.33+	1.37
Eaton&Howard:				
Balanced	7.98	7.22	7.80+	.09

MUTUAL FUNDS

	High	Low	Last	Net Chg.
Foursqre n	8.64	7.14	8.63+	1.27
Growth	14.05	10.29	13.94+	3.45
Income	5.63	5.08	5.09—	.53
Special	10.27	7.01	10.21+	3.08
Stock	10.13	8.66	10.01+	1.12
EdsonGld n	11.97	8.97	11.82+	2.37
ElfunTrust n	18.66	14.82	18.60+	2.72
ElfunTaxEx n	9.65	8.58	8.60+	.61
Evergreen n	28.43	23.48	28.32	......
Fairfield Fd	12.74	9.82	12.58+	2.55
FarmBuro Gt	12.08	10.55	12.07+	1.55
Federated Funds:				
Am Leaders	8.30	7.57	8.04+	.47
Hi IncmSe	13.86	12.39	12.67—	.56
MonyMkt n	1.00	.97	.99	......
MnyMktMgt n	1.00	1.00	1.00	......
Option Incm	13.57	12.80	13.11+	.37
TaxFree n	12.25	10.73	10.74—	1.08
USGvtSe n	9.39	8.03	8.40+	.61
Fidelity Group:				
Aggressiv n	9.80	8.57	8.72—	.62
CorpBond n	8.14	7.34	7.40+	.64
Capital n	9.89	7.93	9.68+	1.77
CashResv n	1.00	1.00	1.00	......
Contrafnd n	12.15	9.99	11.62+	1.67
DailyIncm n	1.00	1.00	1.00	......
Destiny	11.30	8.41	9.50+	.21
EqutIncm n	20.87	16.40	20.07+	3.72
Magellan n	48.91	32.80	48.91+	16.26
MuniBond n	9.62	8.64	8.64—	.71
Fidelity n	17.61	15.01	17.00+	1.25
Govt Sec	9.80	9.73	9.76	......
HighYield n	14.50	13.19	13.19—	.73
Ltd Muni n	9.32	8.73	8.73—	.41
Puritan n	10.89	9.81	10.41+	.48
Salem n	6.34	4.97	6.30+	1.33
Thrift n	9.81	9.41	9.48—	.29
Trend n	28.62	22.04	26.03+	3.48
Financial Prog:				
Dynamics n	6.98	5.21	6.98+	1.81
Industrl n	4.95	4.02	4.94+	.93
Income n	8.32	6.77	8.15+	1.41
Fst Investors:				
Bond Apprc	15.20	13.70	13.96—	.10
CashMgt n	1.00	1.00	1.00	......
Discovery	8.45	6.19	8.05+	1.98
Growth	9.33	7.49	9.25+	1.51
Income	8.19	7.21	7.35—	.45
Option	6.98	6.31	6.63	......
Stock	8.27	7.18	7.31—	.34
Tax Exmpt	9.79	9.63	9.71	......
FrstVarRte n	1.00	1.00	1.00	......
44 Wall St n	19.52	12.40	17.95+	5.58
Fndatn Grwth	4.54	3.54	4.48+	.93
Founders Group:				
Growth	6.53	4.75	6.25+	1.50
Income	13.54	11.72	13.50+	1.79
Mutual	8.73	7.65	8.25+	.40
Special	15.33	10.20	15.14+	4.99
Franklin Group:				
AGE Fund	4.66	3.84	3.95—	.34
Brown	4.42	3.44	4.38+	.89
DNTC	10.84	7.72	10.79+	2.65
Growth	6.94	5.87	6.72+	.46
Utilities	4.81	4.17	4.23—	.37
Income Stk	2.05	1.72	1.96+	.24
USGovt Sec	9.03	8.14	8.35—	.57
Resh Capitl	7.07	3.07	7.05+	3.96
Resh Equity	4.81	3.73	4.75+	.97
LiqdAsset n	1.00	1.00	1.00	......
Fundpack	6.53	4.84	5.51—	.50
Funds Inc:				
ComrceInc n	8.74	7.95	8.73+	.65
CurrntInt n	1.00	1.00	1.00	......
IndusTrnd n	11.49	9.80	10.84+	1.05
PilotFund n	9.99	7.83	9.88+	1.82
GT Pacific n	16.99	10.76	11.72—	5.07
GatwyOptn n	16.20	14.78	15.81+	.55
GenElec S&S n	30.41	25.03	29.78+	3.69
GenSecurit n	12.40	10.15	11.17+	.83
GradisnCsh n	1.00	1.00	1.00	......
GrowthInd n	27.24	21.35	27.22+	5.93
Hamilton:				
Fund HDA	4.62	4.01	4.50+	.45
Growth	9.08	6.53	8.65+	1.95
Income n	7.26	6.11	6.92+	.84
HartwellGth n	22.79	16.07	22.54+	6.51
HartwllLevr n	15.39	9.71	15.31+	5.46
HiYield Sec	11.39	9.81	10.10—	.73
HoldingTrst n	1.00	1.00	1.00	......
Horace Mann	17.74	14.10	17.40+	3.06
INA HighYld	11.71	9.97	10.33—	.84
ISI Group:				
Growth	6.28	4.75	6.28+	1.73
Income	3.91	3.40	3.91+	.49
Trust Shares	12.15	10.70	12.13+	1.29
Trust PaShs	3.28	2.88	3.28+	.35
Industry Fd	5.63	3.54	5.58+	2.04
Intcap HiYld	14.83	14.31	14.51	......
IntcapLiqAs n	1.00	1.00	1.00	......
Int Investors	25.61	9.69	25.61+	15.84
InvtGuidnce n	12.30	9.42	12.25+	2.72
InvstIndictr n	1.37	1.14	1.31+	.18
InvestTr Bos	10.83	9.23	10.64+	.94
Investors Group:				
IDS Bond	5.49	4.88	4.93—	.48
IDS Cash n	1.00	1.00	1.00	......
IDS Growth	8.54	6.68	8.54+	1.87
IDS HiYield	4.93	4.49	4.51	......
IDS NewDim	7.02	5.24	6.81+	1.57
Mutual Inc	9.39	8.48	9.03+	.36
Progressive	4.07	3.20	3.79+	.50
Tax Exempt	4.69	4.16	4.16—	.42
Stock	20.28	17.46	19.72+	2.28
Selective	8.88	7.81	7.92—	.79
Variable Pay	8.18	6.59	7.81+	1.16
Investrs Resh	7.08	5.42	5.67+	.05
Istel Fund	28.82	22.27	28.55+	6.07
Ivy Fund n	7.92	6.07	7.87+	1.64
JP Growth	11.53	9.85	11.31+	.96
JanusFund n	24.70	18.27	22.87+	4.53
John Hancock:				
Bond	17.71	15.27	15.42—	2.09
CashMgt	1.00	1.00	1.00	......
Growth	8.13	5.87	8.04+	1.95
Balance	8.75	7.88	8.25—	.01
TaxExmp	14.06	12.16	12.17—	1.40
JohnsCapAp n	23.76	20.36	23.74+	3.07

MUTUAL FUNDS

	High	Low	Last	Net Chg.
JohnsCashMg	1.00	1.00	1.00	......
Kemper Funds:				
Income	10.21	8.98	9.29—	.74
Growth	11.24	8.19	10.04+	1.78
HighYield	11.49	9.87	10.14—	.89
MoneyMkt n	1.00	1.00	1.00	......
MunicpBnd	10.30	9.26	9.30—	.70
Option	13.51	12.27	12.79+	.44
Summit	16.47	12.15	14.85+	2.61
Technology	10.48	8.11	10.17+	1.91
TotReturn	11.76	9.45	10.59+	1.16
Keystone Funds:				
LiqdTrust n	1.00	1.00	1.00	......
InvestBd B1	18.55	15.46	15.56—	.99
MedGBd B2	18.87	17.26	17.69—	.65
DiscBd B4	8.22	7.32	7.33—	.62
Income K1	7.48	6.84	7.19+	.04
Growth K2	5.86	5.00	5.69+	.62
HiGrCom S1	19.59	17.12	18.60+	1.13
Growth S-3	9.83	7.64	9.09+	1.46
LoPrCom S4	6.88	4.70	6.86+	2.11
Internatl	3.95	3.22	3.85+	.63
Lexington Grp:				
Corp Leadrs	14.13	11.81	12.03+	.02
Growth	15.84	12.70	15.76+	3.12
Income	9.79	8.65	8.68+	.76
Money Mkt	1.00	1.00	1.00	......
Research	18.54	13.62	18.46+	3.59
LifeIns Inv	11.98	8.91	11.10+	2.16
LiqdCapInc n	10.00	10.00	10.00	......
Loomis Sayles:				
Capital n	16.47	12.32	16.20+	3.15
Mutual n	14.05	12.54	13.81+	.98
Lord Abbett:				
Affiliated	8.69	7.01	8.05+	1.08
Bond Deb	10.59	9.30	9.78—	.54
CashRsv n	1.00	1.00	1.00	......
Devel Gth	14.02	11.39	14.00—	1.77
Income	3.17	2.86	2.86—	.15
Lutheran Bro:				
Fund	11.13	9.89	10.78+	.91
Income	8.90	8.08	8.20—	.38
MonyMkt n	1.00	1.00	1.00	......
Municipal	9.85	8.34	8.34—	.91
USGovt Sec	9.43	8.43	8.82—	.42
Massachusett Co:				
Freedom	8.98	7.65	8.64+	1.02
Independt	11.21	8.62	11.09+	2.49
Mass Fd	11.77	10.55	11.37+	.83
Income	14.30	12.34	12.52—	1.65
Mass Financl:				
MIT	11.34	9.60	10.83+	1.24
MIG	10.60	8.55	10.43+	1.64
MID	14.71	13.10	13.71+	.42
MCD	13.21	8.85	13.17+	4.32
MFD	17.96	13.47	17.96+	4.47
MFB	14.73	12.98	13.39—	1.09
MMB	9.45	8.47	8.59—	.52
MFH	7.59	6.78	7.00	......
MCM n	1.00	1.00	1.00	......
Mathers n	20.33	14.25	20.28+	3.99
Merrill Lynch:				
Basic Value	11.58	9.61	11.46+	1.85
Capital	16.74	13.69	16.54+	2.91
Equi Bond	10.01	9.07	9.24—	.24
Hi Incom	9.75	8.61	8.73—	.81
Muni Insr	9.22	8.38	8.39—	.58
RdyAsset n	1.00	1.00	1.00	......
Sp Val	10.47	8.54	10.16+	1.46
Mid Amer	6.17	5.21	5.89+	.69
Moneymart n	1.00	1.00	1.00	......
MONY Fund	10.48	8.82	10.43+	1.35
MSB Fund n	16.38	14.23	16.07+	1.75
Mutual Benefit	9.79	8.70	9.46+	.60
MIF Fund	8.31	7.51	7.86+	.31
MIF Growth	5.03	4.14	4.98+	.77
Mutual of Omaha:				
America	11.16	10.45	10.45—	.35
Growth	4.45	3.83	4.24+	.42
Income	9.33	8.55	8.57—	.14
Money Mkt	1.00	1.00	1.00	......
Tax Free	14.41	12.45	12.46—	1.17
Mutl Shares	44.71	31.94	40.82+	8.87
NatAviaTec n	35.70	29.28	34.78	......
NatIndust n	14.82	11.16	14.55+	3.05
Nat Securities:				
Balanced	10.21	8.97	9.58+	.59
Bond	4.35	3.81	3.81—	.32
Dividend	4.80	3.93	4.59+	.66
Growth	6.34	5.42	6.31+	.62
Preferred	7.26	6.15	6.25—	.50
Income	6.04	5.40	5.69+	.30
LiqdResv n	1.00	1.00	1.00	......
Stock	9.27	7.71	9.11+	1.42
Tax Exmpt	11.74	10.42	10.43	......
NELife Fund:				
Equity	20.82	16.82	20.61+	3.32
Growth	14.22	10.63	14.06+	2.81
Income	13.04	11.44	11.64—	1.26
Retire Eqt	18.44	14.58	18.16+	2.39
CashMgt n	10.00	10.00	10.00	......
Neuberger Berm:				
Energy n	18.98	13.62	18.78+	5.19
Guardian n	33.48	25.82	30.98+	5.28
Liberty n	4.60	4.08	4.30+	.24
Manhattn n	3.45	2.56	3.41+	.82
Partners n	15.40	11.07	15.26+	4.22
Schuster n	12.57	9.73	12.40+	2.63
New World n	12.63	10.95	12.04+	1.13
NewtonGwth n	15.92	12.61	15.27+	2.66
NewtonIncm n	9.28	8.12	8.26—	.80
Nicholas n	13.64	11.55	13.64+	2.96
Nomura Cap	14.59	8.12	8.96—	5.52
NoreastInv n	13.70	11.90	11.91—	1.39
NY Venture	16.41	13.15	15.80+	2.66
Nuveen Muni	9.46	8.60	8.60—	.51
Omega Fund	14.62	10.16	13.94+	3.55
OneWilliam n	17.69	14.17	17.63+	2.79
Oppenheimer Fd:				
Oppenhm Fd	8.21	5.85	8.02+	2.05
High Yield	23.53	20.35	20.88—	1.53
Incom Bost	8.78	7.62	7.79—	.12
MonetBrdg n	1.00	1.00	1.00	......
Option	24.30	21.25	22.42—	.03
Special	16.85	12.41	16.83	......
TaxFree n	9.73	8.55	8.55—	.86
AIM n	15.75	10.28	15.75+	5.43
Time	13.58	9.78	13.49+	3.70

MUTUAL FUNDS

	High	Low	Last	Net Chg.
OverCount Sec	24.28	15.90	23.41+	7.56
Paramt Mutl	11.23	8.91	9.76+	.91
PennSquare n	8.28	6.77	7.90+	.73
PennMutual n	6.98	5.08	6.78+	1.71
Phila Fund	9.57	7.74	9.04+	1.25
Phoenix Cap	10.45	7.84	10.33+	2.29
Phoenix Fd	9.62	8.81	9.38+	.37
Pilgrim Grp:				
Pilgrim Fd	14.72	11.06	14.68+	3.57
MagnaCap n	4.20	3.40	4.18+	.78
Magna Incom	9.20	7.91	8.11−	.53
Pioneer Fund:				
Pionr Fund	17.82	14.45	17.49+	2.83
Pionr II Inc	11.21	8.70	10.42+	1.76
PlanndInvst n	14.70	11.59	14.60+	3.20
Pligrowth	13.08	10.56	12.62+	2.10
Plitrend	14.91	9.84	11.93+	2.16
Price Funds:				
Growth n	12.33	10.43	12.02+	.90
Income n	9.69	9.20	9.22−	.44
NewEra n	17.45	11.15	17.45+	5.79
NewHorizn n	13.01	9.65	13.01+	3.26
PrimeResv n	10.00	9.99	10.00	......
Tax Free n	9.72	9.16	9.20−	.34
Pro Fund n	8.40	6.79	8.01+	1.32
ProIncom n	10.16	8.83	8.94+	1.02
Prudent SIP	11.86	9.48	11.80+	2.07
Putnam Funds:				
Convert	12.65	11.14	12.60+	.80
DailyDiv n	1.00	1.00	1.00	......
Intl Equ	14.54	12.33	14.48+	1.88
George	14.29	12.59	13.54+	.73
Growth	12.16	10.32	11.96+	1.07
High Yield	18.15	15.75	16.15−	1.39
Income	7.47	6.48	6.58−	.71
Invest	8.38	7.09	8.22+	.72
Option	13.83	12.53	13.40+	.26
Tax Exempt	22.40	20.27	20.43−	1.16
Vista	15.51	11.92	15.38+	3.17
Voyage	14.37	11.02	12.91+	1.66
Rainbow n	3.10	2.23	2.94+	.71
Reserve n	1.00	1.00	1.00	......
Revere n	6.90	5.32	6.83+	1.53
Safeco Equit	11.23	8.87	10.31+	1.40
Safeco Growth	14.02	11.17	13.88+	2.74
StPaul Cap	10.91	8.50	10.84+	2.22
StPaul Gwth	12.42	8.70	12.30+	2.52
Scudder Funds:				
CashInv n	1.00	1.00	1.00	......
CommnStk n	12.21	9.83	11.99+	1.92
Income n	13.57	11.83	12.21−	.96
Internatl n	17.00	14.78	16.35+	.98
MangdRsv n	10.01	9.59	9.97−	.01
MangdMun n	9.96	9.03	9.12−	.48
Special n	38.32	30.04	38.02+	7.33
Security Funds:				
Bond	9.41	8.64	8.64−	.72
Equity	5.59	4.30	5.59+	1.24
Invest	8.52	6.81	8.19+	1.38
Ultra	14.70	10.19	13.44+	3.33
Selected Funds:				
AmerShrs n	7.22	6.54	7.00+	.16
SpeclShrs n	15.33	11.93	15.25+	2.79
Sentinel Group:				
Apex	3.94	3.30	3.60+	.01
Balanced	7.73	6.96	7.44+	.44
Common Stk	12.88	10.98	12.19+	1.27
Growth	10.49	8.53	10.22+	1.52
Sequoia n	25.39	22.12	24.30+	2.03
Sentry Fund	17.67	14.02	17.48+	3.38
Shearson Funds:				
Appreciatn	29.93	19.40	29.12+	8.70
Income	18.82	16.27	16.98−	.14
Invest	12.91	10.13	12.78+	2.57
ShearDDiv n	1.00	1.00	1.00	......
SierraGrth n	12.50	9.76	12.32+	2.43
ShrmnDean n	29.58	21.99	29.58+	7.89
Sigma Funds:				
Capital	12.32	9.74	12.20+	2.46
Invest	11.26	9.83	10.99+	1.02
Trust Sh	9.30	8.48	8.86+	.19
Venture Shr	10.38	8.26	10.38+	2.12
SmthBarEqt n	13.31	10.49	12.74+	2.26
SmthBarI&G n	14.51	12.13	13.90+	1.81
SoGen	14.05	11.68	14.05+	2.38
Southwstn Inv	8.80	7.38	8.41+	1.01
SwstnInvInc	5.87	4.88	5.01−	.11
Sovereign Inv	13.17	11.08	12.84+	1.83
State Bond Grp:				
Commn Stk	5.05	4.20	4.94+	.67
Diversifd	5.25	4.57	5.13+	.51
Progress	5.77	4.50	5.74+	1.23
StatFarmGth n	8.58	6.22	8.43+	2.24
StatFarmBal n	12.07	9.93	11.55+	1.65
StaStreet Inv	56.41	44.52	54.55+	10.06
Steadman Funds:				
AmerInd n	2.96	2.24	2.94+	.73
Associated n	1.05	.94	.96−	.01
Invest n	1.37	1.12	1.37+	.18
Oceanogra n	8.20	5.62	8.16+	2.40
Stein Roe Fds:				
Balance n	19.59	17.21	19.41+	2.06
CashResv n	1.00	1.00	1.00	......
CapOppor n	15.72	10.56	15.70+	5.13
Stock n	15.31	12.11	15.20+	3.01
StrattnGth n	20.37	16.92	19.30+	2.53
Surveyor	12.35	9.88	12.35+	2.51
TaxMngd Utl	20.55	16.24	16.28−	3.40
TempltnGth	6.69	5.47	6.51+	1.22
TempltnWld	15.72	12.09	14.98+	2.94
TempoInvt n	1.00	1.00	1.00	......
Transam Cap	8.12	7.25	8.10+	.61
Transm Invst	9.35	8.55	8.78−	.14
Travelrs Eqts	14.57	11.34	14.47+	2.99
TudorHedge n	7.67	6.40	7.67+	1.65
20thCentGth n	9.44	5.47	9.44+	3.01
20thCentSel n	11.17	7.52	11.17+	2.20
USAACapGth n	9.15	7.51	8.96+	1.34
USAA Incm n	10.89	9.89	9.95−	.64
UnifdAccum n	4.71	3.83	4.71+	.89
UnifdMutl n	9.55	8.13	9.55+	1.27
UnionCshMg n	1.00	1.00	1.00	......
Union Svc Grp:				
BroadSt Inv	12.26	10.24	12.05+	1.40
Nat Invest	7.98	6.09	7.86+	1.34
Union Captl	18.15	12.83	18.15+	4.92
Union Incom	12.15	10.93	11.07−	.28

MUTUAL FUNDS

	High	Low	Last	Net Chg.
United Funds:				
Accumultiv	7.43	6.28	7.35+	.79
Bond	6.82	5.84	5.89—	.81
Cont Growth	10.77	8.89	10.59+	1.41
Cont Income	9.86	8.79	9.20+	.43
High Income	14.29	14.06	14.08	......
Income	9.86	8.68	9.20—	.03
Municpl	9.48	8.22	8.25—	.77
Science	7.82	6.17	7.67+	1.19
Vanguard	7.82	6.04	7.78+	1.74
UnitedSrvcs n	5.05	1.89	5.05+	3.11
Value Line Fd:				
Cash	1.00	1.00	1.00	......
Fund	12.53	8.66	12.53+	3.65
Income	6.60	5.39	6.46+	1.10
Levrgd Grth	18.37	14.98	18.36+	1.84
Specl Situ	7.80	5.47	7.80+	2.34
Vance Sanders:				
Income	12.66	11.18	11.18—	1.10
Invest	7.69	6.76	7.60+	.63
Common	8.09	6.80	7.75+	.96
Special	13.38	10.92	13.14+	1.84
Vanguard Group:				
Explorer n	17.90	13.57	17.87+	4.33
FrstIndex n	15.31	13.20	14.67+	1.55
IvestFund n	10.71	8.84	10.29+	1.29
Morgan n	9.48	7.98	9.47+	.12
WarwHiYd n	14.84	11.05	11.06	......
WarwShort n	14.88	14.72	14.78+	.02
WarwIntrm n	13.99	12.54	12.60—	.90
WarwLong n	13.70	12.06	12.06—	1.17
Wellesley n	12.15	10.83	10.98—	.28
Wellington n	9.84	8.63	9.14+	.49
Westmn IG n	9.03	7.89	8.09—	.82
Westm HiYld	10.22	9.40	9.53	......
WhitMM n	1.00	1.00	1.00	......
Windsor n	11.57	9.06	9.72+	.60
Varied Ind	4.80	3.85	4.71+	.79
WallSt Growth	7.49	6.30	7.38+	1.10
WeingrtnEq n	24.55	16.15	24.55—	8.09
WiscIncm n	4.68	4.01	4.04—	.54
Wood Struthers:				
deVeghM n	39.51	30.86	38.78+	8.01
Neuwirth n	10.87	8.69	10.81+	1.86
PineStr n	11.46	10.02	11.15+	1.13

n—Net asset value.

OVER-THE-COUNTER

The following table compiled from quotations supplied by the National Association of Securities Dealers gives the sales, high, low and last bid price reported in 1979, with the net change from the previous year's last bid.

A

Stock	(div)	Sales (hds.)	High	Low	Last	Net Chg.
AEL Ind	s	16476	8½	5¼	7¼	+ 1⅝
AEST		20878f	14¾	5¾	6½	+ 1⅜
AIC Pho	.06e	6701	4¼	1¾	3¼	+ 1½
AcadInd		31032	5 13-16	1 9-16	5 1-16	+3 7-16
Accelrtn		10732	9	3¾	5¼	− 2¾
Accuray		25498	5⅜	3½	5	+ 1½
AcmeEl	.24	2894f	7½	4¾	7	+ 1½
AcmeGn	.60	2390	14	8	9	......
AdmsRs		23440	12⅞	4⅝	12½	+ 7
AddisnW	.50	4689	12¾	8¾	9	......
AdvRoss		19271	7⅜	2	4	+ 1⅞
AdvPatnt		53917	9	3	7⅛	+ 3⅞
Advent		21100	5	2	2⅜	− 1¾
AeroSys		40117	3⅛	1¾	2¾	+ ¾
Aeroson		20032	12¼	4½	12¼	+ 6⅜
Aerotrn		11286	7½	2⅛	7⅜	+ 4⅞
AfflBsh	1.40	5485	27¾	20½	25¼	+ 3¼
AgMet		11419	7¾	2½	6¾	+ 4¼
Agnico	g.10e	51144	9½	4 11-16	9½	+ 4¾
AirFla		47364	7½	4½	5⅝	......
Airlift		85257	2	9-16	11-16	−13-16
AlaBncp	1.32	6243	25¼	20¼	20¼	− 4¼
AlaTGs	2.40a	1498	33	23	28½	+ 5
AlmoSA	1	1775	27	17	18	− 1½
AlexAlex	1.40	56122	33¾	25½	32¾	+ 5¼
AlexBld	1.30	26165	28⅛	16⅛	26⅜	+ 9¼
AlicoInc	.25e	6241	38¼	17¾	35	+17¼
AllAmB		17281	2¾	1⅜	2⅛	......
AllegBev	.30	13074	5¾	3 5-16	3⅞	− ⅛
AlldBn	1.20	9471	43⅛	29⅜	43⅛	+13¾
AlldBn	wi	22f	32¼	31	31¾	......
AlldLsr		28501	5¾	1¾	2¼	− ½
AlldTel	.84	11754	17	13⅝	14⅝	+ ⅞
AllynB	.37j	8327	19	8½	12	+ 1
Alphan		31448	1 7-16	5-16	7-16	−3-16
Alphtyp	.37e	2416	16	7¼	11½	+ 4¼
Altex		141217	5¼	9-32	3⅜	+3 3-32
AltonBx	.30e	2669	19½	13	17½	+ 3½
Amrco		161716	2⅛	5-16	1 29-32	+1 19-32
Amarex		33395	62	15⅝	56	+40¼
AmbsdGp	.20	5238	12¼	7¼	12¼	+ 4¾
AmberR		68437	2 3-16	¾	1⅞	......
Amcole		52201	1 7-16	11-16	15-16	+3-16
AApprais	.30	3013	7¾	6⅛	6¾	+ ⅜
ABkTPa	1b	3686	20	16½	17¼	− 1
ABkrFla	.44	45691	10½	6⅞	8⅝	+ 1¾
ABkLfFl	.48	29220	16⅝	9½	12½	+ 3
ACtyBk	.07r	636f	11½	9¼	10	+ 1
AFidLf	.10	2150	9¾	8¼	8½	......
AFiltron	.90	3524	13¾	10⅝	13	+ 1¾
AFinCp	.04	34808	30½	21	23	− ¼
AFletchr	1.24	10074	19	16¾	17½	− 1
AFurn	.16e	17153	7¼	3¼	5	+ 1¼
AGreet	.52	74122	14	10⅝	11⅞	+ 1¼
AGrtyFn	.10b	12229	9⅞	5¾	9¼	+ 3½
AHmeln	h	17018	3¾	¾	1⅛	− 2⅝
AHomShd		12977	9½	3⅛	3¾	− 1⅜
AIncmLf		32461f	28	15¾	26½	+14½
AIndmF	1	8680	20¾	14⅝	18	+ 3⅛
AIntGp	.42	69875	62	47½	59½	+ 8¾
AMS		14780	25½	18	25	......
AMicros		155669	30⅞	10⅞	21½	+ 8¼
AMonitr		7910	25½	12¾	20¼	+ 7½
ANatIns	.60a	116097	18½	11¼	15¾	+ 4½
AmNucl		38229	18⅝	7	14	− 1½
APacInt		38526	3½	1¼	2 15-16	+1¾
AmPace		7055	5½	1	2¼	......
AQuasar		73576	29	17¼	26⅝	+ 9¼
AResMg		64416	34½	10	34½	+20¼
ASecCp	2.20	8092	33¼	25	28	+ 3
AStatLf	.64	529f	22	17	21½	+ 7¼
AmVisn		14765	2⅝	1	1⅜	......
AWeldng	.80a	9728	29	12	29	+17¼
Amrtrst	2.40	15294	36½	30¼	32½	+ ¾
Amicor	h	18278	1¾	⅜	¾	− ¾
Amoskg	2a	747	60	38	50	+12
Amterr		13775	4⅛	2 5-16	3½	+1 1-16
Anacmp	.16b	41707	25¾	11½	17¼	+ 5¾
Anadite	.10	14399	8¾	5½	8½	+ 2⅞
Analgic		24618	23½	13¾	19¾	+ 6
And 2000		4941	6½	4	6½	+ 2½
AnecoR	g	55895	14	5⅝	7¼	+ ½
AngSA	.51e	113946	13	4 3-16	13	+8 23-32
AngAGd	3.27e	37952	79	21⅛	79	+57½
AnheusB	.96	160624	27⅜	19⅜	22½	− 1¼
AntaCp	.40	18166	9⅞	6¾	8⅞	+ 1⅜
Antares		52856	1¾	⅝	1⅝	......
Antenna		7308	20¼	11	19	......
Apeco	h	35292	1 9-16	11-16	13-16	− ¼
ApogeeE	.10	1020f	11¼	7½	10	+ 5⅜
ApolloLa		12363	7⅜	2⅞	5⅝	+ 2⅜
ApliEng	.40a	3171	14¼	6¾	10¾	+ 1¾
ApldMtl		44498	30½	7	30½	+23⅜
ApldSol	un	9465	10⅛	4¾	6⅛	......
ArdenGp		14793	5½	2	3⅜	+ 1⅜
ArgoPet	s	59701	17¼	6½	17¼	+ 9⅜
ArgontE		43919	10½	3¼	8⅞	+ 5⅜
ArizBk	.80	17454	20¾	14¼	18¼	+ 4
ArtsWay		5178f	26½	14½	26	+17¼
AsdCola	.92a	11340	24½	19¾	20½	− ½
AssdHst	.28	10638	11	5⅛	6½	− 1½
AsdMad	.10	16948	5¾	3½	4	− ⅛
AthenaC		19494	7½	2⅛	6½	+ 4⅜
AtlGsLt	1.44	7106	17⅛	13¾	14⅜	− ¾
AtlntAm	.28	6026	9½	6	8	+ 1¾
AtlntBcp	.80	5630	15	11¼	13¼	+ ½
AtlntOil		5701	9⅝	4½	9⅝	+ 5⅛
AtlanRsh		10216	12	8	12	......
AtlTele		670	28	21	27½	......
AtwdOcn		28462	27½	6⅛	23½	+17¼
AutoTrol		23719	35½	13¾	34	......
AutoMk	.60	3074	12⅜	7	12⅜	+ 5⅜
AutMdLb		4137	5	2¼	3¼	− ¾
Autotrol	.20	4943	28¾	9½	12	−16½
Avantek		17550	47	16	46¼	+30
AztecMf	.32	5853f	25¾	16	22	+ 7⅝

OVER-THE-COUNTER

B

Stock	(div)	Sales (hds.)	High	Low	Last	Net Chg.
BBDO	2.80	7951	37¼	28¾	34	+ ¼
BX Dv	g	14186	7½	3⅜	5¼	+ 1¾
BairdCp	s	11123	9	4½	7	− ¼
BakerBr	.24	5583	8⅞	6⅛	8⅛	+ 1⅞
BakerFe	1.60a	2712	57½	38	51½	+12¾
BaldwLy	.70	9783	32⅛	23⅞	25¾	− ⅜
BallyPkP		27815	44	14¾	23¾	......
BancOne	1.64	5567	29½	25¾	27½	+ 1¼
Bncohio	1.40b	10282	22½	18	19¾	− ¼
Bncokla	1.04	1396	16¼	13½	15	+ 1½
BncpHawa	.88	10506	16⅞	12⅜	16½	+ 4⅛
BncshNJ	1b	3317	22½	10½	11	− 9
BancWst	1.40a	4053	45	19	44¼	+25
BangHE	1.52	2188	14⅞	11⅝	11⅞	− 2⅛
BkBldE	1.09	2193	13¾	10¾	11½	− 1⅛
BkComp	h	6431	9½	3¾	9¼	+ 4¼
BkDelw	2.48	1269	26	20	22	− 1½
BkamRt	1.10e	30313	20	10⅜	18¼	+ 7⅞
BkTrSC	1.20b	1679	21½	17½	17½	− 1
BksIowa	1.12b	839	31¼	14	25¾	+ 1¼
BantaG	.70	5171	17½	13½	16¾	+ 3¼
BarbrGr	.80	6822	19¾	14¾	16⅞	+ 2⅛
Barden	1	3247	21½	14½	21½	+ 7
BarrisC	.12	12845f	7¾	4	5	− 1¼
Basco		3595	14¾	5½	6¼	− 4¼
BasicES		31234	4¾	¼	4	+ 3⅝
BasicRs	g	157761	12⅛	3⅝	8¾	+ 4⅝
BassFin		1163	16¾	11¾	12¾	− 2¾
BasstFr	.80a	8257	21	15¾	18¼	+ 1½
BayBks	2.50	11692	34¾	30	31¾	+ ½
BayIsMk	.60	4441	13⅛	8⅞	13	+ 3¼
BaylyCp	.20	2971	19¾	11½	19¾	+ 5¾
BayswRt		8902	14¼	7½	9¼	+ 1¾
BearCrk	.32	3808	10	6¾	9¼	+ 2¼
BeardOil	.06	5407f	17¼	10¼	14¾	+ 3⅝
BeefBisn		16811	7½	2½	5¾	+ 2¼
BeehvInt		12424	5⅝	2¾	4¾	+ 2
Bekins	.12	58655	13½	4¼	11⅞	+ 5⅝
Belknap	1	1946	14⅝	11½	11⅝	− ⅞
BentlyL		27255	15¼	10	13½	− 1
Berkley	.20b	11202	20½	11¾	13½	− 6¾
BetzLab	1.04	33385	38½	30½	38½	+ 6½
BevMgt	.44	25216f	25¼	9½	11½	− 2¼
BibbCo	.40	3614	15½	10	15¼	+ 5⅛
Billings		4517	19	7	14½	+ 6
Bio-Gas		235194	4¼	3-16	1	......
BioMed		16926	2½	¾	1	+ ¼
BioRsp	un	15871	4⅛	2⅛	4⅛	......
BiomdRf		13367	25	12⅝	19½	......
Biometr		3458	4½	2½	2¾	......
BirdSon	1.60	8745	24½	15½	18	− 1½
Bitco	1.60	3945	34	20	31½	+ 6¼
BlkHillP	1.80	9104	28	22	26¼	+ 1¼
BlockDr	.90	3425	15½	11½	12¼	− ¼
BlueChip	.24	2641	25¼	17½	22	+ 4½
BlufdSp	1.20	3226	23¾	16¼	19¼	+ 1¾
BlueOG	g	13968	18¼	7	16¼	+ 9¼
Blyvoor	1.65e	158883	12¾	3⅝	11½	+ 7⅝
BoatBs	2	1950	26½	21¼	25	......
BobEvn	.44	16477	23¾	17½	21¼	+ 1¾
Bohemia	.66b	16813f	21⅜	13¾	19⅛	+ 3⅝
BokmRs	h	4021	26	13½	18½	+ ½
BolarPh	.14i	1870f	29½	9	28	+20⅝
Bomain		8677	3¾	1⅞	2¾	+ ⅝
Bonanza		45241	5½	2⅝	3	− 1⅞
BoothInc		7487	2⅞	1⅜	1⅜	− ½
BootheF	1e	5149	21¾	15	17	− 4¾
Boston B	1.28a	1475	19½	15½	19	+ 2
BraeCp		21142	18½	8⅜	16	......
Bralorn	g.20e	7321	18⅜	6⅝	18¼	+11⅝
BrassCft	.48	8219	16¼	10½	12½	+ 2
Brenco	.72	3451f	24¼	16¾	19	+ 5½
BroadFn	.44	9382	15¾	8½	9½	− ⅛
BrockEx		17905	6⅜	2½	6	+ 3⅜
BrokHill	.94r	7642	13¼	9½	13	+ 2¾
BrooksF	.32	31324	28¼	16	19	+ 3⅛
BrookS	1.40b	2461	42½	26	42½	+16½
BrkwdHS	.40	12412	15½	10¾	14¾	......
BrwTom		82343	42	15⅛	40½	+22¾
Brunos	.50	9692	15¼	10⅜	14⅜	+ 3⅜
Buckbee	.28	20424	8⅛	5	7¼	+ 1¾
BckeySL	.60b	6149	19	9¾	11½	− 4¼
Buckeye	.30e	13910	23½	13¼	21¾	+ 8¼
Buffels	2.82e	36263	31⅜	10¾	29½	......
BldInv		14945	2⅝	1½	2⅜	......
Bunngtn		16153	5	2¼	5	+ 1⅛
Burmh	.03e	85557	4¼	1 21-32	3 11-16	+2 1-16
BurnupS	.16	91346	9⅞	4⅛	9⅞	+ 5⅝
BurtH		71105	4⅜	13-16	3⅝	+ 2¾
BMA	1.20	9251	32¼	24	30¾	+ 6¼
ButlerMf	1.20	8405	30¼	23	24	− 5¾

C

Stock	(div)	Sales (hds.)	High	Low	Last	Net Chg.
CBT Cp	2.20	5342	29¼	22½	27¼	+ 3
CFS Cnt	.34	22588	11½	8	10	+ 1⅝
CPT Cp		10097f	26	16	25¾	+13½
CaesrNJ		39642	49	11¾	13¼	− 2¾
CaeNJ	wt	22536	44	7½	8¼	− 3¾
CaeNJ	un	7274	142	31	33	−11
Cafeters	.60	6741	25¼	19½	21	− ½
CalFtBk	1.08b	3026	19½	15⅛	17⅜	+ 2¼
CalMicr		16280f	19¼	12¼	14¾	+ ¾
CalWtSv	3	1112	34½	30½	31½	+ 1
CallonPet		30698	12⅛	4⅝	11¼	+ 6¼
CambMe		12241	5¼	1⅜	2¼	− 2½
CamrnIr	.60	13521	76	39½	74	+34½
Canon		2018f	14	11¼	13⅞	+ 1¾
CapEngy		63608	5¼	1⅝	2⅞	+ 1⅛
CapEn	wt	14804	3⅝	⅝	1⅝	+ ¾
CapInAir		9198	5⅛	2	2½	+ ¼
CarboIn	.52	4033	31¼	14	30¼	+14¾
CaribuE		358605	15-32	3-32	15-32	......
Carolin	g	46898	14¾	2½	14¾	......
Cascade	1	1819	39½	28	39½	+ 7½
CavnghC		163257	11⅜	1¾	6	+ 3⅜
CedarPt	1.24b	6418	36¾	25¾	35¾	+ 7
CelinaFn	.40	18489	12¼	8⅞	11½	− ⅛
Cencor		7129	7½	3⅝	4¾	......
CenBcp	1.90b	3351	28	23	24¼	− 1¾
CnBshSo	.80	8577	12⅞	11⅛	12⅝	+ ⅝
CenBkSy	.40b	2958	11	9⅝	10⅛	− ½
CnFidBk	1b	4256	15¾	12½	12½	− 3
CnJerBk	.70a	1927	10⅝	8½	8½	− 1⅞
CenMtRt	.60	5390	11	5⅛	9¾	+ 4⅝
CenNtBn	.24	22107	4 3-16	3⅛	3 5-16	+3-16
CnPenNt	1.08	4756	13	10	12¼	+ 1¼
CnVtPS	1.84	6446	18	14⅜	15¾	+ 1⅜

OVER-THE-COUNTER

Stock	(div)	Sales (hds.)	High	Low	Last	Net Chg.
Centran	2.40	6397	28½	22½	25⅞	+ 1⅞
CentyBk	.44b	26169	11¼	6½	6¾	— ½
CentyOG		21979	7	1	6⅝	+ 5⅝
ChmpPrt	.20	13518	8½	4½	5⅞	+ 1⅜
ChmpPd	1	1926	19	14½	19	+ 4½
ChaprRs		7408	11¾	4¼	9¾	+ 5
CharRiv	.42	2904	36	21½	34	+11
ChrmSh	.18	36645	11⅛	7¼	8¾	+ ⅛
ChatDeV		2009	12	1¾	3	+ 1½
ChartHo	1.04	38331	21½	13¼	20⅜	+ 4⅛
ChathMf	.80	2948	12¾	9⅝	9¾	— 1¾
Chattm	.40	4158	9⅝	6¾	9⅝	+ 1⅜
ChkptSy		2556	16	7	13¼	......
CheezDv	.10i	2572f	9	5	7¼	+ 5⅜
ChmLwn		929f	31½	25	30	+19
ChmNucl	.05r	25349	24	13½	19¾	+ 6
Chemed	1.80	5074	38¾	28	33	+ ¼
ChmLea	1.20	5942	42	23	37	+12
Chmeer	.32	6575	8¾	4¼	7¾	+ 3½
CheryEl	.12	10091	14½	8¾	13¾	+ 4½
ChiNwTr		11769	20	11	13½	— 1¾
ChildWld		8769	4⅜	2⅝	3⅛	+ ⅛
Chomer		6843f	28½	19	23½	+13⅛
Chubb	2.40	76543	46¼	31½	38	+ 5½
ChrDwt	1.60	1212	33½	27	30	— ½
Chyron		13752	9¼	1⅝	8½	+ 6⅛
Chyron	wi	18f	5⅞	5⅞	5⅞	......
Cindys		10836	5¾	2	2¼	— 1½
CinnFin	1.28b	4853	35½	24⅞	30½	+ 5½
CircInc	1.30e	4589	14⅜	11⅛	11⅝	— 1⅞
CtzSoCp	1.12	2663	19¼	15¾	16½	......
CitzSoGa	.06e	86218	7⅝	4¾	6⅛	+ 1⅛
CitzFSL	.72	2279	31	18	31	+13
CitzFid	1.40	3121	26½	21¾	24½	+ 2½
CitzUtA	s	5468	40½	33¼	34¾	— 2¼
CitzUtB	2.56	2570	36¾	27¾	31½	+ 1¼
CtyNtCp	1b	7844	35¼	15¼	32	+16½
ClarkJL	1.30	3286	32	26½	29	+ 1
ClevtRt	.20e	19310	8⅜	3¾	7¾	+ 4
ClowCp	.40	8821	10	5¾	6⅛	— 2
CstldFla		7725	6⅜	1¾	4¼	......
CobeLab		11835	31½	18¾	22½	— 5¾
CocaCol	.64	10946	26	11¾	13¾	— ¾
CocaMia	.60	4943	18	12½	15½	— 2
CoeurDM	s	9065	21⅝	11⅜	21⅝	......
Coherent		38317	28	14¾	21¼	+ 6½
ColnBcp	1.80	2217	19½	15¾	17¼	+ ¾
ColLfAc	.48	18185f	18½	12¾	16¾	+ 4⅛
ColrTle		42750	43½	18½	43	+24¼
ColrTle	wi	19f	21¾	20	21½	......
ColNBsh	1	4492f	22½	16¼	20	+ 4⅝
CombIns	1.40	78661	21⅝	16⅛	19⅛	+ 1¼
ComcstA	.16	6028	29	12¼	27¼	+14¾
Comdisc	.24	29596f	20¾	9¼	13¼	+ 1½
ComBsh	1.60	3532	26	22¾	22¾	— 1¾
ComClH	.88	20539	27⅛	20⅜	26	+ 5½
ComSwt		18482	4⅝	3⅜	3⅞	+ ¼
ComSw	pf.75	1246	12	8¼	9½	+ 1
CmlShr	.50a	5418	25	16	16	— 8½
CwBkPa	2.16	925	36	29½	29½	— 6
CwlNRs	1.88	1243	25¼	20½	24	+ 2
CmwTel	1.30	587f	20	16	20	+ 4
ComInd	.52	3551	27¾	17½	24¼	+ 6
CmpctVS		20623	10¼	5¼	9¾	......

Stock	(div)	Sales (hds.)	High	Low	Last	Net Chg.
CpctVS	wt	15616	4⅞	1¼	4⅜	......
CpctVS	un	8352	15¼	6¾	14½	+ 7½
CoBoliv	g.48e	5914	3	1⅞	2¼	— ¼
ComparS		169555	5-16	⅛	5-32	......
CompCr	.16	13573f	16½	8¼	16⅜	+11⅛
Compus		13770	9⅛	4⅝	9	+ 2⅝
CCTC		62777	11⅛	5¼	9¼	+ 3⅜
CmptAut	.20	37750	26	8½	12¾	—10¾
Compsv		11184	18	5½	18	+12½
CmpCm		92561	10¼	3⅞	6	+ ⅞
CmpCon		6874	20½	7¾	18½	+10¾
CmpDev		9982	8⅜	4⅝	8¼	......
CmptNet		24377	8⅝	4⅜	6⅜	— ⅝
CmptPd	s	9890	10¾	6¼	8⅜	+ 1¾
Comshre		8297f	20	13	19	+ 8
Comtech		21957	11¾	6¾	10¾	+ 2¾
Conair		13134	8	4	6¾	+ 1½
Concept	.06b	7860	8½	4¼	4⅝	— 1⅜
ConnEnr	2.40	2373	27½	20½	20½	— 1½
ConNBk	1.60	1763	19½	16¼	17¾	+ ¾
CnsCapR	2.28a	3881	31½	25	29	+ 4
ConFibr		22387	4	1½	3⅝	+ 1⅞
ConPap	3.60	8188	64¼	50¼	54½	+ 1½
ConTom	.40e	771	27½	17½	27½	+10
ConsDst	g.14e	2894	14¾	7¼	8¾	— 5¾
Context		37595	9¼	2½	3	— 2½
CntALf	1.32	5381	54	20	52	+31½
CtlBNor	1.84b	3592	29½	23	24½	— ¾
CntCurv		28341	31½	14¼	28½	+14¼
CtrlLasr	.10i	3757f	20	11¼	15	+ 4⅝
Conwed	1	2608	24¼	15½	18½	+ 2¾
Coors B	.25	72296	17	12¼	13⅛	+ ⅝
Cordis		45675	33	19	23¾	+ 1¼
Courier	.60	4560	12¼	9	11	+ 1¼
CousnPr		15787	13⅞	3⅝	12⅜	+ 8⅛
CovngtBT		107257	8⅝	2¼	2½	— 3⅜
CradTer	.76	5310	12⅝	8¼	10¾	+ 2
CramExp		174575	13-32	3-16	9-32	......
Crawfd	.65a	5405	25	12	25	+12½
CrayRes		55779	50½	22½	48	+18½
CredoPt		456993	23-32	⅛	11-16	......
Cronus		15678	10⅞	5⅛	8⅝	— ⅝
CrosTre	.80	51909	34¼	14¼	33⅛	+16
Crowley	s	4498	4½	2	4	+ 1⅞
CrmF	pf2.40	117	190	105	170	+65
CrumpE	.32	9313	13⅝	7½	11⅛	+ 3⅝
CullenFr	1	3951	28½	22	24¾	+ 2¼
Cullinan		8553	31½	17½	29½	+12
Cullum	1b	8995	24	17	19½	— 1½
Cycltron		9301	18¼	10	12	— 3½

D

DSI Cp		6390	7½	3¾	6¼	— 1¼
DalcoPt	h	11013	5⅝	1	4½	+ 2⅝
DankrLb		11587	8½	4	6¼	— ½
DanlyM	1.80	4038	29½	17½	29½	+12
DartDg	.13	10852	9⅜	5¼	8⅝	+ 3⅜
DashInd		33009f	2⅝	⅝	2⅝	......
DataCrd	.20	18003	24½	15¼	21¾	+ 5
DtaDes	.32	7005f	14⅜	8⅝	13¼	+ 6¼
DtaDim		11723	6⅝	1⅛	2⅛	— 2⅞
Datarm	s	4705	35½	13	32¼	+14¾
Datascp		9309	16¾	9½	14	+ 3
Datum		11975	3⅝	2	2⅜	— ⅝

OVER-THE-COUNTER

Stock	(div)	Sales (hds.)	High	Low	Last	Net Chg.
Dauphin	2.40	1047	32½	28½	32	+ ½
DavdMn	g	18558	4⅞	1 5-16	4½	......
DaytMal	1a	2820	24	16½	16½	− 4
DBeer	.63e	327847	9⅝	5 17-32	9⅝	+ 4
DeanFd	.80	6594	24¼	16¼	16¾	− 2¾
DecisDat		39872	4⅝	2⅛	2⅝	− ¼
DecisSys		19767	9¼	1⅝	2¾	− 1⅛
DeklbAg	.72	58903	34	22½	31½	+ 7¾
Del-Val	1.44	2929	11½	9	10¼	− ½
Deltak		5307	8	4	4¼	− 1¾
DeLuxC	1.32	35061	36¾	28	35½	+ 5½
Denelcor		42268	5⅝	1¾	4⅝	+ 2⅞
DenisM	g1.40	16681	32¾	16¾	31¾	+16¼
DenvRE	1	4314	23	10½	21¾	+11¼
DepndInd	.05e	11021	8⅛	6⅛	7⅝	......
DetrexC	1.40	1849	33	16½	32	+15
DetBkC	1.80	12933	29¾	24	25¾	......
DiagDat		29709	28¾	12½	19½	− 4¼
DiaCrys	1.20	5213	30½	21½	27¾	+ 6¼
DtrchEx		78594	1	¼	⅞	+19-32
DinnrBel	.64	3193	14¼	8½	14¼	+ 5¾
DiscNY	10.40e	2781	58	32½	46½	+14
DiscOil		65221	3½	⅞	3¼	+2 1-16
DixnCru	1.28a	2554	43	23	39½	+11½
Docutel		27755	8½	4⅜	7½	+ 3⅛
DolRes		135211	1 13-32	⅛	11-16	+ ½
DollrGn	.28b	12803	11¼	8	10½	+ 1⅝
DomBsh	1	8222	19¼	13	15¾	+ 1
DoylDB	1.28	9998	24	17	24	+ 6¾
DrexlrT		15047	19¾	7¾	19¾	+12
DrumFn	.30	32996	7⅜	5⅝	6¾	+ ¾
DualLite	.32	12536	17½	6½	7⅞	− 5¼
DuckAlc	.40	1707f	13¼	10	12½	+ 5⅛
Ducomn	.60	5470	21¼	9¼	20¼	+11
DunesHt	.25j	7050f	32	11½	15¼	+ 9½
DunkinD	.30	26103	17½	9¾	11⅛	− 2⅝
DurhLfe	1.80	7207	58	38¾	41¼	+ 1¼
Duriron	.60	23499	20½	14¼	16	+ ½
DurrFill	.26	5345	13	8⅝	11⅛	+ 2⅛
DycoPet		7158f	26¼	13½	22	+14¾
Dynascn	s	10569	5⅜	2⅞	3	− 1¼
Dynatch		17916	25½	13¾	17	+ 2½

E

Stock	(div)	Sales (hds.)	High	Low	Last	Net Chg.
EH Int		11166	6¼	2¼	2¼	− 1¾
EIP	.14r	515	6¾	2	2¾	− 3½
ERC Cp	1.40	97414	86¼	31½	82½	+51
EarlyCal		25834	9⅜	5⅝	8⅜	+ 2
EarthSci		8157	3⅞	1⅝	3¼	+ 1⅝
EsDrief	1.76e	101618	22⅝	8 11-16	22⅝	+13½
Eastmet	.90	21520f	16	10¼	12¾	+ 4¾
Eastovr		2652	13¾	7½	13	+ 5½
EconLab	1.04	64280	26	20	24¼	+ 2⅜
EdwdInd		2090	18½	7¾	12	+ 4¼
ElPasEl	1.10	39345	11	9	9	− 1½
EleCath		2878	12¼	6¾	9¼	+ 2¼
EleNucl		20066	11⅝	4¼	8	+ 3⅝
ElecsnGp		4349	6⅞	4⅜	4⅜	− ½
Emhrt	wt	2605	22¾	11	12½	− 3¾
Emons	.16	9676f	22¼	9½	13	− 1⅞
Emons	pf1.19	3426	17¾	11½	12½	− 1⅛
EmpCrwn		6420	5¼	1½	5¼	+ 3¾
EmprBk		1714	19	13¾	16	+ 2¼

Stock	(div)	Sales (hds.)	High	Low	Last	Net Chg.
EmpBnf	1	23871	23½	15½	23	+ 3
EmplCas	1.20b	1681	44½	26⅜	43	+11½
EnrDev		30373	22	4¾	9	− 4½
EnrMin		83678	12¾	5¼	8¾	+ 2½
EnRsv		648516	10	3 3-16	9⅝	+6 7-16
EnrSrcs		16209	9⅜	⅝	7⅜	+ 6¾
EnrVent		6510	17¼	10¾	15¾	+ 3¾
Envrdn	h	17678	4¼	2	2¾	− ⅜
Epsco		10115	15¼	6¾	13½	+ 4⅜
EqtBcp	.76	3457	19	14½	15¼	+ ½
EqtIwa	1.32	3274	27¾	20¾	23	− 1½
EqutSL	1	28205	33½	19¼	24⅞	+ 4⅛
EqtOil	.70	29025	57¼	14½	48¾	+34
ErbLmb		2210	12½	7¼	9¼	+ 1¾
EthanAl	.73e	41079	46½	24	46	+21½
EvSuth		2348	42	24¾	38½	+13½
EverstJ	.40	2138	26½	9½	19½	+10
ExcelEn		47034	7¼	1⅝	5½	+ 3⅞
ExchBcp	.60	4200	10½	8¾	9¼	+ ⅜
ExecHs	h	43603	7¾	¾	1¼	− ⅞

F

Stock	(div)	Sales (hds.)	High	Low	Last	Net Chg.
FairLne	.32	11304	9⅜	6⅛	6⅞	− ⅜
FairfLd	.16	8417	14½	6¼	10½	+ 4
FalcMn	g 3e	6255	77¾	26¾	77¾	+51
Falstaff		32199	4⅜	1⅜	3½	+ 2
Farinon	.08	79976	25	10½	24⅜	+13⅛
FarmFd	s	32174	6⅞	4¼	5⅛	+ ⅜
FarmBr	.60	3916	22	15	17¼	− 1¾
FarmGp	.84	85317	29⅝	21⅛	27	+ 3⅛
FdScrw	.72a	2833	16½	10½	12	− 2
FedIPP	.96e	6256	9⅜	7½	7⅝	− ⅝
Fidlcor	.06e	26512	13¾	10⅝	11	− ⅜
FifeCp	.16	3778f	10	7	10	+ 7⅛
FifthTh	2.50	1145	42	34¼	42	+ 7½
FnSecGp	.52	3585	16¼	9⅝	15¼	+ 5⅝
Finnign		8260	19¾	11½	14	− ¾
FstMerc	1.60	5703	23	18¼	20¼	+ 1
FtAlaBk	1.32b	6066	23½	18¾	19	− 2¼
FtAmBk	1.20	3444	16½	13½	16½	+ 3
FtAFin	.50	11791	28½	18¼	23	+ 4½
FtATenn	.64	8170	11⅝	8⅞	10	+ 1
FtArkBk	.50b	3171	14¾	10½	10¾	− 1¼
FtArtist		10483	7¾	2½	4	− 1
FtAtlnta	.88	14174	14½	10¾	11½	− 1½
FtBnAla	.84a	1568	16¼	13	16	+ 2½
FtBshFla	.28e	6926	10	6⅝	10	+ 3¼
FtBkSys	2.04	35252	44½	35¾	39½	+ 2½
FtBkrFl	.92	2432	12¾	11	12⅝	+ 1¼
FtBkSC	1.20	1570	20¾	16¾	19	+ 1¾
FtBostn	1.75e	30395	22½	14¾	15½	+ ¾
FtCaptl	2	521	36½	30	30	− 6
FtCarInv		7176	9½	6	6½	− 1⅝
FtColny	.76	2404	34½	14	28	+14
FtConn	1.52	689f	23	18½	21¾	+ 4⅜
FtCntRE	1.44e	5508	9½	7	7½	− ½
FtDenvr		11805	4½	2⅛	2¼	+ ⅛
FtEmpS	.20e	9964	14⅛	8¾	10¾	+ 1¾
FtExec	s	40729	15½	4⅝	14½	+ 9⅞
FtExe	pf .50	15620	34¼	9⅝	32¼	+22⅝
FtFrwst	.25	3996	13¼	8⅝	11½	+ 2¼
FtFlaBks	.36	17571	5½	4⅜	4¾	− ⅜
FtHawai	2.12	1874	30	23½	25½	− ¼
FtJerNt	1.40	3305	17½	10¾	13½	− ½
FtKyNt	1.88	2919	33	28	29½	− 1¾

OVER-THE-COUNTER

Stock	(div)	Sales (hds.)	High	Low	Last	Net Chg.
FtLncFn		19623	18½	7⅜	9½	+ 2⅛
FtMarin	.30	8645	7¾	4⅞	6¼	+ ⅝
FtMdBn	1.40	6379	25¼	19½	24¼	+ 4¾
FtMemph		6302	5⅞	2½	4⅜	+ 1⅝
FstMtg		51075	2⅛	½	1⅝	+ 1
FtNBcp	1.08	6575	20¾	15¼	16	− ¾
FNtNJ	1.60	1833	23	17	18¾	− 2½
FtNtCht	1.64	977	30½	26	26½	+ ½
FtNtCin	2	1741f	30	24½	28	+ 1¾
FtNtSup	.02e	5007	8½	4¼	5½	− 2½
FtNMBk	.84	2314	17¼	16	16	− 1
FtNewpt		10058	3⅝	1¼	2⅛	+ ¾
FtOklBn	.40	4867	19¼	13⅞	18⅛	+ 4⅛
FtRBKGa	.48	2552	8⅝	7⅜	7⅝	− ⅞
FtSLAsc	.60	2800	22	10	20	+ 9¾
FtSecCp	.86	12901	22¼	18½	19⅝	+ 1⅛
FtTenNt	.72	17261	14	10⅝	11⅝	+ 1
FtUnBcp	2.20	5463	30	25½	28¼	+ 2¼
FtUnCp	.96	11680	16¼	13½	14⅛	+ ⅛
FtUtdBc	1.24	4013	28½	22½	26¾	+ 4¼
FtWnFin		39357	6¾	4⅛	4⅝	+ ½
FtWisMt		9593	8¾	2⅞	6¼	+ 3⅜
Frstbncp	1.40b	4137	29¼	21½	23¼	+ ¼
FveStrEn		173181	1⅜	7-32	1 3-16	.....
FlagBks	.60	40622	14	9⅝	12⅝	+ 3
Flameln		8876	17½	4¾	8	− 7
Flexstl	.68	5320	14½	8½	8½	− 2½
Flickgr	.60b	3480	14¼	11¾	11⅞	− 1⅝
FloatPnt		14856	18¼	8½	16¼	+ 3½
Florafx		13231	5¾	2⅜	3¼	− 1¾
FlaCypr	.20e	10916	5⅝	2⅝	3¼	− ¾
FlaGlf	1.28e	4128	17½	11¾	15¼	+ 3½
FlaNFla	.60	18709	16¼	12½	12½	− 3⅛
Flurocb	.20	3890	17¾	10¾	16½	+ 5¾
FdTown	.16	5889f	25½	14¾	21¼	+ 9⅜
FthillGp	.36	7854	19	7	18¼	+10¼
ForeAm	.40	14346	18½	10⅝	15¾	+ 4⅞
ForestO	.80a	53852	28½	13¾	25¼	+11¼
FrankEl	.48	5108	17¼	11½	14¼	+ 1
FrasrMt	1.12e	2500	11¾	9¼	9¼	− 1¼
FredHer	.24	5399	10	4⅞	9⅝	+ 4⅞
FreeSG	4.21e	58066	44⅜	18	44⅛	+24¾
FremtEn		29952	2 15-16	1 1-16	2⅝	+ 1½
Fremont	.50b	43301	24¼	12⅜	22⅜	+ 9⅞
FreqSrc		28213	15⅛	6⅛	14	+ 7⅛
FrntSvg		5232	6⅛	3½	5⅜	+ 1⅞
FroznFd	.36	2609	12¾	8⅝	10⅜	+ 1¾
FujiPh	.26e	5286	37½	22⅛	23¾	−10¼
FullrHB	.36	21952	12⅞	10⅛	11⅝	+ 1⅜
FultnNt	.60	2882	14¼	11	13½	+ 2
Funtime	.20	1710f	8	5¾	5¾	− 1⅜
FurrCaf	.60	22567	20½	11¾	18	+ 6¼
G						
GEICO	.40	159078	13⅜	6⅞	11⅞	+ 4⅞
GEICO	pf.74	27131	26¾	13¾	23¾	+ 9½
GalaxyO		126053	13⅛	6⅛	13⅛	+ 7
Glxy wt		41496	5 13-16	1½	5¾	+ 4¼
Gamex		47569	9⅜	4	8¼	......
GarStBk	1.25b	332	40	30	33	− 4
GatwSpt		37627	5¾	2½	3⅞	+ ⅞
GnAutm		62334	19⅛	11⅜	15¼	− 1½
GAutPts	.96	9522	37¾	28¾	30¾	− ¾
GnBind	.16	3739	13½	9¾	10¼	+ ½
GnData		11936	23½	13¼	23¼	+ 9½

Stock	(div)	Sales (hds.)	High	Low	Last	Net Chg.
GnDevcs		25167	5⅞	⅞	5⅞	......
GnEngy	.10	36665	19⅞	9¾	16⅜	+ 6½
GnHelth	.60	8265f	24¾	13⅝	22½	+13⅜
GnHydro		112628	2 5-32	5-16	1 15-16	+1⅝
GnReins	2	18945f	104	77	97	+ 8½
GnSemic	.20	8633	15	8⅜	14	+ 5
GnShale	1b	4063	24	12½	14	− ¼
GenRad	.12	30424	41¾	17	39½	+21½
Geores		13424	6¼	2¼	5	+ 2½
GeoWash	.05e	13540	4⅛	2¾	3⅝	+ ⅞
GilbrtA	1.60	11947	28¼	16¾	18½	− 2¾
Gilford	.34	7572	17¾	9	12¼	− 1¾
Girard	1.88	18796	28	19¾	24¾	+ 2½
GlobeLf	.40b	52643	28½	19½	28⅜	+ 4¼
Godfrey	1b	2253	24	14¼	22½	+ 7¼
GoldFld	2.27e	9528	62	16¼	62	+45⅜
GoldMed	s	4276	8	4	7¼	+ 3⅛
GoldCyc		3827	8½	3½	6	......
GldStFd	.36b	3520	16½	10½	15½	+ 5
GouldsP	1.04	10110	25	17½	22¾	+ 4¾
GovEFn	.70	2326	13	8¾	10½	+ 1¾
GvtELf	.44	2773	15½	11⅜	13⅞	+ ⅞
GovtSL	.48	2284	10¾	5¼	7	− 2⅛
Graco	.80	3894	20½	16½	17½	− 1½
Grantre	.24	38526	12⅛	6⅛	7¾	− ¾
GraScan		25818	27½	14	18	− 1½
GrayCS	.30a	792	42½	21	42½	+21½
GrtNatl		17061	13¾	2¾	13⅛	+10⅜
GtBayCs		21669	32	10½	23	......
GtSwtln		13768	3¼	1¾	2	− ¼
GtJerBn	1.20	2258	13¼	10⅞	11	− ⅝
GreenM	1.32	3233	14	10⅝	12¾	− ⅝
GrnwdRs		17736	2	⅞	1¼	......
GreyAdv	1.60a	597	40	31½	40	+ 7
GuarFin	.60	2116f	22¼	13½	17	+ 3
GuarNat	.50	5594f	18¼	13¼	18¼	+ 8½
GuardCh		8190	7⅜	⅞	3	+ 2⅛
GlfEngy	.20	18200f	36	22½	33	+16¼
H						
HachCh	.20	1686	14¼	10½	11½	− ½
HahnEW	.40	34121	61	22½	60¼	+36¼
Hadson		14269	20½	7⅝	19⅜	+10⅞
Haemon		6320	22¾	13¾	18	......
HamlPt		24815	45	14¾	41	+24¼
HamlP	pf1.95	3536	18¼	16½	17¼	......
HamlDg	s	3219	5¾	3	3¾	......
Hamllnv		9994	5¾	1⅞	2¾	+ ¾
Hanvlns	.52	16871	35¾	22⅜	34⅝	+11¾
Harleq	g .56	6831	18¼	13½	17½	......
HrpRow	.72	4636	15⅛	9⅞	10½	− 2⅛
HarpGp	.38	11518	33½	19⅝	32	+12¼
HartfNt	1.40	6534	17⅞	14¼	15	+ ¾
HrtfStm	2.20	2524f	36½	27	32½	+ 4¾
Harwyn		3384f	11¼	6¾	9¾	......
HawkBn	.72b	4904	14	10¾	12⅜	− 1⅜
HawthF	.80	1735	21½	15	19	+ 4
HazltLb	.15e	22069	15¼	9½	13¾	+ 2
Hechngr	.12b	3008	16½	7⅛	15¼	+ 8⅛
HeistCH	.12	3379	10⅜	6¾	9½	+ 1½
HelixTec		5070	11	5	7	− 1⅜
Hemotc		6137	5¼	1⅞	3⅝	− 1⅛
HendPt	un	47857	3½	⅝	3½	......
HenrdF	.80a	3143	29¼	18	26¼	+ 6½
HeritBn	1.20	5316	16⅛	11¾	13	+ 1¼

OVER-THE-COUNTER

Stock	(div)	Sales (hds.)	High	Low	Last	Net Chg.
HeritCm		13711f	11⅞	7	11⅜	......
Hexcel	.52	15849	25¾	17¼	23½	+ 5
HiberSF	1.20	865f	26	20½	21½	+ ½
HiberCp	1b	3162	22¾	16½	20½	+ 3¼
HickFar	.44	9434	14⅜	9¾	13¼	+ 2⅞
HickFrn	.12e	9071	9½	5⅝	7⅛	+ 1¼
Higbee	.37j	4290	14¾	7¾	10½	− 1¾
Hillhvn	.52	1431	29½	15	24⅛	+ 8⅞
HinesLm	1	1274f	25½	18	20½	+ ¼
Hitachi	.90e	15840	57⅛	39⅜	44¼	− 9¾
Hoe Co	.12e	9333	5½	3½	3⅞	......
HllwdPk	1.20	4159	25½	15½	23	+ 7¼
HmeBen	.96	3060	27½	17¾	20¾	− 1¾
HmstdF		2605f	11¾	7¼	7½	+ 1½
HonInd	.48	5274f	19¼	14¼	15½	+ 2¼
HookDrg	1.20	5302	17	12¾	14	− 2¼
Hoover	.92	148091	19⅜	10¼	12½	+ 2⅛
HorizBn	1.20	3695	15¼	11¾	12¼	− 1¾
HospTr	2.12	1422	26	19¾	20½	− 2¾
HughSup	.24	5125f	18¾	14½	16½	+ 8⅛
HuntMf	.50	3290f	20	14¼	19	+ 6⅛
HntgBs	1.76b	2469	35	26	29¾	− 2
HyattInt		1419	19¼	10	19	+ 3⅞
Hyster	2	22508	45⅛	32	44⅞	+12⅝

I

Stock	(div)	Sales (hds.)	High	Low	Last	Net Chg.
IMS Int	.25	49234	32¾	16⅛	31	+14¾
IdahoFn	1	2064	25½	22	24¼	......
IdleWld	.80	2882	24	14½	15½	− ½
Impell	.40	15160f	31	15¾	31	+13¾
IndSqS	1.68a	2940	17⅝	14½	14½	− 1¾
IndpBsh	.60b	2272	26	16¼	16¾	+ ½
IndLfAc	1.16	29479	20¾	15⅜	17	+ 1⅜
IndnaNt	.40a	11782	11⅞	9⅜	11¼	+ ¾
IdplWat	2.12	2729	22¾	19⅛	19¾	− ½
IndElHr		9503	5⅞	3	4¼	+ ⅞
IndValB	2.20	3749	24¾	18½	20	− 4½
vjInforx		57246	9⅝	¾	1⅝	− 5⅛
Infrmtcs		7352	14	9	13¼	......
InfDialg	h	11105	7¾	1¼	1⅜	......
InfoIntl	.16	6970	12	7¾	9	+ ¾
Infotn		15834	3¾	1⅞	2⅜	− ⅜
InstLab	.16	10849	21½	12¾	13¾	− 5
IntegEnt	.05e	15719	5½	⅞	1⅛	− 4¼
IntelCp		82821f	72¼	41¾	67½	+34½
IntlsIRs	.20	2070	14½	12	14½	+ 2½
IntRglFn	.30a	4159	8¼	5	8¼	+ 3
Intercole	s	2623	14½	4½	12½	+ 8
IntrcEnr	s	13487	9	3½	6¾	+ 3
IntrcLfe	.10e	3603	6⅜	3⅛	6¼	+ 2⅞
IntfcMec		13891	11¼	3¾	8¼	+ 4⅜
Interfnl	1.30	18550	31½	16½	30¼	+12¼
Intrmed		18399	24	16¼	19¼	......
IntmtGs	1.40	5414	14¾	11⅜	12	− 1⅛
InBkWsh	.36	12073	10⅜	8	9½	+ 1¼
InBkWsA	.36	17992	10¾	7	8¼	+ ⅛
IntDairy		8820	6	4	4⅝	+ ⅝
IntKingT	.06	7615	6	3¼	3⅞	− ⅝
IntResh	.32	6730	16¼	8¾	9½	− 2½
IntRoyO	.01e	16616	5⅜	13-16	4½	+ 3⅝
IntShphd		22063	5¼	3½	4¾	......
IntTecR		24400	3½	¾	1⅜	......
IntrPip	g1.40a	1068	17⅜	13	15⅝	+ 2⅜
IntrsciSy		8393	15	4¼	14¼	......

Stock	(div)	Sales (hds.)	High	Low	Last	Net Chg.
Intersil	.24e	126348	32¾	12⅛	25	+12⅛
Intext		14259	14⅛	5½	13	+ 6¾
IwaSoUt	2.28	3975	26⅜	21⅝	22	− 1⅜
IrlndRst		8565	3½	⅜	2⅝	+ 1½
IsrlInv	1.10	1632	26	19¾	24¾	+ 4¾
IveyJB	.76	2315	16⅝	12⅝	14¾	+ 2⅛

J

Stock	(div)	Sales (hds.)	High	Low	Last	Net Chg.
JLG Ind	.32	2951	23¾	17¼	23½	+ 6
JamWP	h	5603	10	5¼	5¾	− 3½
JameRiv	.40	10745f	26½	17¾	19¼	+ 3¾
Jamsby	.50	5584f	18¼	13¾	17½	+ 5⅞
JpnAir	12.22r	93	148	95½	103	−40
Jaytex		23110	6½	1⅝	4⅝	......
Jeffersn	.28	1837	27¾	13	21	+ 8
JeffNLf	.52	11917	42	16⅞	33	+16⅛
Jerrico	.10	22045f	21⅝	16	20¾	+ 9¼
Jhirmck	s	9633	18⅜	8½	11¼	− 4¾
Jhirmk	wt	4975	11	3	3¾	− 4⅛
Josephn	.60	7360	17¼	11¼	14¾	+ 1½
JoslynM	1.28	9335	21½	13	14	− 2¼
Justin	.60	3541f	21¾	13½	15	+ ¾

K

Stock	(div)	Sales (hds.)	High	Low	Last	Net Chg.
KDI Cp		25774	3⅛	1½	2 1-16	+ ⅛
KMS Ind		40775	3	1⅜	2½	+ 1⅛
KRM Pet		28921	10⅛	2¼	8¾	+ 6⅜
Kaman	.80	6313	22	15¾	19½	+ 2
KmpAm	.32	5447f	14	7⅞	8¾	− 2⅝
KnCtyLf	2	2176	68	53½	56	+ 2¼
KnSNtw	.40	17805	29½	10¼	27	+16⅝
Kayex	.05e	9663	24¾	9¾	24¾	......
Keba		64356	3 9-16	1 7-16	2⅝	+ 1
KellySv	1.20	5504	41½	24	41½	+13½
Kemper	1.60	24667	38½	26¼	38½	+11½
KenilSy		11749	11¾	5⅞	10	......
Kenngtn		4173f	12½	8	12½	+ 5⅞
KentMre	1	4094	26¾	13½	22½	+ 6½
Kenton		4556	23¾	13¼	22	+ 7½
KyCenLf	.50	10474	21	13½	18¼	+ 4¾
Kettring		3206	7¾	4	4¼	......
Keuffel	.80	2737	20	10½	19½	+ 7
Kevex		6703	25¾	17	24½	......
KeyBks	1.20	11429	14⅜	11	12¾	− ¼
KeyData		14001	4½	1¼	4⅛	+ 2¾
KeystFd	.20b	8733	20	11¼	14¼	− 2¾
Kimball	.80	7167	19⅝	14¼	15⅛	− 1
KindCre	.08	8859	15¼	7¾	10½	+ 1½
KingInt		13340	21¾	5	6¾	− 1
KloofG	1.60e	74129	27½	6 11-16	26⅛	+19⅜
KnapeV	1a	2793	17½	13	15¾	+ 2½
Knudsn	.68b	8120	16¾	10	13	+ 2⅜
Kratos		10357f	17¼	9½	16¾	+ 7¾
KroyInd	.24	2191f	33	19	30	+21½
Krueger	.60	12251	13½	8¼	8¾	− 2½
Kulicke	.15i	23232f	30¼	17½	27½	+19½
KyotoCe	.18r	1335	41⅝	26⅛	28⅞	− 7⅜

L

Stock	(div)	Sales (hds.)	High	Low	Last	Net Chg.
LDB Cp		16163	5⅝	2⅜	3½	+ ⅛
LaZ Boy	.72	7261	12¼	8¾	10½	+ 1
Lacana	g	10572	9⅝	4¼	9⅝	+ 4⅞
LacldStl		4754	16	8	9½	− ½
LkwdBk	.44	1275f	15¼	13¼	13½	+ ⅛
LamaTny	.20	6236	10⅛	3½	10⅛	+ 6½

OVER-THE-COUNTER

Stock	(div)	Sales (hds.)	High	Low	Last	Net Chg.
Lancast	.72	7044	20	11¾	12¾	− 6¼
Lanceln	1.04	20896	24¼	16¼	21	+ 2½
LandRes		8738	3⅝	1⅞	3⅝	+ ⅛
LndBkFla	.50	18763	8	5¾	6½	+ ⅝
LaneCo	.92a	5494	25¾	18¼	24¾	+ 5½
Lawson	.36	7915	29	19¼	29	+ 9¾
·Leasco		12769	35½	11½	31	......
LeisDyn	.20	12509	8	3⅜	5	+ 1⅝
LevinCpt	.10i	3248f	9	5½	8	+ 3⅜
LewisP	.28b	2812	14	10	11	− 1
LibtyHo	.20e	10850	6½	3¼	5¾	+ 2½
LibNtLf	1.20	55536	28¼	20½	20¾	− 1¼
LfInvs	.20	62999	25	10¼	23¾	+13
Lifesur		1932	9¾	6½	8¼	+ 1
LfeComn		12762	1½	⅜	1	+ ½
LtdStor	.08	36636	10¾	4	6½	− 1
LinBcst		15743	52	35¼	50¼	+15
Linc 1st	2	7185	28½	20¼	22¼	− ¾
Lin1st	pf1.05	2381	13	10¼	10¼	− 1¼
LincLfe	.60a	3676	27	12½	17½	+ 5
LincTT	1.32	7040f	24½	17½	18¾	+ 2
Lindbrg	.60	6436	14	9⅝	11½	+ 1⅜
LionCSf		13395	1¾	⅜	⅝	− ½
LiqdAr	h1.40	2342	28¾	23½	23¾	− 3
LiqdTrn	.60	1241	15¾	9¼	14½	+ 4¾
Logetrn	.20e	4817	15	8¾	13½	+ 4¼
LongFib	12	385	380	235	320	+80
LaOffEx		28411	13⅛	6⅝	12¾	+ 6⅛
LuriaS		18657	7¾	3¼	5⅞	+ 2⅜

M

Stock	(div)	Sales (hds.)	High	Low	Last	Net Chg.
MT Mtg	1.60a	2767	14⅛	9⅛	12⅛	+ 3
MCIC		239933	8⅝	3⅝	6 1-16	+ 2⅜
MCI wt		82279	6 9-16	2	3 11-16	+1 9-16
MCI pf	2.64	28991	49¼	25⅞	35	+ 8¾
MCI pf	1.80	20998	15½	13⅛	14½	......
MCM Cp	.16	6234	10	6⅝	8⅞	+ 1½
MFY Ind	.20	5555	7⅜	4½	4⅞	− ⅝
MGF Oil	.11r	60841	20¼	12	19⅝	+ 6⅞
MSI Dat	.40b	16515	13½	6¼	9	− 2
MTS Sy	.30	9264	32¼	14¼	30½	+16¼
McDmid	.80	4332	19½	12	18¼	+ 6¼
MadsGE	1.48	7590	16⅜	13⅛	13⅝	− 2
MagmaE		12471	6½	3	6⅜	+ 3⅜
MagmP		46320	18⅜	9⅛	16½	+ 7⅜
MagnCtl		8430	26	9¼	23½	......
MajrRt		24442	2⅜	⅞	2	+15-16
Makita	.18r	432	33	20	24⅜	− 7
Mallkrt	1.20	31757	33¼	26½	30½	+ 3½
Manitw	.60a	9380	24	15½	18½	+ ½
ManMay		24699	6⅛	1½	5¾	+ 4¼
MfBkLA	.50b	11741	20	11¼	19¾	+ 8½
MfrsNat	2.20	7216	29	24	24¾	− ½
MfgData	.28	22758	37¾	18¼	37¼	+17
MarinCp	1.68	2435	29½	24¼	27	+ 1¼
MarNut		27037	1 5-16	1-32	1-32	−23-32
MarPet	2.25e	1267	45	31	38	+ 5
Marion	1.32	60270	35	10	34½	+24⅜
Marion wi		4f	17¼	17¼	17¼	......
MarkPd		19708	11¾	5½	11⅝	+ 5¼
MarshSu	.32	4638	6¾	4¼	4⅜	− 1⅝
Marshll	1.54	1695	27¼	20¼	21¾	− 5½
MrldNat	.88	22403	19¼	14½	16	+ 1½
MathApl		9028	27½	4½	21½	+16
MauiLP	.44	1344	31	23½	25	− 5

Stock	(div)	Sales (hds.)	High	Low	Last	Net Chg.
MayPet		72789	21⅜	5⅛	20⅛	+14⅞
MaynOil		50750	17½	4¾	16⅞	+10⅜
McCorm	.52a	110663	27⅝	13½	19½	+ 5
McFarlE		77221	17¼	3	15⅛	+12
McQuay	.70	19702	14	9	9½	− 1¼
McRaeOil	s	21346f	31½	17	31½	......
MedGen		21336	17¼	3	3½	− 4¼
Medcom		9390	4½	1¼	3⅝	+ 2⅜
Medford	1	2883	52	26½	46	+17½
Megadat		6126	3½	1⅝	3	+ 1⅛
MellonN	1.84	31338	31⅞	25½	27¾	+ 2
Mentor		7043	8½	4¾	4¾	− 2½
MercBcp	2.32	5904	28⅝	24¾	24⅞	− ⅝
MercBk	1.08	5305	13¾	11	11½	+ ¼
Merc pf	3	559	40	33½	34½	+ 1
MerchNt	1.40	1675	28¼	21¾	24¾	+ 3
MerryCo	.20b	5152	15	8¾	10	− ½
MeyerF	.56	29776	34⅝	24¼	29¼	+ 2¾
MeyrsPk		3535	7	2	4	......
MichNtl	1.20	8929	25½	17	19¼	− 3½
MicroMk		9071f	17½	10⅛	16½	+ 6⅜
Micrdyn	.05i	3506f	26	17½	24	+15⅜
Microf		47811	3⅜	⅞	1 3-16	−1 7-16
MicrPw		2105f	6¾	4½	5½	+ 2¾
MdldBcp	1.32	2423	17½	13	15	+ 1
MdldCap		14250	10¼	5¾	8	+ 2⅛
MidlRes		202964	5 7-16	1⅜	2 3-16	+ ⅜
MidlBks	2.36	4581	30¼	24¼	29	+ 2¼
MdlBk 1pf	2	1117	23½	19	20½	− ½
Midnite	.29e	7822	5¼	3¾	4¾	− ½
MidwDis	.52	14931	13	7½	8	− 1⅛
MidwFid	.56	4300f	26⅜	17¼	26⅜	+13⅜
MillHer		15985f	19¾	16½	18¾	+ 5⅜
Millipr	.24	37601	31¾	24¾	29¼	+ ¼
MineSaf	.88	1104	70	43	70	+26½
MnrRs	.14e	55987	7¼	2 9-32	7	+4 11-16
MinrEng		14798	8⅝	2	8⅝	+ 6⅝
MiniCS		3427	5¾	2	2⅞	......
MinnFab	.10e	9489	5¾	4	5¾	+ 1¾
Minnetk		17038	17¾	7⅜	17¾	+10
MissVIG	1.28	1263f	14½	13½	14½	+ 1⅝
MrSteak	.08	12532	7¼	4	5⅛	− 1⅞
Mitsui	.58e	2196	43⅝	26⅜	27	− 2⅜
MoblCom		13383	3¾	1⅜	3¼	+ 1⅛
ModM wt		4130	11¼	7⅞	9½	− ⅞
ModuCpt		87303	17⅝	9½	12¾	− 1½
Molex	.09	12170	43¼	27½	41	+13
MonCap	1.14	35485	26⅜	16⅜	19⅜	+ 2⅞
MonfCol	.12e	11473	9⅛	5½	7⅜	+ 1⅝
MonuE		37454	4⅜	2⅛	4 1-16	+1 7-16
MonuCp	1	54649	32¾	21¼	26¼	+ 4½
MonPr un		10491	69	1¾	2	−48¼
MooreC	g1.44	34585	34	27¼	29½	+ 2¼
MoorePd	.72	5346	28¾	15	27½	+12½
MorFlo	.01	6019	8⅞	4¾	5⅛	− 1
Moraga		10692	7¾	2⅞	6⅛	+ 3
MoranB	.12	34896	27¾	14	24¾	+ 8⅝
Morsnln	.32b	69933	18⅜	10⅜	11½	− ½
MHEW		23208	3⅝	1⅜	2	......
Mosinee	.26	7891	9¼	6⅝	7	− ½
Mostek		182131	61½	17½	59½	+41⅜
MotClub	.10	18890	7⅛	3⅝	3⅝	− 2¾
MtnBks	1.28b	1800	28	19	23½	+ 4½
MtnStRs		118068	11-16	5-16	11-16	+5-16
Moxie	.10	12524	5	2½	3¼	+ ¼

OVER-THE-COUNTER

Stock	(div)	Sales (hds.)	High	Low	Last	Net Chg.
Multim	.72	8113	33¾	23¼	33¼	+ 8¾
MurpFgt	.32	1891	14¼	4½	4½	− 3¾
Myersln	.40	4083	10⅝	6⅝	7	− 1⅝
MylanLb		1804f	13¾	8	9½	+ 2¼
N						
NN Cp	2	24176f	38¾	24	32	+13
NN Cp	pf3.60	447	35¾	30	30	− 5¾
NargCp	2b	1947	28	21	27½	+ 1
NtCntFn	1.48b	3269	240	16½	17½	− 2
NtCtyCp	2.75	15788	46	39¾	42¾	+ 3
NCmNJ	2.40	1923	32¾	26	28½	+ 2½
NtCptSy	.24	12795	23¾	16	20¼	+ 4¼
NtCptSy	wi	......f	18	16	16	......
NtDataC		13921	10⅛	2⅝	9¾	+ 7
NDtaCp	.28	54816	16⅞	8⅜	16¼	+ 7⅝
NEnvCtl		10432	3	1¼	1¾	− ½
NLampn		10066	14	6¼	8½	− 1
NLfeFla	.32	20323	12½	7⅜	9¾	+ 1
NMicron		30249	14¼	6⅝	8¾	− ¾
NOldL	.36	47800	17⅝	7⅝	14⅝	+ 7
NtRyUtil		34024	19	3	4	− 7¾
NResLfe	.60e	2289	29½	14	29½	+15½
NSavnCp	.25	2789	11¾	6¾	7⅛	+ ⅛
NSecIns	.32	1583	18	11	12½	− 1¾
NStuMk		33208	6⅜	3 11-16	5½	+1 13-16
NatUtil	1.44	1506	22	14¾	20	+ 4
NtValve	2.50	770	49	31½	49	+17
NtWnLf		30557	9⅝	3⅝	5⅛	− 1⅜
Natwide	.60	2509	19½	15¾	16½	− 2¼
NwidRE	.46e	5045	17	12½	13¾	+ 1¼
NautilFd	.50e	3845	14⅝	10½	12½	......
NelsnTh	.28	1675f	14	9¼	11	+ 1
Neutrog	.25	1383	28½	16	25½	+ 9½
NevNBc	1	2113f	16	9¾	10¾	− 5¼
NevadSL	.70	614f	15	12¾	13	− 4¼
NewAFd	s	1626	22¾	16	21¼	+ 4¾
NEnMer	1.64	6867	24⅜	18¾	20½	+ ⅜
NHavWt	3.78	835	82	49	71	+11½
NJNtCp	2.30	1719	24	18¾	19	− 3¾
NJNGas	1.52	4542	17½	14¼	16⅞	+ 2⅜
NewpEl		8090	8	4¾	5½	+ ½
NewpPh		67560	15¾	8	10¾	+ 1¾
NickOG		38243	31	15½	23¼	......
Nicolet	.24	29918f	21⅝	14¼	20¾	+ 6¾
Nielsn A	.88	27199	28	20⅝	27½	+ 4¼
Nielsn B	.88	10750	27¼	21	26⅞	+ 3⅝
NippnEl	.52e	1374	45½	33¾	43⅝	+ 5⅝
NobleAff	.16b	104720	50¾	24	46¾	+18⅝
Noland	.40	4269	9⅞	7½	7⅞	+ ⅜
NordRes	s	8934	18¾	12½	15¼	+ 1¼
Nordstr	.32	18687	22	17¼	21¼	+ 2
Norstan	s	5688	12	6½	9	+ 1¾
NA Biol		14414	11½	3½	3¾	− 5
NoAtlInd		11153	7½	3½	5½	+ 1
NoCarGs	1.20	6185	15⅜	10⅛	14⅞	+ 4¾
NoEOl	un4.07e	2343	81½	62¼	79	+15¼
Nrthair	g	24665	4 1-16	2⅜	4	......
NoestBcp	2b	2020	25	21⅜	22½	− 1½
NoStBcp	.30r	14992	10¼	4⅜	6½	− ⅜
NoTrust	2.20	6384	41¼	32¼	33¼	− 6
NwtNGs	1.04	40646	16½	10¼	15¾	+ 5¼
NwtFin	.50	5555	11¾	9½	9⅞	+ ⅛
NwtNtLf	1.04	20114	39¾	25½	33⅜	+ 7⅞

Stock	(div)	Sales (hds.)	High	Low	Last	Net Chg.
NwstPS	1.80	6494	18½	14¾	14⅞	− 1½
NwPrtC	1.80	1033	31	21¾	28¼	+ 4¾
Nowsco	g.36	6464	39½	16¾	38	+21¼
Noxell	.88	19274	22⅜	15⅞	21½	+ 5⅜
NuclDyn		27562	5⅜	3⅞	4½	+ ¼
NuclMed		15879	8⅝	2¼	6½	+ 3½
NuclMet		7326	23¼	12¾	22¼	+ 7¾
NuclPh		6246	8	5½	5¾	......
Nucorp	.05e	20097	8½	1¼	8½	+ 7⅛
O						
OakbrkC	.32	4815	14¾	9	13	+ 3½
OceanA	un	5689	5	2¾	2¾	......
OceanDr	1.50	30388	91¼	34	86¼	+50¾
OceanOil		8141	53¼	24	46¼	+21¾
Oceaneer		48831	7⅜	2½	5½	+ ¼
OcnExp	h	19876	8½	1⅞	8½	+ 6⅜
OceanInt		27130	7¼	2⅝	7¼	+ 4⅜
OffsLog	.48	29026	19⅞	9⅞	19⅞	+ 7⅜
OgilvyM	1.16	16787	24¼	18¼	20	− 1¾
OhioCas	1.40	43909	38½	26⅜	35½	+ 8¾
OhFerro	.15e	4534	11¼	6¾	10¼	+ 3¼
OilCtyPt		9979	9	2⅜	7⅞	......
OilIntl		270268	¾	¼	17-32	......
Oiltech		58571	2¼	¾	1⅞	......
OldKent	1b	3787	19¼	15¼	16	− 2¾
OldNtB	.84b	3392	26½	16¼	19¼	− 6
OldRepl	.92	15211f	23⅞	15	19	+ 2¼
OldStone	1.92	2198	24	18	20½	− 2¼
Olix Ind		3621	7½	4½	7½	+ 2⅞
Olsten	.20	7443	9⅛	4⅞	8⅛	+ ½
OlympB	.90a	7302	15⅝	12½	13½	+ 1
OmahNt	1.50a	2111	22½	19½	19½	− ¼
OmegOp	.20	22230	15¾	7½	10	− 4½
OmniSpe		12263	7¾	3¾	6	+ 1⅞
OptelCp		14815	1¾	⅝	⅞	−5-16
Optlcom		22951	2⅝	⅞	⅞	− ¼
OpticCL		28795	19¾	8¾	16¼	+ 7¼
OpticRd		2902	17¾	10¼	10½	− 1½
Orbanco	.72	7245	21¼	15¾	18¾	+ 2½
OregMet		29400	23⅜	3¾	22⅝	+18
OregPC	1	1423	70½	47¾	58½	+ 9
OrionRh		6761	10½	5½	10	+ 2¾
Orrox		12732	7½	3⅞	5⅜	+ 1½
Oshman	.20	1936	15¼	10¼	10¾	− 2
OsrowP		14998	3¾	1⅞	2¼	− 1¼
OtterTP	2.08	7383	22¾	19⅛	20¾	− ½
OwensM	.52	2447	15¼	10	12¾	+ 2½
Oxoc		61521	8¼	1⅝	7 15-16	+6 5-16
P						
PAR Sys		13813	14¾	6½	12½	+ 2
PBA Inc	.80	3805	20½	13½	14	− 3½
PCA Int	.40	14505	9⅞	5½	6½	− 3¼
PETX		31051	4¼	1	2	......
PRF Cp		14014	5½	3⅛	3⅜	− ⅞
PVO Int	.80	4998	26½	14¼	23⅞	+ 9⅛
PabstB	.40	80431	17¾	10¾	11¾	− 2
Paccar	1.80a	10364	62	48¼	55½	+ 5
Pacesetr	.20	6191	20¾	10¾	13	+ 2
PaceFin	.84	2464	13	10½	10¾	− 2¼
PacerTec		22484	3½	1⅛	2½	+ 1⅜
PacCHI		3953	19	10	10	− 6¾
PcGaR	1.50b	5626	24	17½	21½	+ ¾
PacGdUr		66940	1 7-16	7-16	1⅛	......

OVER-THE-COUNTER

Stock	(div)	Sales (hds.)	High	Low	Last	Net Chg.
PacifRes	.60b	8042	25¾	11½	15¾+	4¼
PacStdLf		12491	4¾	2⅜	4 +	1⅝
PaiuteO		230804	2½	9-32	1 15-16+	1⅝
PakoCp	.52	8257	15½	8	14¼+	6¼
PanABsh	.40b	8603	9⅞	7⅜	8½+	⅝
PU¼¼¼Pr	.30e	12270	10⅜	6¼	8⅞+	2⅝
ParkOh	1.10	10592	34¾	22½	28¼+	5¾
PauleyP		25763	20	5¼	19½+	12½
PayLDg	.40	27745	19½	9½	19½+	10
PayNPk	.60b	15621	20½	13⅞	15¼−	2
PayNSv	.72	22668	29¾	22⅜	28¾+	5¾
PaylsCs	.15	57662	16⅛	11¾	14⅞+	3½
Peavey	1	12823	23¾	15⅛	23¼+	5¾
PeninRs		13269	13¾	7½	12⅝+	3⅜
PennPac		71823	4 13-16	⅝	4¼+	3½
PennVa	2.40a	1755	79	62½	73 +	9
PenaEnt	1.60	4297	17	14⅜	14¾−	1⅛
Pentair	.64	24904	21⅜	13¾	15⅞	......
Pntair	pf2.06	3646	26⅞	19¾	22¼	......
PeoBkSe	.88	3797f	18¼	14	16¼+	2¼
PerryDr	.28	5265	12¼	8	9½+	½
PetDv		45762	6⅛ 2 7-16		5⅝+3	1-16
PETCO		20117	29½	14¼	26¾+	11¾
Petrolit	1.08	15505	52½	35¼	39	......
Pettibon	.60	5565	26½	17¼	21 +	3½
PhilaNat	2.64	12389	33⅝	27	29 +	⅜
PhilGlo	.76e	30467	13	10⅜	10⅞−	1¼
PhnxRs		23543	28	16⅜	27¾+	11¼
PhysioCt		3165f	25	16½	21½+	7⅞
PicNSav		26737	19¾	10¼	19¾+	8
PiccCafe	.44	17164	14⅛	8	8⅞	......
PiedMgt	.20	2720	8¾	5¼	6½+	1¼
Pier 39	h	4520	13¼	5	8¾+	1¼
Pinehrst		12547	7⅜	3½	7¼+	3⅞
Pinkrtn	2.10	4368	38	25¾	36½+	8¾
PionrGp	.20	8870	5	3½	5	......
PionHiB	.84	34351	28	17⅝	26¾+	6⅝
PionStd	.20	8878	19¼	10½	19 +	8½
PittNtCp	2.60	13033	45½	35¾	41¾+	5¾
PlazaRt		6241	2⅜	13-16	1⅛+	3-16
Plenum	.80	7696	23	14¼	21¾+	7⅞
PolrRs		44927	⅞	⅜	13-16+	7-16
PopShop	g	8379	3¾	1	1 7-16−	1 13-16
PortaSy		10140	22½	7¾	9¼−	8¾
PosiSeal	.10	15181	10½	2½	3¾−	6⅛
Possis	.05e	4306	7½	2⅜	7 +	4⅝
PowellInd		16034	3⅜	1½	3¼+	1⅝
PwrRes		20219	3⅛	1½	2¼	......
PrecMet	.57e	52381	12⅛	4⅞	12⅛+	7¼
PrecCst	.20	15664	20¼	12¼	17 +	3¾
PfdRisk	.50	2930	24	13¾	20¼+	6½
PremRs		46120	4⅝ 1 9-16		4½+2	13-16
PresGM	2.97e	42370	33¼	11	32¼+	21
PrsSteyn	1.82e	47199	28¾	8½	27⅝+	18⅝
PrstSBk	.40b	1503	14¾	9¾	9¾−	2¾
PrestnT	.68	5554	16	11¾	14½+	2¾
Preway	1.20b	2066f	26¼	18½	25¼+	15
Prtronx		14242	20	11	17¾	......
PrgsvCp	.32	7623	25⅛	16	24⅝+	8⅝
ProptTr	.40	5443	8	4½	7⅜+	2¾
ProptCp	.10	4247	15½	7½	11½−	1¼
ProtLfe	.76	2763f	26¼	19½	20 +	3¾
ProvLfA	1.48	7616	52	38	47 +	2
ProvNat	2.26	8391	30	22	24¼−	3
PrdFSL	.72	4291	15½	9½	13¾+	4¼
PbSvNC	1.24	5609	14⅝	10	12¾+	2¾
PgSdNB	1.12	2894	25½	21¼	23 −	½
PulasFr	.50	4687	12½	8	9¾+	1
PureCycl		40552	3⅝	9-16	2¼+	1½
PurtBen	.40	12886	22½	13½	14¾−	5¾
PutDCap		2781	11¼	7½	10½+	3

Q

Q 1 Corp		6199	14½	5¾	9½+	2
Quadrex	.24	13139	12¾	3	12½+	9⅛
QuakrCh	.76	4511	35½	25½	34¼+	8½
QualCre		7593	9¼	6⅝	8¾+	½
Quotron		12975	27⅜	10¼	26¾+	14¼

R

RLI Cp	.44b	8794	11¼	7	9½+	2¼
RPM Inc	.30	26705	10	7½	8	......
RSR Cp	.15e	3793	7¾	3	7¾+	4
RMIC Cp	.15r	5478	20¾	10¼	20¼+	9¾
RadDyn		10651	22⅞	7¼	22⅞+	15⅜
RagenPr	s	16987	11⅞	5½	10½+	4¾
RainrBn	1.08	26871	30¼	23⅞	27¼+	3½
Rampart		16864	4¼	2	2 −	2¼
Ramtek		21513	13⅞	8½	12¼+	3¾
RandInfo		22211	1¾	⅞	1¼+	¼
Rangair	.24b	3717	8¾	5¼	6⅝−	1⅛
RankO	.21e	78118	5 15-16	3 9-16	3 13-16−	1⅛
Rapidata	.12	19604	7¼	3⅞	4⅞+	¾
Raychm	.36	8715f	58	43	53 +	20¼
Raymnd	1	2371f	25¾	19¾	25¼+	12
Raypak		2955f	11¼	5	6½+	2½
RtMtg	1.65e	7309	17½	12¼	15⅛+	2⅞
RecgEq		64837	9½	4⅞	6⅜−	1⅜
Redcor		2507f	17	8	17 +	8¾
RedknLb	.32	14914	14⅝	9½	14⅝+	5
ReevCm		9803	15¾	4¼	15¾+	11¼
RefacTD	.14e	10215	36½	13¾	16¼+	1¼
RegcyEl	.70	49627	24½	12¾	18¼+	4⅜
RelbInv	.28	6121f	13¼	10	11¼−	¾
RlbInv	pf1.87	2522	25½	22	22 −	1¾
RelUniv	1	15862	26½	15½	20 +	4½
RpAir	81wt	2360	13¼	5¾	6½	......
RepAuto	.32	18187	11½	6⅜	7½−	¾
RepNLfe	.60	90328	25	14⅜	18⅛+	3⅝
ReshInd		4984	15¼	10½	11½	......
ResOG	wt	21897	24⅜	4	24⅜+	20⅜
ResvOM		6171	30½	20½	26½−	2½
Reuter	s	5214	6	3½	4½+	⅜
PaulRln	1.32	5506	13¾	10¾	10¾−	2¼
ReyRey	1.08	25088	34¼	25½	28¼+	1
Rhodes	.20	21756	3¾	2⅞	3⅜	......
RichTC	pf2.50	2511	24	20¾	23	......
RichTC	un.20	2467	40	32½	38	......
RiggsBk	2.40a	3071	41½	34½	36½−	1
RivalMf	.80	36477	11½	6⅞	8⅝+	1¼
RivrsdGp		9086	8½	1	4⅜	......
RoadEx	.80	51559	31½	24	26½+	1¾
RobbMy	1.60	1970	48	27	48 +	21½
RobtPor	.40	3556	10¾	4½	5½−	4
RobNgt	.10	7591	33¾	19	28¼+	9¼
Rockcor		70088	11	6½	8⅜+	2¼
RckMtG	.44	12428	12⅞	5⅞	9¾+	3½
RollBH	1.24	7845	25	19¾	21½−	1
RomAm		7029	11½	1¼	2 −	8¼

142

OVER-THE-COUNTER

Stock	(div)	Sales (hds.)	High	Low	Last	Net Chg.
Rouse	.28	89676	22⅛	8	20⅜	+12⅜
RovacCp		20636	14¾	5	5¼	− 7¾
Royster	.40	73688	14⅞	3¾	14½	+10⅝
RubyM		81011	1 9-16	⅜	1 5-16	+ ⅞
RusStov	.90	15019	17⅜	13¾	15½	+ 1¾
RyanIns	.12	1536f	22½	12½	20½	+ 6
Ryland	.60	7953	14¾	8	12⅞	+ 4⅞

S

Stock	(div)	Sales (hds.)	High	Low	Last	Net Chg.
SCI Sys		27689	13½	8	13⅛	+ 2⅞
SRI Cp		126f	20½	18	20½	+ 8½
STSC		6688	9½	5½	9	+ 1¾
Safecrd		6087	16	9¼	13½	+ 3¾
Safeco	1.80	49037	38	27¾	37¼	+ 9½
SafKleen	.15e	20244	32	19	30⅞	......
StHelGd	3.01e	46995	28⅝	10	27⅞	+17¾
StJude		5203f	28	16½	25½	+15⅞
StPaul	2	60121	41⅝	32⅞	40¾	+ 7½
SalmCpt	.09j	8789	5	1½	1⅝	− 2½
StAnitCn	1	10738	25⅜	12⅝	23⅞	+10⅞
SvnhFd	1.40	3948	18¼	13¾	14½	+ ¾
SavWay	.10	6471f	19	12⅛	17⅜	+11⅜
SchaakE		5819	8⅝	5¾	6¼	− ¼
Scherer	.24	30730	13¼	7⅜	8½	+ ¾
SchlMag	.60	1534	15¾	12	14½	+ 1½
SchlmA	.50a	5360	16	11¾	14	+ 1¼
ScieCmp	.30	5623	10½	5½	9¼	+ 3¾
Scope	.60	14123	30¼	14	21	− 2¼
ScottIn	h	29144	3⅛	⅞	2⅞	+ 1¾
ScottLiq		14559	3	1	1½	+ ⅜
Scriptmt	.20b	2788	14¼	8¾	11	+ 2¼
SecALfe	.70	2505	19½	10½	17½	+ 5½
SecBcp	1.40b	1999	21¼	16	16¼	− 2¾
SecLfGa	.60	2665	13¾	9¼	12¼	+ 2
SeibelsB	.80	10215	21¾	17	18	+ ¼
SeisDelt		18963	16½	8⅜	14⅞	+ 5⅜
SenOil		61355	10⅜	1⅝	9⅜	+ 7⅝
Sensor	.11e	47308	28⅛	15¾	26¾	+11
SvcMer	.14	85037	19⅝	12¼	13⅜	− 3⅝
Svcmstr	1.12	12558	37¼	26¼	35¼	+ 6¾
Servico		20352	8	3⅝	7⅛	+ 3
ShMedS	.40	34677	34¼	23½	32½	+ 6¼
Shawmt	2.40	8943	39	29¼	33	+ 3½
Sheldahl		21013	8¼	2⅞	7⅞	+ 4⅞
Shoneys	.24	28836	13⅝	9¾	11¾	− ⅛
Shorewd	.24	3352	10½	5⅝	8¾	+ 2⅞
SierrRsh	.20	5515	14½	5¼	13	+ 7¾
SigmaAl	.60	2232	42¼	28¾	39¼	+ 8¾
SigmaCp		8459	13¾	5½	12¼	+ 6¾
Sigmor	.50	7042f	24½	11¼	22½	+14⅞
Siliconx	.10e	22215	22	13	20¼	+ 6¼
SlvKing		84956	4 15-16	⅞	4 15-16	+4 1-16
SimpsIn	.80	11974f	15½	10¼	12	+ ¾
Sippican		630f	15½	5½	6½	......
SmithFd		17145	8¾	4¾	8	+ 3¼
Society	1.20	6884	21½	16¼	19¼	− 1¼
SolDev	h	71056	11-16	5-32	7-32	−5-32
SolrColo		95066	¾	¼	11-32	−3-32
SolrMtr		173487	⅜	⅛	5-32	......
SOLTEC		274494	11-32	3-32	3-16	......
Solarn		67040	2⅝	⅞	1 11-16	+5-16
SolidStS		34767	15	8	13½	+ 5
SolidStT		30031	15⅛	5¾	14½	+ 8¾
SolidPh		11518	6	2⅝	4¾	+ 1⅛
Solomon	.08	5888	5¼	3⅜	3⅞	− ⅞
SonocoP	1.30a	5026	36	25¾	32¾	+ 5¼
SonomVi		8710	7¼	4⅜	6¾	+ 2⅛
SorgPrt		3470	3⅜	1⅜	1⅞	− ⅜
SrceCap	2.20	20353	22	15⅝	18¾	+ 2¾
SrceC	pf2.40	3195	23¼	19⅛	19½	− 2⅜
SrcePer	.23e	9482	17¾	11⅞	13⅜	− ⅛
SoCarNt	1.20b	4769	21¾	15¾	19	+ 2¾
SoBnAla	.92	3703	17	12¼	12¾	− 1¾
SCalWtr	1.32	1827	15	12¼	12½	− 2
SthldFin	.40	48700	22½	14¾	22¼	+ 7⅛
SwFctrs	.05	22421	5½	2⅝	2¾	+ ⅛
SwLeasg		5022	7½	1½	2	− ½
SwnEnr	.76	9661	35½	17¾	33	+15
SwnLife	1	274369	45	18¼	42¼	+23⅞
Sovergn	.10b	15810	7⅛	3⅞	5⅝	+ 1½
Spacelb		3308	31	13¾	30½	+16½
Spectrdn		5627	13¾	10	13¾	......
SpectCtl	.12	2826	12	6½	8½	......
StafBld	.20	9260f	17	9	13½	+ 8¾
Stampd	g	35768	8¼	3⅞	4½	+ ⅝
Standyn	1.40	14139	33¾	20¾	23¼	+ ¾
StdMicro		48982	16¾	6¾	13¾	+ 6⅝
StdRegs	1.60a	2952	29	22	26½	+ 3½
Standun		9794	10	5⅛	6⅝	+ 1⅛
StanHP	1.80	4171	29¼	20½	23	+ 2½
Staodyn		13347	3½	1¾	2⅜	− ⅛
StaNBcp	.75e	3000	18	10½	17	......
StaStBo	2	10778	26¾	20	24¾	+ 4½
StateGp	.15b	5864	6⅜	4⅜	5	− ⅜
StkNShk	.11j	12606	5⅜	1¾	2	− 2¾
StechrT	.30	3206	9¾	6½	7½	+ 1
StewStv	.44	22460	26¼	15⅞	22¼	+ 6¼
StewInf	1.16	17942	34	18½	22¼	− ¾
StewSan	.15	5601	4¼	2⅜	3⅝	+ 1
StrawCl	1.40b	2327	29	21½	24	− 1
Stryker		15143	16	11½	15	......
SturmR	1e	2871	38½	17	37	+20
Subaru	.20	65973	12⅜	4½	12⅜	+ 7⅝
SubrBcp	1.40a	5916	19½	15¼	17⅝	+ 2⅜
Sullair	.60	29644	17¾	12¼	16½	+ 4
Sumito	1.16	1948	16⅜	13¾	14⅞	+ ⅞
SumitEn	.20	11209	17¼	7⅞	15	+ 6⅝
SunBkFl	.80	31975	15¾	11⅜	14	+ 1⅛
SunBk	pf4.37	1417	52	42¾	48	......
SunlitO	g	57552	16½	6¾	14	+ 7⅛
Suntec		10586	3	1⅝	3	+ 1⅛
SupDlrS	.20	2294f	6½	4¾	4⅞	− ¼
SuprCre		17177	2½	1¼	1½	......
SuperEl	.36	8812	11	6⅞	10¾	+ 2¼
SurvTec		3620	6¼	3¼	5¼	+ 1½
SykesDt		10750	23¾	4½	21½	+17
SymbTec		6380	5⅛	3⅝	4¾	......
SyrSupp	.80a	104f	16¼	14¾	16¼	+ 3½
SystGen		6467	6¼	3¼	4	− ½
SystEng	.12	7148	14	6¾	11¼	+ 4

T

Stock	(div)	Sales (hds.)	High	Low	Last	Net Chg.
TBarInc		8319f	26	16¼	25	+11⅜
TII Ind		3639	8½	2¾	4¾	+ ¾
TONM		221688	3¼	⅜	2¾	+ 2⅜
TPC		7205	10¼	4	6¾	− 1
TRV	g	5541	31¾	8	31¾	......
Tampax	2.40a	132481	35	25½	31¾	+ 1¾
Tandem		46001	42½	22½	42½	+17¾
TaxCpA	h	19463	2⅝	1	1¼	− ¾

OVER-THE-COUNTER

Stock	(div)	Sales (hds.)	High	Low	Last	Net Chg.
TaylRnt	.24	3109	14	6	13	+7
TecumP	3.20a	2440	72½	56½	62	+5½
TeecoPr	11.01c	40535	14¼	1¾	1 15-16	−4 9-16
TelCmA		10796f	29¾	14¾	28⅜	+21¼
TelComB		5163	26½	15	26½	......
TelecoO		21715	24	11½	21½	......
TeleEqp		17444	13¼	5⅝	13⅛	......
Telecret	.36	14309	21¼	11½	15¼	−1
Telefle	h	7877	4¾	½	¾	−¾
Tennant	1.08	3705	30½	26½	29½	+3
TenncOff		55614	6⅞	1⅞	5¾	+3⅞
TennNG	.92	3995	11¾	8½	9¾	+1⅛
TenVlBn	.80	6024	14	8¾	9½	−1⅜
TermDat	s	4935	11¾	7¼	10¾	+3⅛
Tesdata		26452	25½	7½	11½	+1½
TexABs	1.16	9959	28	23¼	25¾	+¾
TexAOil	.05r	87436	11¾	3¾	10¼	+6⅛
ThermEl		16208f	27½	20½	25¾	+7¼
ThetfdCp		6689	9¼	3¾	5½	−1
ThdNtCp	1	2691	25¾	19⅝	21½	+1⅞
ThomMd		12038	12	8¼	11	......
Threshd		10270	10⅞	6⅞	9⅞	+2¾
Ti-Caro	2	1450	26	20¼	22¼	−¾
TideRoy	1.93e	1702	42	26	38	+12
Tierco		6439	5½	2½	3¾	+1⅛
Timbrld	.20b	8639	8¼	5	7	+1
Timeplx	s	15427	11⅝	4	10¾	+6¾
Tiprary		78694	16½	7⅛	15⅜	+8
Tocom		4605	14½	7¾	12	+3¼
TokioF	1.28r	2576	153¾	105¾	139¾	+9¼
ToledMn		32782	7⅞	2⅝	6¼	......
ToledTr	2b	1765	36¼	27½	28¼	−6½
TomlsOil	s	79817	18¼	4½	16¾	+12⅛
TomlO wt		41257	13¼	¾	11¼	......
TomlO un	s	12505	31¼	5½	28¼	......
Topaz		12884	16	10¼	15½	......
vjToppsT	.07r	14539	4¼	⅜	¾	−3½
ToreRoy		4086	38½	13½	38	......
ToscoCp		474973	26	5⅝	22¼	+16¼
TowerPd	.15	4959	20½	4½	5	−3¼
TowleM	.88	12225	30½	19	28½	+9
Towle pf	.88	1225	23¾	14½	22	+7½
Toyota	.46e	1350	45⅞	31½	34⅛	−10⅝
TransDlt		15857	13½	4	11¾	+7⅞
TransEx		10509	22	2⅛	18	+15¾
Trnsnt		14060	2½	1	2¼	−¼
TrnspLf	.08j	15116	17¼	9⅜	16⅞	+7⅜
Tremco	.88	11064f	39⅝	16	39½	+22¼
Tri-Am	.04	25287	8⅞	5¼	6⅝	−¼
TriChem	.52	12086	9¼	5¼	8⅝	+2⅜
TricoPd	1a	962	60½	34½	34½	−12½
TroyGld	g	40466	9⅝	3	9¼	......
TrusJois	.24	25061	27	12½	23	+9¼
TrBkGa	1.50	5310	34¼	27	27½	−½
TuckDrl		11660	17¼	6¾	15½	+8½
TwinCty	.80	3076	13⅞	9¼	10½	−2
TyronHy	.50	2636	18	10¼	18	+7¾
TysonFd	.16	13283	16¾	7¾	10¾	−½

U

Stock	(div)	Sales (hds.)	High	Low	Last	Net Chg.
UA Colu	.25	2765f	44¾	24¾	44½	+26⅛
USP Rl	.75e	3520	9	6	7	−¾
UTL Cp		9069	4½	2⅜	3⅜	+⅛
Unicaptl	.12	20113	11¾	7½	11⅜	+3
Unifilnc		20830f	11¾	4⅞	5¼	−3¼
Unimed		7015	21¾	8½	20½	+8¼
UnionLt	.49e	9591	13¼	3 9-16	12¾	+9¼
UnElStl	1.80	890	21¼	18	18¾	−½
UnMetl	.05e	2668	11¼	7½	11	+3½
UNBkPit	1.60	1363	26½	23	24	+1
UnPlntrs	.28	9920	12½	9	10¾	+1½
UnSplCp	1.20	2399	18¼	15½	16½	−½
UnTrBcp	1.42	3576	17	14	14½	−½
Unishp		49976	3½	1 9-16	2 13-16	+1⅛
UnitDE		22788	28¼	14	25¾	......
UAThtrs	.48	13352	49	20¾	41	+19½
UnBnAz	1.08	5047	28½	16¼	28½	+12¼
UBkNY	1.70b	5050	22¼	17¾	18¾	−1
UBkCol	1.58	11943	31⅝	23¼	29⅛	+4¼
UnCblTv	.10i	6224f	30	18	29¼	+16⅛
UCarBsh	1	1623	15¾	14¼	14½	−¼
UFirCas	.72	1505f	24¼	16¼	24¼	+5⅞
UnHearn	g	9953	6⅜	2⅜	5⅞	......
UlntRsh	.02e	10446	15¼	3¼	9¼	......
UlntRs	un	4111	35½	4	18½	......
UnMoBn	1b	1306	23¼	17½	18¼	−½
UPetrsch		43369	2⅛	⅝	2 1-16	.....
UPresLf	s	3882	9½	4⅛	9⅜	+5
UnSvcLf	.80	12850	17½	12⅛	13¾	−2⅜
US Bcp	1b	27337	31¼	23¼	25¾	−2⅜
US Enr		36708	44	7	29¾	+21¾
US Sugr	3	2803	64	38½	64	+25
US Surg		27560	30½	16⅜	29½	+12¾
US Trck	1.20a	14072	18¼	13	14¼	+1⅛
US Trst	1.90	11437	27¾	18¾	20	−6
UnTelcm		1390f	14½	10½	14	......
UVaBsh	1.60	9249	26⅞	22½	25¼	+2½
UnivPat		19293	16	8¾	12¼	+3
UnivRE	.85e	4043	10½	8	9	−⅞
UtahBcp	1	1668	14¼	12½	12¾	−½

V

Stock	(div)	Sales (hds.)	High	Low	Last	Net Chg.
VaalRe	3.72e	65713	64⅝	18	64⅝	+46¼
VagaHtl		2643	11	7¼	8¾	+1½
Vallen		4335	14	9½	13¼	......
ValBkAr	1.40	45066	32	21⅝	31½	+9½
ValyLab		6507	20¼	9¾	14	−1¼
Valmnt	.20e	3855	16¾	12¼	16¾	+4½
ValtecCp		58862	18	9	17¾	+8½
Valtekln		5892	9½	5¾	7¼	−1
VanDus	.40	3118f	16	12	16	+5½
VanDyk		3856	9½	4½	7¼	−2
VanShak	.40	16635	13¼	6⅝	8¼	+1½
VandrEn	s	15571	12¼	3½	10¼	+6¼
Varcolnt	.12	18835	29	17½	28½	+11
Varlen	.40	11029	16	9⅜	15¼	+5⅞
Velcro g	.70	17278	13¼	7⅞	8¾	+⅞
Verbatm		30040	29½	14	15¼	......
VermtRsh	.20i	1647f	18½	6⅞	15	+12¾
Vicon	s	3566	12	6½	11¼	+4
VictraSt	.10j	98944	18	9½	10¼	+¼
VideoCp	s	12374	9⅞	4½	6	+1⅜
VaChem	.70	1044f	16½	12¾	12¾	+2
ValntSp		10591	27¾	4⅜	22	+16⅞
VaNBsh	1.04	12560	17	12⅝	13⅞	+1
VisaExp		20026	2½	1⅜	2¼	......
VisulSci		11049	13½	7	10¼	+3¼

OVER-THE-COUNTER

Stock	(div)	Sales (hds.)	High	Low	Last	Net Chg.
VoltInfo		16871	28	10¼	27¾	+17¼
VlntCap		13921	17½	6	6¾	− 9¼
VulcPk	g .14	3418	11⅞	5¾	9	......
W						
WD40	Co1.60	6918	38¼	25½	34	+ 7½
Wabash		13364	7½	4½	6½	+ 1⅞
WarnEB	1.20	4006	26½	18¼	20	− 3½
WshEnr	1.40	9422	17¼	13½	15⅛	+ 1¼
WashSci	.07e	7129	6⅝	4½	4⅞	− ¾
WatrAsc	.14	24055	36	20¼	29½	− 2¾
WausPp	.48	3362f	23¾	10	23¼	+15½
Wavetk		3395	17	11¼	17	+ 5¾
Weingrt		4184	11⅝	4	11⅝	+ 6⅝
WelkG	1.09e	83130	10	3¼	10	+6 7-16
Wendys	.40	123758	24	11⅛	13	− 9¼
Wesper		6501	12¾	9¼	10½	......
WstDref	7.23e	49108	71¼	28¼	70¼	+39¾
WestCo	.44	7292	15¼	11	14½	+ 2¾
WstctPt	g	25800	31¼	10½	29	+18½
WnCasS	1.68	11365	41⅞	28	40¼	+12
WDeep	1.77e	81546	35⅞	10⅛	35¾	+25
WnDigtl		34837	3⅝	1⅞	3	+ 1⅛
WnGear	.60	15944	19½	7⅝	18¼	+10⅝
WHold	6.49e	40917	55¼	22	55¼	+32½
WMarEl	s	5697	18	9¼	12½	− 4¾
WtnMtg	.20e	1649	4⅞	2⅞	3¼	− ⅛
WnOilSh		35263	15¼	2⅝	7⅜	+ 4¼
WmorC	1.60	41066	37¾	24	27½	+ 1
Westpt		6474	5⅜	2 7-16	3⅜	+15-16
Wstwrld	.02e	5277	6⅜	1⅝	2	− ½
Wettrau	.70b	17244	13⅞	11¼	11½	− ⅜
Weynbrg	1.08	857	19¾	17¾	17⅞	......
WienAir		28523	7	3⅛	4¼	+ ¾
Wiener	.24	3109	18	4	4½	−10½
WileyJh	1.36	2012	30½	24	28½	+ 4
Willamt	1.24b	27177	42¼	28¾	29⅛	− ⅝
WlmgT	2.80	2178	34	26	28	− 5
WilsnHJ	.20	12942	17¼	11¼	13⅛	− 1⅜
WiscRE	.08e	10360	5¼	1⅝	4¼	+ 2⅝
WisrOil	3.60	2111	135½	46	113	+65
Wolohn	.32	11021	7½	4¼	5½	− ⅜
WolvAlu	.70	2805	12	7½	8¾	+ ⅞
WoodDn	.40	4788f	14½	9¼	13¾	+ 4¾
WoodLot	1.70	7074	29½	21	24	......
WorcBcp	.40	4369	12¼	7¾	11	+ 3¼
WorthIn	.48	17321f	21¼	16¼	18	+ 1¾
WulfOil		165463	1 31-32	5-32	1 31-32	+1 13-16
WymnG	1	17369	31½	22	27	+ 2
WyoNat	1.28	584	27	22½	24½	− 2
X						
XcorInt		23033	14½	5¾	10½	+ 3
Xidex		8646	37½	17¼	36½	+19¼
Xomox	.40	13336	22¼	12	19¼	+ 5¾
XplorEn		25463	1 5-16	⅝	1 5-16	.....
Y						
YlowFrt	.76	56561	23	14¼	14½	− 5
Z						
ZenNat	.40	4975f	22¼	13¼	15¼	+ 7¾
ZionUta	1	5464	25¼	18¼	23	+ 4
Zondvn	.28	4567f	13⅜	5½	7⅛	− 3⅞
Zond	wt	7451	14¼	3	3⅝	− 4¾

Unless otherwise noted, rates of dividends in the foregoing table are annual disbursements based on the last quarterly or semi-annual declaration. Special or extra dividends or payments not designated as regular are identified in the following footnotes.

a—Annual rate plus extras. b—Annual rate plus stock. c—Liquidating dividends. e—Declared or paid in the preceding 12 months. h—Declared or paid after stock dividend or splitup. p—Paid this year, dividend omitted, deferred or no action taken at last dividend meeting. r—Cash plus stock paid in preceding 12 months. s—Paid in stock in preceding 12 months.

f—Split or stock dividend amounting to 25% or more has been paid. The net change shown is from an adjusted 1977 closing price on those stocks listed prior to 1978.

OVER-THE-COUNTER

ANNUAL NASDAQ INDICES

1979

	High	Low	Last	Chg.
Composite	152.47	117.51	151.14	+33.16
Indust	175.19	126.36	175.18	+48.33
Financl	139.50	113.99	130.92	+16.49
Insurance	166.96	126.32	162.03	+34.79
Utilties	130.57	106.02	130.41	+24.37
Banks	115.88	102.02	108.24	+5.91
Transport	134.02	100.65	118.47	+17.94

1978

Composite	139.63	99.05	117.98	+12.93
Indust	156.31	101.88	126.85	+17.42
Financl	129.97	101.10	114.43	+8.90
Insurance	144.24	106.52	127.24	+12.73
Utilties	116.75	97.75	106.04	+5.01
Banks	111.69	93.86	102.33	+7.05
Transport	129.63	92.81	100.53	+2.85

1977

Composite	105.06	93.95	105.05	+7.17
Industrials	109.44	96.26	109.43	+9.31
Banks	96.03	89.53	95.28	+2.56
Insurance	115.17	95.93	114.51	+9.29
Financial	105.67	96.95	105.33	+3.96
Transportation	104.49	91.28	97.68	−3.61
Utilities	102.25	86.84	101.03	+14.12

1976

Composite	97.88	77.63	97.88	+20.26
Industrials	100.12	80.94	100.12	+19.17
Banks	92.72	72.51	92.72	+20.35
Insurance	105.22	80.95	105.21	+24.31
Financial	101.57	78.95	101.57	+22.55
Transportation	105.97	85.49	101.28	+15.76
Utilities	87.89	65.97	86.91	+20.96

1975

Composite	88.19	59.92	77.62	+17.80
Industrials	93.93	56.56	80.95	+24.49
Banks	82.83	61.62	72.37	+10.88
Insurance	91.76	73.33	80.90	+6.21
Financial	88.75	63.56	79.02	+15.59
Transportation	91.24	65.78	85.52	+19.72
Utilities	69.65	49.67	65.95	+16.35

1974

Composite	96.78	54.69	59.82	−32.37
Industrials	89.98	53.77	56.46	−27.11
Banks	105.21	59.35	61.49	−38.93
Insurance	113.67	57.46	74.69	−35.46
Financial	111.75	56.97	63.43	−44.07
Transportation	96.87	60.97	65.79	−15.25
Utilities	76.61	48.20	49.60	−22.47

Stock and Bond Yields

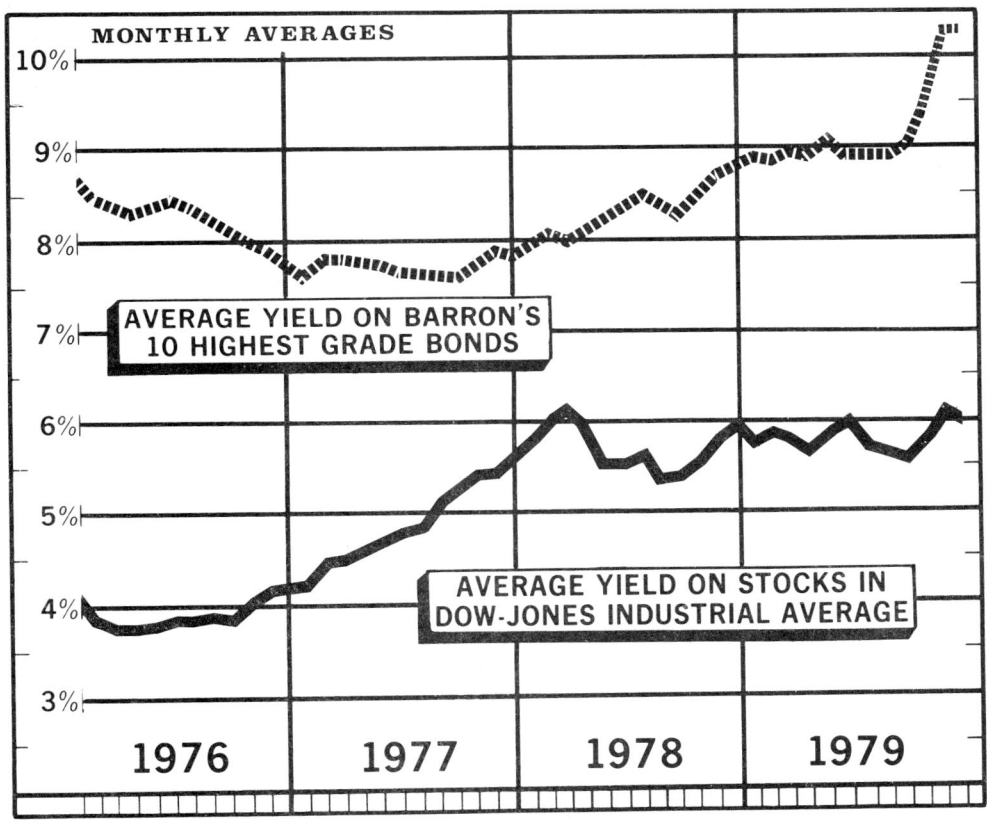